AF349307

El fin de las pequeñas historias

Eduardo Grüner

Colección: Montaber
Director: Adrià Gibernau

Eᴌ ꜰɪɴ ᴅᴇ ʟᴀs ᴘᴇQᴜᴇÑᴀs ʜɪsᴛᴏʀɪᴀs
Eduardo Grüner
© de esta edición, ICG Marge, SL

1.ª edición, 2016, © Ediciones Godot, ISBN 978-987-4086-15-0
2.a edición, 2019, ICG Marge, SL

Edita: Marge Books | Montaber
València, 558 – 08026 Barcelona
Tel. 931 429 486 - marge@margebooks.com
www.margebooks.com

Edición: Hernán López Winne
Diseño interior y cubierta: Víctor Malumián
Impresión: Prodigitalk, SL (Martorell, Barcelona)

ISBN: 978-84-17903-27-5
Depósito Legal: B 24691-2019

El papel empleado en este libro no ha sido blanqueado con cloro elemental (CI_2).

El autor

Eduardo Grüner es sociólogo, ensayista y crítico cultural. Doctor en Ciencias Sociales de la UBA, fue Vicedecano de la Facultad de Ciencias Sociales de la UBA. Actualmente es Profesor titular de Sociología y Antropología del Arte en la Facultad de Filosofía y Letras, Literatura de las Artes Combinadas II, y de Teoría Política en la Facultad de Ciencias Sociales, ambas de dicha Universidad. Es autor, entre otros, de los libros: *Un género culpable* (1995, reeditado por Godot en 2014), *Las formas de la espada* (1997), *El sitio de la mirada* (2000), *La cosa política* (2005) y *La oscuridad y las luces* (2010). Obtuvo el Premio Konex 2004, por Ensayo Filosófico. Fue miembro de la Dirección de las revistas Sitio, Cinégrafo y SyC. Obtuvo el Premio Nacional en la categoría Ensayo Político (2011).

Índice

Prólogo a la presente edición

LA PRIMERA EDICIÓN DE este libro es de marzo de 2002. Seis meses antes, en Nueva York, un atentado inaudito había derrumbado las Torres Gemelas sobre miles de víctimas inocentes. Tres meses antes, en Argentina, la desolación y la asfixia de toda una sociedad habían estallado en un grito de desesperación, cobrándose sus propias vidas. En ese contexto, un libro cuyo espíritu central era el de la teoría crítica podía provocar un efecto de lectura exasperada, y aun rabiosa, sin por eso ceder en las palabras ni en el intento de cierta sofisticación filosófica. Al menos, ese era el propósito, aunque no me toca a mí juzgar el resultado.

¿Sigue siendo así? El mundo ha cambiado mucho en los últimos doce o trece años, aunque no necesariamente para mejor. En parte de América Latina se produjeron algunas contradictorias novedades políticas -que no es el caso de evaluar aquí-, que hoy aparecen en buena medida agotadas, o en estado de relativa parálisis, cuando no en franco retroceso. En el resto del mundo se agudizó un estado de crisis arrastrado por la crisis del capitalismo mundializado, sin que los pueblos -pese a múltiples resistencias a veces rayanas en el heroísmo- hayan podido pergeñar todavía una salida autónoma para su estado de indefensión, aunque no por ello dejen de intentarlo. En Gaza y otros puntos del Medio Oriente continúa el genocidio, en Lampedusa continúan ahogándose los inmigrantes "ilegales", mientras Grecia (la "cuna" de Occidente, con todos los simbolismos implicados) se debate en una tensa y desesperante agonía. Etcétera.

En suma: el pensamiento crítico sigue desafiado, como casi siempre. El estado del mundo en que nos ha tocado vivir no autoriza -por más que confesemos que sería nuestro deseo- el descanso plácido en lo adquirido, ni la conformidad con el propio pensamiento o el de los otros. No ha aparecido, en esta década larga, un nuevo Marx, o un nuevo Freud, o quien fuese, para ayudarnos a formular las nuevas cuestiones, o a replantear las antiguas. Sin embargo -para parafrasear algo que ya dijimos hace trece años- no estamos dispuestos a dejarnos embaucar por la política de la incertidumbre metódica: que no nos creamos en condiciones de dar todas las respuestas no significa que nos hayan limado las mínimas convicciones sobre las que se apoyan nuestras preguntas. *Eso*, al menos, no ha cambiado tanto.

Es por eso que, después de mucho dudar, hemos decidido no tocar una coma del texto en esta reedición. El lector o lectora podrá, ocasionalmente, encontrarse con algún anacronismo, o con alguna expresión pasada de moda ("videocasetera", "compactera"). No tiene mucha importancia. Confiamos en que sabrá pasar por el costado de esas contingencias para escarbar en la médula, si es que la hay. También en la teoría, sin duda, han aparecido, o se han afirmado, algunas "novedades". Por solo dar un ejemplo, hoy nuestro análisis crítico de la teoría postcolonial debería ampliarse a sus parentescos y diferencias con la llamada teoría de-colonial, que en ese entonces no existía o apenas estaba despuntando. En cambio, hoy posiblemente tendríamos que dedicarle menos espacio a la "moda" de los estudios culturales, que ha retrocedido mucho, y por buenas razones. Por su parte, el retorno (imposible) de lo trágico no cesa de no producirse.

No obstante, tenemos la modesta pretensión de creer que las ideas centrales se sostienen. No decimos que sean buenas o malas, y aspiramos a que una vez más sean sometidas a crítica por los lectores. Tan solo decimos que, en lo sustancial, siguen siendo las mismas, aunque moduladas por el tiempo, por las lecturas que pudimos hacer desde entonces, y muy sobre todo por los intercambios, discusiones (a veces ríspidas, como corresponde) con amigos, colegas, colaboradores, o meros interesados en que el así llamado "pensamiento crítico" siga su marcha por definición interminable.

En este "entretiempo", también al *autor* (no importa ahora hablar del sujeto que lleva su nombre) le sucedieron cosas. Una, de primerísima importancia en términos estrictamente personales, es la aparición de otro libro suyo, *La oscuridad y las luces*, con el cual aprendió mucho más de lo que se podría explicar en este sucinto prefacio, y probablemente en un libro entero. En él nos ocupamos de la extraordinaria revolución independentista de Haití, y de las consecuencias filosófico-culturales, políticas, literarias, estéticas y teóricas de vastísimo alcance que tuvo ese acontecimiento, y que despertó cuestionamientos enormes para toda la cultura occidental, que hoy en día siguen vigentes y cotidianamente renovados (si bien en buena medida el pensamiento dominante persiste en *renegar* de ese origen en el proceso "maldito" de la revolución haitiana). Si lo mencionamos aquí es sencillamente porque nos damos cuenta de que el libro que el lector ahora tiene en sus manos puede ser considerado como un largo prólogo teórico-crítico del libro sobre Haití. O, si se prefiere, el libro sobre Haití es un segundo tomo, más "aplicado", de las especulaciones teórico-críticas de este anterior. En todo caso, nos gusta pensar a ambos como estrictamente complementarios, y dialogando (también a veces conflictivamente) entre ambos.

Este libro estaba agotado desde hace mucho tiempo. No es que haya sido un *best-seller* (no estamos precisamente acostumbrados a esa clase de recepción de nuestros escritos), sino por otras razones "de mercado": la editorial que lo había publicado originariamente fue comprada por una multinacional (qué sorpresa), y los ejemplares que quedaban en depósito no fueron donados a alguna biblioteca pública o siquiera "saldados" en una librería de ocasión; fueron simplemente destruidos (no nos consta que hayan sido incinerados: seguramente hoy eso sería políticamente incorrecto). Sí, en la Argentina -y en muchos otros lugares: no es un patrimonio nacional- se destruyen libros, ya no por razones ideológicas sino comerciales, ya no por parte de las inquisiciones dictatoriales sino de la "industria cultural": no deja de ser un avance civilizatorio.

En fin, eso es una mera anécdota -sin que su carácter anecdótico anule su valor sintomático-. El hecho es que muchos de aquellos colegas, amigos o meros interesados que mencionábamos me han preguntado, en estos años, por la posibilidad de la reedición del libro. Ellos sabrán por qué persisten en el error, pero igualmente se los agradezco. Nobleza obliga: ese agradecimiento debe hacerse ahora especialmente extensivo a esos nuevos amigos que son los editores de Ediciones Godot, que (me permito repetir un chascarrillo afectuoso que ya les dirigí con motivo de la reedición de otro libro mío, *Un género culpable*), pese a su beckettiano nombre llegaron sin que yo los esperara. Ellos, pues, así como Sebastián Russo -otro interlocutor bienvenido de los últimos años- se agregan al listado de nombres a los que agradecí en la edición original, y de los cuales (es seguramente la satisfacción más grande) *ni uno solo* podría hoy ser borrado, o siquiera puesto en duda.

Eduardo Grüner
Buenos Aires, julio de 2015

A León Rozitchner, *in memoriam*

El fin de las pequeñas historias

DE LOS ESTUDIOS CULTURALES
AL RETORNO (IMPOSIBLE) DE LO TRÁGICO

*El mundo de hoy se nos aparece horrible,
malvado, sin esperanza. Esta es la tranquila
desazón de un hombre que morirá en ese mundo.
No obstante, es justamente a eso a lo que me resisto.
Y sé que moriré esperanzado.
Pero es necesario crear
un fundamento para la esperanza.*

JEAN-PAUL SARTRE

Palabras preliminares

(después del 11 de septiembre de 2001)

ESTE LIBRO ESTABA YA escrito, y entregado a la implacable fatalidad de la imprenta, cuando ocurrió lo que ocurrió el 11 de septiembre pasado, en Nueva York. Era inevitable, casi prescripto, que el autor se preguntara en qué medida ese acontecimiento fulgurante, atroz, descomunal, del cual probablemente se dirá, en un futuro no lejano, que partió en dos la historia, modificaba las modestas hipótesis sostenidas en este libro a propósito de un "fin de las pequeñas historias" y de un consiguiente recomienzo de los "grandes relatos", sobre bases nuevas -o mejor, renovadas- de percepción y pensamiento crítico. No hay, por supuesto, una respuesta definitiva para aquella pregunta: es algo que solo el lector puede decidir[1]. Pero, aun con todas las dudas del caso (de las cuales la princi-

---

1 El lector puede, en efecto, decidir, por ejemplo, entre las siguientes opciones: a) comenzar por leer el prefacio, arriesgándose a condicionar su propia lectura del libro; b) suponiendo que haya tenido la improbable paciencia de leer todo el libro, dejar el prefacio para el final -lo cual lo transformaría, claro, en un posfacio, o algo así- y arriesgarse a "resignificar", como se dice, su lectura; c) leer el prefacio promediando la lectura del libro, y arriesgarse a resignificar lo que va leyó, y a condicionar lo que sigue; d) no leer nada (ni el prefacio, ni el libro), y por lo tanto no correr ningún riesgo, salvo por supuesto el de haber malgastado el dinero; e) cualquier otra combinación que al lector se le ocurra. De todos modos, haga lo que haga se equivocará, así que lo más sabio parece ser dejar las operaciones libradas al azar.

pal era y sigue siendo si la inclusión de un prefacio sobre el 11 de septiembre implicará un *condicionamiento* para la lectura posterior del libro; esperamos que no, pero también eso está fuera de nuestras manos), el autor no pudo impedir sentir algo así como un imperativo ético que imponía esa inclusión: no para *hacerse cargo* de la "novedad" -lo cual supone disminuirla a mezquina mercancía de la escritura- sino para *repensar*, él mismo, todo lo que será leído a continuación.

No es este el lugar para dejar sentada nuestra "posición", como se dice, sobre los atentados del 11 de septiembre y sus posibles consecuencias a mediano plazo, por más frágil y provisoria que esa posición necesariamente sea. A quien pueda interesarle, remitimos para ello a otros lugares en los cuales hemos intentado decir algo al respecto[2]. Pero sí es, tal vez, la oportunidad para que el autor enuncie muy esquemáticamente algunos de los interrogantes puestos en cuestión en el libro que -creemos entender- los acontecimientos de marras contribuyen a dramatizar, quizá a radicalizar. A saber:

1. ¿Es el fin de la llamada "posmodernidad"? La lógica cultural del capitalismo tardío, sin duda, continuará funcionando mientras este último persista. Pero sus fetichismos ideológicos más flagrantes quedan, al menos, cuestionados en los siguientes terrenos:

a) *La "globalización"*: En este libro se encontrará, de manera explícita o implícita, la afirmación intencionalmente provocativa de que sobre la tan mentada "globalización" (o, para ser más exactos, el proceso de mundialización capitalista) se pueden decir dos cosas simultáneas y aparentemente contradictorias. Por un lado, que, lejos de constituir una novedad de la era *post*, tiene al menos 500 años, que es cuando comenzó -con la expansión colonial- la lógica *global* del modo

---

2 Cfr., por ejemplo, "Babel y su(s) Torre(s)", en *El Ojo Mocho*, n° 16, verano 2001/2, y "Un cambio de palabras", en *Diatribas*, n° 3, diciembre de 2001.

de producción capitalista, agudamente analizada por lo que suele denominarse las teorías del "sistema-mundo", en autores como Immanuel Wallerstein, Samir Amin o Giovanni Arrighi entre otros. Por el otro, que, en rigor de verdad, *no hay* tal "globalización", al menos como es presentada por el discurso ideológico (político-económico) dominante; entre otras y muy complejas razones, porque (tal como lo ha señalado con profundidad el propio Samir Amin) la mundialización no alcanza a lo que sigue siendo un resorte fundamental, en el contexto del capitalismo neoliberal, de la obtención de ganancias, o más técnicamente, de la producción de plusvalía: me refiero, por supuesto, a la fuerza de trabajo, que está cada vez *menos* mundializada, como lo evidencian claramente las cada vez más rígidas "fronteras" que el mundo desarrollado opone a los "flujos" mundiales de esa fuerza de trabajo. De paso, esta constatación abre grandes interrogantes sobre el tan cacareado "fin de los Estados nacionales" (e incluso de la "nación-Estado" como categoría histórica, política, sociológica, etcétera) ya que, como es obvio, el reforzamiento de las fronteras aunque sea para *una* categoría de presuntos "ciudadanos del mundo" supone necesariamente el mantenimiento (aún más: la acentuación) de los mecanismos jurídico-políticos- y "policiales" en sentido amplio- *nacionales y estatales* para evitar los excesos de "circulación" de los sujetos entre "tribus" diferentes.

Entre las consecuencias del 11 de septiembre no puede dejar de computarse una profundización radical de la contra-tendencia que podríamos llamar -en irónica simetría con el discurso dominante- *des-globalización.* Y ello no solo en un sentido estrictamente geopolítico (el cierre de las fronteras nacionales, bajo el pretexto de los peligros presentados por un terrorismo él sí "global"), sino también en un sentido cultural, simbólico y "comunicacional" (también, y quizá principalmente, dada la importancia que la dimensión simbólico-cultural ha alcanzado en el capitalismo tardío): la enorme maquinaria de control propagandístico, tendiente a uniformizar no solo el discurso manifiesto, sino los latentes criterios de *interpretación* sobre lo ocurrido el 11 de septiembre, desmienten totalmente el supuesto carácter pluralista y de diversidad cultural postulado por los celebradores de la globalización. Al contrario, la *verdadera* globalización -que, lejos de significar diversidad, diferencia, produce una creciente homogeneización dentro del discurso dominante- consiste cada vez más en una búsqueda de unidad sin fisuras (unidad político-militar, económica, ideológico-cultural, jurídica, etcétera) bajo los mandatos del imperio. Lo que en otras épocas se llamó la "cuestión nacional" adquiere, en este contexto, una dimensión radicalmente nueva. Una dimensión que quizá por primera vez en la historia moderna permite volver a pensar esa "cuestión" sustrayéndola a las ramplonerías simplistas o directamente reaccionarias de los chovinismos folclóricos. Pero justamente por eso -por la posibilidad misma de esa sustracción-, la cuestión nacional dispara un "retorno de lo reprimido", con una *potencia* que se opone a la no menor ramplonería de las admoniciones plañideras que nos instaban a arrojarla al basurero de la historia, bajo el argumento de un "universalismo" falso y fetichizado; falso y fetichizado, porque un *verdadero* universalismo es el que toma en profundidad el problema -aunque, casi por definición, no pueda resolverlo- del conflicto entre las Partes y el Todo, y no el que da por supuesto un universal abstracto y sin fisuras (que es la peor manera de barrer bajo la alfombra las desigualdades e injusticias que fracturan al Todo). Y ni qué decir tiene que junto -e incluso por encima- de la "cuestión nacional" se produce el retorno de otra macro-cuestión, la que solía llamarse (mal, probablemente) la cuestión del Tercer Mundo, de las "sociedades periféricas" arrasadas, violentadas y destruidas hasta lo indecible por la mundialización capitalista: destrucción sistemática -otra vez, política, económica, social, cultural, jurídica- que, insistimos, lleva más de cinco siglos, pero que en las últimas décadas las ha transformado, más que en una tierra baldía, en un campo minado. Tarde o temprano, alguna de esas minas tenía que estallar de modo espectacular, y eso -entre muchos y complejos elementos- fue el 11 de septiembre. La enérgica e inequívoca condena que por razones tanto éticas como políticas merece el acontecimiento por parte de cualquier intelectual crítico mínimamente digno, no significa que desistamos de intentar construirle una *explicación,* un balance de las causas tanto como de los (predominantemente negativos) efectos. Al igual que en el caso de la cuestión nacional, también aquí -haciendo de necesidad virtud- se abre la posibilidad de re-plantear sobre nuevas bases la problemática histórica, cultural, política, económica, antropológica y *filosófica* del mundo periférico, por fuera de los esquematismos y simplezas consignistas o incluso "dependentistas". Pero, sea como fuere, queda el hecho de que semejante "ruptura" en el escenario contemporáneo solicita, de la manera más violenta posible, la imperiosa *necesidad* de construcción de un auténtico "gran relato" articulado sobre los conflictos, que se han mostrado por ahora irresolubles, entre el Todo y las Partes que conforman un planeta Tierra que, hoy más que nunca, "no tiene siquiera asegurado su derecho a la existencia", como decía Adorno del arte. Y frente a esto, frente a este súbito despertar al "desierto de lo real", como diría Slavoj Žižek, no podemos sino decir que los intelectuales *post,* con sus "simulacros" y "juegos de lenguaje" que sustituyen la pesadez de la realidad pura y dura, tampoco tienen garantizado, ni siquiera, su derecho a la palabra.

b) *La "fragmentación"*: La imagen posmoderna de una coexistencia pacífica, de una superposición más o menos aleatoria de fragmentos culturales no reenviables a ninguna noción de totalidad, es otra de las víctimas (ciertamente no la más importante) del 11 de septiembre. El mundo, súbitamente, ha vuelto a *totalizarse,* y de la peor manera: el discurso imperial del "conmigo o contra mí" (inesperado y grosero retorno de una lógica caricaturescamente schmittiana de reducción de la política a la guerra, al binarismo absolutista del par "amigo/enemigo") es apenas el emergente más visible de que, en el fondo, los "fragmentos" siempre debieron subterráneamente su *apariencia* fragmentaria a su vínculo conflictivo con la totalidad. Como lo afirmamos en el libro, este es también un problema *filosófico* de primera magnitud (quizá sea *el* problema filosófico de la modernidad, a condición de entender por "filosofía" algo que de ninguna manera puede ser pensado como externo a la Historia). Pero antes que eso, es un problema cuya dilucidación -al menos en términos de la pertinencia de los *interrogantes* que despierta- se ha vuelto una cuestión *vital*, de supervivencia física tanto como intelectual, de urgencia *ética* tanto como cultural. Nuevamente: las aporías de la relación entre lo "Mismo" y lo "Otro", entre significantes como "Occidente" o "Europa" y significantes como "África", "Asia", "América Latina", entre lo Propio y lo Ajeno, toda esa desgarrada banda de Moebius, tensada hasta el estallido por relaciones de fuerza oscuras, casi nos atreveríamos a decir que *arcaicas* (aunque, desde luego, hoy pensables al mismo tiempo como histórica y políticamente *situadas* con precisión), todo eso compromete en la actualidad la subsistencia misma de algo que mínimamente pudiéramos llamar civilización humana (no *civilización* humana, sino civilización *humana*; esperamos que se entienda la diferencia; y a quien nos acuse apresuradamente de "humanistas" sentimentales y *démodés*, solo podemos decirle que no se tome el trabajo de seguir leyendo). Es una razón más para instar enfática, apasionadamente, a la (re)construcción de un "gran relato" histórico-filosófico: no por un voluntarismo ingenuo de "decirlo todo" -proyecto imposible, e incluso indeseable-, pero sí como *voluntad* férrea de enfrentar, de mirar cara a cara esa imposibilidad, en lugar de *renegar* de ella, refugiándose en la confortable tibieza de las "pequeñas historias".

c) *El "pensamiento débil"*: A decir verdad, nunca supimos bien qué era esto del pensamiento débil, por más tediosos recorridos vattimianos (u otros) que hiciéramos. El pensamiento, o es "fuerte", o no es nada. La idea misma de un "pensamiento débil", si pudiera ser desarrollada con una consistencia que mereciera su prosecución, requeriría una *fortaleza* que, como en la paradoja del Mentiroso, empezaría por sabotear desde su mismo interior sus propias premisas lógicas. La historia intelectual de Occidente -que es la que conocemos: la otra es parte de ese "gran relato" que todavía nos hace falta-, la parte de esa historia intelectual que realmente importa, está atravesada de cabo a rabo por pensadores "fuertes" que tuvieron la osadía de pensar *contra* el mundo, *contra* la "Cultura", *contra* el vaciamiento de las ideas en el ritual académico, *contra* la repetición de cantilenas dogmáticas (por más sedicentemente "revolucionarios" que fueran sus contenidos). Esto no es una reivindicación de los individuos "iluminados" o excepcionales que se levantan como santos y sabihondos por sobre la ignorancia y la mediocridad de la "masa". Todo lo contrario: es *porque* estuvieron siempre atentos a la polifonía, a veces aparentemente incoherente, de la *multitud,* que esos individuos supieron hacerse cargo de sus propias tensiones, de sus propios conflictos, en su vínculo con ella. Solo la *pertenencia* ("adscripta" o "adquirida", diría un sociólogo funcionalista) puede instalar una *diferencia.* Solo en las últimas décadas, y en un contexto de *decadencia* (un concepto que es necesario arrancarle a la derecha, como decía Oscar Masotta) signada por el falso democratismo de un *sometimiento,* que no es lo mismo que un "respeto", al pensamiento de unas "mayorías" prefabricadas por las encuestas de opinión y el *marketing* político, podía aparecer como *positiva* la noción -y peor: la intención- de "debilitar" el pensamiento para hacerlo más *tolerable*: ¿para quién?, ¿de verdad, para las masas, para las "grandes multitudes" (pero, ¿por qué ellas tendrían que *tolerar* nada?, ¿por qué ellas tendrían siquiera que *interesarse*?), ¿no tienen acaso mejores cosas que hacer?), ¿o para la ruleta mediática, que -ningún intelectual occidental lo ignora ni puede alegar inocencia al respecto- puede de la noche a la mañana hacer inmensas fortunas académicas, fabricar inesperados e injustificables prestigios de "pensador importante"? ¿No es, en el fondo, insanablemente reaccionario conformarse con esto, en lugar de trabajar para que algún día las "multitudes" estén en condiciones de acceder a la fortaleza de *su* propio pensamiento, de ese que por ahora, casi inevitablemente, está a merced de sus "intérpretes"? Estas preguntas, después del 11 de septiembre (y desde mucho antes, por supuesto: solo estamos haciendo una concesión a una fecha, como se dice, "emblemática"), casi llevan retóricamente inscripta su propia respuesta. En cierto modo, hasta se podría decir que la discusión se ha vuelto perfectamente inútil: ni los mismos canales mediáticos que los elevaron a jerarquías inmerecidas parecen ya tener demasiado lugar para "pensadores débiles" después del 11 de septiembre, como si hasta esos deleznables creadores de opinión hubieran advertido -con su oído también atento, aunque por las peores razones, a una voz de la multitud que pueda ser articulada en la siempre hambrienta industria cultural- que vuelve a ser negocio el pensamiento "fuerte", que el retorno de los "grandes relatos" constituye una demanda efectiva, aunque no necesariamente consciente. Son los Chomsky, los Said, los Bourdieu, los Jameson, los Žižek, los Negri (no importan aquí las diferencias, ni las reservas que cualquiera de esos nombres puedan despertar) los que con mayor insistencia fueron llamados a pronunciarse, invocando -interesadamente, sin duda, pero también como un *síntoma* que vale la pena examinar- la fortaleza de su palabra.

d) *La "democratización global"*: Posiblemente el más falso, el más insidioso, el más macabro (por las esperanzas desmesuradas que despierta, y cuya desmesura hace más siniestro el incumplimiento de esas esperanzas) de todos los "ideologemas" de la posmodernidad sea el de la "democratización global". La "globalización", el "fin de la historia", iba a traernos la pacificación universal, el fin de los regímenes dictatoriales y el triunfo de una democracia, "formal", sí, quizás, con restos en todo caso tolerables de desigualdad económica, social, cultural, pero en la cual, finalmente, una "ciudadanía universal", una igualmente universal igualdad ante la ley, una renovada confianza en las instituciones y su "representatividad" política y social, un respeto por las diferencias ideológicas, étnicas, sexuales, religiosas, haría de este el mejor de los *mundos posibles*. Es decir: ya no haría falta siquiera el *deseo* de un mundo mejor, una vez que nos diéramos cuenta de que -dentro de la *oferta* de posibilidades compatibles con la "realidad"- esto es lo mejor que tenemos para *consumir*. Bien entendido, el discurso de la democratización global, del pragmatismo neoliberal, de la mundialización del mercado (todos ellos van juntos, histórica y ontológicamente) siempre fue una exhortación a liquidar todo Imaginario deseante que todavía pudiera movilizar a la *multitud*. No parecía un precio demasiado alto para pagar por la paz, la democracia y la prosperidad. No ya las masas, sino, y especialmente, los *intelectuales* estuvieron más que dispuestos a pagarlo. Y tanto más cuanto más "desencantados del Mayo del '68" (como los llamó alguien) estuvieran. Tanto más "desencantados", en efecto, cuantas más ilusiones delirantes se hubieran hecho en aquel momento, tanto más "pragmáticos" cuanto más "utópicos" hubieran sido en su pasado reciente. ¿Y ahora? ¿Qué queda de todas esas nuevas, modestas pero atendibles, discutibles pero comprensibles esperanzas? Derrumbadas, definitivamente, junto a esos edificios demolidos el 11 de septiembre -y desde mucho antes, por supuesto: de nuevo, se trata de una mera taquigrafía cronológica-. El propio atentado, esa injustificable soberbia de una élite de fanáticos que se arroga el derecho de sustituir a las masas silenciosas con el sonido y la furia de un acto irresponsable y horroroso, es el síntoma de un estado de cosas que justamente promueve ese silencio, esa "ajenidad" de las masas frente a la *cosa pública*: por una lógica perversa pero completamente consistente, una célula terrorista aislada de las masas, autónoma, incluso *autista* (sea quien sea) es también ella el testimonio de una gigantesca *privatización* de la práctica política; en ese sentido hay una simetría -lo que, desde ya, no significa una identidad- entre esa soberbia y la de las "clases políticas" mundiales, igualmente aisladas de las masas (y no, ciertamente, de las clases dominantes), igualmente "autistas", igualmente vaciadas de toda legitimidad y representatividad, incluso "formal", y mucho más responsables de la desesperación, de la desconfianza en lo que pasa por ser *la* política, transformada masivamente en un *pool* de grandes negocios en el cual los pueblos no pueden, no quieren, ni tienen por qué reconocerse. El problema, claro, es que el poder, la política en general, tiene horror al vacío: la política que no hacen las masas, la hace *alguien*. El 11 de septiembre ha desnudado de una vez por todas lo que también debió haber sido evidente desde mucho antes: la política (y la ley, inseparable de ella) la hace, por el momento, el imperio. Y cada vez más, la hace bajo la forma de su lógica constitutiva, la de la guerra. La estrategia del Gran Hermano vigilante -fácilmente transformable en un terrorismo de Estado mundial, consistente en distribuir con imprevisible arbitrio las grillas de los "amigos" y "enemigos" según las necesidades tácticas de cada fase del dominio, y actuar en consecuencia- es el más feroz desmentido posible de aquellas promesas de democratización universal. Con todas las obvias diferencias del caso, las lecciones de la historia se imponen por su propio peso: ya la antigua Roma había inventado todas las argucias posibles de una república imperial; de una oligarquía o una plutocracia militarizada capaz de "cesarismos", aun de "populismos" internos, mientras su política hacia los territorios conquistados alternaba la mano de hierro de sus legiones para quienes ofrecieran resistencia con el guante de seda para las clases dominantes locales que sumisamente aceptaran sus leyes y sus dioses, y a las que se daba el hijo de premiar con una simbólica ciudadanía imperial. Pero confundir *eso* con la democracia, solo por el hecho de que siguieran existiendo nominales "tribunos de la plebe" cada vez más integrados y obedientes a las migajas que el imperio dejara caer en sus bolsillos, es por lo menos un insulto a la inteligencia humana. Sin duda, la política no la hacen *exclusivamente* los imperios, y hasta para hacerla ellos deben escuchar, sortear y moldear el deseo de la multitud, que entonces se transforma en un dato *interno* a esa política. La discusión que planteamos en uno de los capítulos de este libro con Negri y Hardt no nos impide reconocer que, *hasta cierto punto,* es verdad que la propia constitución del orden mundial imperante es en muchos aspectos un cierto efecto -o, al menos, una cierta respuesta- a los deseos colectivos, conscientes o no; y es asimismo verdad que esa dinámica (esa compleja *dialéctica,* por más que Negri y Hardt renieguen de un concepto que todavía merece mucha exploración) puede transformar esos deseos en una monumental marea resistente a la dominación, así como en otros momentos (no es cuestión de ocultarlo, de hacer nosotros mismos "populismo" barato) pueden ser, esos mismos deseos, los que empujan hacia lo peor, en la búsqueda de nuevos y terribles "amos". Pero parecería que ahora hemos entrado en una etapa de mareas resistentes; eso ya ha comenzado a suceder, en nuestro propio país y por todas partes, en las formas más diversas y creativas, por fuera de los delirios vanguardistas como el del 11 de septiembre. Hay una voluntad -con incontables peculiaridades específicas locales, y no importa cuán desarticulada e inorgánica se presente por ahora- de recreación de una democracia de masas profunda, original, plebeya, "jacobina" en el mejor sentido del término. Y que de a poco comienza a comprender que esa *totalidad compleja* inmensamente sutil de lo que suele llamarse "política", está hecha de una malla entrecruzada de raíces no solo políticas y económicas en sentido estricto -y estrecho-, sino también culturales, históricas, incluso psicológicas. En las conclusiones de este libro criticaremos el exceso de atención prestado por las diversas teorías al uso a lo que a veces se llaman "nuevas subjetividades" (como si fuera tan fácil *periodizar* algo a la vez tan "estructural" y tan lábil como la subjetividad, reconstruirla en "etapas" paralelas a los acontecimientos históricos); pero ello no obsta para reconocer los efectos subjetivos de una historia que, al decir de Sartre, "hacemos cada uno de nosotros; el problema es que *los otros* también la hacen". Y "nuestra" historia, en sus vericuetos fundamentales, y por más que haya inequívocas señales de una crisis, la sigue haciendo el Imperio. Y la historia que "nos" está haciendo está cada vez más alejada de cualquier imaginario de democratización universal, y lo seguirá estando hasta que aquella desordenada voluntad de recreación de la democracia opere su "salto cualitativo" (perdón por seguir abusando de la dialéctica) hacia una práctica totalizadora de refundación de la *polis* humana. Es posible que también eso haya comenzado a producirse, ante la evidencia creciente de la falacia de la democratización universal bajo el imperio. En esta etapa de peligro en que lo viejo ha empezado a morir sin que lo nuevo haya terminado de nacer, ¿qué decir, más allá de repetir ritualmente una fórmula canónica: "pesimismo de la inteligencia, optimismo de la voluntad"?

e) *El "multiculturalismo"*: ¿A quién puede caberle duda sobre la caída estrepitosa de esta niña mimada de las teorías *post*? En las secciones correspondientes del libro, debatimos críticamente -y no sin cierto sarcasmo, hay que reconocerlo- el sueño de la *hibridez* cultural, al menos en sus versiones más ramplonas que pretenden que la globalización posmoderna (aun descontando todos sus males) permite diálogos, solapamientos, coexistencias, mezclas o mutuas fecundaciones "interculturales", y que por esa vía no hay más que celebrar el advenimiento de un mundo a la vez culturalmente múltiple y espacial y temporalmente integrado. No estamos negando *a priori* que esto sea posible, ni siquiera que pueda, ocasionalmente, estar ocurriendo. En verdad, casi siempre fue así, por lo menos desde que los fenicios, por ejemplo, extendieron sus redes comerciales (e, inevitablemente, civilizatorias) en la cuenca del Mediterráneo. Y se podrían dar varios cientos de otros ejemplos desde la más remota Antigüedad: "sistemas-mundo" hubo muy tempranamente, aunque solo en la modernidad se dieran las condiciones para un "sistema-mundo" realmente *mundial*. Pero la celebración del "multiculturalismo" demasiado a menudo cae, en el mejor de los casos, en la trampa de lo que podríamos llamar el "fetichismo de la diversidad abstracta", que pasa por alto muy concretas (y actuales) relaciones de poder y violencia "intercultural", en las que la "diferencia" o la "hibridez" es la coartada perfecta de la más brutal desigualdad y dominación. Algo que, paradójicamente, hasta las más ingenuamente historicistas teorías antropológicas del primer tercio del siglo XX tenían perfectamente claro en sus investigaciones sobre la "transculturación" y otros fenómenos semejantes, que no dejaban de enmarcar en el contexto inevitable del colonialismo. Eso, decimos, en el mejor de los casos. En el peor -también lo ha demostrado fehacientemente Žižek, entre otros- el multiculturalismo es el secreto *objeto de deseo* del racismo. Una vez más, remitimos a quien pueda interesarle la cuestión a los capítulos pertinentes de este libro. Que tal vez, después del 11 de septiembre, hayan quedado un tanto inutilizados, o al menos ociosos. El reflotamiento ideológico de un así llamado "choque de civilizaciones", con su recreación de un mito cosmogónico que confronta sin sutilezas ni complejidades al Bien y el Mal absolutos, al bloque de cultura occidental con sus "Otros" (para el caso, el Islam; pero casi cualquier "Otro" podría ocupar ese lugar "orientalista") constituye, ni más ni menos, la liquidación completa de esas ensoñaciones "interculturales". Las sandeces, falsedades históricas, falacias lógicas, palurdeces intelectuales o cretinismos morales incluidos en ese "razonamiento" -tan fácilmente refutable desde el más craso sentido común- no tienen, a decir verdad, la menor importancia. La eficacia perversa de ese discurso está en su valor de *síntoma*: si el multiculturalismo puede ser la otra cara del racismo, la teoría de la guerra entre civilizaciones es la otra cara del deseo de que haya *una sola* civilización, la impuesta por el Estado imperial. Y en ese sentido, es una revelación, para cualquiera que quiera verla: es la puesta en claro de que el Poder solo vestirá sus ropajes multiculturalistas mientras nadie se proponga seriamente decirle a la cara que está desnudo. De otra manera, lo que hará será arrojar sus toneladas de bombas sobre cualquier cultura que, con razón o sin ella, pretenda afirmarse como *auténtica* diferencia (qué entendemos por "auténtica diferencia" es algo que no podemos discutir aquí: en varios sentidos, es casi *el* tema del libro entero). Las teorías del multiculturalismo son, a partir de ahora, o bien una loable expresión de buenos deseos para otro mundo, o bien una curiosidad académica para ser estudiada, en el futuro, por algún "arqueólogo" más o menos foucaultiano, intrigado por las relaciones poder/saber en las últimas décadas del siglo xx.

2. ¿Es, todo esto, el fin de los "estudios culturales"? El dudoso lector de este libro encontrará en él, con alguna frecuencia, la sospecha de que los estudios culturales -seamos precisos: los estudios culturales como "disciplina"(s) académica(s)-, a pesar de su carrera vertiginosa, podrían haber ya entrado en su etapa de envejecimiento, incapaces e indeseosos como están de articular sus "pequeñas historias" en un horizonte más totalizador que permitiera darles su verdadera dimensión. Ahora, después del 11 de septiembre, de los modos en que esa fecha presumiblemente alterará al universo entero de la cultura (aunque, insistimos, eso no sea lo más importante), tememos haber sido excesivamente tímidos. ¿Deberíamos, sin más, hablar de su defunción? No es que tengamos, en absoluto, la pretensión de escribir su obituario. Pero si es cierto que nociones consustanciales a ellos como las de hibridez, globalización, multiculturalismo, fragmentación cultural, etcétera, y toda la vulgata de pensamiento *post* que las subtiende, han perdido su razón de ser, ¿no deberíamos al menos ir rezando su responso? No nos

atreveríamos a decir *exactamente* lo mismo de la teoría poscolonial; ella tiene "por naturaleza" ese horizonte totalizador, esa perspectiva *potencial* de gran relato, aunque los excesos de sus teorías *post* la aborten con frecuencia; pero no hay duda de que -justamente ella, muchos de cuyos autores principales provienen del área cultural islámica- tendrá que repensar muy seriamente sus fundamentos filosóficos e historiográficos. Sea como sea, esa crisis ofrece la gran oportunidad de reconstruir una teoría crítica de la cultura que sea implacable incluso con nuestras propias ilusiones teóricas y académicas (para no hablar de las políticas). Que ciertas formas del marxismo, del psicoanálisis, de la fenomenología, de la escuela frankfurtiana, del sartrismo, e incluso de los estructuralismos y las filosofías *post*, tendrán su lugar en esa reconstrucción, es algo que va de suyo: no tenemos por qué asumir la actitud intelectualmente suicida de renunciar en bloque al pensamiento de todo un siglo; y además, no podríamos hacerlo aunque quisiéramos (como en buena medida sí han pretendido los estudios culturales renunciar a *casi* todo lo arriba enumerado: fue una vana ilusión, pero en el camino lograron trivializar buena parte de todo eso, disfrazándolo en jergas desmaterializadas que a menudo pervirtieron aun sus más apreciables objetos de estudio). Pero, por supuesto, no basta con una mera *superposición*, ni siquiera con un buen *montaje*, de discursos profundos para conformar una teoría crítica de la cultura. Se requiere una nueva *posición*, intelectual y pasional: una posición que asuma sin ambages ni reticencias el carácter conflictivo, destructivo, incluso *criminal* (esa palabra también, en esta "nueva hora", hay que tomársela en serio) del "campo cultural" en el que esos discursos van a desplegarse. Ello supondría no solo una nueva dialéctica, sino una verdadera *metamorfosis*[3] de dicho

---

3 Lo decimos en el sentido que le da Horacio González en su último libro, *La crisálida. Metamorfosis y dialéctica,* Buenos Aires, Colihue, 2001. Baste decir, a modo de modesto homenaje, que si yo hubiese leído ese libro antes de completar el mío, el mío probablemente sería muy distinto: también se hubiera "metamorfoseado".

campo cultural. Semejante transformación -tarea colectiva por definición interminable, pero que sería hora de comenzar-, que apuntara, de nuevo, a la construcción de un gran relato histórico-cultural, tiene además por delante una tarea irrenunciable: la confrontación de todo el acervo histórico-cultural de (lo que ha dado en llamarse) Occidente, con el de sus "Otros"[4], con todo aquello que está en la propia constitución originaria de Occidente, que subterráneamente sigue estando en su consolidación y en su actualidad de área dominante, pero que Occidente ha *negado* (y *se* ha negado a sí mismo): negación gracias a la cual esa parcialidad temporal y espacial pudo "naturalizarse" como (falsa) totalidad civilizatoria; en los últimos tiempos, de la peor manera -de una manera que *nadie* mínimamente sensato hubiera querido que fuese así-, a Occidente se le viene recordando que, después de todo, las cosas no eran tan fáciles: que, como diría un psicoanalista, lo reprimido indefectiblemente *retorna*. Y bien: es hora de darle a "lo reprimido" su lugar no solo en la teoría del inconsciente que fundó Freud, sino también en una teoría de la historia y la cultura. Irónicamente, hoy sería estrictamente *actual* que los "culturólogos" de cualquier clase revisaran disciplinas también ellas reprimidas u olvidadas: mucho de lo que alguna vez se llamó "las humanidades" -término hoy peyorizado por los estudios culturales, como lo estuvo antes de ayer por las "ciencias sociales"- debería ser revisado críticamente para sopesar su posible pertinencia en la construcción de un "gran relato": de la antropología filosófica y cultural a la historia de las religiones, de la filología clásica a la hermenéutica de los mitos, de la filosofía política a la historia de las civilizaciones extraeuropeas (y sin prejuicios; es curioso cuán poco se menciona que, por ejemplo, los teóricos del "sistema-mundo" no solo citan frecuentemente a Marx, a Weber, a Braudel o a Polanyi, sino a... Toynbee), de la historia del arte a las nuevas formas de arqueología, todos esos "anacronismos" deben tener algo que

---

4 Más adelante, en el prólogo, ensayaremos una bastante dura recusación de este concepto del "Otro", "los Otros"; por ahora lo usamos en su *sentido común*.

decirnos sobre la cuestión de los *orígenes*. Esta no es forzosamente una falsa cuestión, como pretende con soberbia el pensamiento *post*. Solo es falso el evolucionismo ingenuo, lineal, *y por eso mismo* ahistórico y a menudo ideológicamente interesado, que pretende encontrar en el comienzo las claves de un desarrollo posterior que sin embargo ha dejado atrás, de una vez y para siempre, esos orígenes traumáticos, y se dirige a la Felicidad suprema. Pero esto no es *la* Historia: es apenas una concepción "occidentalizada" del tiempo, relativamente reciente -en todo caso, posterior a San Agustín-, y en la cual se fusionan teología y teleología. Y para hacer su crítica -o, por lo menos, plantearle interrogantes- no hace falta llegar a, digamos, Lévi-Strauss. Ni siquiera llegar a Marx, con su idea de la historia como "desarrollo desigual" y su "modo de producción asiático" (algo que convendría revisar atentamente para incluir en su justa posición al mundo extraeuropeo en ese gran relato): bastaría con leer a Ibn Jaldun, el gran marroquí, fundador ¡en el siglo XIV, en plena "medievalidad" islámica!, de una sociología o antropología histórica que analiza con infinita sutileza el encuentro conflictivo de diferentes "tiempos" histórico-culturales, encuentro en el que los "orígenes" *insisten* y al mismo tiempo son resignificados por los cambios y las crisis del presente. [5] ¿Seguiremos diciendo, después del 11 de septiembre, que estas "filosofías de la historia" (otra noción que no habría que apresurarse a desechar despectivamente) nada tienen que ver con nuestro mundo? ¿O aprenderemos de una vez a adoptar una filosofía estrictamente *benjaminiana* de la historia, en la cual *todas* las historias, *todos* los "tiempos", en su desigual combinación, puedan hacerse entrechocar una y otra vez en nuestro presente?

3. ¿Es el "retorno de lo trágico"? Prácticamente toda la última parte de este libro está consagrada a argumentar la pertinencia (teórica, cultural, política, existencial) de una recuperación de la experiencia de lo trágico. Una recuperación

---

5 Cfr. Ibn Jaldun: *Introducción a la historia universal (Al-Muqaddimab)*, México, FCE, 1977.

estrictamente *imposible* -la experiencia originaria de lo trágico
está por supuesto históricamente situada, en los comienzos
mismos de la cultura occidental- pero que intenta ser algo más
que una simple metáfora: siguiendo nuestro razonamiento anterior, la recuperación de lo trágico *en tanto* imposibilidad es
también una manera de poner en juego el entrechocar de tiempos históricos diversos, para denunciar la "naturalización"
de un pretendido tiempo histórico *único,* el de la (post)mod-
ernidad occidental. Como tratamos de explicar en esa última
parte del texto, lo trágico tiene un lugar de permanente (re)
fundación de la *polis* humana. Su dimensión estético-cultural
es indistinguible y consustancial, en ese sentido, de su dimensión profundamente *política,* incluyendo en esa "política" la
producción de una subjetividad histórica. El *ritual* trágico-religioso no es una mera repetición obsesiva de lo siempre igual
a sí mismo: como lo ha explicado, de manera insuperable, el
antropólogo Ernesto de Martino, en las sociedades arcaicas (y
que nosotros hayamos dejado completamente de serlo es otro
de esos efectos ideológicos de nuestra concepción historiográfica) el ritual sirve para interrogar un *vacío ontológico* que se ha
producido en la cultura, y por el cual la sociedad comprende
súbitamente que no tiene asegurado su propio Ser, su propia
existencia como "cultura"[6]. El "sacrificio" ritual tiene por función restituir sobre nuevos lazos sociales (sobre un nuevo *re-
ligar;* de allí su carácter "religioso") esa existencia en riesgo de
perderse, esa *falta-de-Ser* cultural. Pero entonces, cada ritual
periódico no constituye una *identidad* repetitiva con el anterior, sino que articula simbólicamente un *re-comienzo* de la sociedad, en el que su origen mítico se "actualiza" en la Historia:
la repetición disfraza a la "novedad", el "tiempo circular" disimula un renovado fundamento histórico. En el ínterin, la
sociedad vive en el espacio inquietante de lo *sagrado:* no en
el sentido estrecho de las religiones institucionales, sino en el
sentido de un espacio de misterios, de enigmas, de secretos, a

---

6 Cfr. Ernesto De Martino: *Il Mondo Magico,* Turín, Einaudi, 1967.

descifrar, es decir, a *construir*. Ahora bien: ¿es esta experiencia de lo trágico (de *lo* poético-político, de *lo* sagrado) lo que, aun cuando fuera de manera perversa, ha "retornado" con los hechos del 11 de septiembre? El lector tendrá que transitar tediosamente por las páginas del libro para entender por qué nuestra respuesta a esa pregunta debe ser necesariamente negativa. Los signos exteriores de esos hechos -el sacrificio "holocáustico" de los inocentes, el carácter fanáticamente religioso de la ideología de *los dos* contendientes- no son suficientes: les falta la voluntad *multitudinaria* de reparar los lazos sociales corrompidos. Ninguna élite profética -como las que se "enfrentaron" el 11 de septiembre, de un lado y del otro- puede, por sí misma, hacer eso: más allá del resultado trágico individual de la destrucción de los cuerpos, hechos como este -y sus consecuencias- pertenecen al orden de la *farsa;* no sirven, en verdad, más que para confirmar, y aun profundizar, aquella *falta-de-Ser* de la sociedad "globalizada" actual. No obstante, aunque la farsa sea injustificable e inservible, permite al menos hacer *evidente* esa crisis ontológica, abrir un interrogante crispado sobre el "estado de la cuestión" de Occidente. Se ha abierto un cierto abismo a los pies de ese Occidente demasiado seguro de sí mismo. Pero lo nuevo que pueda *edificarse* -valga la expresión- sobre ese abismo, es una tarea *colectiva* de recuperación de lo trágico. Los estudios culturales, con su sustrato *post* que supone un mundo fluido y calidoscópico, pero esencialmente *terminado,* descansando sobre el "fin de la historia", plenamente secularizado, no están -no estuvieron nunca- en condiciones de pensar el retorno de lo trágico.

Todos los tiempos fueron malos para los hombres que tuvieron que vivirlos. Esto, o algo muy parecido, dijo alguna vez Jorge Luis Borges. Es un atendible llamado a la sobriedad, a sustraerse a la tentación, siempre irresistible, del patetismo. Hay, por supuesto, buenas razones para que nosotros, hoy, en este mundo, caigamos en esa tentación. Difícilmente haya habido una etapa anterior de la historia en la que tantas y tan poderosas promesas despertadas auténticamente por un estadio de desarrollo económico, social, político y cultural de la humanidad, hayan quedado frustradas hasta la desesperación. En la que la potencialidad inmensa y *cierta*, científicamente *posible*, tecnológicamente *verosímil*, de una "buena vida" humana haya conducido a una catástrofe semejante. ¿Se trata *solamente* -porque sin duda se trata *en principio* de eso- del "modo de producción" dominante? ¿Es que además, en algún momento, o incluso desde el principio, nuestra ciencia, nuestra tecnología, nuestros saberes, erraron el rumbo? ¿Falló toda nuestra filosofía, nuestro arte, nuestra literatura, nuestras religiones y aun nuestros agnosticismos? Por supuesto, no tenemos respuestas para estas preguntas. Nadie las tiene. Las ciencias sociales, los estudios culturales, ya no creen, como lo hacían muchas filosofías clásicas, en la "naturaleza humana". Y aunque creyeran, ¿qué solucionaría esa convicción? Igual, esa "naturaleza" tendría que ser computada como un dato sometido a la historia. El problema es que las ciencias sociales, los estudios culturales, tampoco parecen ya creer mucho en la historia. Y de todos modos, ¿qué es *creer* en la historia? No se "cree" en ella como se puede creer en Dios, en cualquiera de los dioses disponibles. En los que, por lo tanto, puede elegirse *no* creer. Con la historia, con la cultura, no hay elección posible: *están ahí.* "Están ahí", sin embargo, no como querría un obcecado positivista, como un dato de la realidad inevitable, que se nos impone. "Están ahí" como una *factura* humana, una producción de nosotros mismos para producirnos a nosotros mismos, en "cuerpo y alma", como se suele decir. No estamos postulando nada novedoso, lo dijo Giambattista Vico hace casi tres siglos: lo que nosotros hemos hecho podemos deshacerlo; porque es nuestro, y porque ya sabemos *cómo.* Y, sin embargo, la historia y la cultura, en cierto modo, sí se nos "imponen". Sí parece que nos llegaran *de afuera,* como una fuerza aplastante, como una lógica de hierro que, a la manera de la ley en *El Proceso* de Kafka, fuera una maquinaria de designios enigmáticos, indescifrables. No *entendemos* cómo hemos llegado a esto: sospechamos, o incluso sabemos (estamos informados, somos "intelectuales críticos") que en alguna parte hay un Poder, unos poderes, que han causado, que continúan causando, la catástrofe. Y a los que, de alguna manera, los hemos dejado llegar hasta aquí, aun habiéndoles opuesto heroica resistencia en tantos momentos de la historia. ¿Por qué? No lo sabemos. Se nos habla del inconsciente, de la pulsión tanática; claro que sí, pero no es suficiente: el mismo Freud, aun en sus etapas de mayor pesimismo cultural, apostaba a las siempre transitorias, pero siempre eficaces, reacciones del *eros*. Entonces quizá Borges, tan poco freudiano, o tan freudiano a pesar de sí mismo, tenga razón: esto pasará, y será otro recuerdo de "tiempos malos". Lo haremos pasar *nosotros*. En algún momento. Tal vez pronto. Pero hay que estar *preparados* para ese momento. Aunque al final no llegue nunca, al menos en nuestra vida: "estar preparados" es, después de todo, *vivir*, sin permitir que "nos vivan". Preparados, para empezar, en nuestras cabezas *abiertas*: de nada vale la sospecha de que nuestros saberes puedan haber estado equivocados, si no estamos dispuestos a usarlos *contra ellos mismos*, antes de apresurarnos a inventar otros nuevos -algo que también es necesario hacer- y arrojar los "viejos" por la borda. Más arriba aludíamos a diferentes, conflictivos, "tiempos" históricos entrechocándose en el presente. Algo semejante está sucediendo con esos saberes, con nuestras teorías, con nuestras "concepciones del mundo". También con nuestras *prácticas*, inseparables de todo eso. Hay un nuevo "entrechocar", una nueva *potencia* del pensamiento crítico. No sabemos, todavía, adónde puede conducir: por ahora el problema es *producirla*. Ese "no saber", sin embargo, no debería ser entendido como una mera *incertidumbre* (lo que me gustaría llamar la "metafísica de la incertidumbre" es uno de los mitos más reaccionarios de nuestra época), sino más bien una confrontación con los límites de la racionalidad instrumental: de una *política del cálculo* que está en el fondo de los "errores y excesos" del pensamiento occidental. Al revés de lo que suele decirse, el cálculo no es "realismo": al contrario, es un levantamiento de barreras artificiales que impide a la "realidad" desplegarse en todas sus determinaciones múltiples, complejas, contradictorias (otro mito reaccionario, apresuradamente adoptado por los estudios culturales, por la teoría estética y literaria, por las filosofías *post*: la liquidación del "realismo"). ¿El 11 de septiembre estaba acaso en los cálculos de alguien? No lo creemos; el espesor intensamente *corporal* de ese acontecimiento -los cuerpos muertos de los atacados, que nunca se nos ha permitido ver, los cuerpos autosacrificados de los atacantes, que todavía no sabemos quiénes son, los nuevos cuerpos muertos en la represalia contra un país miserable, cuyos nombres jamás conoceremos- excede inmensamente las grillas de cualquier articulación simbólica posible. Quedan, por fuera de todo "imaginario", los *realia* puros y duros; ladrillos calcinados, vigas retorcidas, mampostería hecha polvo. El posmodernismo -un término que empezó a generalizarse en la arquitectura norteamericana a principios de la década del setenta- se consagró con el derrumbe de una construcción, el muro de Berlín, y él mismo se derrumbó con la caída de unos edificios en Nueva York. El posmodernismo -se dijo muchas veces- había *espacializado* la experiencia, había eliminado, con los tiempos "reales" de la informática, la densidad de los tiempos históricos. Eso se acabó. La crisis de la arquitectura urbana es un signo de los tiempos: ya no sabemos en qué espacio vivimos. A la jungla de asfalto se le caen los árboles. Se terminó la era de los simulacros; volviendo a Žižek, hemos sido arrojados al desierto de lo real. De la Ciudad al Desierto: tendremos que habituarnos a vivir en otro paisaje. Porque el 11 de septiembre *sí tuvo lugar* (aunque ese lugar sea mucho menos un "antes y después" que lo que quisieran hacernos creer los medios; todo había ya empezado). Y en el desierto, donde no hay nada, solo queda construir. Hacer *historia*.

Este libro, como todos, no tiene un único autor. Hay, por supuesto, un "individuo" que lo escribió, un nombre que figura en su tapa. Pero a un libro lo hacen posible muchas personas, durante muchos años. Seres que escuchan, que leen, que aconsejan, que aman, que demasiado frecuentemente tienen que soportar a su "autor" -y que, por lo tanto, no son meros "coautores": son los afectos y las inteligencias sin los cuales ninguna empresa intelectual, por más modesta que fuera, tendría sentido-. Son seres como mi compañera Carina, mis hijos Cecilia y Federico, mi madre "Pompón", mi hermana María Laura, mis amigos más cercanos e "históricos" Norberto, Florencia, León, Alberto, Laura, Horacio, Liliana, Héctor, Mira, Julio, y algunos que ya no están: mi padre, Charlie, Miguel. Todos mis compañeros de las cátedras de Filosofía y Letras y de Ciencias Sociales. Y todos mis alumnos, de los que aprendo más de lo que ellos saben. *Last but not least*, aquellos y aquellas que además trabajaron como locos, aguantando mis demoras y ambivalencias, para que este libro fuera *materialmente* posible: Raúl, Moira, Andrea. A todos ellos, no voy a limitarme a agradecerles. No lo hicieron para hacerme un favor: lo hicieron porque *creen* que la cultura, que el pensamiento, que la pasión crítica, todavía valen la pena. Y eso es infinitamente más importante.

EDUARDO GRÜNER
Marzo de 2002

Prólogo

DE LAS RUINAS EN PELIGRO

Ser, en ciertos y determinados aspectos, un estricto conservador: quizá esta sea la única manera -una manera, hay que admitirlo, "defensiva"- de ser hoy lo que solía llamarse "de izquierda". La barbarie civilizatoria tardocapitalista, se sabe, consiste fundamentalmente en el bombardeo vertiginoso de "novedades" que apuntan a desplazar la densidad histórica de los objetos, los sujetos, los acontecimientos, los procesos culturales. Ni siquiera se trata ya de cortas *versus* largas duraciones: lo que se ha denominado como la *espacialización* de la experiencia aplasta la multiplicidad de dimensiones temporales en una planicie de instantes sucesivos sin espesor ni volumen. La imagen recuerda, un poco, la diferencia entre los relojes analógicos y los digitales. En los primeros, la marcha circular de las agujas remeda la órbita terrestre: uno puede sentir, justamente por analogía, que está "con los pies sobre la tierra", como se dice, acompañando un proceso "revolucionario" (aunque más no sea la revolución de las órbitas celestes). En los otros, la temporalidad, la historicidad, se vuelve un encadenamiento de *instantes* separados, discretos, encerrados en sí mismos: ya no hay proceso sino -para decirlo sartreanamente- serialidad, una experiencia posfordista de encadenamientos espaciales. Es, desde luego, una operación ideológica de primera importancia: la pérdida de una conciencia y también de un "inconsciente" históricos no atenta solo contra el recuerdo del pasado, sino -y tal vez principalmente- contra la constitución de lo que Ernst Bloch llamaba una "memoria anticipada". Es decir: contra toda forma de proyecto histórico que suponga la elaboración, no importa cuán imaginaria (¿acaso no lo son todas, en cierto sentido?), de un futuro *deseable,* aunque se lo entienda, habermasianamente, como mero "horizonte de regulación". Y aquí no se trata, tampoco, de "posmodernismo": hasta ese término -que, por comodidad y hábito, utilizaremos a lo largo del libro- se ha vuelto anacrónico y cada vez menos usado y usable. Irónicamente, se podría decir que lo que fue en su momento un concepto combativo del arsenal ideológico-discursivo del proceso de reconversión capitalista, ahora es un significante congelado y vacío que no define nada estrictamente reconocible (como sucedió con "Libertad - Igualdad - Fraternidad", digamos): también él fue disuelto en la licuadora implacable de la industria cultural (que hoy por hoy es *toda* la industria, transformada en un cúmulo de imágenes virtuales y desencarnadas).

Ser, pues, conservador-de-izquierda -construir *en serio* ese aparente oxímoron- es, en este contexto, y como genérica actitud, tomarse también en serio las *Tesis sobre la Filosofía de la Historia* de Walter Benjamin: recuperar el pasado no como (creemos que) fue, sino "tal como relampaguea hoy en un instante de peligro", reescribir la historia de los vencidos a partir de sus *ruinas,* de los jirones de miles de naufragios que han abandonado sus restos en las playas de la memoria, combatir con énfasis crítico la idea de "progreso" que los dueños -es decir, los expropiadores- de la Historia identifican con su propio éxito. Transformarse finalmente en los (¿por qué no?) custodios orgullosos de la inagotable reinterpretación crítica de un pasado cultural que el tardocapitalismo quisiera sencillamente borrar de sus *hardwares* atiborrados de transferencias bursátiles. ¿Incluimos, en ese "pasado actual", al marxismo? Por supuesto, entre otras cosas: hoy no basta decir -como se hizo tantas veces- que el método de análisis marxista permitía *por sí solo* la absorción y rearticulación de toda la cultura del pasado en la definición de una praxis para el presente. Entre otras razones porque nuestro presente no es una evidencia que pueda darse por descontada: su inestabilidad permanente, su perpetuo estado de crisis caótica (resultado, para decirlo luxemburguianamente, de que la siempre acechante bifurcación socialismo / barbarie *ya se decidió* a favor de la barbarie), no ofrece precisamente un fondo de mínimas certidumbres para el recorte de aquellas absorciones y rearticulaciones. Va de suyo que, ante la pretensión salvaje de que el marxismo es hoy una nostálgica pieza de museo -pretensión sostenida desde la más reaccionaria derecha hasta la social democracia-, combatiremos gallardamente bajo el estandarte (también sartreano) de "la filosofía insuperable de nuestra época"; no obstante la *cultura* político-ideológica marxista, al menos tal como fue leída y practicada empíricamente por muchos "marxistas", es también una benjaminiana *ruina* que requiere ser reexaminada en este "instante de peligro". Y tal vez incluso esto sea decir demasiado, o demasiado poco: después de todo, incluso los partidos de izquierda lo hacen, cada tanto, como ritual obligado de sacrificio en el altar de la autocrítica; cada tanto, vale decir en los intermedios hasta las próximas elecciones en que se comportarán nuevamente con el estupor que los caracteriza desde hace mucho.

En lo que sigue, pues, el lector encontrará una permanente oscilación entre, por un lado, la defensa del marxismo (de un marxismo abierto, complejizado, crítico, más interrogador que distribuidor de certidumbres) como matriz de pensamiento absolutamente vigente para examinar nuestra época, y por otro, un relevamiento de sus insuficiencias como cuerpo doctrinario cerrado sobre sí mismo y dogmatizado. Esto no es, desde luego, ninguna novedad: ha sido hecho muchas veces, y por pensadores harto más autorizados que nosotros, como los miembros de la Escuela de Frankfurt o Sartre en su *Crítica de la razón dialéctica* (por atenernos solo a la tradición del "marxismo occidental"). Pero eso fue, por supuesto, antes de la catastrófica caída de los llamados "socialismos reales" y, hasta cierto punto, antes de las profundas transformaciones sufridas por el modo de producción capitalista mundial en las últimas tres décadas ("hasta cierto punto", porque en esas obras monumentales -especialmente en el caso de la Escuela de Frankfurt- ya se atisbaban y se sometían a implacable crítica los nuevos desarrollos culturales e ideológicos, en el sentido más amplio, que hoy están plenamente instalados, yendo incluso más lejos que lo previsible en el camino de aquellas previsiones). Después de esas catástrofes y transformaciones, lo que se registra es un movimiento extraño, todavía difícil de definir: la emergencia de modos de pensamiento que no se resignan a perder el descriptivo "marxista" en su nueva denominación -serán "pos-marxistas", "neomarxistas", "marxistas postestructuralistas", lo que sea- pero que intentan diferenciarse de cualquier variante ortodoxa, aun la de la "heterodoxia ortodoxa" del llamado marxismo occidental. Posiblemente quien, en un cierto sentido, haya llegado más lejos por esta vía sea Alain Badiou, con su propuesta de que el marxismo está completamente *deshecho* como movimiento histórico, aunque pervive como hecho de discurso. Habrá quien objete, no sin sus razones, que semejante formulación no solo se coloca por fuera de cualquier cosa que pueda ser llamada "marxista", sino que es estrictamente *antimarxista*: ¿cómo pensar, sin querer renunciar del todo a Marx, un "hecho de discurso" ajeno al "movimiento histórico"? No obstante, la fórmula tiene su interés: al menos problematiza la relación entre "las palabras y las cosas" en una época en que ese vínculo está muy lejos de ser evidente. Por eso, mientras él no diga lo contrario, seguiremos considerando a Badiou, y a todos los que, de distintas maneras, sigan por esa vía, como *inscriptos,* todo lo conflictiva y problemáticamente que se quiera, en el mismo "discurso".

Por otro lado, esas catástrofes y esas transformaciones dieron también lugar, en su momento, a una inaudita proliferación de alternativas no marxistas (cuando no, ahora sí, decididamente antimarxistas) pretendidamente críticas del "sistema", y de cuyo éxito académico e intelectual aquel marasmo dogmático y doctrinario, inerme frente a la complejidad de las nuevas cuestiones, fue en buena medida responsable. La más exitosa de esas alternativas fue sin duda -y lo sigue siendo, aunque en las universidades argentinas solo recientemente se ha acusado recibo del fenómeno- la que dio en llamarse "estudios culturales" y, más mediatizadamente, su sustrato teórico en lo que denominaremos "filosofías post". A decir verdad, afirmar que lo sigue siendo representa una cierta concesión: tenemos la sospecha de que también ellos, -como reza la jerga juvenil- "ya fueron". Pero de ellos sí que puede decirse que sobreviven en el discurso aunque el movimiento histórico que fue su cuna se haya congelado. Y es justamente su éxito universitario el que asegura esa supervivencia: ya se sabe que es casi una condición de la lógica académica que ella separe incurablemente "las palabras y las cosas".

La seducción intelectual de esos estilos de análisis, generalmente acantonados (y es todo un síntoma) en los departamentos de Letras o de Comunicación, proviene de su extrema sofisticación teórica y complejidad discursiva -y conste que no tenemos nada *de principio* contra eso-, que no siempre se corresponde con un inicial impulso crítico que hoy en día ha quedado, por decir lo menos, sumamente rezagado. Pero proviene también de su capacidad de otorgar un barniz progresista y de izquierda a lo que en el fondo es un progresivo abandono de las grandes cuestiones histórico-filosóficas del siglo XX, en favor de lo "micro" o la "hibridez", y -con frecuencia, si bien algo vergonzantemente- bajo la bandera propagandística de la muerte de los grandes relatos (muerte, o asesinato más que prematuro, según sostendremos aquí). Incluso la gran tradición de la teoría y crítica literaria, estética y cultural -que es la que más ha sufrido la invasión de los estudios culturales- parece haberse empobrecido y haber perdido su creatividad aun en el plano que le era tan propio de la *escritura,* sin por ello haber ganado a cambio demasiada profundidad de análisis. Más aun: tanto esas teorías críticas como las llamadas ciencias sociales y humanas en general han perdido su auténtico espíritu crítico y *político* (otra vez, en el más amplio sentido del término) en favor del mero registro más o menos descriptivo de los nuevos fenómenos "microsociales" o "multiculturales" ahora existentes (o, en muchos casos, *hechos existir* con fórceps, por las necesidades de los correspondientes departamentos universitarios).

Por detrás de esta situación "teórica" hay un ideologema que -en nuestra modesta opinión- todavía no ha sido suficientemente explorado (aunque, como suele ocurrir últimamente, se pueden encontrar atisbos en la obra reciente de Fredric Jameson): el ideologema que tiende a fusionar, a *con-fundir*, la cultura con el arte, y por lo tanto a promover el retorno de la estética (incluyendo, principalmente, a la teoría literaria reducida a una estética más o menos *textualista*) como disciplina reguladora de la investigación filosófico-política, socioantropológica, o sencillamente humanística; lo cual conduce casi sin escalas a una reedición del secular problema de la "estetización de la política", para volver a Benjamin[7]. El movimiento es -o, al menos, parece- paradójico: los estudios culturales colonizan, explícita o implícitamente, los discursos previos rígidamente disciplinarios (de la filosofía a la antropología, de la teoría literaria a la historia, de la sociología a la semiótica, y *via dicendo*), de manera que *todo* queda subsumido en (y sometido a) la Cultura. Pero, como el propio Jameson ha venido analizando y denunciando consistentemente en los últimos años, la Cultura es hoy *el modo de producción (capitalista) como tal*: la pregnancia cultural (lingüístico-semiótica, simbólica, imaginaria, subjetiva) de las "fuerzas" y los "medios" de producción básicos del capitalismo tardío y mundializado -la informática y la robótica, los medios masivos de comunicación y la publicidad y, *last but not least,* el capital financiero especulativo, operando puramente con "signos" inmateriales- ha hecho de un "discurso" completamente disuelto en la lógica de la producción fetichizada

---

7 Véase, por ejemplo, Fredric Jameson: "Transformaciones de la imagen en la posmodernidad", en: *El giro cultural*, Buenos Aires, Manantial, 1999.

de mercancías un resorte constitutivo y decisivo de la propia configuración del "mundo de vida" de los sujetos sociales. De sujetos ya-no-sociales, e incluso ya-no-políticos (aun en la acepción "burguesa" clásica de los sujetos-como-ciudadanos-universales) sino jibarizados a su mero rol de *consumidores,* y esencialmente de consumidores de imágenes y símbolos igualmente desmaterializados que ya no solo se adhieren a las mercancías (como en el caso tradicional, y desde luego todavía vigente, del *packaging* y la publicidad inseparables de la imagen del producto), sino que son en sí mismos, repitámoslo, mercancías y también "fuerzas productivas". Estos son, al menos idealmente para el sistema, sujetos cuyo cuerpo ha quedado a su vez reducido a *una pantalla registradora* de impresiones audiovisuales por las que hay que *pagar.* Estos son los "sujetos culturales" que los estudios *ídem* y las filosofías "post" han tomado a su cargo para "deconstruir": sujetos desclasados, desnacionalizados, desetnificados, e incluso desexualizados (ya que el sexo y los "flujos deseantes" deleuzianos también han sido trasladados a las superficies catódicas del ciberespacio) por el *universal abstracto* de una (falsa, como veremos) "globalización".

En estas condiciones, el "retorno de la estética" no es más que el síntoma de un triunfo del modo de producción enteramente estetizado. Se trata, sin duda, de la "muerte del arte", pero en un sentido que es exactamente lo contrario de la autotrascendencia del Arte y su disolución en el Espíritu Absoluto hegeliano. Y también exactamente lo contrario del *arte autónomo* de Adorno, cuya irónica autotrascendencia en lo social consistía precisamente en su *diferencia* denunciadora de los desgarramientos, alienaciones y no reconciliaciones de lo social, que hacían del arte algo así como un producto antisocial de la sociedad. Ahora, al revés, el arte -entendido como mera lógica de la estetización de lo cotidiano- ha devenido un producto -y un productor- *social* de la "sociedad", en buena medida incapacitado para hacer evidente aquella *diferencia.* En estos términos, la deconstrucción del sujeto que esta lógica produce no puede menos que ser bienvenida; pero es necesario advertir asimismo sobre sus peligros: si se limita a deconstruir la "dispersión" del sujeto en la textualidad estetizante del modo de producción, sin *reconstruir*, el análisis crítico del propio modo de producción (lo que Jameson llama la *totalidad*) que lo ha hecho posible, estamos a un paso de la complicidad. Y no tan solo de complicidad con una superficial estetización, sino con el verdadero genocidio físico y cultural, "civilizatorio", que el modo de producción está llevando a cabo, y que la estetización enmascara, disimula y desplaza.

Los estudios culturales -y con mejores títulos la llamada "teoría poscolonial", como también veremos- deberían haber jugado un papel importantísimo en esa reconstrucción de una teoría crítica del presente, para la cual el marxismo tradicional, por sí mismo, es insuficiente (aunque de ninguna manera prescindible). Pero -explicitadas o no, estas son las hipótesis centrales que se encontrarán en el libro- no podrán hacerlo (más bien terminarán haciendo lo contrario), a menos que *superen* -en el sentido dialéctico ya aludido de autotrascenderse- su captura acrítica por el textualismo, lo microcultural, la celebración de la "hibridez" y la tentación de fascinarse con los aspectos "atractivos" de la globalización y la posmodernidad (aspectos que sin duda existen, pero que no pueden ser aislados como fetiches de la *lógica cultural* dominante del modo de producción, cuyos efectos son siniestros). Semejante autotrascendencia, a nuestro juicio, depende por lo menos de las siguientes condiciones:

1) La *reconstrucción* -que debería implicar la reconstrucción de los propios estudios culturales y en particular de la teoría poscolonial- de una teoría crítica de la cultura, que sea implacable en el análisis del modo como actualmente la Cultura *en tanto tal* es un instrumento de alienación, dominación y "engaño de masas" -para retomar la vieja y eficaz expresión de la Escuela de Frankfurt-. Esa reconstrucción supone también una teoría crítica del arte y la literatura que retome, a su vez, en las nuevas condiciones, la idea de una *autonomía autotrascendente*

de la singularidad de la obra en tanto praxis que necesariamente entra en conflicto innegociable con el actual "estado de cultura".

2) La *inscripción* de los estudios culturales, y en particular de la teoría poscolonial, en una *macroteoría histórica* del modo de producción y de su naturaleza "expansiva" o "globalizadora", tal como puede ofrecerla, aun con sus limitaciones y las reservas que nos merezca, así como con su propia heterogeneidad interna, la teoría del sistema-mundo de inspiración heterodoxamente marxiana, representada por nombres como los de Immanuel Wallerstein, Samir Amin o Giovanni Arrighi. A nuestro entender, solo esa inscripción permitirá un análisis *totalizador* (y defenderemos a rajatabla esta noción) de los "multiculturalismos" y las "poscolonialidades" erigidas como las grandes novedades teóricas de las últimas décadas.

3) La *reinscripción* de los estudios culturales, y en particular de la teoría poscolonial, en fundamentos filosóficos "duros" que permitan sortear las trampas evanescentes de la mera filosofía "post", y replantear el problema de la irresoluble tensión entre lo universal y lo particular, en el marco de una "dialéctica negativa" tal como pudo aparecer en la praxis teórica de pensadores como Adorno o como Sartre (por otra parte, tan diferentes entre sí).

4) La *recuperación* de una concepción trágico-poética-política de la experiencia de lo Real que ha desaparecido del horizonte teórico reciente, tal como puede encontrársela en el impulso originario del psicoanálisis de Freud, pero también en ciertas "filosofías malditas" -como hemos dado en llamarlas-, cuyos paradigmas del siglo XX podrían rastrearse en obras como las de Bataille, Girard o Blanchot, en las que la intersección de un pensamiento transfilosófico desacademizado con el arte, la literatura y una heterodoxa antropología histórica intenta dar cuenta de aquellos fundamentos *inter-dictos* (prohibidos, pero simultáneamente entre-dichos), desde una perspectiva diferente pero no desconectada de las preocupaciones "primarias" de las teorías citadas en los tres puntos anteriores.

Este movimiento de reconstrucción / inscripción / re-inscripción / recuperación, ¿significará, por su lógica misma, la *desaparición* lisa y llana de los estudios culturales? No lo podemos saber. Y si es así, tanto peor para ellos. De cualquier manera, tal como están hoy no son demasiado útiles a un pensamiento crítico liberador. A veces son incluso un estorbo. Sea como fuere, este movimiento reconstructor, que no tenemos miramientos en proponer aun si resultara *destructor* -y del cual en este libro solo podemos hipotetizar las direcciones todavía dispersas y fragmentarias que podría tomar- no puede limitarse a un pastiche de teorías y perspectivas críticas que no supongan otra cosa que un reordenamiento (si no una mera yuxtaposición) de segmentos de teorías ya hechas. Su deseo -si no necesariamente realizado- sería el de delimitar las condiciones de producción de algo "nuevo". Y eso nuevo (que no es lo mismo que decir "una novedad") debería tener una función primordialmente teórica y *política,* no en el sentido de *la(s) política(s)* al uso, sino en el de *lo político*: en el sentido de la redefinición de la "originariedad" misma de lo humano como tal, de lo que hace a una (no "esencialista", no "fundamentalista" pero sí) fundamental *onto-antropología.* Esta, al mismo tiempo, deberá estar imbuida de una auténtica *historicidad* que apunte a la "desustancialización" y desnaturalización de la Historia entendida como historia de un Occidente que ha forjado su autoimagen gracias a la *forclusión* de su Otro -llámese el mundo colonial y poscolonial, la mujer, el proletario, el marginal, etcétera (alteridad suprimida a la que, como acabamos de ver, podrían agregarse el arte y la literatura en sentido estricto)-, ese agujero negro en su centro que, en el mismo gesto por el cual es restituido en el camino de una filosofía de la liberación (como la que viene proponiendo, por ejemplo, Enrique Dussel), subvierte la imagen misma de una *necesariedad* de la existencia de "centros" y "periferias": la oposición de centros y periferias geográficos, económico-políticos, estético-culturales e incluso filosóficos (la oposición entre *la* Razón y *ciertas* "sinrazones", para el caso). Estas oposiciones son cuidadosas, a veces muy sutiles construcciones ideológicas del poder, pero su sutileza (como sucede la mayoría de las veces) está apoyada en relaciones de fuerza históricas que pueden ser desnudadas y sometidas a una crítica activa y apasionada. A su vez, ese desnudamiento y esa crítica, ese *striptease* -como lo llamaría Sartre- del pensamiento hegemónico en Occidente, de su pretensión de (falsa) totalidad, no podría sino hacerse, de nuevo, desde un lugar estrictamente situado en la particularidad (geográfica, económico-política, estético-cultural y filosófica) que nos ha tocado, y en su tensión y su dialéctica negativa con aquella pretendida totalidad. No quisiéramos que todo lo que sigue, aun en lo que tuviese de especulación aparentemente abstracta, fuera leído (no digamos ya comprendido) fuera de ese *campo de batalla,* de ese espacio de conflicto e incluso de esa tierra de nadie representada por "nuestra" situación.

Es necesario entender bien esto. Aun -y quizá sobre todo- en las vertientes más "progresistas" o "de izquierda" de los estudios culturales, existe actualmente la tendencia a dejarse seducir por la metáfora de la "desterritorialización", según la cual el proceso globalizador habría vuelto obsoleta toda reflexión realizada desde la afirmación de un espacio (geográfico, político, simbólico, identitario, etcétera) particular. Un buen ejemplo de esta tendencia puede encontrarse en un ensayo reciente de Renato Ortiz cuando dice:

> *Se trata de lugares, de sitios, que revelan la desterritorialización del espacio, condición necesaria para la construcción de un mundo-mundo. No tiene sentido pensarlos como el fruto de relaciones internacionales, puesto que ya no se vinculan con este o aquel país, con el Primer o el Tercer Mundo [...] Para aprehender enteramente las consecuencias derivadas de las transformaciones del inicio del siglo XXI, se hace necesario un desplazamiento de la mirada científica. La comprensión de un mundo desterritorializado requiere un punto de vista desterritorializado [...] En lugar de pensar el mundo desde América Latina (como dicen nuestros colegas*

*latinoamericanos), propongo una reorientación de la
mirada. Pensemos el mundo en su flujo, y luego hagamos las preguntas pertinentes a nuestras realidades [...]
La modernidad está constituida por un conjunto en el
cual el todo se expresa en la individualidad de las partes.
Diversidad y semejanza caminan juntas, expresando la
matriz modernidad-mundo en una escala ampliada*[8].

En su último libro (del cual nos ocuparemos con detalle
más adelante) Antonio Negri y Michael Hardt parecen coincidir, extrañamente -aunque desde una perspectiva infinitamente menos complaciente y más crítica que la de Ortiz-, con
este diagnóstico[9].

No estamos de acuerdo con una sola de estas afirmaciones. Buena parte de este libro estará directa o indirectamente
dedicada a la crítica de la falacia de la desterritorialización (lo
cual no implica, por supuesto, que dicha falacia no sea el síntoma
ideológico de algo que esté realmente sucediendo). Señalemos
por ahora, de modo sucinto, las principales objeciones:

a) Mientras existan las fronteras jurídicas, los pasaportes,
los impedimentos para que los obreros turcos trabajen en
Berlín, los neofundamentalismos nacionalistas, los ejércitos y
fuerzas de represión estatales, el FMI o el Banco Mundial (que,
lejos de ser solamente entidades "transnacionales", son también instrumentos de dominación de la burguesía de la nación
norteamericana), los códigos penales aplicables a unas naciones y no a otras (Pinochet puede ser juzgado en Londres, pero
no tan fácilmente en Santiago de Chile), la represión contra
los movimientos anti-sistémicos a cargo de ejércitos y policías
nacionales y tantas otras y heterogéneas realidades perfectamente localizables, nada nos convencerá de tomar como evidencia indiscutible la metáfora de la desterritorialización, ni

---

8 Renato Ortiz: *Otro territorio,* Bs. As., Universidad Nacional de Quilmes, 1996.
9 Véase Michael Hardt y Antonio Negri: *Empire,* Cambridge (Mass.), Harvard
University Press, 2000. [Ed. cast.: *Imperio,* Buenos Aires, Paidós, 2002]

muchísimo menos la pertinencia de desestimar las diferencias entre el "Primer" y el "Tercer" Mundo, aunque esas mismas denominaciones puedan también, hoy, someterse a discusión.

b) La comprensión de un mundo desterritorializado (si es que tal cosa existe *en general* y *en abstracto*: acabamos de decir que la hipótesis nos parece harto dudosa) no requiere "un pensamiento desterritorializado", sino *precisamente todo lo contrario*: sin necesariamente defender el provincialismo tolstoiano que aconseja pintar la propia aldea para conocer el mundo, sí creemos (es un complejo debate filosófico que tendremos que intentar aclarar más adelante) que no solo es deseable, sino la única posibilidad para el pensamiento, hacerlo "arrancar" de la realidad particular que lo condiciona *inmediatamente*, aunque ella aparezca en primera instancia caótica: hacerlo arrancar de lo que Marx hubiera llamado lo concreto-percibido (y por ello el propio Marx hace "arrancar" su análisis crítico de la "globalidad" capitalista de lo que todos tenemos más inmediatamente ante nuestros ojos: la mercancía). Lo cual no significa, desde luego, que después el orden de la exposición tenga que seguir puntualmente el orden del pensamiento -de hecho, nosotros mismos no lo haremos así-.

c) Por lo tanto, se trata *exactamente* de "pensar el mundo desde América Latina", *exactamente* como dicen (muchos de) nuestros colegas latinoamericanos (categoría que, debemos colegir, *no* incluye al desterritorializado profesor Ortiz, aunque su pasaporte lo sindique como brasileño). Justamente, "pensar al mundo en su flujo" requiere pensar las particularidades de *nuestra* propia inserción diferencial en ese flujo, para evitar la ilusión que le preocupa al propio Ortiz: la de la completa homogeneidad del flujo, y poder identificar el carácter desigual (y combinado) por el cual el flujo determina que haya no homogeneidad sino *hegemonía*, es decir dominación, es decir, sí un "Primer" y un "Tercer" Mundo -con los términos nuevos que se quiera-, aunque no solo eso (y es significativo que en ningún momento Ortiz hable de "clases"). Asimismo, para "pensar al mundo en su flujo" hay que evitar las categorías esencialistas -salvo en el sentido de un "esencialismo estratégico" como el que invoca Gayatri Spivak, y que ya discutiremos-. Va de suyo que ese "pensar desde América Latina" no es un pensar desde la nada, como si el pensamiento empezara con nosotros: todo lo contrario, se trata de *reapropiarse* críticamente de todo lo que sea necesario de lo que ha sido pensado desde siempre y en cualquier punto del "flujo". Pero lo que hace la entera diferencia no es tanto el enunciado como el lugar de enunciación.

d) Que "la modernidad está constituida por un conjunto en el cual el todo se expresa en la individualidad de las partes" es exactamente la falacia de la *totalidad expresiva* que hace ya treinta y cinco años Althusser criticaba en el pensamiento idealista de Hegel,[10] del mismo Hegel que más adelante en su texto Ortiz criticará duramente, en particular por su dialéctica del Amo y el Esclavo en la *Fenomenología del Espíritu,* que habría inspirado a Frantz Fanon una visión crudamente tercermundista de la dominación colonial. A esta altura, no hace falta decir que nuestra propia visión es exactamente la opuesta: la dialéctica del Amo y el Esclavo está entre lo mejor que ha concebido Hegel, precisamente porque todavía no ha caído allí en la "totalidad expresiva" de la *Filosofía de la Historia* o la *Filosofía del Derecho,* y Fanon es uno de los autores que mejor ha aprovechado esa inspiración. La de Althusser es una crítica, por otra parte, que en otros términos ya había sido emprendida por Adorno en su *Dialéctica negativa,* bajo la denominación de "pensamiento identitario": precisamente el tipo de pensamiento que Ortiz se propone combatir, y en el cual cae indefectible y paradójicamente con su tesis de la individualidad que "expresa" al todo. Y esta es una tesis que inevitablemente conduce a la siguiente afirmación que hemos citado: "Diversidad y semejanza caminan juntas, expresando la matriz modernidad-mundo en una escala ampliada". En efecto, solo la tesis de la totalidad expresiva puede legitimar la idea de que la diversidad y la semejanza *caminan juntas* (¿debemos entender

---

10 Louis Althusser: *Para leer "El Capital"*, México, Siglo XXI, 1972.

que coexisten más o menos pacíficamente?), cuando lo que nosotros nos proponemos demostrar es que hay entre ellas un conflicto permanente y a menudo trágico, provocado por aquella "desigualdad combinada" de una dominación violenta: cosa que hubiera podido discernirse mejor en la idea adorniana de que *no hay* tal totalidad expresiva, de que la parte no "expresa" al todo sino que guarda con él una relación de tensión irresoluble bajo esa dominación de la "falsa totalidad" que, para nuestro caso, es el capitalismo mundializado. Imaginar que las partes expresan armónica y "totalmente" al todo es pasar por alto -con el peor, aunque sea no intencionado, gesto ideológico- que lo que se llama el "todo" es justamente una *parte,* una "individualidad" que en virtud de su carácter hegemónico puede *aparecer* como totalidad. Es en este contexto que solo admitiremos el concepto de "todo" o "totalidad", a la manera de Jameson, para nombrar con todas sus letras lo que hace que *nuestra* "parte" sea la peor: el modo de producción capitalista mundializado. Que es justamente -y aquí llegamos al meollo de la cuestión- lo que Renato Ortiz *no quiere* hacer, como lo dice él mismo explícitamente ("a confesión de *parte...*"): "Más aun, es incluso posible considerar el neoliberalismo como 'causa' de ese estado de cosas. No es esa mi intención". Pues bien: sí es la nuestra, aunque no sea ciertamente la única intención. Para empezar, porque justamente se trata también, pero no solo, del neoliberalismo.

Se trata, entonces, de pensar en *situación.* A esa situación preferiríamos no llamarla la de las "víctimas". No nos termina de conformar ese término, con su connotación de cierta *pasividad inocente.* Preferimos un concepto benjaminiano que ya hemos introducido: el de "los vencidos". Sin embargo, no podemos negar que hay al menos dos modos en los que el término "víctima" tiene sentido: por un lado, en la teoría del "chivo emisario" de Girard y otros, sobre la que hablaremos en su momento a propósito de nuestra ya mencionada hipótesis sobre la recuperación de lo trágico; por otro -un lado, digamos, más inmediato- en la también mencionada cuestión de la globalización, vale decir, de lo que Samir Amin llama una *mundialización trunca del capitalismo,* que ya ha "victimizado" (y continuará haciéndolo) a las inmensas mayorías de la población de África, Asia y América Latina, y a una parte importante de la del Primer Mundo, o sea, a más de las tres cuartas partes del planeta. Aun en las admoniciones "progresistas" contra la globalización, cuando se habla de los "excluidos", cuesta reconocer la inimaginable dimensión *cuantitativa* de tal exclusión (que además debería incluir en su contabilidad a las generaciones futuras, ya condenadas de antemano): "excluidos" suena siempre a una minoría *descartable por* el sistema; pero aquí estamos hablando de *la enorme mayor parte de la humanidad.* Y no estamos, siquiera, hablando de su exclusión, sino de su mera supervivencia biológica -no digamos ya cultural, social o "psicológica"-; en este sentido tiene razón el ya citado Dussel cuando dice que, hoy, una ética universal es posible (y necesaria) precisamente porque aquella mundialización capitalista ha puesto en peligro esta supervivencia de la especie -y, *a fortiori,* del planeta mismo, por primera vez realmente amenazado de *extinción inminente-.* Es por eso, insistimos, que hoy hay lugar, más que nunca, para un "universalismo" ético: este tendría que asentarse sobre la defensa de lo más universal posible, la propia posibilidad de la producción y reproducción de los *cuerpos* vivientes.

Pero, una vez más: esa defensa de la *universalidad* de la vida solo puede hacerse desde la *particularidad* de los "vencidos", de los más amenazados. Y aquí sigue siendo absolutamente válida la intuición de Marx, cuando (además de defender la pertinencia del "cuerpo universal de la especie", en los *Manuscritos*) sostenía que solo el estricto *particularismo* de los que no tienen ya "nada que perder" -no importa si hoy los llamamos "proletariado", "Tercer o Cuarto Mundo", o lo que fuere: digamos, para hablar mal y pronto, los "Otros" del sistema- puede alcanzar el rango de un pensamiento auténticamente *universal,* precisamente porque saben -al menos, *pueden* saber- que han sido encerrados por los vencedores en su particularidad siniestra. En cambio, los amos del "centro" -del centro del sistema, que no es *solamente* geográfico o geopolítico- *no quieren* saber (dejarían de ser tales amos si quisieran) que sus pretensiones de universalidad globalizante no son más que la proyección *forzada*, hecha a la fuerza, de sus miserables intereses particulares. Mientras que su pensamiento apenas puede alcanzar un rango *instrumental*, para decirlo con Adorno, el de "los Otros" puede ser *material*, es decir, dialéctico: puede caminar en la cuerda (no floja, sino) *tensionada* entre lo universal y la particularidad. Puede aspirar a la reconstrucción de un pensamiento planetario, que tome por las astas la falacia de que el mundo -incluido el "moderno"- haya sido necesariamente construido a partir de un centro (un centro geográfica e históricamente ínfimo, como fue Europa occidental en su momento o los Estados Unidos actualmente), cuando en verdad es ese "centro" el *que se autoconstruyó* como tal ejerciendo el más poderoso de los poderes: el *de ocultar el* lugar decisivo que "los Otros", el resto del mundo, tuvieron en tal autoconstrucción.

Lo cual nos presenta, por cierto, un grave problema: un problema terminológico-lingüístico, es decir, filosófico-autropológico (los significantes de una lengua también construyen sus sujetos, incluido en cierto nivel su cuerpo biológico), es decir, *político* (todo significante es, en última instancia, político; organiza la relación del sujeto con la simbolicidad de su *polis*). Lo que hemos llamado el pensamiento de "los Otros", por lo tanto, no es tal; es el pensamiento de una *parte mayoritaria de* lo mismo (el mundo) a la cual se le ha rehusado su lugar constitutivo en el todo (identificado con *su parte minoritaria*: Europa occidental / Estados Unidos, y ni siquiera *todo* eso, sino sus clases / etnias / culturas / géneros dominantes), transformándola en "la parte que no tiene parte" de la que habla Jacques Rancière[11]. Cuando decimos "los Otros", entonces, hablamos no tanto la lengua de los vencidos como una *lengua vencida*: admitimos una calificación que nos ha sido otorgada

---

11 Jacques Rancière: *El desacuerdo,* Buenos Aires, Nueva Visión, 1996.

por la parte-Amo, y que es tanto más engañosa e insidiosa dado que pretende ser una muestra de comprensión, de tolerancia.

El problema lo presentó ya hace mucho, y como no podía ser de otro modo, Sartre, al postular el escándalo de que es *estructuralmente imposible no ser "racista"*: cuando el progresista afirma la bondad de ser tolerante con el "diferente", con "el Otro", empieza, sin advertirlo, por arrogarse el poder de calificar a *eso* como alteridad, como diferencia; puesto que (como lo dice Lacan, después de Sartre) "no hay Otro del Otro", el progresista -no digamos ya el racista declarado y consciente- no puede ser sino el uno, la mismidad, *a partir del cual* se *definen* el Otro y la Diferencia. ¿Se ve la trampa? Es la paradoja del mentiroso, bien conocida por los presocráticos: si digo que *siempre* miento, entonces esto que digo (que *siempre* miento), o bien es también una mentira -de lo cual se deduce que *alguna vez* debo decir una verdad-, o bien es verdad -de lo cual se deduce que *esta vez* no miento-. En ambos casos, mi pretensión de universalidad se derrumba como un castillo de naipes, por el solo hecho de declararla: el enunciado universal no resiste la enunciación particular. No hay Otro del Otro. Por lo tanto, cada vez que en este libro, por comodidad terminológica (o porque, como decía Roland Barthes, la lengua es por definición totalitaria: *obliga* a decir ciertas cosas), hablemos de "el Otro / los Otros", deberá escucharse: *el Mismo / Otro-como-parte-que-no-tiene-parte porque ha sido excluida de su lugar constitutivo de lo mismo para que no pueda verse que lo mismo solo es tal porque justamente le falta una parte con la que no quiere saber nada.* Esa "escucha" es más sencilla de lo que parece, pero requiere un esfuerzo *ideológico y político* para aceptar su sencillez.

Pensada en esos términos, la situación del Otro es trágica; su deseo de totalidad solo puede ser satisfecho por el fracaso en obtenerla. Pero la autocomplacencia del "mismo" (de aquel que siendo una ínfima parte llamada Centro cree serlo todo) es *cómica*: alucina *estar ya en* la totalidad, no "depender" de nadie -al contrario, el Otro es el dependiente: hasta la llamada "teoría de la dependencia" terminó, a su manera, cayendo en la trampa-. Denunciar esa *comedia* (esa *farsa,* diría Marx) de la falsa totalidad, y denunciarla desde el espacio de la *tragedia,* es ya, muy modestamente, empezar a terminar con las pequeñas historias, y a interrogar las condiciones de posibilidad de un *auténtico* "gran relato". Lo decíamos al comienzo: los estudios culturales -que pretenden ocuparse de las fragmentaciones del Otro- no están *(ya* no están) preparados para esa empresa: han asumido demasiado *seriamente* -esto es, sin la suficiente cuota de tragedia- el lugar del Otro, de la "parte" como (falsa) *autonomía.* La teoría poscolonial está, sin duda, un poco mejor preparada: su propio objeto le demanda preguntar por las aporías de la relación mismo / Otro; pero su fascinación por interrogarla en tanto (casi) pura *textualidad* -cosa que la relación también *es,* desde ya- termina por *sacarle el cuerpo* a aquella ética de la producción/reproducción: la *des-tragediza.* Lo que más adelante (y en el resto de este libro) proponemos como operación en cuatro movimientos -*reconstitución* de una teoría crítica de la cultura, *inscripción* en la teoría del sistema-mundo, *reinscripción* en fundamentos filosóficos "duros", *recuperación* de las experiencias de lo trágico-poético-político- no pretende ser un *salvataje* de los estudios culturales o la teoría poscolonial (eso sería apenas una disimulada concesión a ciertos prestigios académicos), ni mucho menos una *introducción* a dichas constelaciones discursivas (cuyo conocimiento aproximado deberemos dar por sentado, aunque en aras de la claridad nos veamos obligados a referirnos a algunas de sus premisas), sino una manera de -por decirlo así, aunque suene un tanto soberbio- *darles una oportunidad,* someterlos a prueba. Este libro es, escasamente, un paso preliminar en esa dirección. Mal podríamos, después de todo lo dicho, aspirar ni siquiera a una pequeña totalidad. Ni mucho menos hacerlo solos: esperamos ayuda.

¿Estudios culturales
o teoría crítica de la cultura?

*Casi siempre que se presenta un problema
insoluble nos percatamos de que la búsqueda
de la solución nos encamina hacia la Historia.*
G. LUKÁCS

*En cuanto olvidamos que la ficción es ficticia
incurrimos en un retorno al peor de los mitos.*
F. KERMODE

Introducción

LA CULTURA DESPUÉS DE KOSOVO

Introducir la cuestión de los estudios culturales de manera que no aparezcan como un simple dato abstracto del actual panorama de la cultura mundial, requiere una descripción necesariamente breve y esquemática (y a esta altura quizá redundante) de las transformaciones operadas en el mundo en las postrimerías del siglo recién terminado.

El bloque soviético, para bien o para mal -no es algo tan fácil de evaluar en una línea-, ha desaparecido. El socialismo -el de Marx, pero también el de los socialdemócratas "históricos"- ha dejado de ser un ideal de las masas, así como de la mayoría de los intelectuales. El marxismo, como teoría simultáneamente crítica, "científica" y políticamente eficaz, ya no es dominante en la cultura de la izquierda. La propia noción de "izquierda" ya no parece definir algo claramente identificable, ni ser un significante por el que valga la pena romper lanzas. Incluso "laborismo" o "socialdemocracia" ya no son palabras que convoquen imágenes nítidas de, por ejemplo, los "reformistas" opuestos a los "revolucionarios". Por lo tanto, tampoco "derecha" dice gran cosa, salvo cuando se la reserva (interesadamente y con horrible mala fe) para calificar a los neonazis y otros fundamentalistas, que pasan así por ser algo radicalmente diferente y ajeno a los fundamentalistas del mercado mundializado, o a la derecha neoconservadora que a paso firme está transformando el mundo entero en un gigantesco campo de concentración, con sus prisioneros (internos o externos, incluidos o excluidos, incluidos *como* excluidos) del *shopping* y la CNN "globales".

En verdad, esta "inutilización" del lenguaje clásico de la primera mitad del siglo xx es, en cierto sentido, el triunfo más espectacular de (lo que antes se llamaba) el Sistema. Puesto que el lenguaje no se limita a nombrar, sino que a veces *produce* "realidades" -representaciones que *hacen hacer* cosas a la gente-, la desemantización de esas palabras tiene el efecto de una igualmente gigantesca *desustancialización* del mundo. Pero no en el (buen) sentido que ya desde Marx, Nietzsche o Freud -por vías desiguales pero combinables- promovía la crítica implacable de los falsos sustancialisinos eternos y originarios que hacían aparecer los intereses particulares "naturalizándolos" como categorías universales indiscutibles, sino en el sentido de que han sido privadas de sustancia las *diferencias* (no importa cuán imaginarias), de tal modo que todo parece haberse transformado en una cuestión de meras *preferencias,* inmotivadas, azarosas, contingentes, imposibles de ser juzgadas por sí mismas: sobre "gustos" (político-ideológicos, estético-culturales, erótico-sexuales), se sabe, no hay nada escrito, ni los gustos están condicionados ni atravesados ya por inercias históricas, hegemonías culturales o determinaciones socioeconómicas, y por lo tanto no se les demanda que sean argumentados, demostrados o justificados. La nueva *legitimidad "democrática"* que acompaña a la colonización mundial por el mercado (y está de más abundar sobre el modo en que ambas cosas -democracia y mercado- han conseguido identificarse, por primera vez en una historia que ha olvidado que los mercados pudieron siempre existir junto con y gracias a instituciones como la esclavitud, la servidumbre, la explotación de la fuerza de trabajo y, cuando fue necesario, el genocidio; y que, del mismo modo, tiende ahora a olvidar las numerosas maneras bajo las cuales la subordinación al mercado ha corrompido la democracia, vaciándola de contenidos, para fetichizarla en el reino del puro *procedimiento*), esa nueva legitimidad reside en la ausencia de toda legitimidad: es decir, en un criterio de pura eficacia (de pura "racionalidad instrumental", dirían Weber o Adorno) que ya no siente la necesidad de justificarse teórica, ideológica o éticamente. Cuando se habla de "pensamiento único", en el fondo se quiere decir esto: que hoy es factible "pensar" *cualquier cosa,* puesto que los límites de la reproducción del sistema están asegurados.

Sin embargo, por supuesto que la Historia no se ha terminado, ni su movimiento -aunque se lo juzgue un retroceso- se ha detenido. Al menos hay un "avance" del que podemos estar seguros: el de la consolidación prácticamente incuestionada y mundial del neoliberalismo globalizado. Siguiendo un reciente resumen de Perry Anderson[12], esa consolidación (y ese "incuestionamiento") se expresa en las siguientes tendencias:

1) La primacía prácticamente absoluta del capitalismo norteamericano en todos los campos: económico, político, militar, cultural.

2) El abandono, por parte de la socialdemocracia europea triunfante en los principales países de la Comunidad Europea, de toda barrera de contención al "modelo americano", incluyendo la desregulación y privatización no solamente de las industrias sino de los servicios sociales, aun más allá de los límites de los regímenes conservadores previos.

3) La crisis del otrora pujante (y de lo que fue para muchos la esperanza de una "alternativa") capitalismo japonés y, en general, de los "tigres" asiáticos, gradualmente apremiados para someterse a los estándares desregulacionistas y con crecientes índices de desocupación.

---

12 Perry Anderson: "Renewals", *New Left Review* (nueva época), n° 1, enero / febrero de 2000.

4) La nueva economía de Rusia y los países del Este ("el eslabón más débil del sistema mundial de mercado"), que no ha provocado ninguna reacción popular importante, a pesar de su catastrófica regresión en materia de producción y expectativas de vida.

5) Desde un punto de vista ideológico, el consenso neoliberal ha logrado un nuevo punto de equilibrio con la "Tercera Vía" de Clinton-Blair (que han venido a sustituir a la pareja Reagan-Thatcher), cuya estrategia es no atacar verbal y frontalmente -aunque sí en los hechos, mucho más de lo que se deja entrever- el placebo de un Estado compasivo, basado en la compatibilidad (imposible, como lo sabemos desde Hobbes) entre la competencia salvaje y la solidaridad social. Como lo ha dicho cínicamente Thomas Friedman, "hoy nadie se atrevería a ser un buen globalizador sin primero ser un buen socialdemócrata".

6) Desde un punto de vista cultural en sentido estricto, y para enunciarlo muy esquemáticamente, tres fenómenos principales deben ser tenidos en cuenta: (a) el masivo desplazamiento desde los códigos verbales a una dominación (tan incontestada como la de los Estados Unidos, y estrictamente ligada a ella, si se toma en cuenta la pregnancia de su colonialismo cultural) de los códigos visuales; (b) la tensión entre la cultura dominante y las subordinadas o contestatarias (de las vanguardias estéticas al rock, del neomodernismo cinematográfico de los sesenta a la literatura de "resistencia", etcétera) se ha reducido prácticamente a cero: estamos en el reino inconmovible de la fetichización mercantil y la industria cultural; (c) la puesta en relación conflictiva de las culturas "alta" y "baja", característica del período modernista, tiende asimismo a cero, por las mismas razones que las señaladas en (b), y por la emergencia de un neopopulismo estetizante posmoderno que -como diría Jameson- ha trocado el distanciamiento irónico modernista (tal como originariamente lo plantearon Brecht o los formalistas rusos) por un pastiche o un *kitsch* igualadores, en los que la *escenificación*

del conflicto entre lo "alto" y lo "bajo" -que representaba la idea de la cultura como "campo de batalla" a la manera de un Gramsci o un Bajtín- ha quedado sepultada en la *commodification* mercadotécnica indiferenciada.

7) Finalmente, la guerra de los Balcanes ha venido a cerrar la década con su demostración militar (y diplomática) de la ascendencia de esta constelación de cambios. La comparación con la guerra del Golfo indica cuánto más fuerte que entonces es el llamado Nuevo Orden Mundial: Bush padre tuvo que movilizar un gigantesco ejército para revertir la invasión iraquí de Kuwait, en nombre de la protección de los intereses petroleros occidentales, sin tener éxito en el derrocamiento del régimen de Bagdad. Clinton, por su parte, sometió a Serbia por la acción de las bombas, sin que ninguno de sus soldados tuviera que disparar un solo tiro, en nombre ya no de intereses económicos sino del imperativo "moral" de detener la limpieza étnica.

¿Qué tiene que ver todo esto con el tema de este libro? Mucho, y en muchos sentidos. Centrémonos por el momento solo en los puntos primero, sexto y séptimo. La primacía absoluta del modelo norteamericano desmiente la sensación de pluralismo, multi-culturalismo, hibridez, fragmentación cultural, etcétera, que muchas veces parecen transmitir los estudios culturales. Por el contrario, hay una unidad "subterránea" de la lógica (económica, política, militar y *cultural)* que preside esa fragmentación: incluso puede decirse -como lo argumentaremos más adelante- que en buena medida la fragmentación es estrictamente *funcional* a la unidad (así como más arriba decíamos que la posibilidad de decir cualquier cosa es funcional al pensamiento único). Lo cual no significa, desde ya, que la fragmentación no exista: ninguna ideología es eficaz si no dice parte de la verdad. Pero el problema es, justamente, la relación de la parte con el todo: es en la supresión -o, al menos, el desplazamiento- de esa relación donde se verifica la ideología como operación lógica, y no como mera colección de contenidos (que en sí mismos serían fácilmente refutables).

Es esa misma lógica de lo único la que preside los fenómenos enumerados en el punto seis. Ya a fines de la década del cuarenta, Adorno y Horkheimer habían analizado la diferencia radical implicada en el triunfo de la industria cultural: ya no se trata de que con la consolidación del capitalismo toda obra de cultura puede potencialmente ser transformada en mercancía (este es un proceso, después de todo, que viene desarrollándose desde los inicios mismos de la modernidad), sino que ahora es directamente y desde el origen *concebida y producida* bajo la lógica de la mercancía[13]. El imperio de la "visualidad" contribuye de manera decisiva a esta transformación, en la medida en que postula una (falsa e ideológica) transparencia y traducibilidad universales de una imagen que ya no entra en conflicto con la palabra, sino que la absorbe del mismo modo en que la lógica mercantil absorbe las contradicciones que le plantean las vanguardias (que, por lo tanto, ya no existen como tales). En este contexto, no queda prácticamente espacio para la *negatividad* de la obra autónoma adorniana: todo el arte y la cultura tienden a ser *afirmativos,* en el sentido de Marcuse[14]. Las diferencias aparentes entre los estímulos se multiplican al infinito, pero todas terminan tarde o temprano subordinadas a la estilística de Hollywood, MTV o la Web, para ponerle nombres paradigmáticos. Y no es, claro está (tendremos mucho que decir sobre esto) que las identidades (culturales, nacionales, étnicas, sociales, de género, etcétera) no sigan siendo -y probablemente más que nunca- un espacio de conflicto, sino que el imperio de la *visualidad* tiende a opacar la *visibilidad* de ese espacio.

En cuanto al punto séptimo (la guerra de los Balcanes, Kosovo), no nos importa aquí tanto el análisis de la propia guerra, ni la "verdadera" naturaleza del régimen de Milosevic, como la diferencia, tan agudamente destacada por Anderson,

---

13 Theodor W. Adorno y Max Horkheimer: *Dialéctica de la Ilustración*, Madrid, Trotta, 1994.

14 Herbert Marcuse: "Acerca del carácter afirmativo de la cultura", en *Cultura y sociedad,* Buenos Aires, Sur, 1969.

con todas las otras agresiones imperialistas anteriores: a saber, que ha logrado hacer *verosímil* la agresión, la masacre masiva y el genocidio, por razones "humanitarias". Esto representa una corrupción cultural, incluso lingüística, prácticamente sin precedentes en la historia: ni los nazis habían llegado a tanto en el insulto a la competencia simbólica de los seres humanos. Pero instalémonos un paso antes de la indignación moral: estamos ante un indicador (particularmente dramático, pero solo uno más) del carácter decisivamente *cultural* que ha adquirido el modo de producción capitalista en su nueva fase hegemónica. Lo decimos muy en serio, y no como metáfora: la *cultura* (en el sentido amplio de la generación de nuevas formas de lo simbólico, lo imaginario y lo subjetivo) es actualmente la *función dominante* en las relaciones de producción[15].

Por todas estas razones, la reconstrucción sobre bases relativamente nuevas de una teoría crítica de la cultura se ha vuelto urgente, imperiosa. Pero la paradoja -y esa paradoja *es*, "meta-paradójicamente", la razón misma de la necesidad de aquella reconstrucción- es que la urgencia emerge en el contexto de "desustancialización" (ahora en el mal sentido) antes descripto. Como dice Anderson,

---

15 Godelier, con el fin de sortear los malentendidos del esquema "base económica/ superestructura ideológico-cultural", propone modificar la terminología althusseriana de las "instancias" dominantes y la "última instancia" determinante, para hablar de una *función* dominante dentro de una "base económica" definida centralmente por las relaciones de producción, las que a su vez son definidas básicamente por aquella función dominante. Así, la función dominante en la *polis* antigua es la política; en la sociedad feudal, la religión; en las sociedades primitivas, las estructuras de parentesco, y así sucesivamente. Solo en el capitalismo hay una relativa coincidencia entre la función dominante (la económica) y la "base" como tal. Pero, volviendo a la ya citada tesis de Jameson, parecería que en esta fase del capitalismo informático-financiero, la función ideológico-cultural (en el sentido amplio mencionado) se ha vuelto dominante y, en ese sentido, estamos más cerca de la Edad Media (y en otro sentido, si tomamos en cuenta la incontestable dominación militar y cultural de *un* centro de poder, los Estados Unidos, estamos más cerca del Imperio Romano) que del capitalismo industrial clásico" (véase Maurice Godelier: *Lo ideal y lo material*, Madrid, Taurus, 1989).

Y si bien cierto marxismo "occidental" mantiene una no desdeñable vigencia académica (quizá no tanto Sartre, Adorno o Marcuse, pero sí Benjamin o nombres más recientes como el propio Perry Anderson, Eric Hobsbawm, Raymond Williams, Fredric Jameson) hay simultáneamente un muy vasto espectro intelectual que se define vagamente como "de izquierda", pero que tiene muy poco, o ningún, origen estrictamente marxista, y cuyo soporte teórico es altamente diferencial y fragmentado: de Derrida a Habermas, de Foucault a Bourdieu, de Deleuze a Amartya Sen, etcétera. El resultado es por cierto "espectacular" en cuanto a la presencia de una intensa energía y productividad teóricas, pero cuya suma *social* es significativamente menor al valor de sus partes *intelectuales*. Para no mencionar que también ellos, en su modesta medida, han terminado conformando una suerte de "industria teórica" dentro de la industria cultural.

Los estudios culturales ocupan en relación con esto un lugar ambivalente: si por un lado su coto de caza privilegiado -y en muchos sentidos su espejo identificatorio- es el neopopulismo estético-cultural, por el otro intentan extraer su inspiración filosófica de la "alta cultura" industrializada (la academia y la universidad son hoy el *mercado* de la industria teórica), representada por las "modas" postestructuralistas / deconstructivistas (y aclaremos que, como ya se verá, distinguimos las modas de los auténticos fundamentos teórico-filosóficos). Ese "intercambio" da como resultado una mezcla (un pastiche, un *kitsch*) de oscurantismo y populismo que es al mismo tiempo demagógica y despolitizadora. El "populismo oscurantista",

---

16 Perry Anderson: ob. cit.

en el fondo, remeda un igualitarismo de las *equivalencias* -entre votantes y consumidores, entre lectores y espectadores-, que disimula eficazmente las desigualdades profundas en materia de producción de (y acceso al) saber y la cultura:[17] es un terreno en el cual el cinismo de la derecha y la timidez de la izquierda pueden (peligrosamente) colaborar. Es cierto que, por fortuna, hay "contracorrientes": a modo de compensación (modesta pero interesante) de estos desarrollos desalentadores en el centro metropolitano del mundo, y en buena medida como consecuencia reactiva de una (falsa) globalización o una (trunca) mundialización capitalista también en el plano de la cultura, hay una nueva y multiplicada energía de la producción estético-cultural y frecuentemente incluso teórica en las "periferias" de Asia, África y América Latina. Esa energía -que la teoría poscolonial se ha propuesto registrar y teorizar, aunque ya examinaremos con qué limitaciones- goza de escasa cobertura y muy alta invisibilidad en las evaluaciones intelectuales del centro, si bien tampoco se puede desconocer que -ya desde el fenómeno del *boom* de los sesenta en adelante, por circunscribirnos a Latinoamérica- en el seno de esas escasas evaluaciones se ha configurado otra cierta "moda" académica que, a semejanza de lo que sucede con el populismo oscurantista, tiende a despolitizar y *des-conflictuar* el proceso.

Es en este marco donde los estudios culturales y la teoría pos-colonial han podido emerger como una parte (una parte académicamente decisiva, además) de esas vagas alternativas "de izquierda" al marxismo. Y hay buenas razones para ello, como veremos: razones que nadie empeñado en la reconstrucción de una teoría crítica de la cultura puede darse el lujo de ignorar o menospreciar. Pero -lo hemos dicho en nuestro prólogo y lo repetiremos hasta el cansancio en el resto de este trabajo- no

---

17 Por supuesto, la referencia obligada aquí es el análisis de Marx en el primer capítulo de *El Capital,* donde el *equivalente general* de la mercancía-dinero (más vigente que nunca hoy por la lógica financiera que preside al capital) es erigido en matriz teórica para la crítica de la abstracción universalizante y cuantitativa que obtura la visibilidad de las diferencias / desigualdades cualitativas.

podemos conformarnos con eso. Otra vez está en juego, también aquí, la tensionada y tensionante dialéctica entre las partes y el todo: si los estudios culturales y la teoría poscolonial pueden ser redefinidos como parte articulada al todo de la reconstrucción de la teoría crítica rescatando sus impulsos "contestatarios" originarios, tendremos (como gustan decir los sociólogos y politólogos con su irritante jerga) una cierta clase de "escenario". Pero si ellos, tal cual los encontramos hoy, son *todo* lo que podemos obtener, el "escenario" será muy distinto, y no el mejor.

1. LA ANGUSTIA SIN INFLUENCIAS

Este no es (al menos, esperamos que no sea *solamente*) un análisis crítico de las formas ideológicas y "textuales" dominantes en los estudios culturales[18]. En realidad, tomamos a los estudios cultura-

18 Cuando este libro ya estaba prácticamente terminado, apareció una muy útil introducción de un autor argentino a las inconsistencias, contradicciones y aun aporías de los estudios culturales: Carlos Reynoso, *Apogeo y decadencia de los estudios culturales. Una visión antropológica,* Barcelona, Gedisa, 2000. Es una lástima que el extenso y erudito recorrido de este texto esté por momentos desviado por un espíritu un tanto ociosamente querellante, que confunde más de lo que aporta. Daré solo un ejemplo, que no es un ejemplo cualquiera, puesto que me afecta personalmente (*narcissisme oblige*). Dice Reynoso en la página 32: "'El multiculturalismo es ecuménico y multilingüe, los estudios culturales han surgido como una excrecencia de los departamentos de literatura inglesa [...] Aquel surge de la fricción entre diversas culturas y razas; estos emergen (muy al principio de su historia) de contradicciones entre clases. El multiculturalismo tampoco ejecuta, casi se diría por definición, el ritual de pertenencia a un movimiento que encuentra su identidad en la evocación protocolar de los sucesos de Birmingham. De allí que las nomenclaturas de propuestas como *Estudios culturales: reflexiones sobre el multiculturalismo* de Eduardo Grüner (1998) sean discutibles desde sus mismos títulos". Paso por alto el halagüeño *lapsus* por el cual un lector tan atento como Reynoso me atribuye la autoría plena de un libro de Fredric Jameson y Slavoj Žižek del cual me limité a escribir una (es cierto que abusivamente extensa) introducción, como lo indican claramente "sus mismos títulos" en la tapa. Paso por alto también, en la misma línea, que "los títulos" del libro ("Estudios culturales" y "Reflexiones sobre el multiculturalismo") están separados por un punto seguido, y no por dos puntos como lo transcribe Reynoso, estableciendo una equivalencia entre esas "nomenclaturas" que *no está* en "los títulos", que se refieren a los dos ensayos que Reynoso no cita, uno de los cuales (el de Jameson) habla de los estudios culturales y

les como un síntoma de ciertas formas dominantes del pensamiento actual en el campo de la teoría política y social, la filosofía y los análisis de la cultura. "Síntoma", porque es el emergente académico más visible de las ambigüedades (como decir las contradicciones internas) de cierto estilo de pensamiento que, a primera vista, puede ser leído y utilizado con igual provecho por las perspectivas de derecha y las de izquierda: claro está que, como indicador más evidente de aquella ambigüedad, este pensamiento no admitiría, siquiera, el anacronismo de una distinción entre esas dos posiciones. Y esta es una de las primeras cosas que quisiéramos examinar: la manera en que determinados conceptos que solían servir para orientarse en el mapa histórico, social o político (no solamente izquierda y derecha, sino ideas como las de sujetos, clases sociales, modo de producción o, para decirlo todo, historia) no pueden ser hoy pronunciados sin sentir que uno enrojece un poco ante la propia ingenuidad y, quizá, falta de información y de sofisticación teórica. Por el contrario, es nuestro propósito tratar de mostrar que esos conceptos pueden y deben ser pronunciados, no solo sin renunciar sino *apelando* al máximo que nos sea posible de información y sofisticación teórica.

---

el otro (el de Žižek) del multiculturalismo, como queda clarísimo en los respectivos "títulos" de dichos ensayos. Me limitaré a responder, si puedo, el argumento: (a) precisamente una de las hipótesis de la primera parte del libro (ahora sí, "de Eduardo Grüner") que el lector tiene en sus manos es que los estudios culturales han abandonado prácticamente toda referencia a las contradicciones de clase para recortar la fricción entre diversas culturas y razas como el problema excluyente de la posmodernidad; y eso en el mejor de los casos, quiero decir, cuando considera el problema todavía en términos de fricción, y no de mera hibridez o cosas por el estilo; *por lo tanto,* hoy -al contrario de lo que ocurría "muy al principio de su historia"- el discurso dominante en los estudios culturales se identifica casi totalmente con el multiculturalismo y es *por eso* que para ellos la alusión a los sucesos de Birmingham es, cuando existe, una pura "evocación protocolar", como bien dice Reynoso. Si el propio Reynoso, además de criticar "los títulos", se hubiera tomado el mismo trabajo para leer mi texto (ya que, insisto, me adjudica generosamente la autoría de todo el libro de marras) que el que se tomó para leer los de sus colegas norteamericanos de los "departamentos de literatura inglesa" cuyas "excrecencias" tan justamente recusa, este largo y tedioso pie de página hubiera sido perfectamente innecesario. Todo lo cual -no hace casi falta aclararlo- no impide que, de nuevo, recomendemos enfáticamente la lectura de su estimulante libro.

El problema es en el fondo (como todos los problemas humanos, en cierto modo) político. Pero también es, en primera instancia y aunque no lo parezca, profundamente filosófico. Lo que está en juego es la entera tradición filosófica y cultural de la modernidad, que está siendo desechada, o por lo menos abusada, sin que se emprenda el trabajo (bien doloroso, por cierto) de someterla a un auténtico e implacable reexamen crítico -como el que propusieron Marx, Freud o la Escuela de Frankfurt, entre otros- para discernir de qué modo puede ser "retotalizada", incluida en un nuevo proyecto que nos permita recuperar algo de la dignidad (también la intelectual, aunque no sea la más importante) perdida en las últimas décadas. Incluso, como también procuraremos mostrar, no se trata meramente de la modernidad. En cierto sentido, *toda* la tradición histórica del pensamiento occidental, que arranca de la épica o la tragedia (y no solamente de la filosofía) está aquí en cuestión.

Y ya que de filosofía se trata, hay un término heideggeriano que es necesario -como hubiera dicho Oscar Masotta- rescatar de manos de la derecha: *autenticidad.* Es un concepto incómodo: desde el Lukács de *El asalto a la razón* en adelante, pasando especialmente por la "jerga de la autenticidad" de Adorno, la izquierda lo ha invocado como la marca propiamente "nazi" del pensamiento de Heidegger, en tanto concepto opuesto a lo que el autor de *El ser y el tiempo* llama el "uno", es decir, el reino de la trivialidad, de la mundanidad cotidiana, de la opinión pública, de la mediocridad, o sea, en última instancia -y en el contexto de la conflictuada República de Weimar en la década del veinte-, de la democracia. Pero hoy no es, necesariamente, la única manera de entenderlo. Más aun: entenderlo de esa manera unilateral, paradójicamente, traiciona el pensamiento del propio Heidegger, para quien el único sentido del *Dasein,* del "ser-ahí" de lo humano, es la *historicidad,* continente y horizonte de lo auténtico. No se puede, por lo tanto, *deshistorizar* el concepto de autenticidad pretendiendo que en nuestra actualidad sigue siendo nazi. Por otra parte, aun en el contexto del originario pensamiento heideggeriano, es discutible que pueda fácilmente identificarse este concepto con el transitorio compromiso ideológico de su autor. De otra manera, no se entendería que pensadores insospechables de semejante "compromiso" ya en su momento lo utilizaran como componente básico de sus propias construcciones teóricas, empezando por el mismo Lukács (cuya obra maestra *Historia y conciencia de clase* era un libro de cabecera de Heidegger durante la escritura de *El ser y el tiempo*), y siguiendo por Sartre, Marcuse, Hannah Arendt o Karl Lowith.

Pero, en todo caso, el concepto de "autenticidad" (así como el de "totalidad", igualmente tan caro a Heidegger como a Lukács, Sartre o Marcuse) sufre hoy embates muy diferentes: los de un pensamiento llamado "posmoderno" -firmemente instalado detrás de muchas de las preocupaciones de los estudios culturales-, para el cual no existe ya la posibilidad de unas identidades, unos sujetos, unas realidades o unas políticas "auténticas", en el sentido de no atravesadas o contaminadas por la mundanidad múltiple de la opinión pública o los simulacros de la cultura. Curiosamente, en muchas ocasiones se invoca al propio Heidegger para justificar la imagen de un mundo infinitamente fragmentado y constituido por puras dispersiones, puras contingencias, puras indeterminaciones. Se pasan por alto, en estas imágenes, los hondos análisis heideggerianos sobre el radical sentimiento de *angustia* que provoca al *Dasein* el saberse arrojado a la intemperie de la Historia. La solución que se encuentra más frecuentemente -al menos en la vulgaridad del pensamiento posmoderno- es harto conocida: la lisa y llana eliminación del motivo de la angustia, es decir, de la Historia misma. Solución ilusoria, obviamente, que lo único que consigue es la nueva precipitación en un "uno" disfrazado de "multiplicidad": en una nueva y poderosa doxa de la peor especie de resignación y conformismo con los poderes, bien terrenales, de ese "uno".

Muchas veces, también, esos discursos invocan en su ayuda un mal entendido "poslacanismo", o un igualmente mal entendido "giro lingüístico", a menudo combinado de manera desigual con un mal entendido "nietzscheísmo", para sostener el carácter "imaginario" de nociones como las de Sujeto o Identidad. De ello tendremos mucho que hablar en el resto de este trabajo, de modo que no hace falta explayarnos aquí. Baste decir, por el momento, que en todo caso (y podríamos abundar nosotros mismos en citas de Nietzsche y Lacan para demostrarlo) el carácter imaginario de cualquiera de esas instancias no las hace menos necesarias para la vida (incluida la social y política), ni reduce sus efectos materiales sobre la realidad. El problema de lo auténtico y de la totalidad no es, pues, una cuestión de definiciones metafísicas *versus* un sumergimiento en la absoluta indeterminación que nos permita escapar a la angustia de qué hacer con ella. Es, nuevamente, la cuestión de la *historicidad* de los conceptos. Es por lo tanto, una vez más, una cuestión *política* en el sentido más alto y noble de ese término: el del proceso por el cual en cada etapa histórica la sociedad redefine sus vínculos simbólicos con la *polis,* con las leyes y las normas que imponen (hegemónicamente, si se quiere) su visión del mundo a las masas.

El mundo entero atraviesa un momento así. Un momento, sin duda, de indeterminaciones y perplejidades *angustiantes.* Los estudios culturales, decíamos al empezar, son un síntoma, en el campo académico, de esas indeterminaciones y perplejidades. Son "políticamente correctos" y progresistas, pero pueden tener un efecto reaccionario (o por lo menos conformista) sobre el pensamiento. Son democráticos, pero pueden terminar produciendo una dictadura académica. Son creativos y son plurales, pero se arriesgan a caer en un discurso monótonamente único. Son, de alguna manera, como la propia época que nos ha tocado vivir. Y son un producto *histórico*: son la forma de pensamiento sobre la cultura (aunque no la "reflejen" mecánicamente) que corresponde a la fase del capitalismo "tardío" actual. Podríamos decir, parafraseando a Jameson: son la metalógica teórica de la lógica cultural de ese capitalismo tardío. Son tan contradictorios y ambivalentes como esa lógica cultural. En lo que sigue sostendremos, como podamos, que no es cuestión de arrojarlos por la borda sin más y *a priori*, pero sí de interrogarlos hasta las últimas consecuencias (lo cual sí puede dar por resultado, por qué no, que sean arrojados por la borda sin más, pero *a posteriori*), y en todo caso de reinscribirlos en una lógica diferente, aun a riesgo de tener que ensayar una defensa crítica y complejizada de conceptos que hoy se consideran perimidos, para devolverles su dimensión filosófica y política (en el sentido, por supuesto, de una cierta filosofía y de una cierta política).

Muchos de esos conceptos provienen de la teoría psicoanalítica, por ejemplo, o con mayor énfasis aun, de la tradición crítica frankfurtiana. Pero también -y es eso lo que quisiéramos discutir en esta sección-, del marxismo. A diferencia de lo que suele observarse en el mundo intelectual y académico hoy, no creemos que ello requiera una disculpa o justificación especiales. No estamos dispuestos a someternos al chantaje ideológico que nos demanda la aceptación de que el marxismo es una constelación teórica mecanicista, reduccionista, determinista, etcétera. Ello no implica (como lo hemos aclarado en nuestro prólogo, y lo volveremos a hacer cuantas veces lo juzguemos necesario) que no reconozcamos la situación crítica que atraviesa ese pensamiento. Pero tampoco ella puede ser una asunción *a priori* y de "sentido común". Para decirlo en términos coloquiales, e incluso vulgares: terminemos con la farsa. El marxismo no es Marta Harnecker, ni las estupideces sobre la "ciencia proletaria" de Lysenko, ni la ramplonería retrógrada del realismo socialista, ni el materialismo vulgar reflexológico del estalinismo. Pretender identificar esas caricaturas patéticas con el marxismo es un acto de mala fe y es, por supuesto, una postulación política e ideológica. Y de las peores: de las que disfrazan su espíritu reaccionario con las vestimentas de la sutileza teórica. Pero en el último siglo y medio, con la única y posible excepción paralela de las teorías freudianas, difícilmente se pueda encontrar una corriente de pensamiento con mayores sutilezas teóricas y complejidades críticas que el marxismo: los propios Marx y Engels, pero después, y tras sus huellas, hombres y mujeres de la política y/o la teoría como Lenin, Trotski, Luxemburgo, Bukharin, Gramsci, Lukács, Korsch, Bloch, Adorno, Horkheimer, Benjamin, Marcuse, Kracauer, Pannekoek, Grossmann, Bajtín, Brecht, Eisenstein, Sartre, Goldmann, Lefebvre, Althusser, Poulantzas, Kosik, Mandel, Thompson, Dobb, Sweezy, Hobsbawm, Williams, Anderson, Samuel, Godelier, Macherey, Kristeva, Balibar, Rancière, Della Volpe, Cacciari, Marramao, Timpanaro, Negri, Eagleton, Holloway, Blackburn, Jameson, Žižek y un larguísimo etcétera, han demostrado sobradamente las inmensas posibilidades intelectuales y críticas del materialismo histórico sin necesidad de reduccionismos y simplificaciones de ninguna clase como las que tendenciosamente se atribuyen al marxismo. Y esas posibilidades representan la *inmensa mayaría* de las producciones teóricas que se inscriben en este campo.

El problema con el marxismo (como, en su propio terreno, con el psicoanálisis) es que, justamente, no se *reduce* a ser una simple teoría, sino que su propia riqueza teórica deviene de su presupuesto filosófico y práctico de que el conocimiento es inconcebible fuera de la transformación *material* de la realidad, transformación que es en última instancia la que *constituye* el propio objeto de conocimiento. Esto supone perpetuas e incansables revisiones y replanteos a la luz de los cambios sociales, históricos y culturales del mundo, replanteos que, desde luego, alcanzan también -quizá habría que decir: en primer lugar- al propio marxismo, tanto en su aspecto teórico como político. Es hora, asimismo, de otro "basta de farsas"; el marxismo *no es* el terrorismo estatal estalinista, ni es el Gulag, ni es los procesos de Moscú, ni las invasiones a Hungría, Checoslovaquia o Afganistán, ni las masacres de Pol Pot. No se trata de "distraerse" ante el hecho de que todas esas monstruosidades se hicieron en nombre del marxismo, pero no se puede seriamente sostener que ellas son *intrínsecas* a la lógica teórica y política del materialismo histórico, como sí lo son los campos de exterminio a la lógica del "pensamiento" nazi-fascista -si es que tal denominación tiene sentido-. No existen los "dos demonios" del totalitarismo, como lo pretende, en el fondo, a su manera inteligente y sensible, pero no por ello de efectos menos reaccionarios, Hannah Arendt. Aquellos hombres y mujeres que hemos nombrado más arriba no solo fueron distinguidos intelectuales y brillantes pensadores: muchos de ellos, probablemente la gran mayoría, fueron consecuentes luchadores por la libertad, la igualdad y la justicia más radicales, y muchos pagaron su coherencia con la muerte, la cárcel, el exilio o la marginación, a manos tanto del nazifascismo o las "democracias" opresivas como del estalinismo, sin por ello dejar de ser marxistas. Ello no significa que no merezcan crítica, revisión, corrección o *aggiornamento*; quizá algunos de ellos incluso merezcan que se los abandone a un piadoso silencio. Pero también merecen que no se los arroje en la misma bolsa, incluso en tanto teóricos, con aquellas caricaturas trágicas. Porque aun aquellos o aquellas que puedan ser calificados como puros pensadores contribuyeron, a menudo de manera decisiva, a desbordar la palabra sobre el mundo para transformarlo: y ya sabemos, como lo sabían ellos -la noción no es un patrimonio de los postestructuralistas-, que la palabra puede ser una fuerza *material*.

Tal vez sea esto lo que asusta a los temerosos cuidadores de quintitas académicas abstractas, hasta el punto de hacerlos concebir teorías que -haciendo de la necesidad virtud, como se dice- miran por sobre el hombro a la única teoría (junto con la psicoanalítica, insistimos) que excede los cotos de caza universitarios desbordándose sobre la calidad social, política y cultural, y obliga a tomar posiciones inequívocas y concretas (lo cual, desde ya, no significa unívocas ni cerradas de una vez y para siempre, sino precisamente lo contrario) que no permiten el confortable descanso en la rutina catedrática. El gesto de recuperación de la interminable potencialidad de esa tradición para el presente y el futuro, pues, no es un gesto defensivo, sino profundamente afirmativo de lo que, en las famosas palabras de Sartre, sigue siendo el horizonte inevitable de nuestro tiempo. Quizá ese gesto -que de ninguna manera puede pensarse como definitivo, pero sí tal vez como "comprometido"- sea una modesta proposición para enfrentar la angustia. También la que parece estar acometiendo a los estudios culturales, desgarrados entre su vocación inicial de compromiso con la transformación y la lucha contra las diversas formas de dominación, y su realidad actual de "materia" prestigiosa, resguardada en la tibieza indiferente del claustro universitario.

2. HORIZONTES EN MARCHA

Puesto que todo está sometido a la Historia, parece haber un consenso generalizado que fecha el inicio de los estudios culturales en la Inglaterra de 1956, coincidiendo con el desencanto posterior al xx Congreso del PCUS [Partido Comunista de la Unión Soviética] y a la invasión rusa de Hungría. Intelectuales como Raymond Williams, William Hoggart y E. P. Thompson -asistidos por el brillante y entonces joven Stuart Hall- iniciaron, en aquel momento, un movimiento de toma de distancia del marxismo dogmático dominante en el Partido Comunista Británico, para adoptar lo que ellos mismos llamaron una versión "compleja" y crítica de un marxismo culturalista, más atento a las especificidades y autonomías de las antiguas "superestructuras", incluidos el arte y la literatura. Pero tanto para Stuart Hall (más matizadamente, como veremos) como para la mayoría de sus seguidores (más enfáticamente), las relaciones ambivalentes con el marxismo parecen haberse derrumbado junto con el muro de Berlín, para ser sustituidas por una "apertura" hacia -cuando no una directa fusión con- ciertas corrientes del postestructuralismo francés (Foucault y Derrida principalmente, y ocasionalmente Lacan) y del posmarxismo "migratorio" (Laclau y Mouffe).

No se trata, aquí, de establecer un inventario obsesivo de las pérdidas y ganancias estrictamente teóricas que ha supuesto ese cambio de parejas, pero sí de señalar cierto complejo grado de "academización" y despolitización (y también de desapasionamiento, si se nos permite decirlo así) que ha producido el abandono de algunos de los supuestos básicos de Marx -el concepto de lucha de clases es desde ya el más conspicuo-, que viene a reforzar el descuido que los estudios culturales tuvieron siempre respecto de otras tradiciones europeas del marxismo occidental y crítico: Lukács y, sobre todo, la Escuela de Frankfurt son ejemplos paradigmáticos, pero también podría nombrarse a Sartre, e incluso a Althusser, de quien pensadores como Hall o Laclau se declararon, en un principio, seguidores.

Por su parte, el último y más interesante desarrollo teórico de algún modo ligado a los estudios culturales -la ya mencionada corriente de la teoría poscolonial- está considerablemente sumergido en el postestructuralismo, y a veces hace gala de un decidido antimarxismo que, a nuestro juicio, puede terminar paralizando muchas de sus mejores ideas, incluidas aquellas que se deducen de ese mismo postestructuralismo.

En cambio, también en las últimas décadas, y para limitarnos a la producción angloparlante, han surgido algunos importantes autores (Fredric Jameson, Terry Eagleton y Slavoj Žižek en la primera línea, aunque habría que agregar aquí a un marxista pos-colonial como Aijaz Ahmad) que, sin desaprovechar las más agudas intuiciones del psicoanálisis lacaniano y el postestructuralismo, y aun lo mejor del posmodernismo, las reinscriben críticamente en la tradición de aquel "marxismo complejo" representado por Lukács, Gramsci, Korsch, Bajtín, Benjamin, Adorno, Marcuse, Sartre, Althusser. Nos encontramos, pues, en medio de un momento teórico de extraordinaria complejidad y riqueza, que desmiente la impresión general -y, claro está, ideológicamente "interesada"- de que el marxismo ya no tiene nada que decir sobre el mundo y la cultura contemporánea, cuando lo que en realidad sucede es que está abriéndose un enorme abanico *dialógico* (para utilizar la célebre categoría Bajtíniana) que, a partir de una reflexión permanentemente renovada sobre y *dentro* de las fronteras siempre flexibles y en perpetuo rediseño del marxismo, promete transformar radicalmente el pensamiento filosófico-cultural y echar una bocanada de aire fresco sobre la tediosa mediocridad del (anti)pensamiento del "fin" (de las ideologías, de la historia, de los grandes relatos y *via dicendo*). Y, en el mejor de los casos, esa transformación viene a demostrar que todavía hoy -y quizá más que nunca- es partiendo de un marxismo complejo y autocrítico que puede irse "más allá" de él, en busca de las preguntas que los clásicos no tuvieron oportunidad de hacer.

Si esta renovación todavía no se ha vuelto lo suficientemente visible es en lo fundamental, desde luego, por la hegemonía de la ideología dominante en nuestro capitalismo tardío, pero también porque los estudios culturales -y el pensamiento de izquierda o "progresista" en general- parecen haberse rendido, en el mejor de los casos, a aquella academización, cuando no a la lisa y llana *mercantilización* fetichizada de los productos culturales. Como ya planteamos en el prólogo de este libro y en términos, por así decir, más poéticos, este es otro síntoma de la pérdida del sujeto *trágico* en favor de un sujeto *cómico* a quien el universo social parece quedarle demasiado grande, como si ya no pudiese encontrar un traje a su medida. Un índice más, decíamos, de ese "uno" que defiende ilusoriamente de la angustia.

Una crítica de las inconsistencias y, sobre todo, de las *faltas* de los estudios culturales tal como se practican hoy nos parece, por lo tanto, una tarea intelectual -es decir, *política*- de primera importancia. Quizá, en su modesta medida, sea una manera de empezar a recuperar la "tragicidad" perdida, aunque pueda parecer una empresa inútil (pero, para decirlo adornianamente, no será la "utilidad" un concepto excesivamente *instrumental*): inútil, al menos, en una época farsesca que, justamente, ha olvidado todo sentido de la tragedia.

Las modas (esto ya lo había percibido perfectamente Walter Benjamin en la década del '30) son un testimonio del progresivo aumento del fetichismo de la mercancía en la modernidad, pero también -y justamente por ello- tienen un riquísimo valor de *síntoma* ideológico y cultural. El auge actual (actual en la Argentina y Latinoamérica, pero ya establecido desde hace un par de décadas en los centros académicos anglosajones) de los estudios culturales convoca, en este sentido, una serie de cuestiones -teóricas, metodológicas y *políticas*- de las cuales lo menos que se puede decir es que son extraordinariamente complejas. Como siempre, lo más tentador (lo cual no quiere decir necesariamente lo más cómodo) es empezar por sus riesgos. En primer lugar, el ya mencionado riesgo del abandono total, por supuesta obsolescencia, de los grandes paradigmas críticos del siglo XX, como el marxismo y el psicoanálisis (y su continuidad no exenta de problemas en corrientes posteriores de teoría crítica, como la Escuela de Frankfurt y Sartre). No nos estamos refiriendo a una simple enunciación ritualizada del "fin de los grandes relatos", que pocos críticos rigurosos podrían tomar realmente en serio, sino a intenciones más concretas. No hace mucho, una prestigiosa figura de la teoría literaria que actualmente enseña en los Estados Unidos, declaró que ahora solo pensaba utilizar ciertos *aportes parciales* de esas teorías (el marxismo y el psicoanálisis) para "agregar" a investigaciones más "localizadas", menos ambiciosas. Parece francamente preocupante. ¿Qué puede significar este agregado de *parcialidades* sino la promoción de algún neoeclecticismo o neorrelativismo que termine renunciando a la *lucha por el sentido,* a la consideración de la cultura como un campo de batalla atravesado por relaciones de fuerza ideológicas que sí apuestan a totalizar la hegemonía de sus representaciones del mundo?

No es, por supuesto, que ese parcelamiento teórico no pueda ser explicado: es el necesario correlato de lo que nos gustaría llamar la *fetichización de los particularismos* (algo bien diferente, desde ya, a su reconocimiento teórico y político) y de los "juegos de lenguaje" estrictamente locales y desconectados entre sí. Esa fetichización es poco más que resignación a una forma de lo que ahora se llama "pensamiento débil", caracterizado -entre otras cosas- por el abandono de la noción de ideología para el análisis de la cultura, por cargos de "universalismo" y "esencialismo". Pero, precisamente en este punto, seamos claros: no hay particularidad que, por definición, no se oponga a alguna forma de universalidad, "esencial" o históricamente construida. Y no hay pensamiento crítico posible y eficaz que no empiece por interrogar las tensiones entre la particularidad y la universalidad, que son, después de todo, las que definen a una cultura como tal en la era de la globalización -para no mencionar a esa cultura de "europeos en el exilio", que pasa por ser la argentina-.

Nos gustaría defender aquí que cierto monto de universalismo, e incluso de "esencialismo estratégico" (para utilizar un celebrado concepto de Chakravorty Spivak)[19], siempre será pertinente para sortear el peligro -característico de los estudios culturales, hay que decirlo- de estar forzando todo el tiempo la emergencia de particularismos y alteridades que después no sabremos cómo definir; de estar inventando todo el tiempo "orientalismos", como diría Edward Said[20]. Tememos que los necesarios correctivos a los reduccionismos -ellos sí, esencialistas y universalizantes- en que han incurrido ciertos marxistas y psicoanalistas, nos deslicen hacia un reduccionismo peor, un reduccionismo, por así decir, *diminutivo* de la legitimidad teórica y política de categorías como la de "lucha de clases" o "inconsciente", para no mencionar la hoy tan desprestigiada idea de un pensamiento *histórico*. De este y otros riesgos quisiéramos (pre)ocuparnos -apenas a

---

19 Gayatri Chakravorty Spivak: *Outside the teaching machine,* Nueva York, Routledge, 1993.
20 Edward Said: *Orientalismo,* Madrid, Prodhufi, 1995.

título de no menos riesgosas hipótesis de trabajo- en los párrafos que siguen.

"La literatura está hecha para que la protesta humana sobreviva al naufragio de los destinos individuales". Esta estupenda frase de Sartre[21] define, entre otras cosas, la única función a la que debería aspirar un intelectual crítico: la de generar un universo discursivo que se transforme en el horizonte de toda una época, más allá de los avatares y las contingencias inmediatas del "nombre de autor" que dibujó por primera vez esa línea horizontal. Esto es lo que lograron, para nuestra modernidad, Marx o Freud.

¿Acaso es ese horizonte el que -según se nos dice- ha desaparecido? Pero un horizonte no desaparece: se desplaza. Tampoco, en ese desplazamiento, se aleja: se mueve junto con el que camina hacia él, pero a su mismo ritmo, manteniéndose a una distancia constante de su mirada. Para que un horizonte verdaderamente desapareciera -y pudiera, por lo tanto, ser sustituido por otro- tendría que demostrarse que ha desaparecido la época entera para la que fue concebido. Para el caso: tendría que demostrarse que ha desaparecido el capitalismo. O que ha desaparecido el inconsciente. Dos cosas, evidentemente, indemostrables (aunque no, como se verá luego, estrictamente improbables como postulados ideológicos). Es obvio que en 1989 -para tomar una fecha ya emblemática- desaparecieron los así llamados "socialismos reales", ya sea que lo lamentemos o no. Pero el horizonte discursivo que inauguró Marx no es el de una teoría de los socialismos reales: es el de una teoría (crítica) del *capitalismo* real. No se ve por qué esa crítica -esa protesta teórica, si se la quiere pensar así- no habría de sobrevivir al naufragio "individual" de lo que, mal o bien (personalmente, creemos que mal), se erigió en su nombre. Y con mucha más razón en una época en la que, en algún sentido *por primera vez en la historia*, la llamada globalización ha creado, es cierto que

---

21 Jean-Paul Sartre: *El idiota de la familia,* Buenos Aires, Tiempo Contemporáneo, 1975, Tomo 1.

en forma paradójica, las condiciones de un capitalismo universal previstas por Marx para una crítica teórico-práctica igualmente universal de ese modo de producción. La paradoja a la que nos referimos es evidente y escandalosa -lo cual no significa que no tenga sus razones de ser-: es *justamente* en el marco de esas condiciones de "universalización" que recrudecen y se radicalizan las recusaciones a toda forma de universalismo, a la noción de totalidad, a las grandes categorías históricas y a los "grandes relatos", y se promociona una *estética* (ya se verá por qué la llamamos así) del fragmento y, para decirlo todo, una nueva y poderosa forma de fetichismo ideológico.

Pero, ante todo, estamos eligiendo mal nuestras metáforas: la del marxismo, como la del psicoanálisis, no es (no debería ser) una mera *supervivencia,* como quien alude a la supervivencia anómala de una especie que tendría que haberse extinguido y sin embargo se conserva recluida, en el mejor de los casos, en el zoológico exótico de algunas cátedras universitarias. Lo que está en juego es la *persistencia* siempre renovada de una práctica transformadora y de una manera de pensar el mundo. Que de la *teoría crítica* de la cultura -tal como podía postularla, por ejemplo, la ya mencionada Escuela de Frankurt- se haya pasado a los *estudios* culturales, es algo más que la simple adaptación de una moda estadounidense, o que la comprensible disputa por la inclusión en el mercado de los financiamientos académicos. Es, además de eso, el síntoma de la sustitución de un intento de *puesta en crisis* de las hegemonías culturales en su conjunto por la observación etnográfica de las dispersiones y fragmentaciones político-sociales y discursivas producidas por el capitalismo tardío y expresadas en su "lógica cultural", como ha etiquetado Jameson al así llamado "posmodernismo"[22]. Es decir, esto es lo que parecen haber *devenido* los estudios culturales, luego de su emergencia en trabajos como los de Raymond

---

22 Frederic Jameson: *El posmodernismo o la lógica cultural del capitalismo avanzado,* Barcelona, Paidós, 1991.

Williams o Stuart Hall, en los que todavía se conservaba el impulso de su vinculación con la política en general, y en particular con las formas orgánicas o no de resistencia cultural por parte de diversos sectores oprimidos, marginados o subordinados: han devenido -especialmente en su cruce del Atlántico a la universidad estadounidense, y con mayor fuerza luego de la "colonización" postestructuralista de los centros académicos- un (allá) bien financiado objeto de "carrerismo" universitario y una cómoda manera de sacar patente de radicalismo ideológico-cultural desprovisto del malestar de una crítica de conjunto a lo que solía llamarse el "sistema". Es notorio, en este sentido, que el *multiculturalismo* (que no es lo mismo que la rigurosa atención debida a una dimensión simbólica mucho más decisiva de lo que la tradicional vulgata marxista quiso reconocer) característico de los *cultural studies* ha renunciado casi por completo a toda preocupación por las articulaciones (todo lo mediatizadas o sobredeterminadas que se quiera) histórico-sociales o político-económicas de los procesos culturales[23]. Para no hablar -*vade retro*- de la vituperada y anacrónica categoría de *clase,* que frente a los particularismos étnicos, subculturales o de género aparece hoy como una pura entelequia textual o un vergonzante resto arqueológico de las eras "(pre)históricas". En fin, ¿para qué abundar? A continuación quisiéramos ensayar un mínimo replanteo de algunas de estas cuestiones, sobre la base de dos presupuestos generales. Como se verá en lo que sigue, esos presupuestos suponen indefectiblemente un cuestionamiento a los propios fundamentos teóricos (explícitos o implícitos) de los estudios culturales.

---

23 Aquí definiremos "culturalismo", rápidamente, como la autocontradictoria idea de una determinación "en última instancia" de las relaciones sociales y la subjetividad por parte de la cultura pensada como pura contingencia. "Autocontradictoria", decimos, ya que se nos escapa absolutamente cómo la "última instancia" puede ser contingente.

3. UNA CUESTIÓN DE LÍMITES

Primer presupuesto: Los logros originales -que es imprescindible rescatar y volver a evaluar- de los estudios culturales, han venido precipitándose en los últimos años, como decíamos, en el abismo de una cierta (no decimos que necesariamente consciente) complicidad con lo *peor* de las teorizaciones "post" (modernas / estructuralistas / marxistas). Ello es explicable, en buena medida, por el progresivo ensanchamiento de la brecha entre la producción intelectual y el compromiso político (aunque fuera también él meramente intelectual), que es el producto de la derrota de los movimientos posteriores a Mayo del '68, y la consiguiente sumisión a formas relativamente inéditas de fetichización mercantil producidas por el capitalismo tardío. Claro está que ello no significa *en absoluto* que esas nuevas formas de dominación puedan enfrentarse con los instrumentos teórico-prácticos tradicionales de un marxismo anquilosado, para el cual pareciera no haber transcurrido una Historia, por otra parte, considerablemente dramática. Pero no basta tampoco apelar ritualmente a una necesaria "renovación" de aquellos instrumentos si no se está dispuesto a *discriminar* críticamente la paja del trigo: después de todo, como dijo alguna vez un viejo marxista, "aquellos que no sean capaces de defender antiguas posiciones, nunca lograrán conquistar las nuevas"[24].

Segundo presupuesto: Por esa misma razón, no es cuestión de echar por la borda indiscriminadamente *todas* las postulaciones de las teorías "post" incorporadas por los estudios culturales, en la medida en que ellas representen legítimas formas de tratamiento de problemas inevitablemente no previstos por las "narrativas" clásicas, pero sí de *reinscribirlas* en aquellos horizontes no agotados de los que hablábamos al principio. Parafraseando lo que explicaba Althusser a propósito de lo que llamaba "lectura sintomática", el problema no está tanto en las *respuestas* "post" (que pueden ser perfectamente

---

24 León Trotski: *En defensa del marxismo,* Buenos Aires, Pluma, 1972.

correctas), sino en la restitución de las *preguntas* no formuladas -o ideológicamente desplazadas- a las que esas respuestas se dirigen sin (querer) saberlo[25].

Para nuestro caso, se trata de restituir la pregunta por las relaciones entre los *fragmentos* (culturales, sociales, textuales, de género, de identidad, etcétera), a que son tan afectos los estudios culturales, y la *totalidad,* una categoría cuya devaluación actual *en abstracto* es, sostendremos, un síntoma de *barbarie* teórica e ideológica. Y desde ya adelantamos -aunque luego volveremos sobre el tema- que aquí tomamos el término *totalidad* en la acepción clara y precisa que le da Jameson, a saber, el de *modo de producción*[26]. Entendemos este concepto, claro está, en un sentido mucho más amplio, más dialéctico y más complejo que el meramente economicista de "desarrollo de las fuerzas productivas" e, incluso, en el sentido filosófico, histórico y crítico que puede tener para Adorno, por ejemplo. En *este* sentido, el *modo de producción capitalista* -que es la totalidad social en la que estamos inscriptos, nos guste o no- define, siguiendo a Marx, mucho más que unas determinadas relaciones de producción y/o formas técnicas de transformación de la naturaleza: define una red compleja y contradictoria de articulaciones y desarticulaciones sociales, culturales, ideológicas, políticas; y, especialmente, define también un *modo de producción de subjetividades,* colectivas tanto como individuales. Que la "complejidad" de esa totalidad haya obviamente aumentado en el siglo y medio transcurrido desde que Marx comenzó a pensarla, no parece un argumento suficiente para abandonar el concepto, sino más bien lo contrario.

---

25 Louis Althusser: *Para leer El Capital,* ob. cit.

26 Fredric Jameson: *Teoría de la posmodernidad,* Madrid, Trotta, 1995. Está asimismo claro que "modo de producción" es, para Jameson (y para nosotros), mucho más que la "base económica" en el sentido vulgar, puesto que incluye las relaciones de producción -por lo tanto la lucha de clases- atravesadas por las relativamente autónomas instancias jurídico-políticas, ideológico-culturales, estéticas, etcétera, tal como lo explicamos un poco más adelante.

La restitución de tal pregunta, sostendremos una vez más, todavía -y más que nunca- puede hacerse por la vía de repensar la tradición del marxismo occidental y su relación con el psicoanálisis, especialmente como ha sido pensada a partir de Althusser, y como está siendo repensada hoy en los trabajos del propio Jameson y de Slavoj Žižek. Esta tradición es, en efecto, la "causa ausente" que aparece actualmente *renegada* en el pensamiento postestructuralista en el que abrevan mayoritariamente los estudios culturales. Como ha dicho el propio Žižek, el tan promocionado y comentado debate entre Habermas y Foucault, por ejemplo, desplaza y oculta el debate implícito pero más profundo que se ha llevado a cabo en las últimas décadas, identificable con los nombres de Althusser y Lacan. Vale decir, el debate que (luego de los equívocos y las inconsistencias del "freudomarxismo" de Wilheim Reich y sus seguidores) permite concebir una articulación crítica entre las dos principales formas de pensamiento del siglo XX con fundamentos más sólidos.

Pero retomemos por un momento la cuestión de la "observación etnográfica", característica de los estudios culturales actuales, a la que hacíamos mención. Naturalmente, esa observación, ese registro minucioso y diversificado, tiene su razón de ser y tiene su indudable utilidad. Tiene su razón de ser en la profundidad de las transformaciones sociales, ideológicas e incluso subjetivas operadas en la cultura occidental (aunque no solo en ella) en las últimas décadas: principalmente, la indiferenciación -o, al menos, la problematización- de identidades que las ciencias sociales tradicionales imaginaban como preconstituidas y sólidas (la nación, la clase, la adscripción político-ideológica) y la emergencia en el terreno *teórico-discursivo y académico* -porque en la "realidad" existieron siempre- de identidades, y por lo tanto de problemáticas, más "blandas" y en permanente redefinición (el género, la etnicidad, la elección sexual, el multiculturalismo, etcétera) que obligan a multiplicar y "ablandar", asimismo, las estrategias de la así llamada *deconstrucción* de los dispositivos de discurso unitarios y totalizadores que pretendían dar cuenta de las identidades "antiguas". Lo que está en juego, en una palabra, es una cierta cuestión de límites.

Y esto, decíamos, tiene su utilidad: nos ha permitido complejizar e interrogar de nuevas maneras la herencia teórica del marxismo, del psicoanálisis y, en general, del pensamiento crítico de izquierda. Respecto del marxismo (para circunscribirnos, por el momento, a él) es obvio que la categoría más cuestionada por el postestructuralismo de los estudios culturales es la que remite a la "metáfora arquitectónica" del esquema base (económica) / superestructura (ideológica, jurídico-política, estética, etcétera), y tal cuestionamiento es hasta cierto punto justo. Pero esta crítica, intencionalmente o no, suele pasar por alto algunos hechos a nuestro juicio fundamentales.

Para empezar, el propio Marx nunca entendió el término *economía* en el sentido estrecho (digamos, "técnico") en que lo entienden la mayoría de los economistas; más bien por el contrario, su *crítica* de la economía política (tal es el programático subtítulo de *El Capital*) parece estar dirigida a la *disolución* teórica de la economía como "ideología burguesa". Por otra parte, está suficientemente claro -aun en sus escritos más "didácticos", como el *Manifiesto* o la *Introducción* de 1857- que la famosa base económica (una expresión ciertamente desafortunada de Marx) implica no solo el desarrollo de las fuerzas productivas, sino su relación conflictiva con las relaciones de producción, es decir, en términos estrictamente marxianos, con la *lucha de clases,* explícita o latente. Por lo tanto, la propia base económica está ya *siempre* atravesada por los "momentos" *político* (la organización de las clases y sus fracciones en relación al Estado y a sus posiciones en el mercado de capitales y *trabajo*), *jurídico* (las regulaciones legales de dicha organización y del régimen de propiedad), *ideológico* (la reproducción "motivacional" de las relaciones de producción, las normas morales y religiosas, la legitimación del poder político y social, etcétera), e incluso *cultural* en sentido amplio (la promoción consciente o no de ciertos "estilos de vida", prácticas y comportamientos, gustos estéticos y literarios, formas de producción y consumo, pautas educacionales e informativas, etcétera).

Si ello es así, no se ve cómo desde el propio Marx podría defenderse -salvo mediante una lectura de decidida mala fe- una versión "reflexológica" o mecanicista de la relación base / superestructura. Tampoco se trata -*malgré* Laclau y otros "posmarxistas"-[27] de proponer un "reduccionismo de clase": las identidades múltiples configuradas por la *coexistencia desigual y combinada* de esas posiciones identitarias relativamente autónomas y con límites imprecisos -la del ciudadano, la del consumidor, la de la elección sexual, religiosa o estética- no están directamente determinadas por la "identidad" de clase, que de todos modos tampoco supone una pertenencia rígida, desde siempre y para siempre. Pero no se entiende por qué -en el contexto de formaciones sociales en las que *existe*, y cada vez más, la diferencia básica entre propiedad y no propiedad de los medios de producción- esta afirmación hoy casi perogrullesca de identidades múltiples sería lógicamente contradictoria con la que sostiene una articulación de esas identidades con *el proceso* de la lucha de clases, que sobredetermina los *espacios* de construcción (y, por cierto, de "deconstrucción") de ellas. Es evidente, por otra parte, que hay identidades -digamos, la racial, o la sexual en sentido biológico- que son *en su origen* completamente independientes de los procesos económicos o sociopolíticos; ¿pero quién podría seriamente sostener que el desarrollo de la lucha de clases no tiene influencia sobre la situación de los negros o de las mujeres?

Sin embargo, una tendencia dominante en el pensamiento posmoderno, aun "de izquierda" (y que lamentablemente ha permeado buena parte de los estudios culturales), es la acentuación -perfectamente legítima- de aquellas identidades

---

27 Véase, por ejemplo, Ernesto Laclau y Chantal Mouffe: *Hegemonía y estrategia socialista,* México, Siglo XXI, 1989.

"particulares" *a costa* -lo que ya no es tan legítimo- de la casi total expulsión de la categoría "lucha de clases" fuera del escenario histórico y sociocultural. ¿Será excesivamente "anacrónico" considerar que dicha eliminación constituye un *empobrecimiento* y una *simplificación* -y no, como se pretende, un enriquecimiento y una complejización- del pensamiento teórico-crítico? Es necesario ser absolutamente claros también en esto: todavía no se ha inventado una categoría que permita explicar mejor el modo de producción capitalista que la categoría de "clase". Los argumentos que aducen una disolución de las clases, y en particular del proletariado, sobre la base de las transformaciones profundas que ha sufrido el capitalismo en las últimas décadas, son por lo menos irracionales, cuando no directamente reaccionarios: si bien sería absurdo negar que el *contenido* específico de la "experiencia de clase" y sus formas de "conciencia" (en el sentido thompsoniano)[28] han cambiado sustantivamente, mientras exista la propiedad privada de los medios de producción, habrá clases, y habrá *proletariado*. Más aun, se podría demostrar que el capitalismo tardío, transnacional y globalizado, está generando -junto a formas inéditas de liquidación de la clase obrera industrial tradicional- una suerte de *superproletariado mundial*, cuya forma no estamos aún en condiciones de prever, pero que dará más de una sorpresa en el siglo que viene. En ese contexto, para retomar la regocijante ironía de Jameson, acusar a los que seguimos empeñados en el análisis "totalizante" del modo de producción de "nostálgicos de la clase", equivale más o menos a acusar a un muerto de hambre de ser "nostálgico de la comida"[29].

Otra cosa -muy diferente, por cierto- es la imprescindible revisión de los (una vez más) *límites*, por así decir, "territoriales" de la noción de clase, e incluso de la de proletariado, tal como la viene haciendo, por ejemplo, Antonio Negri, a

---

28 E. P. Thompson: *La formación de la clase obrera en Inglaterra*, Barcelona, Crítica, 1989 y también *Costumbres en común*, Barcelona, Crítica, 1993.
29 Fredric Jameson: *Teoría de la posmodernidad*, ob. cit.

partir de su idea de la fábrica social, donde el capital "globalizado" ya no obtiene la plusvalía exclusiva o principalmente de la fuerza de trabajo industrial clásica, sino (a través de formas harto más complejas) del trabajo social en su conjunto, incluyendo lo que Negri llama "trabajo inmaterial", y donde las famosas fragmentaciones subjetivas son momentos aparentemente discontinuos y/o superpuestos -incluso de manera conflictiva- de esa gigantesca estrategia de explotación diversificada. En este contexto, la clásica "cosificación" lukácsiana del proletariado y la consiguiente dialéctica del en-sí / para-sí deben evidentemente ser repensadas. Pero, una vez más, no se ve cuál puede ser la utilidad de arrojarlas por la borda.

Desde luego, no se nos escapa que por detrás de ese cuestionamiento a la "lógica de clase" está el éxito que en los últimos años han conocido las reflexiones más o menos foucaultianas sobre la "microfísica del poder", así como la promoción teórica y política -a la cual los estudios culturales han contribuido en gran medida- de los llamados "movimientos sociales", articulados según otros intereses y demandas (así como también según otros tiempos y características organizativas) que los de la clase. No obstante, insistiremos en que ambas formas no solo no son necesariamente incompatibles, sino que mucho puede ganarse (nuevamente, tanto en términos teóricos como políticos) del análisis de sus posibles formas de articulación. Por otra parte, no cabe duda de que el interés por la "micropolítica" y por los "nuevos movimientos sociales" es un fenómeno típicamente *posmoderno* -lo cual, por supuesto, no le quita valor-: debe, por lo tanto, ser rigurosamente *historizado,* en tanto producto de la prodigiosa expansión multinacional del capitalismo y la consiguiente "indiferenciación de identidades" a la que alude Scott Lash[30], que ha seguido a las etapas del capitalismo clásico del siglo XIX (en cuyo transcurso se conformaron el proletariado y el movimiento socialista como tales) y del imperialismo en sentido leninista (durante el

---

30 Scott Lash: *Sociología de la posmodernidad,* Buenos Aires, Amorrortu, 1997.

cual apareció el problema de la articulación entre la "liberación social" del proletariado mundial y la "liberación nacional" de los países dependientes y semicoloniales). El capitalismo trasnacionalizado de la actualidad, pese a las apariencias, no ha *eliminado* las etapas anteriores: en todo caso, las ha *integrado* (dialécticamente, si se nos permite), agregando la cuestión ya aludida de la indiferenciación de identidades y la consecuente multiplicación -asimismo indiferenciada y "microlocalizada"- de potenciales puntos de conflicto.

Este fenómeno tiene su expresión teórica también -aunque desde luego no pueda reducirse a ella- en los igualmente multiplicados cuestionamientos postestructuralistas o posmarxistas a toda forma pensable de identidad estabilizada o incluso políticamente construible, idea que cae bajo la acusación de pertenecer a un pensamiento de la totalidad, cuando no directamente "totalitario". Nada más falso, y volveremos sobre el tema; digamos por ahora, otra vez siguiendo a Jameson, que la aparición de los nuevos movimientos sociales constituye sin duda un extraordinario fenómeno histórico que no se corresponde con la explicación que muchos ideólogos "post" creen poder proponer: a saber, que surgen en el vacío dejado por la desaparición de las clases sociales y de los movimientos políticos organizados en torno a ellas.

No queda claro en absoluto, en estos análisis, cómo podría esperarse que *desaparecieran* clases enteras, y ello sin mencionar el peligro que entraña el dejar teórica, política y organizativamente inermes a dichos movimientos ante la posible conclusión lógica de que también la dase *dominante* -que sí tiene una "identidad" notablemente sólida, unificada y organizada- podría haber desaparecido, o al menos podría ver su poder disuelto en la "microfísica" de una cotidianidad fragmentada y atomizada. Como lo ha visto agudamente Eagleton, esto no se contradice con las consideraciones pesimistas sobre el carácter todopoderoso del Sistema, sino que más bien es la otra cara, llamémosla dialéctica, de la misma moneda. En efecto,

> *[...] si el Sistema es considerado todopoderoso [...] entonces las fuentes de oposición pueden encontrarse fuera de él. Pero si es realmente todopoderoso, entonces por definición no puede haber nada fuera de él, de la misma manera que no puede haber nada fuera de la infinita curvatura del espacio cósmico. Si el Sistema está en todas partes, así como el Todopoderoso no aparece en ningún lugar en particular y por lo tanto es invisible, puede decirse entonces que no hay ninguna clase de sistema[31].*

La insistencia excluyente en los movimientos sociales y el multiculturalismo, por lo tanto, entraña el peligro de un desarmante descuido del análisis del sistema como *totalidad articulada* (por el contrario, el análisis del sistema en estos términos de totalidad articulada obliga a restituir a la teoría el eje de las clases y sus luchas, justamente en su *articulación* con otras formas de resistencia). Por otra parte, tal insistencia en el multiculturalismo -entendido como la coexistencia híbrida y mutuamente "traducible" de diversos "mundos de vida" culturales- puede interpretarse sintomáticamente como la forma negativa de emergencia de su opuesto, la presencia masiva del capitalismo como sistema mundial *universal*. Puesto que el horizonte del "imaginario social e histórico" (para utilizar la expresión de Castoriadis) ya no nos permite abrigar la idea de un eventual derrumbe del modo de producción capitalista (limitación del imaginario que se expresa teóricamente en la recusación de las nociones de totalidad y "clase") se termina aceptando silenciosamente que el capitalismo *está aquí para quedarse*. La energía crítica, en este contexto, encuentra una válvula de escape sustitutiva en la lucha -sin duda necesaria, pero no suficiente- por diferencias culturales que, en el fondo, dejan intacta la homogeneidad básica del sistema mundial capitalista. No podríamos expresarlo mejor que Žižek:

> *Peleamos nuestras batallas por los derechos de las minorías étnicas, de los gays y las lesbianas, de los múltiples*

---

31 Terry Eagleton, *Las ilusiones del posmodernismo*, Buenos Aires, Paidós, 1997.

*estilos de vida, etcétera, mientras el capitalismo prosigue
su marcha triunfal; y la teoría crítica de hoy, bajo su
atuendo de estudios culturales, está sin querer haciendo
su servicio final al desarrollo irrestricto del capitalismo,
por la vía de participar activamente en el esfuerzo ideológico de transformar su presencia masiva en invisibilidad: en una muestra típica de criticismo posmoderno,
la sola mención del capitalismo como sistema mundial
tiende a despertar acusaciones de esencialismo, fundamentalismo y otros crímenes*[32].

Lo que sí queda más claro, pues, es de qué múltiples
maneras esta concepción alternativa (la de que los "nuevos
movimientos" son *sustitutivos* de una clase trabajadora en vías
de extinción) puede poner la "micropolítica" a disposición de
las más obscenas loas al pluralismo y la democracia capitalistas contemporáneos: "el sistema se felicita a sí mismo por producir cada vez más sujetos estructuralmente no utilizables"[33].
Mientras tanto, se pierde de vista -y se expulsa de la investigación teórica tanto como de la acción política- el lugar *constitutivo* (es decir, "estructural", es decir -como no- "totalizador")
que sigue teniendo para el sistema la diferencia entre propiedad
y no propiedad de los medios de producción, la producción de
plusvalía y la reproducción de esas relaciones productivas que
se estiman como "desaparecidas". Y es justamente la *desaparición* de prácticamente toda referencia al "mundo del trabajo"
en la teoría, la que resulta altamente sospechosa. O, por lo menos, fuertemente sintomática. En efecto, no se puede dudar de
ninguna manera de la necesidad de repensar (como lo venimos
defendiendo hasta aquí y volveremos a hacerlo más adelante)
la articulación de la lucha de clases en sentido clásico -e incluso
de la propia noción de "clase"- con las "nuevas subjetividades"

---

32 Slavoj Žižek: "Multiculturalism, or the cultural logic of multinational
capitalism", *New Left Review, n°* 225. Hay versión castellana en Fredric Jameson y
Slavoj Žižek: *Estudios culturales. Reflexiones sobre el multiculturalismo* (prólogo
de Eduardo Grüner), Buenos Aires, Paidos, 1998.
33 Fredric Jameson: *Teoría de la posmodernidad,* ob. cit

étnico-culturales, nacionales o de género. Sería teórica y políticamente irresponsable renunciar a esta "novedad" (novedad, entiéndase, *conceptual,* aunque no factual). Pero, una vez más, de allí a negar (o mejor: a *renegar* de) la relevancia de la lucha de clases como lugar "vacío" (queremos decir: como espacio virtual sobre el cual fundar nuevas formas de acción de la *multitud* subalterna) que retrocede ante la emergencia de esas "subjetividades", hay un paso demasiado grande. Y es un paso que corre el riesgo de arrojar al multiculturalismo en las peores manos; en el mejor de los casos, en las manos de un neoliberalismo "políticamente correcto" que, en el fondo, como ya lo hemos dicho, saca fácilmente patente de progresista mientras al mismo tiempo se deshace de la molesta lucha de clases; en el peor, en las manos de una nueva ultraderecha populista y capaz de asumir hipócritamente esas banderas para usarlas *contra* la lucha de clases y, en términos más directamente políticos, contra una izquierda "retrógrada" a la que se puede hacer ver como acantonada en el dogma rígido de la lucha de clases "pura". En un ensayo más reciente, el propio Žižek recuerda que en un congreso del Frente Nacional, Jean-Marie Le Pen hizo subir al estrado a un argelino, un sudafricano y un judío; confundiéndose con ellos en un abrazo, le dijo a su audiencia: "Ellos no son menos franceses que yo; son los representantes del gran capital multinacional, que ignoran sus deberes hacia Francia, los que ponen en peligro nuestra identidad". Es decir, de un solo y astuto plumazo, Le Pen se apropia del multiculturalismo, refuerza el nacionalismo francés (convenientemente "coloreado", si podemos decirlo así), ocupa el lugar de enunciación de la izquierda con su retórica anticapitalista, y excluye absolutamente la variable "clasista" (no había, entre los destinatarios de su abrazo, un obrero en función de tal)[34].

En otras palabras; en el uniformado campo ideológico (y de las políticas económicas prácticas) actual, en el que la derecha y el "progresismo" convergen en el neoliberalismo, las diferencias

---

34 Slavoj Žižek, "Why we all love to hate Haider", *New Left Review*; n° 2, marzo de 2000.

políticas son eliminadas en favor de las "actitudes" culturales. Pero como tales actitudes tienden a conformar identidades o subjetividades inestables (lo cual es, desde luego, completamente cierto), el pensamiento "post" -aun el más "progre"- tiende a evaluar cualquier consideración de un antagonismo central (y muy especialmente el de clase) como perfectamente irrelevante. El antagonismo de clase, se nos dice, aun admitiendo que existiera (lo cual es dudoso, puesto que ya "no hay más" proletariado), no puede ser esencializado como última *ratio* de una ontología hermenéutica a cuya expresión quedan reducidos los otros dispersos e infinitos antagonismos "múltiples". Enunciado con el cual, en abstracto, no podríamos estar más de acuerdo. Pero el problema que se presenta cuando queremos asignarle un contenido histórico concreto a semejante enunciado es, como desde posiciones muy diferentes lo han aclarado Jameson o Badiou (volveremos abundantemente sobre esto cuando más adelante discutamos con Laclau), que la celebración multiculturalista de la diversidad de "subjetividades" y "estilos de vida" *depende estrictamente de una subterránea unidad,* de un borramiento de lo que Žižek llama "la brecha antagónica". No sin sarcasmo, Žižek continúa razonando:

> [...] *lo mismo se verifica en la crítica posmoderna standard contra la diferencia sexual como oposición binaria: no hay dos sexos sino una multitud de sexos e identidades sexuales. Pero la verdad de estos sexos múltiples es el Unisex: la supresión de la Diferencia en una Mismidad tediosamente repetitiva y perversa que contiene a la multiplicidad* [...] *La respuesta de una teoría materialista pasa por mostrar que este mismo efecto de Unidad ya descansa previamente en la exclusión de la brecha antagonista, cuya invisibilidad sostiene a la pluralidad de identidades.*[35]

La aparente multiplicidad, entonces, es la forma "post" que adopta la "falsa totalidad" de Adorno: la multiplicidad

---

35 Ibíd.

más o menos intercambiable de las partes oculta la fractura constitutiva del todo (de lo que solía llamarse "el modo de producción"). Hoy, cuando las diferencias de identidad sexual han adquirido (y bienvenido sea) carta de ciudadanía, la verdadera obscenidad del sistema consiste en ocultar, por ejemplo, la superexplotación salvaje del trabajo en el Tercer Mundo bajo el manto de la "diversidad" globalizada. Por supuesto que esto mismo plantea la pertinencia (sobre la cual también abundaremos más adelante) de la articulación de esa explotación con las identidades étnico-culturales, nacionales, poscoloniales, etcétera (puesto que se trata, justamente, del Tercer Mundo): de su *articulación,* no de su *sustitución* por el festejo de la "hibridez" o de "la Diferencia que camina junto a la Semejanza", porque, en suma, la economía -la economía *capitalista* mundializada- *sigue existiendo,* y ella sí es una mismidad, una unidad "global" que provoca la miseria, la enfermedad, la muerte y la marginación de millones de seres sometidos simultáneamente a la explotación de clase y a la segregación étnico-cultural, y probablemente por las mismas razones. No se ve, entonces, cuál es la ventaja, una vez que habíamos logrado deconstruir el reduccionismo de la cultura a la economía -gracias también, aunque no únicamente, al "giro cultural"-, de hacer ahora el camino inverso de reducción de la economía -en el sentido complejo que hemos visto en Marx, por ejemplo- a la cultura, o más difusamente aun, a la "multicultura".

4. CÓMO HACER PALABRAS CON LAS COSAS

En cuanto al "momento" estrictamente cultural, simbólico, semiótico-lingüístico o como se lo quiera llamar, que constituiría la diferencia específica de los estudios culturales "post" respecto del marxismo, hay que recordar que existe una larga y profunda tradición marxista que ha hecho del *lenguaje* (y por extensión, del espacio simbólico-cultural o "representacional") un escenario privilegiado, y a veces incluso decisivo, de los conflictos sociales e ideológicos y de la constitución de las "identidades". Esa tradición se remonta a las primeras décadas del siglo XX, y por lo tanto es *contemporánea* de lo que ahora se llama el "giro lingüístico" producido en el pensamiento a partir de pensadores como Saussure, Peirce, Wittgenstein o Heidegger, y por lo tanto es muy *anterior* al descubrimiento de tal giro lingüístico por el estructuralismo y el postestructuralismo. Piénsese solamente en casos paradigmáticos como el de Gramsci (que mostró el lugar determinante del lenguaje y la cultura en la construcción de hegemonías y contrahegemonías y en la "guerra de posiciones" en el seno de la sociedad civil) o el de Volóshinov (que con sus nociones de *dialogismo o heteroglosia* mostraron, de manera complementaria, la densidad ideológica y la dramaticidad política del "habla" cotidiana tanto como del discurso literario y estético).

Por supuesto que hay aquí una diferencia esencial con el pensamiento "post", al menos en sus versiones más radicales: allí donde este ve el problema de la constitución "indecidible" de las identidades y los procesos sociohistóricos como un fenómeno *puramente textual,* Gramsci o Bajtín (y ni qué hablar de desarrollos posteriores como los de Benjamin, Adorno, Althusser, etcétera) nunca descuidan el análisis de la relación -claro está que problemática y cargada de "indecidibilidades", ambigüedades e inestabilidades de todo tipo- de esa *textualidad* con la lucha de clases y con las formas en que los discursos ideológicos o culturales en general se encarnan en instituciones, prácticas, conductas y enunciados "materiales". Es precisamente la *tensión* (sí, en principio, indecidible, y por consiguiente sometida a las contingencias sobredeterminadas de la hegemonía) entre esas materialidades y las abstracciones ideológico-discursivas la que constituye la escena de la lucha por el sentido y las identidades.

Para Bajtín, por ejemplo, la trama social no es *simplemente* discursiva. El discurso no es un registro totalmente autónomo: es un aspecto emergente -si bien con frecuencia decisivo- de un complejo multifacético de relaciones sociales y de poder, que tienen un efecto poderoso sobre el lenguaje y los discursos. *"Las formas* de los signos -dice Volóshinov (y nótese que no habla meramente de los 'contenidos')- están condicionadas por la organización social de los participantes involucrados"[36]. Lo cual incluye, por supuesto, las formas *resistentes* al poder y la dominación (es archiconocido el ejemplo bajtiniano de la cultura "carnavalesca")[37]. El discurso está, por lo tanto, fuertemente condicionado por los modos en que distintos grupos sociales intentan *acentuar* sus "palabras" de manera que expresen su experiencia y sus aspiraciones colectivas. El resultado es que "el mundo de los signos se transforma en un escenario inconsciente de la lucha de clases". Esto no significa, por supuesto, que los discursos tengan *sentidos* estrictamente diferentes para las diferentes clases: Bajtín no es un simple relativista. Pero el discurso no está solo compuesto de sentidos, sino también de *temas y acentos,* que articulan estilos discursivos que *expresan* tanto como *producen* experiencias sociales antagónicas: toda sociedad es, en este sentido, *heteroglósica* ("multiacentuada", por así decir), y solo porque los discursos existen bajo la hegemonía de la clase dominante es que aparece como *monoglósica*; el lenguaje, como cualquier otro "contrato", es el producto de una cierta relación de fuerzas más que de un consenso. Sin embargo, como hay siempre resquicios para la resistencia, hay ciertos productos culturales (no solo "populares": el ejemplo *princeps* de Bajtín es la narrativa de Dostoievski) que desnudan, intencionalmente o no, la *polifonía* latente bajo la aparente armonía del consenso.

Son más que obvias las analogías que pueden establecerse entre estas reflexiones y las de Gramsci, que estaba obsesionado por analizar las formas en que la clase dominante es capaz de construir una hegemonía ideológico-cultural, aunque

---

36 Valentín Nikoláievich Volóshinov: *El Marxismo y filosofía del lenguaje*, Buenos Aires, Ediciones Godot, 2008.
37 Mijaíl Bajtín: *La cultura popular en la Edad Media y el Renacimiento*, Barcelona, Barral, 1975.

esa hegemonía nunca pueda ser completa. Si en la perspectiva gramsciana todos los hombres son, en alguna medida, "filósofos", ello se debe a que en su necesaria inmersión en el lenguaje incorporan de manera inconsciente y asistemática "concepciones del mundo" que involucran una amalgama de ideas contradictorias, inevitablemente heteroglósicas (para decirlo bajtinianamente); en este sentido, especialmente el proletariado y las clases populares -que están sometidos a prácticas materiales y culturales que objetivamente contradicen los enunciados de la ideología dominante- no poseen, por lo tanto, una conciencia ni una "discursividad" homogéneas y fijadas. Una política de resistencia consciente, incluso "revolucionaria", empieza realmente cuando dicha amalgama puede ser *sistematizada* -lo cual no necesariamente quiere decir "homogeneizada" o "esencializada"- para desnudar sus contradicciones insolubles, lo cual permite la potencial construcción de un discurso "contrahegemónico"[38].

Hay, sin duda, algunas semejanzas notables entre esta posición y las posteriores tesis de Foucault contra los excesos deconstructivistas que encierran la experiencia subjetiva y social dentro de un universo puramente textual, "con el objeto de no reinscribir las prácticas discursivas en un campo de transformaciones del *poder* en el cual ellas se desarrollan"[39]. Sin embargo, ese poder, en la obra del propio Foucault, nunca es estrictamente definido (quedando él mismo sometido a una suerte de dispersión "microfísica" que no deja de recordar las "diseminaciones" deconstructivistas), y mucho menos en términos de *clase*. Esto no debe entenderse como un llamamiento a *descartar* a Foucault. Todo lo contrario: su estrategia neonietzscheana de construcción de una genealogía de las relaciones de poder implicadas en los dispositivos de discurso es extraordinariamente reveladora para una teoría crítica de la cultura,

---

38 Véase, por ejemplo, Antonio Gramsci: *Los intelectuales y la organización de la cultura,* Buenos Aires, Nueva Visión, 1978.
39 Michel Foucault: *Diálogo sobre el poder,* Madrid, Alianza, 198(5.

así como para una crítica de las ideologías liberada de reduccionismos economicistas y unilaterales. La tesis, por ejemplo, de que el poder no consiste simplemente en *reprimir* ciertas formas discursivas, sino que fundamentalmente *produce* una relación con el conocimiento -con los "saberes"- que legitima su dominación y crea subjetividades aptas para la reproducción del poder, es (valga la expresión) poderosamente productiva, además de tener profundos puntos de contacto, que el propio Foucault terminó por reconocer, con las teorizaciones frankfurtianas sobre la "industria cultural". Pero no se puede ocultar que entraña el riesgo ya señalado de una reducción inversa a la apuntada, que en el límite ve el poder como un fenómeno cuasi metafísico, de origen puramente discursivo.

Aquí es necesario, entonces, hacer un alto. Otro peligro que advertimos en los estudios culturales es el de la inversión del efecto liberador que en su momento tuvo la actualmente un poco hartante idea de "textualismo". A no preocuparse: no nos proponemos iniciar ninguna campaña contra los espectros del profesor Derrida. Pero sí sospechar que, si en una etapa esa noción -generalmente mal entendida, como suele suceder-[40] tuvo el valor de llamar la atención sobre el carácter de construcción discursiva y ficcional de los discursos "naturalizados" de la cultura (y, de paso, ¿qué otra cosa es la crítica de la ideología, incluso tal como la practicaba Marx antes de convertirse en un fantasma?), ahora corre el riesgo de entrar en connivencia objetiva con la noción generalizada de que el universo sangriento y desgarrado en el que vivimos es una pura *ficción*, un mero *simulacro*, una expresión de eso que Vidal-Naquet llama

---

40 Existe actualmente una (bienvenida) corriente de revisión de la obra de Derrida, tendiente a demostrar que sus posiciones *no son,* justamente, de un textualismo extremo y totalmente ajeno a consideraciones de orden ético-político. Véase, por ejemplo, Christopher Norris: *Teoría acrítica,* Madrid. Cátedra. 1996. No obstante, aun en las últimas obras de Derrida, ciertamente más atravesadas por una preocupación política, la impronta textualista sigue siendo lo suficientemente fuerte como para dar lugar a las sobreinterpretaciones.

"inexistencialismo"[41], por el cual se elimina -paradójicamente- la *diferencia*, el *conflicto* entre realidad y representación. Un conflicto que es precisamente, como quería Adorno, la marca política y "comprometida" del arte y la cultura autónomos[42]. Política y comprometida no, desde ya, por su toma de partido explícito (aunque no militamos, personalmente, en las filas de quienes cuestionan *toda* forma de arte explícitamente político: eso llevaría a la ridiculez de eliminar del arte del siglo XX telas como el *Guernica*, libros como *La condición humana* o filmes como *El acorazado Potemkin*) sino precisamente por el carácter revulsivo de su puesta en crisis del *vínculo problemático* entre "realidad" y lenguaje estético-cultural.

Una eliminación que es también, creemos (aunque no tenemos el tiempo ni la competencia para demostrarlo aquí), la búsqueda de la eliminación del inconsciente mismo, ya no como categoría teórica sino como lugar de lo irrepresentable, de expresión del carácter inarticulable de lo Real. La postulación del mundo como *pura ficcionalidad* (no ajena, como procuraremos sugerir, al triunfo de una ubicua obscenidad de las imágenes en manos de los medios de comunicación, y al carácter abstracto y especulativo del capitalismo actual), ¿no apunta a suprimir esa *distancia crítica* que permite situar a la ficción en el lugar de una verdad impensable? A uno le dan ganas de amonestar, de decir: señores, entérense de que la Guerra del Golfo sí ha tenido lugar, y parece ser incluso que allí (o en Ruanda, o en Bosnia-Herzegovina, o aquí cerca en la calle Pasteur) sí se ha matado gente. Entérense, quiero decir, de que la lucha de clases y el inconsciente sí existen *fuera del texto*: casualmente son *ellos* los que constituyen esa "otra escena" que permite que el texto *sea*, que se erija en toda su irreductible especificidad y autonomía como síntoma de lo indecible y de lo impensable.

Y esto es algo que, contra la vulgata generalizada, los mejores exponentes de los estudios culturales jamás han dejado de

---

41 Pierre Vidal-Naquet: *Los asesinos de la memoria*, México, Siglo XXI, 1995.
42 Véase, por ejemplo, Theodor Adorno: *Teoría estética*, Madrid, Taurus, 1981.

tener en cuenta. Véase, si no, la inequívoca posición de Stuart Hall, cuando dice:

> *Pero yo todavía pienso que se requiere pensar en el modo en el cual las prácticas ideológicas, culturales y discursivas continúan existiendo en el seno de líneas determinantes de relaciones materiales [...] Por supuesto, tenemos que pensar las condiciones materiales en su forma discursiva determinada, no como una fijación absoluta. Pero creo que la posición textualista cae frecuentemente en el riesgo de perder su referencia a la práctica material y a las condiciones históricas*[43].

La "materialidad" a la que se refiere Hall no es la del materialismo vulgar empirista, sino aquello que de lo "real" *puede* ser articulado por una teoría que sepa que *no todo* lo real es articulable en el discurso. Pero, entonces, es necesario concebir una teoría que reconozca *alguna* diferencia entre lo real y el discurso. En efecto, aun en el terreno del "puro significante" de la poesía o la literatura es discutible que no haya nada "fuera del texto": la literatura más valiosa de la modernidad, justamente, es la que pone en escena la imposibilidad de que el texto lo contenga *todo* (Kafka o Beckett, por citar casos ejemplares).

Y la mejor crítica literaria y estética reciente de orientación marxista -Eagleton, Macherey, Jameson o Moretti son en este terreno referencias insoslayables-, precisamente, es la que no ha dejado de tener en cuenta la multiplicidad "rizomática" y textual incluso de la obra "clásica" (tal como se sigue produciendo hoy en día), denunciando su falsa apariencia de unidad orgánica (de *totalidad,* si se quiere decir así). Para Eagleton, la obra literaria debe ser vista como un *acto* a través del cual un conglomerado de materiales heteróclitos (fenómenos lingüísticos y operaciones retóricas, materias primas sociales y psicológicas, "fantasmas" personales o culturales, fragmentos de

---

43 Stuart Hall: *Critical Dialogues in Cultural Studies*, Nueva York-Londres, Routledge, 1995.

saberes científicos y técnicos, tópicos del sentido común y de la literatura pasada y presente, etcétera, etcétera) es *condensado* bajo aquella apariencia de un todo orgánico por el poder de las estrategias de construcción estética[44].

Hasta aquí, pues, todo indicaría la coincidencia de esta postura con la perspectiva *meramente* deconstructivista o, para decirlo sartreanamente, "destotalizadora". Pero, precisamente, se trata de "retotalizar" el análisis para descubrir en cada caso las *razones* (generalmente inconscientes) de esa necesidad unitaria. Como afirma Macherey, esos materiales heterogéneos y discontinuos son de una u otra manera sociales e históricos: llevan impresas, aunque sea en su "congelamiento", las huellas de antiguas luchas y de su otrora fechable emergencia; las incompatibilidades *textuales* entre, digamos, esta o aquella unidad narrativa y esta o aquella experiencia psicológica, esta o aquella formulación estilística y esta o aquella característica del género, pueden ser leídas como las señales y los *síntomas* de contradicciones -o simplemente de antinomias- sociales e históricas que el análisis crítico debería contribuir al mismo tiempo a develar *además* de someter la obra a la intervención deconstructiva[45]. Moretti, por su parte -tomamos solo un ejemplo de los muchos análisis semejantes que lleva a cabo-, interpreta la oposición entre las figuras literarias de Drácula y Frankenstein (de Bram Stoker y Mary Shelley, respectivamente) en términos de la oposición emergente en el siglo XIX entre burguesía y proletariado, y simultáneamente en los términos freudianos del "retorno de lo reprimido" y lo "siniestro familiar". ¿Qué es lo que da su aparente *unidad* a estos materiales de registros tan disímiles (histórico-social uno, inconsciente-antropológico el otro)? Justamente la *estrategia textual* de "desplazamiento" ideológico de los terrores de la burguesía decimonónica (que es la que *escribe*); pero esto no va en detrimento del *valor estético* de esos textos, sino todo lo

---

44 Terry Eagleton: *Literary Theory: an introduction*, Cambridge, Blackwell, 1983.
45 Pierre Macherey: *Theorie de la production literaire*, París, Du Seuil, 1974.

contrario: *es porque* tienen un alto valor estético -al menos, en los límites de su propio género- que el desplazamiento es tanto más eficaz, y viceversa[46]. Como dice agudamente Jameson, la "genialidad" de la producción textual puede ser también entendida en los términos freudianos del *trabajo del sueño,* cuya "elaboración secundaria" logra articular, realizar un *montaje* de contenidos inconscientes que resulte tolerable e incluso placentero, mediante una operación que Freud, significativamente, llama "sobredeterminación"[47].

Pero a su vez, si la discontinuidad original de los elementos disímiles es vista como una serie compleja de múltiples y entremezcladas *contradicciones,* entonces la homogeneización de esos componentes inconmensurables y la producción de un texto que se muestra unificado deben ser entendidas como algo más que un acto estético: constituyen también un acto *ideológico* y apuntan -al igual que los mitos según Lévi-Strauss- nada menos que a la resolución *imaginaria* del conflicto "real" (¿y no es así, por otra parte, como trabaja el proceso "secundario" de construcción de *identidades* que analizan tantos autores de los estudios culturales?). La forma textual recupera, así, su condición de acto social, histórico y proto-político. No obstante, se debe subrayar que aquel acto ideológico mantiene su alto carácter de ambigüedad, por lo cual debería ser leído de dos modos distintos e incluso antitéticos: por un lado, mediante el análisis de las operaciones de configuración de la aparente unidad; por el otro, mediante el análisis de los *restos* no articulables de contradicción que generalmente impiden que la resolución sea exitosa, e implican el (a menudo magnífico) "fracaso" del texto.

Otro ejemplo *princeps* es, por supuesto, Fredric Jameson: su "inconsciente político"[48] designa propiamente lo

---

46 Franco Moretti: *Signs Taken for Wonders*, London, Verso, 1995.
47 Fredric Jameson: *The Seeds of Time*, Nueva York, Columbia University Press, 1994.
48 Fredric Jameson: *Documentos de cultura, documentos de barbarie*, Madrid, Visor 1989.

que ha sido reprimido -¿nos atreveremos a decir *forcluido*?- en el pensamiento "post", o sea el sustrato social y colectivo profundamente *conflictivo* de toda cultura (para no ir más lejos, y ya que hablamos de "represión", el sustrato de la cultura como "crimen cometido en común" según Freud). En otras palabras -las de Marx, claro-: el proceso histórico material que constituye el escenario de la lucha de clases. El trabajo crítico que le interesa a Jameson es el de la identificación, en los "textos" de la cultura, de las *marcas* del inconsciente político. Ese trabajo es completamente inútil, se vuelve inevitablemente trivial, si no es capaz de sortear dos formas simétricas de reduccionismo: por un lado, el de la especificidad y la autonomía del proceso de producción cultural, que hace que el "texto" producido deba ser leído, en principio, *en sus propios términos,* y por otro, el reduccionismo inverso que consiste en el vaciamiento "formalista" de la densidad histórica y política de los textos, un vaciamiento del cual hay que hacer responsable, sin duda, al textualismo "post" y su recusación de toda lectura crítica de inspiración marxista, pero tambien al propio *marxismo,* cuyos abusos reduccionistas en el primer sentido han terminado por desacreditarlo como estrategia crítica. Sin embargo, Jameson insiste en que el impulso originario del marxismo puede y *debe* ser restituido como lo que él llama el "código maestro" de *lectura alegórica* y de "reescritura" de la historia cultural. Por lectura alegórica, Jameson entiende -a diferencia del uso más laxo que hace del término en otros ensayos, como veremos-, el concepto estrictamente benjaminiano de alegoría: una lectura que opera detectando los *restos* (las "ruinas", diría Benjamin) fragmentarios y dispersos del inconsciente político, no para reconstruir "arqueológicamente" el "edificio" original, sino para *construir* uno nuevo. Es un modo de interpretación crítica y sintomática, cuya finalidad no es la *develación* de un sentido pretendidamente originario, sino la *producción* de un sentido nuevo, incluso la producción de *silencios* o *vacíos* en el texto, que el texto ni siquiera "sabía" que existían[49]. Y la producción de sentido es, a su vez y en sí misma, *política*, en tanto siempre replantea, en su propio terreno, la relación de los sujetos con los discursos de la *polis.* Y esto hace, entonces, que Jameson establezca una prioridad de *la interpretación política* de los textos y discursos culturales. "Prioridad", puesto que la perspectiva política -en este sentido amplio pero estricto- no es entonces un suplemento de la lectura: es el *horizonte absoluto* de dicha lectura. Pero claro está que, para que esto pueda ser entendido en una vertiente no reduccionista -incluso *anti*rreduccionista- había que pasar por los "momentos" anteriores.

Como puede observarse, estas son estrategias críticas que -sin reducir o condicionar mecánicamente en lo más mínimo la riqueza del análisis deconstructivo- operan en los *límites* (siempre dudosos, claro está) entre el adentro y el afuera del texto, resguardando su especificidad textual pero al mismo tiempo dando cuenta de las "sobredeterminaciones" sociales, políticas o ideológicas de la totalidad / modo de producción, que son precisamente -si uno quiere respetar al menos cierta dialéctica- las que demarcan el lugar de *autonomía relativo* (ya que "relativa" significa *en relación con*) de la textualidad: si todo es texto, entonces no hay texto; solo este "entre-dos", este *in-between* -como lo llamaría Homi Bhabha-[50] permite la crítica consecuente de la *falsa totalidad* (en el sentido del ya citado concepto de Adorno)[51] construida por las ideologías hegemónicas. En el fondo, esas estrategias críticas no están tan alejadas de las preocupaciones de un autor tan poco marxista como, digamos, Clifford Geertz, quien (si bien desde una perspectiva neohermenéutica que le debe bastante a ciertas postulaciones "post")

---

49 Es notable, a este respecto, que tanto Marx como Freud, cuando hablan de "interpretación", utilizan un término alemán, *Deutung*, cuya raíz etimológica remite a la acción de "apuntar con el dedo": es decir, de señalar que allí hay otro sentido que el evidente, pero *sin decir cuál es,* puesto que se trata, en efecto, de construirlo.
50 Homi Bhabha: *The Location of Culture*, Nueva York-Londres, Routledge, 1996.
51 Theodor W. Adorno: *Dialéctica negativa,* Madrid, Taurus, 1978.

está obsesionado por no separar ficticiamente la "forma" y el "contenido" (de la obra de arte, para su caso), y hablará por lo tanto de la importancia de un *uso social de la forma,* lo cual permite resguardar la especificidad de la forma -es *esa* forma particular, y no cualquiera, la que se hace pasible de un "uso" social-, y simultáneamente, con el mismo gesto, dar cuenta de su carácter no puramente formal (y quizá tampoco estemos aquí tan lejos del Wittgenstein del "sentido" como *uso*)[52].

Las *posibilidades* mismas de esa crítica -siguiendo, como hemos visto, la lógica de la lectura sintomática althusseriana- son *internas* al propio texto: las dispersiones, desplazamientos, ambigüedades o "indecidibilidades" del sentido en las que ponen el acento los deconstructivistas pueden pensarse como *resistencias* del "inconsciente político" del propio texto a la "interpelación" ideológica que busca otorgarle su unificación estética, su *monoglosia,* de manera análoga al modo como los sujetos sociales *resisten* (a menudo inconscientemente) las interpelaciones de la ideología dominante dirigidas a constituir a los sujetos como "identidades" fijas y sin fisuras que permitan una mejor "administración de los cuerpos"[53]. Pero esto también demuestra que la *ideología* -que sin duda está inscripta en el inconsciente político del texto- de ninguna manera hace al texto mismo menos "verdadero". No se trata -para recurrir a las sempiternas metáforas freudianas- de un contenido manifiesto (ideológicamente "falso") *versus* un contenido latente ("verdadero", aunque inconsciente). Lo que constituye el *inconsciente* propiamente dicho del texto (su "verdad", si se lo quiere decir así) son los mecanismos y operaciones de *transposición* de lo latente a lo manifiesto. Los "contenidos" inconscientes del texto -sus *deseos reprimidos,* para abusar de la jerga- son estrictamente *inexpresables*: no tienen, por así decir, *sintaxis. Esa materia política* no comunicable solo puede reconstruirse alegóricamente (otra vez,

---

52 Véase Clifford Geertz: "El arte como sistema cultural", en *Conocimiento local,* Barcelona, Paidós, 1994.
53 Michel Foucault: *Vigilar y castigar,* México, Siglo XXI, 1986.

en sentido benjaminiano) a partir de la forma, de la detección de sus ruinas en el *trabajo* de autoproducción del texto, del mismo modo en que el psicoanalista detecta la materia inexpresable del deseo en las formas en las cuales se articula en el *trabajo* del sueño.

Lo que esta estrategia autoriza, pues -además de demostrar, nuevamente, que ciertos postulados "post" no tienen por qué ser incompatibles con los horizontes de totalización del marxismo y el psicoanálisis-[54] es, insistimos, la reintroducción de la *Historia*, mal que les pese a las formas más extremas de un pensamiento "post" que no ha dejado de tener su influencia, no siempre productiva, en los estudios culturales. La dimensión histórica (en la que no se trata, como veremos en el siguiente capítulo, de la historia evolutiva y lineal del historicismo tradicional, sino de la historia del *modo de producción* como "falsa totalidad" que no "cierra"), sin embargo, supone una -seguramente problemática, pero justamente se trata de volver a *plantear* el problema- *diferenciación* entre el texto y su "afuera", donde "afuera" no significa necesariamente una exterioridad absoluta (por ejemplo, de la lucha de clases respecto del texto: véase lo dicho más arriba sobre la noción de base económica), sino un "deslinde" de los *registros*. No hay ningún inconveniente en pensar la *percepción* de la "realidad" como constituida discursivamente: así ocurre, esquemáticamente formulado, en el anudamiento de lo imaginario y lo simbólico que constituye la "realidad" (diferenciada de lo "real") en la perspectiva de Lacan; pero así ocurre también, a su manera -según hemos visto- en la perspectiva marxista de Gramsci, Bajtín, Benjamin, Althusser y los autores más recientes que hemos citado. Pero desde una perspectiva materialista (histórica), lo *real* (tomado ahora en un sentido amplio, aunque siempre distinguido de la "realidad") sigue existiendo más allá y más acá de su percepción y/o de su constitución por el discurso. Esos diferentes registros (lo real / la realidad / el discurso), insistimos, no son *nunca* completamente

---

54 Pero debe quedar claro que, para nosotros, esos postulados son útiles en su *articulación subordinada* a un "horizonte" teórico constituido por el marxismo y el psicoanálisis: por la propia estructura y estrategia de esos discursos, nunca podría ser al revés.

exteriores entre sí, pero sí representan distintas "caras" de una banda de Moebius: caras que se intersectan desde su propia *diferencia* (una diferencia, está claro, no "identitaria", sino sujeta a permanentes transformaciones producidas por la intersección) y, por lo tanto, que conllevan sus propias *historicidades* específicas. Curiosamente, el desinterés del pensamiento "post" -y, con frecuencia, de los estudios culturales- por esas historicidades diferenciales lo desliza -muy a pesar de sí mismo, sin duda- hacia una concepción cuasi *metafísica* y absolutizadora del lenguaje y la *écriture*, que solo reconoce "diferencias" en el interior de un "texto" que parece haber colonizado por completo un mundo sin Historia.

5. ¿HISTORIA DE LAS DIFERENCIAS O DIFERENCIA HISTÓRICA?

No se puede negar, a esta altura, que el pensamiento "post" y los estudios culturales, aun en sus mejores expresiones, son herederos de una filosofía que ha renunciado a la Historia, es decir, que nos instala en una pura dimensión presente de *espacialidad* (y no parece casual que el propio término "posmodernismo" haya surgido de la arquitectura), sin pasado y, sobre todo, sin futuro. Y no es suficiente con objetar que a lo que se opone el pensamiento "post" (con atendibles razones, por cierto) es al *historicismo,* que no debe ser confundido con la Historia como tal. Demasiado a menudo, incluso en los postestructuralistas menos vulgarizables como Derrida o Foucault, la crítica al historicismo conduce (voluntariamente o no) a la concepción de una historia completamente desprovista de cualquier clase de "leyes" (tendenciales y relativas, claro está), de regularidades más o menos "estructurales" o de articulaciones epocales. La imagen de la historia que suele quedar después de esa "limpieza" que tiene la defendible intención de eliminar reduccionismos y mecanicismos, es la de una historicidad meramente textual o discursiva, sometida a las más inefables contingencias e indecidibilidades, que no explican nada y que en último análisis no pueden ellas mismas ser explicadas.

Va de suyo que no nos asusta que haya cosas que no tengan explicación: la complejidad humana ha resultado siempre más caótica que previsible; de allí que el arte, la literatura, la lengua, los mitos y las religiones, la producción cultural o las "formaciones del inconsciente" suelan decir sobre ella mucho más (y, en otro sentido, mucho menos) que las supuestas "normalidades" de la Historia o la sociología. Pero negar la posibilidad misma de una explicación de y por la Historia, todo lo "imaginaria" y parcial que se quiera, es desentenderse de la responsabilidad de un pensamiento *histórico,* y no simplemente historicista. En este como en otros terrenos (lo veremos a propósito de la recusación del concepto de totalidad, por ejemplo) el efecto de tales negaciones es el de dejar la "explicación" (es decir, el instrumental de la hegemonía ideológica) en manos del enemigo. No se trata de negar que hay *otras* explicaciones, ni que la Historia por sí misma no es suficiente (aunque, por supuesto, esto depende estrictamente de lo que se entienda por Historia: también volveremos sobre este tema). Pero se hace un flaco favor a la causa que se dice defender cuando se elimina de un plumazo la importancia de las articulaciones a la referencialidad histórica y se termina constituyendo una suerte de "metafísica de la ausencia" (ausencia de Historia, de realidad, de sujeto, etcétera) en contraposición a una (discutible) "metafísica de la presencia". Flaco favor, pues se termina disolviendo el conflicto entre las diferentes "series" (para decirlo con la jerga del formalismo ruso) que permitirían enriquecer las relaciones entre el pensamiento y la dimensión temporal.

Ahora bien: el tiempo -dice Merleau-Ponty- no ha podido vencer a la filosofía[55]. El tiempo, es decir, la Historia. ¿Hay que entender que la filosofía es una *enemiga* de la Historia? Así quisieron entender muchos -desde la vereda de enfrente de los "antihistóricos"- una famosa tesis, la número XI si no recordamos mal: quisieron entenderla, queremos decir, como un repudio de la filosofía en nombre de la Historia y de la acción

---

55 Maurice Merleau-Ponty: *Elogio de la filosofía,* Buenos Aires, Caldén, 1968.

política. Sin embargo, aquella era una tesis que hablaba no del fin de la filosofía, sino de sus *límites*: o sea, de sus *posibilidades*, si es cierto -como le gustaba repetir a Kant- que basta poner una barrera para apreciar mejor lo que hay del otro lado de ella; o si es cierto -como le gustaba repetir, complementariamente, a Borges-, que basta abrir una puerta -por ejemplo, la que separa a la filosofía de la Historia- para ya estar dentro de un "tercer lugar" diferente que *incluye* a los otros dos, aunque sea como espacio de desencuentro.

De cualquier manera, la idea de que la filosofía podría ser *vencida* por la Historia es hija de dos evidencias anteriores que, justamente por su carácter palmario, el filósofo "profesional" olvida discutir. La primera es que la filosofía -como dijo alguien refiriéndose a Nietzsche- es más que un discurso; es un campo de batalla, del cual se puede (y a veces se debe) huir, pero al cual no se puede ingresar impunemente: una vez adentro, estamos (sartreanamente) condenados a elegir. La segunda es que, por lo tanto, su situación, su estatuto, es extremadamente *precario*, tanto como el del arte, del cual decía Adorno que "ha llegado a ser evidente que nada en él es evidente: ni en él mismo, ni en su relación con la totalidad, ni siquiera en su propio derecho a la existencia"[56]. Está cada vez más claro, en efecto, que si hay un "pensamiento triunfante" es porque detrás de él hay una relación de fuerzas: lo que se llama eufemísticamente "pensamiento débil" es, en sentido estricto, el *ocultamiento* de las fuerzas sociales, culturales y políticas que hacen aparecer tal "debilidad" como un signo de democracia y pluralismo; el pensamiento débil es la coartada de la hegemonía ideológica, análogamente al modo como la "micropolítica", según vimos más arriba, puede ser la coartada de la dominación de clase.

Es esta precariedad, esta completa falta de garantías sobre el resultado de la batalla, tal vez, la que hace que muchas veces los filósofos *antihistóricos* opten por arrojar sus papeles al viento. Al viento, es decir, al azar de las lecturas: que sepamos,

---

56 Theodor W. Adorno: *Teoría estética,* ob. cit.

se ha reflexionado poco -salvo, quizá, en el caso siempre excepcional de Blanchot- sobre la función del azar en la lectura, y en particular en la lectura de los filósofos. Mucho más se ha pensado, seguramente, sobre la función del azar en la *guerra,* o sea en la historia, o sea en lo que en la filosofía continúa por otros medios. Y sin embargo, cierto *estilo* actual de hacer filosofía -o, al menos, de hablar sobre ella-, y que en homenaje a la brevedad hemos llamado simplemente "post", parece haber olvidado la guerra para retener solamente el azar, es decir, la indeterminación de toda causalidad, por múltiple o compleja que se la piense: la muerte de la Historia bajo la forma de la imposibilidad constitutiva de volver a construir un pensamiento de la Historia.

En efecto, un presupuesto "post" que las corrientes hoy dominantes en el mundo intelectual, y de nefasta influencia sobre los estudios culturales, parecen haber aceptado sin mayores cuestionamientos es la retórica *del fin de la historia* o, en una versión más cercana a cierto periodismo filosófico, el postulado ya referido *del fin de los grandes relatos.* La enunciación ritualizada de semejantes eslóganes los ha transformado, es cierto, en un poco ridículos. Sin embargo, como suele suceder con los enunciados ideológicos aun más groseros, tampoco estos dejan de señalar -lateralmente y por malas razones- ciertos contenidos de verdad, o al menos ciertos núcleos críticos del pensamiento occidental. Para el caso que nos interesa, hay dos de esos núcleos que merecen un análisis más cercano.

Primero. *Es cierto,* en algún sentido, que después del intento magníficamente fallido de Hegel no ha sido posible ya constituir una filosofía de la Historia unitaria y sistemática -aunque no es cierto que la idea de "sincronicidad" implicada en el giro linguístico del siglo xx suponga obligatoriamente la eliminación de la dimensión histórica; véanse, otra vez, las reflexiones de Heidegger, entre muchos otros filósofos para quienes el lenguaje es "la casa del hombre", la experiencia y el medio constitutivos de lo propiamente humano (perspectiva que nosotros adoptamos sin vacilaciones). La idea de una historia *teleológica* (en el doble sentido de un desarrollo con una finalidad predeterminada, y de un desarrollo que reconoce un origen y un fundamento lógico y/o cronológico) y de una evolución *lineal* (en su doble versión idealista -como despliegue del Espíritu Absoluto- y positivista -como encadenamiento causal de efectos predecibles-) es hoy manifiestamente insostenible. Otro tanto -y ese es nuestro segundo núcleo- puede decirse del postulado de Ranke (*simultáneamente* positivista e idealista) según el cual el objeto de la investigación historiográfica sería "la reconstrucción de los hechos tal cual han sucedido". Aun manteniéndose dentro de un paradigma relativamente historicista, la historia de los modos de producción reconoce por supuesto heterogeneidades, saltos, retrocesos, discontinuidades y "pasos al costado". La teoría marxista ha acuñado, para dar cuenta de ello, el concepto de *desarrollo desigual y combinado,* que entre otras cosas implica la coexistencia sincrónica y a menudo conflictiva de diferentes "tiempos" históricos en un mismo "espacio", en una suerte de *montaje* que a menudo aparece a la mirada ingenua como azaroso e "indecidible". Por otra parte, no cabe duda de que la "reconstrucción" historiográfica del pasado se lleva a cabo siempre desde el *presente,* vale decir, está sometida a las interpretaciones y construcciones hermenéuticas "textuales" (y también, claro está, "ideológicas"), inevitablemente atravesadas por el conflicto entre las *políticas* interpretativas, ya que las representaciones del pasado nacional, social o cultural son también un campo de batalla insoslayable en la lucha hegemónica por la constitución de identidades colectivas.

Puede reconocerse, incluso, una cierta estructura *ficcional* de esas reconstrucciones: "ficcional" en el sentido más o menos benthamiano de las ficciones hipotéticas que permiten hacer avanzar el conocimiento; pero también en el sentido freudiano de, por ejemplo, los relatos oníricos que constituyen ficciones como vías astutamente indirectas de articulación de una verdad del inconsciente; o aun en el sentido de la teoría literaria, para la cual el espacio ficcional supone una estrategia lógico-retórica de construcción de un *verosímil* (una "imitación" de una verdad por definición inaccesible) que no necesariamente es una "mentira", o de un espacio imaginario de enunciación narrativa que a menudo es el asiento del registro propiamente *ideológico* del texto histórico.

El propio Marx (así como Freud, desde luego) no se privó del recurso alegórico a los géneros ficcionales de la literatura para hablar de la historia: la célebre frase sobre la repetición de la tragedia como farsa es el ejemplo más conspicuo. Sin embargo, hay un paso enorme desde allí hasta la *literalización* de esa alegoría -hasta la liquidación de toda diferencia, aun problemática, entre ficción y realidad, como veíamos más arriba-, a la que son tan afectos ciertos representantes extremos del pensamiento "post". Para mantenernos en el campo específicamente historiográfico, es paradigmática la postura de Hayden White, para quien no solamente *toda* reconstrucción histórica es derivada de un género literario (y entonces tendremos las historias trágicas, las cómicas, las épicas, las líricas, etcétera), sino que -por lógica consecuencia, ya que no hay otro modo de constituir el objeto de conocimiento histórico que por la vía de la reconstrucción interpretativa- *la historia misma* no es inteligible más que bajo el modo de una gigantesca aunque variada ficción[57]. Esto no es más que -como la mayoría de las proposiciones "post", por otro lado- una lectura apresurada, simplista y con frecuencia malintencionada del célebre y provocativo enunciado nietzscheano de que "no hay hechos, solo hay interpretaciones"[58]. Otro *dictum* que, así enunciado, estamos completamente dispuestos a suscribir: en efecto, como ha sido demostrado hasta el cansancio por la lingüística, la antropología, las filosofías hermenéuticas, el psicoanálisis y, en general, las llamadas "ciencias del discurso", para el sujeto humano no *hay cosas*, objetos ni "realidad" fuera de las construcciones simbólico-interpretativas, conscientes o no, que le permiten organizar un universo de otra manera incomprensible; que permiten hacer

---

57 Hayden White: *Metahistoria,* México, FCE, 1989.
58 Friedrich Nietzsche: *Genealogía de la moral,* Madrid, Alianza, 1976.

del caos un cosmos (discusión, por otra parte, que ya puede encontrarse en los orígenes mismos del pensamiento occidental: en el *Cratilo* de Platón, por caso).

Sin embargo, *de ninguna manera* -salvo manifiesta mala fe- se puede incluir al materialismo histórico de Marx (como han intentado hacerlo los recusadores de los "grandes relatos") *ni* en el conjunto de las filosofías teleológicas de la historia de las que hablábamos hace un momento, *ni* en el rescate postestructuralista de la historia como (re)construcción meramente ficcional. Y ello por dos razones básicas: en primer lugar, porque el propio método de Marx -al diferenciar rigurosamente entre lo concreto *fáctico* y lo concreto "pensado" (es decir, entre los hechos y las interpretaciones que nos permiten volverlos inteligibles)— fue el primero en -como dirían los postestructuralistas- *deconstruir* la ingenuidad ideológica positivista, con toda su confianza en una "historia objetiva y verdadera". En efecto, justamente *porque* los hechos están necesariamente sometidos a la reconstrucción interpretativa, son un escenario privilegiado de la lucha por la hegemonía ideológica, una lucha por la construcción del sentido que está a su vez sobredeterminada por la lucha de clases. Pero esto modifica radicalmente el criterio convencional de objetividad histórica: aquí no hay otra "objetividad" que la *elección explícita de un bando en la lucha ideológica*. La "cientificidad" de este criterio -y lo mismo sucede en Nietzsche- consiste pues en desnudar de qué (seguramente complejas y mediatizadas) maneras *toda reconstrucción de los "hechos"* implica una elección de bando, una toma de partido frecuentemente disfrazada de "objetividad": nietzscheanamente dicho, una *voluntad de poder.*

Es por eso que la crítica teórico-práctica de Marx empieza por la denuncia de las "ficciones" ideológicas del adversario: según lo ha recordado con sutileza un no marxista como Foucault, *El Capital* no es una economía política alternativa, sino una *crítica* (en el sentido etimológico de una "puesta en crisis") de *toda* economía política que pretenda sustraerse a sus propios condicionamientos histórico-ideológicos, es decir, a su propia elección del bando. Como dice el mismo Foucault, Marx no "interpreta" simplemente la sociedad burguesa, sino que empieza por interpretar la interpretación burguesa de la sociedad, porque sabe que si bien la interpretación es analíticamente diferenciable del "hecho", *forma parte de él*[59].

Ahora bien: esta posición no supone ningún "relativismo", ni mucho menos la "diseminación" infinita de las derivas interpretativas. No todas las interpretaciones son igualmente legítimas -en aras de no se sabe qué pacífica pero caótica y "contingente" coexistencia de los paradigmas- sino solo aquellas cuya perspectiva es la de los sectores de la sociedad que están interesados en *transformar* el estado de cosas existente, en instaurar una *diferencia* con el "sentido común" establecido por la ideología dominante. En este sentido, si hay alguna "filosofía de la historia" en Marx, está plenamente condensada en el enunciado de la ya citada Tesis XI sobre Feuerbach: "Hasta ahora los filósofos se han limitado a interpretar el mundo, cuando de lo que se trata es de transformarlo"[60]. Como decíamos al empezar, mal podría entenderse esa exhortación como un llamado al abandono de la interpretación, o incluso de la filosofía. Puesto que el término "transformación" hay que ponerlo allí a cuenta de la Historia y, por qué no, también de la guerra y la violencia que ella incluye, sería mejor entender ese encuentro entre el filósofo y la Historia como me parece que lo entiende León Rozitchner: como un intento permanentemente recomenzado (es decir, desesperado pero no desesperante) de sustraer el pensamiento al terror de una Historia que parece *venirnos de afuera,* como un poder inefable y, por así decir, kafkiano sobre el cual no tenemos ningún control[61]. Asumir en

---

59 Michel Foucault: *Nietzsche, Freud, Marx,* Buenos Aires, Imago Mundi, 1991.
60 Karl Marx: *La ideología alemana,* México, Grijalbo, 1966.
61 León Rozitchner: *Las desventuras del sujeto político,* Buenos Aires, Imago Mundi, 1996.

las propias manos la transformación de nuestro pensamiento atravesado por el terror de la Historia es, para el filósofo, la *condición* para "interpretar". Pero ello supone, al mismo tiempo y con el mismo gesto, asumir la transformación de la "realidad" dentro y en contra de la cual el pensamiento se inscribe.

Como se comprenderá fácilmente, el teórico "post" está desde el inicio imposibilitado para hacer esto: él prefiere entender el terror *sub specie simulacrum*, como un juego meramente textual a *deconstruir* en fragmentos de un eterno presente. Sería gracioso, si no fuera patético, que a veces este operativo de *estetización* de la catástrofe histórica pretenda hacerse en nombre de Walter Benjamin y su invocación del presente como depósito de las ruinas fragmentarias del pasado. ¡Nada menos que de Benjamin, el autor de las *Tesis sobre la Filosofía de la Historia,* en las cuales dice, de una vez y para siempre, que "articular históricamente el pasado no significa conocerlo como verdaderamente ha sido. Significa apropiarse de un recuerdo tal como este relampaguea en un instante de peligro"![62]. Benjamin llamaba "ruinas" a los fragmentos de un pasado que aparece (en las filosofías evolucionistas o "progresistas" de la Historia) como ya superado e irreversible; y llamaba "progreso" a la acumulación infinita de esas ruinas inútiles en un presente narcotizado, ignorante de que *vivimos siempre* en "estado de emergencia". A la imagen de una continuidad temporal homogénea y sin fisuras que es la historia de los vencedores, Benjamin oponía la de la discontinuidad de la historia de resistencia de los vencidos, *mojonada* por esas ruinas que entonces no son del pasado, puesto que hoy sigue habiendo vencidos. Pero a la imagen de una discontinuidad espacial indiferenciada en un eterno presente (que es hoy la imagen triunfante en el pensamiento "post") oponía por adelantado la de la *continuidad subterránea* de aquella resistencia, solo visible de tanto en tanto en sus espasmos de superficie, y cuyo trabajo de "viejo topo" (como lo hubiera llamado Marx)

---

62 Walter Benjamin: *Ensayos escogidos,* Buenos Aires, Sur, 1969.

es constantemente ocultado por la cortina de humo del progreso. ¿Se ve que esta es una "filosofía de la historia" completamente distinta de aquellos "grandes relatos" de la modernidad, que veían en la conquista de la paz mundial la garantía de un mundo exclusivo para los vencedores? Que las ruinas se sigan acumulando en el museo de la Historia, que todo siga igual y sin problemas -parece decir Benjamin-, *esa* es la verdadera catástrofe. Es la catástrofe de una Historia tartamuda o, mejor, afásica, incapaz de articular la palabra de los derrotados pero reeducada para aparentar una sintaxis elegante.

6. ¿LA MODERNIDAD YA NO ES MODERNA?

Hay otra cuestión que ha producido equívocos, a nuestro juicio lamentables, en la corriente principal de los estudios culturales. La imposibilidad de un pensamiento histórico está ligada también -para las teorías "post"- a la crisis de la Razón occidental y de sus ideas de Sujeto y Totalidad. Puesto que esas nociones son características de la modernidad (o sea, para decirlo sin los eufemismos de la jerga "post", del capitalismo), *todo* el pensamiento moderno queda masivamente identificado con una Razón y un Sujeto monolíticos y omnipotentes en su voluntad totalizadora e instrumental de conocimiento y dominación. Paradójicamente, esta es una imagen a su vez monolítica y *falsamente* totalizadora de la modernidad. Porque, nuevamente, ¿qué pasa con, por ejemplo, Marx o Freud? Ellos son (por supuesto, no los únicos) *datos anómalos* de esta imagen, aquellos que precisamente *desmienten* esa autoimagen "moderna" de omnipotencia de la Razón y del yo, mostrando las heridas internas no cicatrizables de la modernidad: nociones como la de lucha de clases o la del sujeto dividido denuncian los quiebres irreconciliables consigo mismas de esas "totalidades" del yo, de la sociedad, de la Historia; identidades solidarias en su completamiento abstracto, *ideal*, del *modo de producción* que sostiene a la "civilización" moderna. De un modo de producción donde *todo* el pensamiento puede ser un acto de violencia a veces insoportable, cuya máxima pretensión es, decía Nietzsche, "la más formidable pretensión de la filosofía en la máquina platónica del racionalismo occidental: hacer todo manejable, hasta el amor"[63].

Hay, pues, al menos dos imágenes de la historia de la modernidad: la imagen homogénea "ilustrada" de la historia moderna como progreso indetenible de la Razón, imagen *compartida*, aunque "negativizada", por la crítica del antimodernismo "post" (como reflejo especular de simetría invertida, podríamos decir), y la imagen dialéctica, desgarrada y "autocrítica" que nos transmiten Marx y Freud *desde dentro mismo de la propia modernidad*, como constitutivo "malestar en la cultura" en conflicto permanente con las ilusiones sin porvenir de una Razón instrumental. Una Razón cuyos límites y perversiones internas, radicalizando una vía abierta por Weber, van a ser mostradas -hasta las últimas consecuencias y de manera implacable- por Adorno y la Escuela de Frankfurt[64], los amargos herederos de una teoría crítica de la modernidad que en su época está *obligada* a pensar el terror, está obligada a pensar la *experiencia límite* de la humanidad occidental: la del campo de concentración y el exterminio en masa, que (y es absolutamente *imprescindible* no olvidar esto) es una experiencia, o mejor un experimento, *de la Razón*. Y, desde luego, de la historia moderna.

En efecto, es el inmenso mérito de la Escuela de Frankfurt haber tenido el coraje de no sumarse al coro bienpensante de almas bellas que atribuyeron esa experiencia extrema a un inexplicable abismo de irracionalidad desviada de la Historia y del progreso, de la historia *como* progreso: como si no estuviera en las posibilidades mismas de la forma dominante de la racionalidad moderna, vale decir, de la racionalidad instrumental

---

63 F. Nietzsche: *Genealogía de la moral*, ob. cit.
64 Véase Theodor W. Adorno y Max Horkheimer: *Dialéctica de la Ilustración*, Madrid, Trotta, 1994.

capitalista sobre la que habían alertado, de diferentes maneras, Marx y Freud. Como si la verdad no fuera -para ponerlo en las también famosas y terribles palabras de Benjamin- que todo documento de civilización es *simultáneamente* un documento de barbarie. Es su mérito, repito, haber visto esto sin por otro lado sucumbir a la tentación del irracionalismo o el cinismo.

Es claro que, pese a la Radicalidad inédita de esa "experiencia extrema", Adorno y sus compañeros podían haber advertido aun antes en la historia la existencia de esta ironía trágica. La podían haber advertido, por ejemplo, en el lugar *fundacional* que para la historia y el pensamiento de Occidente tiene el genocidio americano (y más tarde, de todo el mundo no europeo bajo el colonialismo), en la autoconstitución etnocéntrica y racista de su propia imagen civilizatoria, de su propia imagen de racionalidad "moderna", del Sujeto cartesiano, de una totalidad histórica identificada -como puede vérselo aún en Hegel- con la "Razón" de la acumulación capitalista europea, pero de la cual es expulsado (por exclusión, por disolución en el silencio, o por liso y llano exterminio) el "Otro" que permitió la constitución de esa imagen. Esto también es algo, quizá, que Freud podía haberles explicado a los filósofos historicistas y "progresistas". Es decir, podía haberles explicado que la totalidad de la Razón solo puede plegarse sobre sí misma "tapando" imaginariamente el agujero de una particularidad inasimilable, de unos *desechos*, de unas *ruinas* del yo racionalizante, cuya *renegación* es precisamente la condición de existencia de la totalidad. O sea, podía haberles explicado, en el fondo, lo mismo que autocontradictoriamente ya habría explicado el propio Hegel (un filósofo, en este sentido, mucho más "materialista" que todos los positivistas que lo acusan de espiritualismo) si en su época hubiera tenido un Freud que lo "interpretara": a saber, que es precisamente la existencia del Particular *concreto* lo que constituye la condición de posibilidad del Universal *abstracto*, y simultáneamente la que demuestra la imposibilidad de su totalización, de su "cierre";

demuestra que -dicho vulgarmente- el Universal viene fallado de fábrica. O -para usar una terminología más actual y sofisticada- que el Otro con mayúscula *es*, constitutivamente, castrado[65]. Pero esto, desde ya, es algo muy diferente de la manía "post" -compartida ella también, como hemos visto, por la corriente hegemónica en los estudios culturales- de pontificar sobre la lisa y llana *desaparición* de las identidades y los "sujetos". Para empezar, ni Freud ni Lacan, por ejemplo, hablaron jamás de semejante desaparición, sino en todo caso de la *división* del sujeto, lo cual es otra manera de hablar de la castración del Otro, de la imposible *completud* simbólica de la identidad. Pero, justamente, esa imposibilidad hace más necesarias (si bien inconscientes) las *articulaciones* entre, por ejemplo, la identidad de clase y la de los "movimientos sociales", para retomar este problema que está actualmente en la picota. Y es obvio que este problema no puede ser pensado hoy del mismo modo que podía haber sido pensado por Marx, lo cual no constituye un argumento en contra de Marx, sino *a su favor*: demuestra que también la articulación de las identidades colectivas está sujeta a la *materialidad histórica*.

Y ya que estamos en tren de reconocer méritos, en el interior del espacio académico amplio definido por los estudios culturales, es sin duda una gran virtud de la teoría poscolonial (Said, Spivak, Bhabha y otros) la de haber *reintroducido* la historia -es decir, la *política* en sentido fuerte- en los estudios culturales, retomando la línea "subterránea" de la historia de los vencidos, incluso en un sentido benjaminiano, al mostrar de qué diversas y complejas formas las *ruinas* del colonialismo siguen relampagueando hoy en los discursos y las prácticas del mundo (no tan) "post"-colonial.

Pero no deja de ser un mérito ambiguo: si por un lado el recurso a las teorías y técnicas de análisis "post" y a ciertos autores guía (Foucault, Lacan, Derrida, De Man) permite a los

---

65 Para esta cuestión en Hegel, véase Slavoj Žižek: *Tarrying with the Negative*, Londres, Verso, 1994.

pensadores poscoloniales *refinar* extraordinariamente las categorías de análisis frente a las antiguas teorizaciones antiimperialistas (digamos, las de Lenin o las múltiples versiones de la teoría dependentista), especialmente en lo que hace a la crítica cultural e ideológica, por otro lado, y con escasas excepciones -Aijaz Ahmad es quizá la más notoria-, el recurso prácticamente *exclusivo a* esas metodologías implica el casi completo abandono de formas de pensamiento (Marx, Freud, la Escuela de Frankfurt) que, como lo venimos defendiendo enfáticamente aquí, siguen siendo *indispensables* para una totalización de la crítica de un modo de producción en buena medida constituido por la experiencia colonialista y poscolonialista. Pero de esto nos ocuparemos en su debido momento.

Lo que nos interesa ahora es establecer cómo esa recusación *in toto* de la Historia y del Sujeto "modernos" opera, en última instancia, a favor de una imagen purificada y desconflictuada de la modernidad. Es como si el pensamiento "post", generando en realidad una inmensa *reconstrucción* interpretativa del pasado histórico, quisiera presentar a toda la modernidad -a toda esa era que no es solamente la era de la emergencia de nuevas formas de opresión, sino también la era de las más grandes *revoluciones* de la historia- como un bloque sin fisuras. Como dice Palmer,

> [...] *en un espectacular salto idealista,* [*el postestructuralismo*] *busca volar por sobre los contenidos de clase y las grandes transformaciones asociadas con 1776, 1789, 1792, la Revolución Industrial, las luchas de clase del siglo* XIX, *la experiencia de las revueltas anticoloniales, las revoluciones socialistas a partir de 1917, etcétera*[66].

El pensamiento "post" anula toda posibilidad de una relectura crítica de los conflictos internos al proyecto de la

---

66 Bryan D. Palmer: "Old Positions, New Necessities: History, Class, and Marxist Metanarrative", en Ellen M. Wood y John B. Foster: *In Defense of History. Marxism and the Postmodern Agenda*, Nueva York, Monthly Review Press, 1997.

modernidad, como si *todo* el discurso moderno estuviera homogéneamente comprometido con un exclusivo programa de dominación y opresión. Pero, en realidad, esta "confusión" no es para nada sorprendente: es el efecto *necesario* de una concepción que -al menos en sus expresiones más extremas- visualiza a la propia historia como un puro "discurso", en el sentido estrecho del término. Cuando la Historia es considerada así -como un gran metarrelato absolutamente autónomo respecto de lo "real" y de una férrea consistencia interna-, es absolutamente lógico que se pretenda eliminarlo de un plumazo; después de todo, un "relato", una pura *ficción* discursiva, ni siquiera requiere de su trabajosa deconstrucción (ni siquiera requiere, digamos, del complejo trabajo intelectual de un Derrida o un Paul De Man); puede, simplemente, *borrarse*, pulsando la tecla *delete* del "ordenador" (nunca más apropiado este españolismo; efectivamente, se trata de "ordenar" la imagen ficcional de la historia mediante las operaciones virtuales de la informática).

Ahora bien, el Sujeto o la Historia con mayúsculas, la Razón abstracta cuyos "derechos universales" se trataba de postular, en las teorías tradicionales de la modernidad, como fundamento de una filosofía de la Historia deshistorizada, es una totalidad que *tampoco cierra*: siempre arrojará un resto que no permite suturar esa herida, llámese el judío, el negro, el proletario, el (pos)colonizado, el homosexual, el loco, el delincuente, el desaparecido... o *una* mujer, que puede ser además cualquiera de esas otras cosas: en fin, los nombres del Otro. Pero también podría explicársele al teórico "post" que la expulsión del Otro -la exclusión de esa *continuidad discontinua* de la historia de los vencidos- de la moderna narrativa filosófico-histórica occidental *no* es un argumento para la recusación de los "grandes relatos", sino todo lo contrario. Porque, precisamente, esa exclusión del componente terrorífico, de la *parte maldita* de Occidente, transforma su narrativa en un relato limitado e ideológicamente mezquino, y es la restitución de esas ruinas iluminando los peligros del presente lo que produciría las condiciones para la construcción de un *auténtico* "gran relato", de una auténtica *totalización* en el sentido sartreano. Y es hora, entonces, de que expliquemos con más detalle este concepto.

"Totalizar", para Sartre, equivale a ese proceso por el cual un sujeto -todo lo "imaginario" que se quiera- empieza por *negar* la particularidad del objeto para reincorporarlo al más amplio "proyecto-en-curso". Pero esta "nadificación" (*néantisation)* es siempre ya *provisoria*, en el sentido de que la praxis (la unificación de pensamiento y acción transformadora que ya era una categoría central del Sartre premarxista de *El Ser y la Nada)* conlleva un proceso permanente de "destotalizaciones" (recuperación del particular concreto en un contexto nuevo) y "retotalizaciones" (reinscripción del particular concreto así recuperado en un nuevo proyecto)[67]. No se trata aquí, pues, de la "falsa totalidad" de Adorno -fetichización ideológica que hace aparecer lo universal (por ejemplo, el capitalismo) como totalidad cerrada sobre sí misma sin importar sus determinaciones particulares- ni, por supuesto, de la deconstrucción postestructuralista, que disuelve toda perspectiva de totalización en la dispersión infinita de particularidades. En estas condiciones, como dice Jameson,

> [...] *es difícil ver cómo la actividad humana en la fase tercera, o posmoderna, del capitalismo, podría eludir o evadir esta fórmula tan general, si bien la intención de algunas imágenes idealizadas de la postmodernidad -sobre todo la esquizofrenia- es claramente criticarla e impedir que esta las asimile o las subsuma*[68].

O sea -para insistir sobre el tema-: la guerra "post" contra la categoría de la totalización (campaña alentada por los estudios culturales) pasa por alto la distinción capital entre la *totalización* sartreana y la *falsa totalidad* adorniana, y es por eso que tiene que terminar aceptando la conveniencia de la muerte

---

67 Jean-Paul Sartre: *Crítica de la razón dialéctica*, Buenos Aires, Losada, 1964.
68 Fredric Jameson: *Teoría de la postmodernidad,* ob. cit.

de los "grandes relatos", en lugar de apostar a la construcción de un *verdadero* gran relato, entendido como un permanente movimiento de *retotalización* que en cada "momento" del proyecto teórico-político permita incorporar las particularidades concretas que operan como "causa ausente" de la falsa totalidad abstracta.

Paradójicamente, esta idea "posthegeliana" de Sartre -aunque en modo alguno invoca al psicoanálisis en su auxilio- permite imaginar una articulación de ciertos postulados lacanianos con el marxismo de modo harto más consistente que el practicado por el llamado "posmarxismo" de Ernesto Laclau, al cual los estudios culturales (incluyendo, aquí sí, al propio Stuart Hall) se muestran tan afectos. Dicha afección es, desde luego, fácilmente comprensible, en la medida en que los estudios culturales más contemporáneos están (legítimamente) obsesionados por la cuestión *del sujeto* y de la *diferencia,* dos problemas que se encuentran en el centro mismo de la teoría de Laclau, y a los cuales esta teoría pretende dar una respuesta basada casi enteramente en una combinación de las hipótesis postestructuralistas con la teoría de Lacan.

Ahora bien, la cuestión del Sujeto es espinosísima; Laclau mismo confiesa, con honestidad, que en su teoría -compartida con Chantal Mouffe- no está satisfactoriamente planteada[69]. Lo que es seguro es la completa ruptura -respecto de la filosofía- con la tradición cartesiano-kantiana de una identidad preformada y transparente ante sí misma, y -respecto del marxismo- con una supuesta "centralidad" de la clase obrera como protagonista privilegiado de la transformación social. ¿Dónde nos deja eso? En el espacio freudo-lacaniano (no tan alejado de Althusser como Laclau proclama, quizá) del sujeto como lugar de *representación* (y de "mediación") de un significante para otro significante. El

---

69 El autor de este libro se atrevió a sugerir, alguna vez, que las "posiciones de sujeto", tal como están propuestas en *Hegemonía y estrategia socialista,* no parecen representar un gran avance respecto de los "roles" del viejo estructural-funcionalismo. Véase Eduardo Grüner: "La política, ¿otro discurso sin sujeto?", en E. Grüner: *Un género culpable,* Buenos Aires, Ediciones Godot, 2013.

lenguaje -en el sentido amplio de "discurso", aclara Laclau- es el que interpela a los seres parlantes, constituyéndolos ante sí mismos como sujetos; el lenguaje en general, no solo el "ideológico": allí está la diferencia, parecería, con Althusser. Pero el lenguaje es una cosa extraña: por un lado, es capaz de significar mucho más que lo que puede encontrarse empíricamente, en un momento dado, en la *realidad* (de allí el "significante flotante" de Lévi-Strauss, que en sus relaciones con la realidad mantiene un hiato que viene a ser llenado, entre otras cosas, por la ideología); por el otro, es incapaz de significar todo lo que hay en lo *real* (de allí el "significante vacío" de Laclau, que viene a conjurar lo simbólicamente inarticulable, en el límite del horror mismo). Laclau se propone abandonar la crítica ideológica marxista tradicional, que procura encontrar, detrás de los "hechos" que se presentan en su apariencia sensible, una verdad más universal *y* profunda, condicionada en última instancia por los intereses de clase. Se propone abandonarla en favor de una noción de crítica deconstructiva, que desplaza la atención hacia los procesos a través de los cuales algo relativamente arbitrario e indeterminado se termina constituyendo como fundamento universal y necesario. El algoritmo significante flotante / significante vacío es estratégico para esta perspectiva: en el espacio entre ambos, son las contingencias históricas las que producen ese efecto de universalidad que conduce a teorías "totalizadoras" (cuando no totalitarias).

Pero la oposición entre ambos significantes no es tan evidente: Laclau mismo sugiere que la intervención hegemónica exitosa es la que logra "abrocharlos" en un Sujeto, otorgándole al mismo tiempo la ideología por la cual se "cierra" el sentido de un mundo, por así decir, *en falta*, y "llenando" la falta del lenguaje con un *nombre* (Perón, uno de sus ejemplos favoritos) que asegure la plenitud del sentido (político, en este caso). En este sentido, la interpelación marxista clásica a la clase obrera como Sujeto sería tan "ideológica" -traduzcamos: tan poco capaz de dar cuenta verdaderamente de todo lo que hay en lo "real"- como la interpelación populista al "pueblo" como Sujeto. Pero aquí hay un problema, y muy serio. Laclau, como es obvio, retoma la diferencia que establece Lacan entre la "realidad" y lo "real", y comete un traspié grave. Define la "realidad" lacaniana como lo Simbólico. Pero esto no es así, en absoluto. En todo caso, la "realidad" es lo Imaginario: aquello, precisamente, que constituye para el Sujeto una totalidad de sentido sin fisuras, que le da una plenitud ante sí mismo y ante los otros. O, para mayor precisión: la "realidad" es un cierto *anudamiento* de lo Imaginario a lo Simbólico, que permite que la experiencia compartida de la realidad (el "código" universal de la lengua, por ejemplo) deje lugar a *la singularidad* de la imagen vuelta sobre sí misma. Lo Simbólico se *monta* sobre ese Imaginario (está claro, por ejemplo en la teoría lacaniana del estadio del espejo, que lo Imaginario es imprescindible para la simbolicidad), y en cierto sentido lo produce -no hay una necesaria *precedencia,* ni lógica ni cronológica, de lo Imaginario respecto de lo Simbólico- para cuestionar *desde adentro,* aunque de manera inconsciente para el Sujeto, tal plenitud; es la función del "Nombre del Padre", que permite al sujeto confrontarse con su propia *falta,* con su castración, so pena de psicosis.

Trasladémonos al análisis político. La operación teórica por la cual Marx interpela al proletariado no es (al menos, no principalmente) del orden de lo Imaginario (no es, pues, equivalente a la interpelación populista o a la liberal, con sus apelaciones a la "universalidad" del pueblo o del mercado), sino del orden de lo Simbólico: lo que Marx está diciendo es que hay algo en la "realidad" del capitalismo que es absolutamente vital para su funcionamiento pero que, al mismo tiempo, no permite un completo "cierre" de su sentido, ya que revela que el sistema de equivalencias universales construido por su ideología tiene una falla, un resto inarticulable. Ese algo ha pasado a la historia con el nombre de *plusvalía.* Y Lacan, entre paréntesis, no pierde la oportunidad de asimilarla al plus-de-goce que amenaza precipitar al sujeto en lo Real. Ese algo es lo que le ha permitido recordar a Žižek -que tanta influencia parece haber tenido sobre

Laclau- la afirmación lacaniana de que Marx es el descubridor de la teoría psicoanalítica del síntoma[70]. Y ese algo es lo que hace que la interpelación al proletariado -a la clase "productora" del síntoma capitalista- no sea un capricho, ni una intervención hegemonizante puramente decisionista, ni un significante vacío, sino una *operación simbólica* sobredeterminada por las condiciones de la relación entre lo real y la realidad. Más aun, ese algo es también lo que permite, en principio, explicar (como lo ha hecho brillantemente Jameson profundizando en una idea de Adorno)[71] la propia forma de la *subjetividad imaginaria* característica del capitalismo: esa subjetividad es el producto de una renegación (ella sí "ideológica") que postula una totalidad sin faltas, sin *diferencias,* bajo la forma de un doble sistema universal de equivalencias: equivalencia de los objetos en el mercado, equivalencia de los sujetos "ciudadanos" en el Estado.

Sin necesidad de llegar (todavía) a la idea del fetichismo de la mercancía -paradigma y matriz de toda operación ideológica bajo el capitalismo- Marx ya había desmontado (o deconstruido, si se prefiere) ese esquema en sus escritos juveniles, en sus críticas simultáneas a la ideología de la Revolución Francesa y a la filosofía del Estado de Hegel: la *abstracción* de la ciudadanía universal (que luego, *en El Capital,* encontrará su correlato en la abstracción de la mercancía) sirve para desplazar de la escena las *diferencias específicas* entre los sujetos. Que el transcurso de la historia moderna haya agregado a la diferencia "primera" señalada por Marx (entre poseedores y no poseedores de los medios de producción) otras diferencias igualmente considerables que se articulan con ella y que constituyen el centro de la preocupación de los estudios culturales (de raza, género, etcétera) no altera el núcleo del razonamiento: a saber, que la ideología liberal de los Derechos del Hombre y del Ciudadano (es el propio Marx quien -como buen analista del discurso- apunta al "lapsus" disyuntivo) no

---

70 Véase Slavoj Žižek: *El sublime objeto de la ideología,* México, Siglo XXI, 1989.
71 Fredric Jameson: *Late Marxism,* Londres, Verso, 1988.

garantiza en absoluto una auténtica democracia, ya que una democracia "radical" (una democracia que fuera realmente a las *raíces* de la cuestión) tendría necesariamente que tomar en cuenta esas diferencias "inarticulables" por el Imaginario político liberal. Las tendría que tomar en cuenta *simbólicamente*, es decir, *apuntando*, "interpretando" el hiato que va de la "realidad" (la percepción del sentido común producido por la ideología hegemónica) a lo "real". No hay verdadera democracia, en suma, sino allí donde las *diferencias* irreductibles (las "particularidades") trabajan para quebrar la imagen de *igualdad* abstracta, universal. Aquí se ve perfectamente la pertinencia del razonamiento sartreano: el movimiento de perpetua reinscripción de la particularidad concreta e irreductible en un horizonte de retotalización cuya propia condición de posibilidad -justamente la perpetua reinscripción de lo *diferente*- impide su cierre, es lo que desmiente aquella imagen de igualdad abstracta y universal.

Por supuesto que eso no ocurre de la noche a la mañana -por eso hablamos de "trabajo"- ni tiene garantizado de antemano el éxito, sino que es una lucha permanente por la *radicalización* de la democracia. Por supuesto, también, que los sujetos se transforman sin cesar en el curso de esa lucha, y que no alcanzan nunca una identidad plena, ni parten de ella (Marx ha dedicado volúmenes enteros a ese proceso de transformación, desde el *XVIII Brumario* a *La guerra civil en Francia).* Y, en este sentido, no hay ningún inconveniente en decir, como lo hace Laclau, que las luchas del proletariado constituyen un momento *interno* a las luchas por la democratización de las "diferencias". Solo que no se trata de un momento cualquiera, intercambiable "contingentemente" con los otros: si en Marx él aparece como un momento *lógicamente* "privilegiado" (lo cual no es lo mismo que decir *históricamente* dominante en cada coyuntura) es por la ya aludida razón de que la producción de plusvalía es el talón de Aquiles del Imaginario democrático-liberal de la igualdad abstracta.

Tampoco hay, por lo tanto, ningún inconveniente en admitir -como lo pide, una vez más, Laclau- que las luchas obreras se han llevado a cabo frecuentemente (aunque no siempre) bajo la hegemonía de la "interpelación" democrático-liberal. Pero también muy frecuentemente (aunque no siempre) ha sucedido que la presencia proletaria -es decir, la presencia del "síntoma" de la plusvalía- en el seno de ese movimiento ha mostrado en toda su crudeza lo "real" no asimilable por dicha interpelación "nacional-popular", los límites a la constitución identitaria del sujeto-ciudadano. Ha mostrado en toda su crudeza, precisamente, que aquellas diferencias irreductibles presentan un dilema irresoluble a la Historia: si por un lado cada "particularidad" (la proletaria, por ejemplo) solo es pensable como tal en referencia a una "universalidad" (los derechos de ciudadanía, por ejemplo), por el otro, no hay universalidad que alcance a contener lo "real" de unas particularidades que se desbordan por los agujeros de sus faltas (y esta parece ser, justamente, una preocupación central en los últimos trabajos de Laclau tanto como en los de Žižek)[72]. Esto, desde luego, no es un invento del capitalismo: si se le quiere otorgar estatuto filosófico (lo cual nos parece muy bien) puede ser, en efecto, la distancia entre lo Imaginario y lo Real en Lacan, o la diferencia ontológica en Heidegger, o la dialéctica negativa en Adorno, o, en fin, la tensión unidad / multiplicidad en Deleuze y Badiou, de la queen seguida hablaremos. En el contexto histórico de las relaciones de producción capitalista, y en la teoría de Marx, se llama plusvalía / fetichismo. Pero insistiremos, orwellianamente, en que es esa tensión la que hace que haya diferencias más diferentes que otras. Y que la intervención hegemónica que intenta articular la lucha contra la plusvalía con la de los "movimientos sociales" no sea equivalente a cualquier otra, ni pura "contingencia", al menos en el sentido vulgar del término: no es lo mismo promover *las* diferencias en general

---

72 Véase Ernesto Laclau: *Emancipación y diferencia*, Buenos Aires, Ariel, 1996; Slavoj Žižek: *Porque no saben lo que hacen*, Buenos Aires, Paidós, 1998 y *Tarrying with the Negative*, North Carolina, Duke University Press, 1993.

que articularlas con la diferencia que muestra "radicalmente" lo insostenible de la interpelación dominante.

Es aquí, como ya hemos adelantado, donde se revela estimulante (si uno se empeña, como hacen los estudios culturales, en permanecer dentro de la filosofía "post") la original lectura que ha hecho Badiou sobre Deleuze[73]. Para Badiou, en efecto, Deleuze no es tanto -como se piensa generalmente- el filósofo de lo Múltiple (vale decir, de las puras *diferencias*, como sí lo son Foucault y Derrida), sino el filósofo de una *relación* compleja entre lo Uno y lo Múltiple, entre la diferencia y la repetición. Las multiplicidades, en esta interpretación, son *simulacros* de lo Uno, del Ser, pero no en el sentido baudrillardiano de una *sustitución* completa de lo Real (equivalente aquí al ser de lo Uno) por los simulacros, de modo que lo real termina desapareciendo completamente de la escena ("la guerra del Golfo no ha tenido lugar"): los simulacros deleuzianos, con sus "intensidades" y sus "flujos deseantes", son *modos de expresión* paradójicos, "diagonales", de la unicidad del Ser. Como lo ilustra Badiou remedando a Heidegger y por su intermedio a Aristóteles, "el Ser se dice solo de dos maneras: como lo Uno y como lo Múltiple". Las multiplicidades *no pueden*, en modo alguno, ser reconducidas a lo Uno (no hay determinación simple de las unas por el otro), pero lo Uno -llamémoslo ahora: la identidad- es la condición de *posibilidad* de lo Múltiple -llamémoslo ahora la diferencia-: en cierto modo, estamos de nuevo ante la "causa ausente" de Spinoza (un filósofo guía de Deleuze, como se sabe, pero también de Althusser y Negri). O, si se quiere, ante la totalidad / modo de producción de Althusser y Jameson. Pero estamos también ante una *dialéctica* (si bien Deleuze jamás aceptaría esa denominación) negativa entre lo Particular y lo Universal, a la manera de Adorno, que permite un salto de la pura filosofía a una *política* de la articulación entre las identidades diferenciales y móviles y sus cambiantes "posiciones de sujeto" (constitutivas,

---

73 Alain Badiou: *Deleuze: el clamor del Ser,* Buenos Aires, Manantial, 1997.

por ejemplo, de los "nuevos movimientos sociales") de Laclau, y la Identidad-Uno definitoria del modo de producción: la lucha de clases, que -como lo ha sugerido Eagleton- es *ella misma* el "sujeto" colectivo y en permanente movimiento al que apostaba Marx. Y esta última puntualización nos parece absolutamente crucial: *el Sujeto de la Historia no es una identidad preformada (el proletariado, por ejemplo) sino el movimiento mismo de la configuración y disolución de identidades en la lucha (de clases, para empezar).* Como dirían Negri y Guattari, el "comunismo" es el *movimiento mismo* de la lucha por la desreificación y por el "reino de la libertad", y no un modelo de sociedad perfectamente previsible y "diseñable"[74]. Pero, entonces, estamos ahora en condiciones de corregir y aumentar nuestra crítica a Laclau. Cuando Marx interpela al proletariado, lo hace para que este simultáneamente *se constituya* y *se disuelva* como clase en su lucha contra la burguesía; el doble movimiento de afirmación / negación del proletariado como clase pone en juego la radical *negatividad* frente a las identidades "fijas" constituidas por el proceso de reificación histórica, y ya apunta al horizonte de la completa extinción de la sociedad de clases: la lucha de clases es *en sí misma* el proceso permanente de totalización / destotalización / retotalización, el movimiento progresivo-regresivo que mantiene la tensión entre la particularidad y la totalidad.

Es completamente aceptable -e indispensable para una teoría política no reduccionista-, pues, la afirmación de Laclau de que los sujetos no llevan en sus espaldas, como una mochila, desde que nacen hasta que mueren, su pertenencia de clase. Es igual de aceptable e indispensable la afirmación paralela de que los elementos ideológicos del discurso no tienen una adscripción de clase necesaria y predeterminada. Porque ambas cosas son ciertas es que es posible el proceso de intervención hegemónica. Pero *alguna* relación -ni simple, ni directa, ni causal: *alguna*- tiene que haber entre ambas "series" paralelas. De otra

---

74 Antonio Negri y Félix Guattari: *Las verdades nómades*, Irán, Iralka, 1996.

manera habría que atribuir a alguna imponderable "contingencia", por ejemplo, el hecho de que la mayoría de los poseedores de medios de producción no sean socialistas revolucionarios, anarquistas o *ludditas* rompemáquinas. Pensar la política en términos de la inestabilidad de las formaciones discursivas y los sujetos es, hay que repetirlo hasta el cansancio, una propuesta irrenunciable (mucho más en nuestra época, en la que precisamente uno de los resortes hegemónicos más poderosos de los sectores dominantes es el de la anulación de lo *real* por los "simulacros" seudosignificantes). Pero la renuncia a problematizar la *distancia* entre lo real y los simulacros del discurso tanto como su identificación, equivale a cortarle las piernas a una propuesta teórica estimulante cuando recién está empezando a andar.

7. MULTICULTURALISMOS, MULTIFUNDAMENTALISMOS, ETCÉTERA

La instrumentalidad del dominio como componente de la Razón moderna, que es llevada a su culminación por el alto capitalismo en su fase acumulativa y colonial, y que conduce al fetichismo totalitario de la Universalidad y de la Historia como totalidad cerrada, se *realiza* plenamente en Auschwitz, como ya señalamos. Y por supuesto también en Hiroshima, Argelia, Vietnam, Sudáfrica, Ruanda, Bosnia, Kosovo, Chechenia o, de manera menos *visiblemente* dramática, en esa otra barbarie civilizada que es el mercado neoliberal globalizado, y que en las últimas dos décadas probablemente se haya cobrado casi tantas víctimas como todas esas "irracionalidades" sumadas, puesto que está hipotecando la vida de futuras generaciones enteras y es el responsable *en última instancia* de las barbaries más localizadas que han resurgido por doquier: los llamados "fundamentalismos", formaciones reactivas perversas sin duda, pero que testimonian que todavía hoy -quizá más que nunca- se continúan produciendo unos "otros" que son la *condición* de una Historia que sigue sin *cerrar*. Los neofundamentalismos, en efecto (nos parece muy importante entender esto) no representan un *retorno* a no se sabe qué idílica "pre-modernidad" anterior a la conquista colonial: aunque ese sea su discurso ideológico, ellos son el *producto* "perverso", el hijo no querido, del triunfo de la racionalidad instrumental de la propia modernidad capitalista en una de sus vertientes, que sigue operando, y más que nunca, en la posmodernidad, es decir, en la actual fase de desarrollo mundializado o "globalizado" del modo de producción capitalista. Como lo hemos dicho en otro trabajo, en efecto, los fundamentalismos son violencia fundadora que no encuentra nada que fundar[75]: vale decir, andan en busca de una (falsa) totalidad alternativa a la del capitalismo tardío, sin percatarse de lo inútil de su empresa, y de allí su violencia desesperada; pero ellos son, repetimos, el *producto* marginal e indeseado del tardocapitalismo, y no una rémora cultural de la prehistoria. Y, en ese sentido, son tan posmodernos, aunque sea con un signo ideológico inverso, como los "nuevos movimientos sociales". Y es una marca de la *despolitización* aguda de los estudios culturales el que las identidades neofundamentalistas sean simplemente arrojadas al basurero de la Historia, en lugar de examinar las formas complejas en que pertenecen -como en banda de Moebius, diríamos- al *mismo* espacio de recomposición identitaria que los otros fenómenos socioculturales posmodernos.

La falsa totalidad de los neofundamentalismos -que son, hay que recordarlo, una búsqueda de "identidades" nuevas, aunque se afirmen como búsqueda de una identidad previa perdida- resulta, como lo explica Žižek, "de una fractura constitutiva en la cual la *negación* de una identidad particular transforma esta identidad en la imagen de *la* Identidad y la Completud como tales"[76]. Esta hipótesis es extraordinariamente provocativa y subversiva en relación con el más craso sentido común; escúchesela bien: el neofundamentalismo *no es*, como pretende el

---

75 Eduardo Grüner: *Las formas de la espada,* Buenos Aires, Colihue, 1997.
76 Slavoj Žižek: "Multiculturalism, or, the cultural logic of multinational capitalism", ob. cit.

universalismo liberal, la negación de la Universalidad en favor de la Particularidad, sino *exactamente lo contrario*. Es porque se niega, porque no puede tolerarse la idea de la *propia particularidad* -es decir, la idea de ser *una* particularidad entre otras- que esta adquiere, en el imaginario fundamentalista, dimensión universal. Se trata de una vuelta de tuerca al racismo tradicional: ya no es simplemente que *mi* cultura (*mi* etnia, *mi* "raza") sea superior a las otras, sino que es *la única posible*, y las otras son por lo tanto "falsedades", "errores", deformaciones o perversiones (y, como veremos enseguida, el multiculturalismo no es, en el fondo, sino la otra cara de esta lógica). Por eso el llamado neofundamentalismo es el *síntoma* del universalismo liberal de la globalización, porque también él -aunque sin asumirse como tal, con completa mala fe- *es* fundamentalista, en la medida en que la negación ideológica de su propia particularidad (la de las clases dominantes del capitalismo occidental en su actual fase de acumulación, etcétera) se vuelve pretensión de ser *la* única "universalidad" posible.

En ese sentido, los neofundamentalismos son la mala noticia que estaba esperando a los ideólogos posmodernos que auguraban el fin de las ideologías: es como si estuviéramos presenciando la confirmación final de la tesis de Freud en *El malestar en la cultura,* a saber, que después de cada afirmación del Eros, Tánatos retorna con más violencia. En el momento mismo en que, de acuerdo con la ideología oficial, parecíamos por fin estar dejando atrás las "inmaduras" pasiones *políticas particulares* del pasado (incluida, por supuesto, la anacrónica lucha de clases), lo político "forcluido" celebra su retorno triunfal bajo la forma del odio racista y la intolerancia más agresiva. En este sentido preciso, el racismo "posmoderno" es el *síntoma* del "pluralismo" y la multiplicidad de identidades del capitalismo tardío. Es decir, es el síntoma de la triunfante *racionalidad instrumental* moderna llevada hasta sus últimas consecuencias.

Pero el multiculturalismo promovido a veces por los estudios culturales, es decir, en el límite, la aceptación indiscriminada y desjerarquizada de *cualquier* particularidad identitaria no es necesariamente una solución: en todo caso, es el fetichismo inverso, o sea, la otra cara de lo Mismo, que, de una manera ultrarrelativista, produce la bondad intrínseca del fragmento, sin referencia alguna a su lugar (no siempre "contingente") en la totalidad-modo de producción. Ante la negación fundamentalista de la Particularidad, tenemos ahora la negación multiculturalista de la Universalidad. En ambos casos, la verdadera negación, de consecuencias trágicas, es la del irresoluble *conflicto* entre lo Particular y lo Universal.

Esta aceptación, más aun, esta *promoción* indiscriminada del multiculturalismo (o de la inevitabilidad, cuando no la conveniencia, de la "hibridación" cultural que propone García Canclini) cae frecuentemente en modos acríticos e irreflexivos del más craso *populismo* cultural. Y es una verdadera ironía que, mientras los marxistas *ex post* como Laclau recurren para sus análisis políticos al postestructuralismo, los neopopulistas recurran a ciertos clásicos del marxismo "complejo" del siglo xx para legitimar su subordinación teórico-ideológica a la cultura de masas (que, una vez más, debería ser estrictamente distinguida de la cultura propiamente popular). Así, las reflexiones de Benjamin sobre la pérdida del "aura" del gran arte clásico a manos de la reproducción técnica pueden ser leídas unilateralmente, y con absoluto desprecio por la dialéctica, como una *celebración* del rol "progresista" de los medios, que "hibridan" democráticamente productos de la "alta" y la "baja" cultura; como si, aparte de todo lo *demás* que ha escrito Benjamin, no figurara en ese mismo texto su famosa y dramática advertencia sobre el carácter intrínsecamente *fascista* implicado en la estetización de la vida social que permite la reproducción técnica.

Del mismo modo unilateral, el "carnaval" de Bajtín es convocado en apoyo de una supuesta espontaneidad resistente de no se sabe qué "sentido común popular", que entra "naturalmente" en relación dialógica con la cultura oficial, obligándola a aceptar elementos de la cultura de masas. Como si no hubiera que hacer, una vez más, una estricta distinción entre cultura popular y cultura de masas (en el sentido de la "industria cultural" de Adorno y Horkheimer o de la "colonización del inconsciente" de Marcuse), una distinción que Bajtín sí hace, para colmo agregando que la "resistencia cultural" ejercida, por ejemplo, por el carnaval, también es utilizada por las clases dominantes como válvula de escape, como "excepción" que precisamente confirma la regla de la dominación[77].

Y es que, de nuevo irónicamente, el neopopulismo aliado de un multiculturalismo despolitizado (que no advierte el punto hasta el cual, en una sociedad donde aún *existe* el poder, la fragmentación cultural puede ser un síntoma de "totalitarismo" solapado, de múltiples máscaras de lo Uno) parece acatar implícitamente el *dictum* de que la ideología dominante en una formación social es la ideología de la clase dominante, con lo cual se supone una relación de *exterioridad* de la ideología dominante respecto de las clases subordinadas. No obstante, hay que decirlo: Marx se equivocó con respecto a esto (entre otras razones, claro está, porque no tuvo tiempo de ver desplegada en todas sus posibilidades la industria cultural y los medios masivos). Recientemente, en efecto, Etienne Balibar ha propuesto revertir esa fórmula para decir que, precisamente, las ideas dominantes *no son*, de manera directa y automática, las de la clase dominante[78]. Un caso histórico, inclusive muy anterior al advenimiento de la industria cultural, y decisivo para toda nuestra civilización es el del cristianismo, que se convirtió en ideología dominante incorporando una serie de motivaciones y aspiraciones esenciales de los sectores oprimidos: la verdad vía redención están del lado de los "humillados y ofendidos", solo los pobres accederán al reino de los cielos, el poder corrompe, etcétera. Y articulando, además, estos componentes de tal modo que fueran

---

77 Véase, para un ejemplo de esta utilización, el por otra parte más que interesante libro de Jolin Docker: *Postmodernism and Popular Culture,* Londres, Cambridge University Press, 1994.
78 Etienne Balibar: *La crainte des masses,* París, Gallimard, 1997.

compatibles e incluso contribuyeran a reproducir las relaciones de dominación "realmente existentes". Digamos, para ponerlo en términos posmodernos, que los estudios de mercado, las encuestas de opinión y las campañas publicitarias de la ideología dominante pueden y *quieren* "incorporar" para sí elementos de la cultura y de los "flujos deseantes" de la plebe, precisamente para aumentar su eficacia *sobre* ella.

También todo esto es, como decíamos algunos párrafos más arriba, un indicador de la expansión *ad infinitum* de la racionalidad instrumental moderna, que hoy, a diferencia de lo que sucedía en los tiempos en que la Escuela de Frankfurt acuñó ese concepto siguiendo las huellas de Weber, es *todavía* capitalista "tardía". Por eso creemos que se equivoca, por ejemplo, el bienintencionado Habermas cuando pretende retomar quién sabe qué inconcluso proyecto de la modernidad (una "buena intención" cuya propia lógica interna lo lleva a apoyar la guerra de Occidente *contra* el Golfo), convirtiéndose en víctima por esa misma enunciación de la ilusoria idea de una futura posible *conclusión*, de un cierre de la totalidad histórica.

Pero la respuesta del pensamiento actualmente dominante en los estudios culturales académicos -respuesta tributaria de una supuesta "salida" de la modernidad- es la de un fetichismo de signo inverso, y por lo tanto (repetimos) simétrico. Es el fetichismo de la colección de "fragmentos" dispersos, sin densidad histórica ni desgarramientos internos, yuxtapuestos sin posibilidad de criterios de jerarquización o evaluación ética y política. *Este* estilo de crítica a la totalidad de la Razón y de la Historia ha devenido, ahora sí, en irracionalismo paralizador de la capacidad de pensar lo que Sartre llamaría un horizonte de *totalización*, que es algo bien diferente, como hemos visto. Incluso en cierto pensamiento "de izquierda" (habría que decir, más bien: *sobre todo* en cierto pensamiento "de izquierda", ya que las clases dominantes sí son capaces de pensar totalizadoramente, o como se dice ahora, *globalmente*), ha terminado prevaleciendo la imagen *microfísica* de la lucha localizada, fragmentaria, sin unificación posible o siquiera *deseable*, sin identificaciones de *clase*, etcétera. Y, digámoslo una vez más, esa imagen se ha trasladado al interior de los estudios culturales, desprendiéndose en el camino, muchas veces, de la idea de *lucha* y conservando tan solo la quietud más o menos confortable de los saberes universitarios.

Es curioso (y sin duda significativo) que no haya demasiados análisis sobre el modo en que esta iconografía de la *discontinuidad espacial*, contrapuesta a la narrativa modernista clásica de la *continuidad histórica*, reproduce la propia lógica de funcionamiento de la nueva fase de acumulación del capital con su nueva forma de racionalidad: nos referimos al capitalismo *tardío*, con su descentralización y su segmentación productiva, distributiva, financiera y comercial "posfordista". La diferencia, por supuesto, es que el capitalismo *sí ha logrado* su unificación global, como si dijéramos, *por arriba*, fundamentalmente a través de sus sectores financiero, de servicios, informático y comunicacional transnacionalizados. Cuatro sectores, dicho sea de paso, altamente indicadores de lo que podríamos llamar la *estetización* -o, al menos, la *semiotización*- de un capitalismo sin base material en el sentido clásico, ya que su soporte principal son los *signos*: el dinero abstracto reproduciéndose especulativamente, las redes informáticas atravesando -junto con el dinero "electrónico"- los límites territoriales y temporales, las imágenes satelitales creando nuevos e inéditos desarrollos desiguales y combinados en el universo simbólico, la industria cultural (para volver a un concepto frankfurtiano) como nueva totalidad disimulada en el falso particularismo de unas culturas "locales" que se parecen entre sí sospechosamente. "Es como si nos estuviésemos entrenando de antemano para los estereotipados rigores distópicos de la superpoblación en un mundo en el que ya nadie dispusiera de un espacio propio o bien de secretos que fueran importantes para nadie", dice Jameson[79].

---

79 Fredric Jameson: *La estética geopolítica*, Barcelona, Paidós, 1995.

La *transparencia,* se sabe, es el gran mito de nuestro tiempo: todo se hace *visible,* y por lo tanto *comunicable.* De allí el cuestionamiento posmoderno al concepto mismo de *representación*: pero, como suele suceder en los cuestionamientos posmodernos, no se trata de una nueva teoría crítica de la representación (así como no hay tampoco una nueva teoría crítica de la totalidad, del sujeto, de la clase, sino que, simplemente, se los elimina). Se da por hecho un mundo de pura textualidad, de simulacros, sin correlato exterior, del cual es por ende imposible tomar distancia crítica, devolverle su opacidad: o bien uno se identifica plenamente con él, o lo ignora -que es, desde luego, la manera más plenamente "ideológica" de aceptarlo-. Y son las imágenes las que nos entrenan para ese "futuro anterior" apocalíptico del que habla Jameson, en el cual se llegará "a la general parálisis de lo imaginario colectivo o social". Pero, entendámonos, no es un problema meramente cuantitativo, sino cualitativo: no se produce (solamente) porque la ubicuidad de esas imágenes satura e invade, sino ante todo porque su completa consustanciación con la lógica del fetichismo mercantil tiende a clausurar la interrogación por la legitimidad de lo *representacional* en sí mismo y, por lo tanto, la cuestión histórica fundamental de las *condiciones de posibilidad* de dicha representación, entre las cuales hay que contar en primer término con el estado de la *forma* de los nuevos fetichismos, con las tecnologías "estéticas" (pero, claro, las tecnologías son también, y ante todo, relaciones sociales) de que se dispone para la cristalización de un modelo espacial o "narrativo" concreto de la totalidad social.

Recientemente, Lash y Urry han argumentado convincentemente sobre el grado históricamente inédito en que las economías actuales son economías *"sígnicas"* -producción y circulación de símbolos, imágenes, informaciones y, en fin, de *deseos*- y de re-definición de los *espacios* (no solo virtuales) donde los signos y los sujetos sociales -refugiados, migrantes "poscoloniales", financistas, turistas y toda clase de *flâneurs* internacionales- se mueven a grandes distancias en tiempos más o menos inmediatos[80]. Ante esta redefinición del espacio productivo y *perceptivo* de la totalidad-modo de producción, ¿se diluye pues la pertinencia del marxismo? De ninguna manera. Supongamos que aceptamos por un momento, y a mero título polémico, la harto discutible caracterización de Daniel Bell del capitalismo actual como "sociedad postindustrial"[81], en la cual el motor generativo de la lógica social (y por lo tanto el eje pertinente de análisis) se ha desplazado de la esfera de *producción* a la de *intercambio* (de servicios y mensajes de todo tipo). Como señalan Lash y Urry, aun en ese caso dispondríamos del tomo II de *El Capital,* dedicado al proceso de *circulación.* Allí queda claro que hay cuatro tipos de capital involucrados en los procesos de circulación: el capital dinerario, el capital en mercancías, los medios de producción y la fuerza de trabajo. Cuatro tipos de capital que viajan a través del espacio y están sujetos a diferentes temporalidades. En el capitalismo "liberal" del siglo XIX los circuitos de los distintos tipos de capital operaban en el ámbito de la localidad o la región, generalmente con pocas intersecciones o superposiciones entre ellos. En el capitalismo organizado del siglo XX, la escala se vuelve preponderantemente nacional, aun teniendo en cuenta el fenómeno del imperialismo (puesto que se trata de *países* exportadores o importadores de capital). En los tipos de producción más fragmentada y flexible que acompañan la desorganización del capitalismo actual, finalmente, la circulación se lleva a cabo a escala internacional. Tres de las formas de capital descriptas (el dinero, el capital productivo y las mercancías) son *objetos.* La cuarta, el capital variable de la fuerza de trabajo, es un *sujeto.* En el pasaje del capitalismo organizado al desorganizado, los objetos y sujetos de la economía política capitalista circulan no solo entre mayores distancias, sino a una *velocidad* crecientemente mayor. Algunos de estos objetos (por ejemplo, las com-

---

80 Scott Lash y John Urry: *Economics of Signs and Space,* Londres, Sage, 1994.
81 Daniel Bell: *La sociedad postnidustrial,* Madrid, Alianza, 1979.

putadoras, los aparatos de televisión y las videocassetteras, los equipos de música y las compacteras) producen más artefactos culturales, más significantes, de los que la gente puede llegar jamás a captar. Somos permanente e incansablemente bombardeados por estos significantes a los que apenas podemos adjudicarles "significados". Mucho más aun que en los tiempos en que Simmel o Benjamin se preocupaban por la sobreestimulación a la que la sociedad de masas sometía al sujeto de la modernidad, hoy estamos desbordados por las señales que emiten nuestras ciudades. La "alienación" urbana, producto de la multiplicación y diversificación irracional de mercancías-objetos y mercancías-signos, ha alcanzado grados de contaminación que amenazan con una implosión de locura y "violencia inéditas, en un paisaje de catástrofe cotidiana como el magistralmente representado en *Blade Runner*. Pero ya sabemos -por Weber, y sobre todo por Adorno y Horkheimer- que semejante "irracionalidad" es la consecuencia estricta y lógicamente inevitable del crecimiento de la racionalidad instrumental. En este sentido, la posmodernidad no es la crítica o el rechazo radical de la modernidad, sino su radical exageración; es, si se puede decir así, la *supermodernidad*. O el supercapitalismo. En todo caso, es probable que sea esta *crisis de representación* del espacio y el tiempo del capitalismo actual lo que subyace tras las teorías (cómplices o resignadas, tanto da) del fin de la Historia, del Sujeto, de las identidades de clase.

Hoy en día, pues, la sociedad demanda un lugar de preservación, algo así como una reserva ecológica, de la *materia*, saturada como está (la sociedad) por un exceso de *espiritualismo*. Esta afirmación extemporánea parecería contradecir el más craso sentido común, según el cual los signos y las palabras son puro espíritu, mientras el dinero es el símbolo de la más despreciable materialidad. Pues bien, no: es exactamente a la inversa. Si se nos permite una no menos extemporánea definición de los términos, llamaremos *materia* a lo absolutamente singular, irreductible y no universalizable -lo que no significa que esté exenta de una relación conflictiva con lo Universal, con la totalidad-, y *espíritu* a una forma del equivalente general, a una expresión de la totalidad metafísica, a una sublimación del Universal abstracto hegeliano, cuya matriz alegórica y condición de posibilidad es el "poderoso caballero don Dinero". Basta leer al viejo Marx del primer capítulo de *El Capital* (o, más cerca de nosotros, al Ramón Alcalde del texto sobre Bloy, o al León Rozitchner del texto sobre San Agustín) para darse cuenta de que no estamos diciendo un dislate. Y en otro registro, del que no nos ocuparemos aquí, basta leer el *Moisés y la religión monoteísta, El malestar en la cultura* o *El porvenir de una ilusión* de Freud para advertir la relación entre esa misma idea del Dios monoteísta y el significante llamado fálico como equivalente general de las pulsiones múltiples y desordenadas que atraviesan el cuerpo (también el social). En efecto: en esos y muchos otros ensayos que no nos privaremos de llamar *antifilosóficos,* se puede ver la íntima solidaridad existente entre la lógica del equivalente monetario y la idea misma de Dios. Se puede ver de qué sutiles maneras se va tramando la necesidad de una separación ideológica (o sea, aunque el concepto esté hoy tan desacreditado, de una forma de "falsa conciencia") entre lo particular inconmensurable y lo universal eternamente intercambiable, entre la *obra,* el *trabajo* concreto y el modelo abstracto frente al cual todo producto singular es siempre imperfecto y desechable, cuando no abiertamente peligroso para la conservación de la pureza salvífica de la Idea resguardada en el *topos uranus.*

Y no hemos citado a Platón en vano; porque, ¿qué otra cosa puede significar la expulsión de los poetas de la República Ideal, qué otra cosa pueden significar las virulentas diatribas socráticas contra los sofistas y los retóricos, sino esta estricta voluntad de *segregar* la materia contaminante de una Palabra que se revela a sí misma como *trabajo* irrepetible, como siempre renovada y recomenzada *construcción* del sentido, y que debe ser por lo tanto ocultada para que triunfe la fijeza eterna del Ser, del equivalente general al que todo proceso de trabajo puede ser en última instancia reducido? Y que no se nos objete que, justamente, los retóricos fueron los primeros en hacerse *pagar* su Palabra, porque esto no es cierto, salvo recaída en el fetichismo de la mercancía, que confunde el producto con el proceso de producción. Precisamente, los retóricos no cobraban por hablar, como los docentes, ni por escuchar, como los psicoanalistas, sino por *enseñar a decir*, o sea, por mostrar, por desnudar, los modos *de falsificación* de la Palabra, y sus efectos *materiales* sobre lo real. Es eso lo que los emparenta con los poetas, en el sentido lato: la denuncia *en acto* de que las palabras son el producto de un proceso de trabajo y de relaciones de producción determinadas, y de que solo la dominación final del equivalente general en la República permite separar el dinero de la percepción del proceso productivo del significante. La República, como se sabe, es el modelo de la Ciudad de Dios, y Rozitchner ha mostrado contundentemente la analogía agustiniana entre Dios y el equivalente general, que necesita suspender las singularidades del cuerpo (y podríamos decir, sin temor a exagerar: del cuerpo de la Letra) para establecer su reino cuantitativo del Uno, cortando con la espada los nudos cualitativos de lo Múltiple[82].

Esta es, pues, la lógica de la constitución del Espíritu, estrictamente articulada a la del dinero. Y es también, hay que decirlo, la lógica de constitución de lo que académicamente se conoce por Filosofía, que como todos sabemos empieza realmente con Sócrates, es decir con Platón, es decir con la expulsión de la materia en favor del Universal abstracto. Lo que se recapitula y es objeto de reflexión por primera vez en la filosofía de Platón, entonces, es la lógica del ascenso a la hegemonía de los equivalentes generales. Pero, si se nos permite una suerte de paráfrasis leninista, toda lógica no es otra cosa que *historia concentrada.* Y hay un momento clave de esta historia que no puede ser más ilustrativo para la demostración de nuestra hipótesis. Ese

---

82 León Rozitchner: *La Cosa y la Cruz,* Buenos Aires, Losada, 1997.

momento se sitúa hacia fines del siglo IX antes de Cristo, cuando de manera prácticamente simultánea suceden dos acontecimientos fundamentales: se acuñan, en Asiria, los primeros lingotes de metal precioso (de plata, para el caso) *sellados por el Estado,* y se impone, en Grecia, la *escritura fonética* inspirada en los fenicios, esos excelsos comerciantes. La coincidencia no puede ser casual. En todo caso, es feliz: nos habla, tal vez a no tanta distancia pese a la cronología, de una *sabiduría* sobre la necesidad que tendrá la Historia futura de esos equivalentes generales para ahogar el tumulto de las diferencias irreconciliables.

La historia, por supuesto, cambia. Hoy, la filosofía postestructuralista, las ciencias sociales posmarxistas y los estudios culturales posmodernos explican que justamente estamos en el reino de las diferencias, de las multiplicidades, de los fragmentos inconmensurables entre los que no se puede establecer equivalencia general alguna; de los antiplatónicos simulacros que han deconstruido y diseminado la unidad de toda posible idea totalizadora. Sostenemos, con otra hipótesis extemporánea, que la verdad es exactamente la contraria: esta imagen de multiplicidades y dispersiones infinitas es una forma de *aparición* (en el sentido, también, de *fantasma)* de su opuesto, a saber, de la presencia masiva del capital como significante (fálico, si se quiere) *universal.* Y "presencia masiva" bajo su forma fetiche por excelencia, la del capital financiero especulativo, es decir, el dinero elevado al rango de Espíritu Divino autosuficiente y autorreproductor, espíritu un tanto panteísta, es cierto, ya que se encarna en infinitas formas aparentemente irreductibles entre sí, pero todas ellas mercancías. Pero no deja de resultar interesante que la profunda unidad, el poder *totalizador* de este capital se dé "por arriba", en el cielo, o en el espacio llamado "Virtual" de las redes informáticas y las imágenes mediáticas.

Pareciera que estamos recorriendo la historia del Espíritu, y de la filosofía, al revés: si en los orígenes la promoción del equivalente general sirvió para ocultar el trabajo de lo Múltiple, ahora la promoción de lo Múltiple sirve para desplazar la completa dominación del equivalente general. Las filosofías "oficiales", mientras tanto, siguen ejerciendo -a sabiendas o no, directa o indirectamente- su rol de pastoras del Ser, es decir, de guardianas del equivalente general, trabajo por el cual suelen cobrar poco, hay que decirlo, al menos en términos monetarios.

Retomando la cuestión del capitalismo "semiotizado", por supuesto que esta situación ha producido toda clase de cambios en las relaciones sociales, en la organización del trabajo, en la cultura. Y ha producido también la formación de nuevas "subclases", de nuevas "identidades", de nuevas formas de "ciudadanía". Pero también, al mismo tiempo y por las mismas razones, ha contribuido a *homogeneizar y unificar* extraordinariamente el poder y su concentración: lo Múltiple, aquí también, sirve para escamotear lo Uno. Así como se podría demostrar que *no existe* la globalización en el sentido de una "democratización" o una "igualación" de las experiencias sociales, económicas o políticas -sino más bien todo lo contrario: es la propia globalización la que ha fragmentado al mundo social de una manera históricamente inédita, polarizando al extremo las formas de riqueza y poder-, ahora sostenemos que la "fragmentación" de las identidades responde a una *crisis de percepción histórica* provocada por la unificación desbordante de la totalidad-modo de producción. Porque, si es por el mero hecho de la fragmentación en abstracto, la "identidad" (el cartesiano Ego unitario, el kantiano Sujeto Trascendental) *siempre* estuvo fragmentada, como lo sabemos desde Freud (y, en cierto sentido sobre el cual ya hemos hablado, desde el propio Marx). ¿Qué es entonces lo nuevo, dónde está lo "post"?

A este capitalismo semiotizado corresponde, entonces (otra vez, como reflejo invertido), una "izquierda" -y, en general, una concepción de los estudios culturales- posmoderna, acríticamente apoyada en la teoría de la realidad como *simulacro*, de la lucha política como *imagen electrónica*, de la cultura como *puro juego contingente* del significante. En suma: a un capitalismo sin *materia*, corresponde una izquierda sin *cuerpo*. ¿Es de extrañarse que en estas condiciones hayamos perdido no digamos ya todo pensamiento histórico, sino toda capacidad de *imaginación histórica*? Imaginación histórica en el sentido benjaminiano de una "memoria anticipada" capaz de entender las ruinas del pasado como el momento de riesgo del presente que compromete la propia *existencia* del futuro, y no solamente como aquellos fragmentos acumulados sin orden visible, para el goce de una mirada displicente. Y, sin embargo, esta pérdida de imaginación no es la única respuesta posible. No fue con esta estética fetichista de la particularidad que Marx, Freud o la Escuela de Frankfurt enfrentaron al fetichismo de la Totalidad histórica moderna. Al contrario, se propusieron hacerse cargo del hecho insoportable, *trágico*, de que la Historia, la Sociedad, el Sujeto y la Razón de la modernidad también son *campos de batalla* en los que nada está decidido de antemano, pero consideraron que eso no puede ser excusa para la *indecisión*, para el tibio descanso en una ahistoricidad del presente *como sueño*, desentendida de esa Historia pensada y actuada como "la pesadilla de la que no podemos despertar", según palabras de Joyce.

8. DE LA CORRECCIÓN POLÍTICA A LA PERVERSIÓN CRÍTICA

Esta *otra* narrativa de la modernidad se construye como una *dialéctica negativa* (así la llama Adorno, como hemos visto) que trabaja en la *tensión perpetua* entre el fragmento ruinoso, pero todavía humeante, de las guerras pasadas y presentes, y la nostalgia crispada de una totalidad futura y seguramente inalcanzable, pero a la que no es posible renunciar. Una teoría crítica de la cultura informada por esa dialéctica negativa sería entonces la que pudiera incorporar, como motor de su constitución, su propia *imposibilidad de clausura*. La que pudiera incluir su propia parte maldita como *prueba* de un movimiento de totalización que impide el encierro en la falsa totalidad. Una crítica de la cultura así, que incluyera en el *pensamiento y en la práctica* (y no solo en el enunciado) de sus relatos la tradición discontinua -pero no desarticulada- de las luchas contra el terror, sería una teoría capaz de concebir su *encuentro* con la historia no como una derrota del pensamiento a manos de lo real (y mucho menos de su simulacro) sino como el corrimiento interminable de los límites entre ambos por fuerza de la *invención permanente* de un "tercer lugar",

Y a propósito de esto último, de la "parte maldita" de nuestra cultura, quisiéramos señalar brevemente un último peligro (no porque sea el último que hay, sino el último del cual vamos a hablar): el peligro de la tiranía de eso que también los estudios culturales, a su manera, han consagrado como la *political correctness*. Vale decir, la tiranía de una normatividad "progre" y moralista que inhibe el examen del carácter conflictivo, transgresivo, incluso *criminal,* de la cultura. Lo que es lo mismo: inhibe el examen -y, por cierto, el sufrimiento- de la naturaleza constitutivamente trágica de la cultura, de ese *malestar* que (como le gustaba decir a Freud) es el producto de un crimen cometido en común[83]. Peligro tanto mayor cuando recordamos que el interés por los estudios culturales surgió, originalmente, como una extensión de la teoría y la crítica literaria o estética. Pero, ¿qué puede ser una literatura "políticamente correcta" sino algo infinitamente *aburrido*? Y no nos referimos, desde luego, a ese *tedio* inquietante del que hablaba Roland Barthes, producto del goce que muchas veces procura la literatura "transgresiva"[84], sino al placer (característico también de tanta teoría) de encontrar en ella lo que ya se tenía de antemano, una confirmación de que uno está del lado de los ángeles. Pero no: la literatura interesante es una *perversión,* una de las pocas que nos van quedando en una época en que casi todas las otras están legalizadas por la pornografía televisiva. La literatura interesante es salvajemente *incorrecta*, es una

---

83 Sigmund Freud: *Tótem y tabú,* en *Obras Completas,* Madrid, Biblioteca Nueva, 1968, vol. 2.
84 Roland Barthes: *El placer del texto,* México, Siglo XXI, 1979.

exaltada "barbaridad", es una permanente maldad contra la lengua, y un pensamiento auténticamente crítico debería festejar, al menos en ese terreno, que el mundo todavía tenga lugar para los demonios. Indaguemos un poco sobre esto.

Desde una perspectiva discutiblemente conservadora, pero no exenta de agudos hallazgos, Harold Bloom ha cuestionado la manía "políticamente correcta" de los estudios culturales, consistente en privilegiar cualquier artefacto discursivo por el solo mérito de su ideología "progresista", o su poder de denuncia de la situación de las minorías oprimidas nacionales, étnicas, sexuales o subculturales, de privilegiarlo por sobre el análisis de Shakespeare, Cervantes o Dante[85]. Claro está que si el argumento se redujera (como sucede por momentos con el recurso bloomiano al "canon") a la defensa exclusivista de la gran literatura consagrada de Occidente, no sería más que otro simple ideologema reaccionario, no obstante la agudeza con que estuviera expuesto. Pero el problema es más complejo. La recusación de la gran tradición clásica por parte de los estudios culturales (aun de aquellos, los menos frecuentes, que logran sortear la trampa del acrítico populismo cultural al que nos referíamos antes, tan poco informado sobre las diferencias entre una auténtica *cultura popular* y los productos fetichizados de la *cultura de masas*), parte paradójicamente -al igual que la recusación de la modernidad por parte de los ideólogos "post", según vimos más arriba- de *aceptar por la negativa* la ideología conservadora que hace de aquella tradición un conjunto de monumentos museificados destinados a confirmar la congelada "identidad histórica" de una sociedad o una nación. Por el contrario, una estrategia de lectura benjaminiana de los clásicos, que efectivamente pudiera reactualizar en ellos ese "relámpago que ilumina un instante de peligro" en nuestro *presente*, permitiría inscribirlos en un diálogo infinitamente más fructífero con la cultura crítica contemporánea, permitiría "retotalizar" nuestra actualidad, en lugar de empobrecerla eliminando de los

---

85 Harold Bloom: *El canon occidental*, Barcelona, Anagrama, 1996.

programas de estudio un *potencial crítico* que los clásicos (que por eso, y no por su mera antigüedad, son clásicos) guardan para nuestro tiempo.

La cuestión, como se ve, no es puramente *estética* (en el sentido, de todas maneras legítimo, de que el mero progresismo del contenido no es por sí mismo un criterio estético), sino una cuestión *de política de la cultura*: se trata precisamente de resguardar la especificidad de un "inconsciente político" de los textos que va más allá (e incluso, que puede ir *en contra*) de las intenciones ideológicas explícitas. Es ya un lugar común citar al llamado "realismo socialista" como ejemplo de que la excesiva intimidad artística entre forma y contenido, entre ideología y estética, puede revertir las mejores intenciones hacia el peor y más mediocre conservadurismo. ¿Pero por qué no pensarlo también al revés? Autores como Céline, Eliot o Pound -por citar, otra vez, ejemplos extremos- no pueden ser descartados como simples "reaccionarios" o "fascistas", cuando han producido verdaderas revoluciones estético-culturales, poniendo en cuestión los academicismos estilísticos dominantes en la literatura "oficial" de Occidente. Incluso habría que tener la osadía, quizá, de considerar la posibilidad de que sea *porque* son "fascistas" y "reaccionarios" (y *porque,* por supuesto, son Céline, Eliot y Pound, y no *cualquier* fascista reaccionario) que han producido esa revolución, buscando dinamitar el academicismo de la cultura liberal. No hace falta aclarar que esto no implica ninguna defensa abstracta de la necesidad de una literatura fascista o reaccionaria -podrían citarse casos igualmente valiosos en la vereda ideológica opuesta-, pero sí demuestra que, en materia de arte y cultura, la *incorrección* política, el impulso de ir contra la corriente, puede ser al menos tan interesante (y con frecuencia más) que su contrario. Es otro modo de la dialéctica negativa de la praxis cultural.

Esa misma dialéctica negativa es la que puede provechosamente invocarse para sortear ciertas falsas antinomias ideológicas que atraviesan (y con frecuencia paralizan) a los estudios culturales y estéticos. Las oposiciones entre cultura "baja" y "alta", o entre "populismo" y "academicismo", o entre lo "arcaico" y lo "moderno" suelen replicar -inadvertidamente o no-, en la teoría de la cultura, la oposición entre el "optimismo tecnológico" supuestamente defendido por Benjamin en trabajos como "La obra de arte en la época de su reproductibilidad técnica" y el "pesimismo elitista" de Adorno. En lo que sigue intentaremos, mediante un ejemplo, mostrar el apresuramiento esquemático en que puede incurrir tal oposición[86].

Es posible que "La obra de arte en la época de su reproductibilidad técnica" sea el ensayo más comentado, transitado, desmenuzado y abusado de Walter Benjamin. Y también el que con mayor frecuencia ha sido mal entendido (lo que no deja de entrañar una cierta justicia poética: Benjamin es, en muchos sentidos, un pensador del malentendido). Es demasiado común leerlo unilateralmente como una cierta defensa de la cultura de masas, o al menos del potencial "progresista" implícito en las modernas técnicas de reproducción estética, con sus consecuencias "democratizantes" de socavamiento del *aura* de la obra de arte tradicional, y de acortamiento de la distancia entre obra y espectador. Menos frecuentemente, pero de manera igualmente unilateral, se acentúan las advertencias benjaminianas a propósito de la lógica intrínsecamente *fascista* de una estetización de lo social y lo político, hecha posible por los nuevos medios de

---

86 En lo fundamental (si bien con algunas modificaciones) esta sección reproduce cuestiones ya expuestas en un capítulo de nuestro libro anterior *(El sitio de la mirada,* Buenos Aires, Norma, 2001). Si hemos elegido retomarlas aquí es porque, al menos en parte, nos parecen igualmente pertinentes para la argumentación de *este* trabajo. De manera similar y por idénticas razones, hemos incorporado estratégicamente al cuerpo de este libro -aunque siempre sometiéndolos a los "retoques" que nos han parecido necesarios- un par de ensayos aparecidos en la revista *Conjetural* y en dos libros colectivos -compilados por Atilio A. Borón-. Me refiero a E. Grüner: "Lo político o el fundamento perdido", *Conjetural*, n° 36, diciembre de 2000; "La cosa política", en Atilio A. Borón (comp.): *Teoría y filosofía política. La tradición clásica y las nuevas fronteras,* Buenos Aires, Clacso / Eudeba, 1999; "El Estado: pasión de multitudes. Spinoza *versus* Hobbes, entre Hamlet y Edipo", en A. Borón (comp.): *La filosofía política moderna. De Hobbes a Marx,* Buenos Aires, Clacso / Eudeba, 2000.

comunicación de masas. Ambas perspectivas son, desde luego, insanablemente antidialécticas, y por lo tanto antibenjaminianas. Ambas desestiman -entre muchas otras cosas- el movimiento dramáticamente detenido, la *dialéctica en suspenso* del razonamiento de Benjamin: solo la Historia (entendida en un sentido propiamente benjaminiano, que implica no solo al pasado, sino al presente y al futuro "mesiánico", es decir, la Historia no como progreso sino como catástrofe) podrá decidir las formas de articulación *específica* entre la particularidad de los medios técnicos y la totalidad del arte en su relación con la sociedad. Constatar hoy, aquí y ahora, tanto la potencialidad progresiva como la regresiva de la técnica no es otra cosa que certificar esa tensión dialéctica *indecidible* hasta que su nudo gordiano sea cortado por la espada de la futura redención (para decirlo más prosaicamente: de la lucha de clases).

Es indudable que, mientras persistan (y hoy, sesenta años después del texto de Benjamin, esto es más cierto aun) los modos de alienación del arte y la cultura bajo las relaciones de producción capitalista, actualmente llevadas a su paroxismo por la estructura de un capitalismo tardío fuertemente *semiotizado*, la tensión se va resolviendo en favor de un aumento creciente de la obra como mercancía fetichizada y fetichizante. Pero ello no entraña la completa *desaparición* del conflicto, ni siquiera bajo la dominación aparentemente sin fisuras de la "lógica cultural del capitalismo tardío"-como la llama Jameson-, ni bajo el poder históricamente inédito de la industria cultural. Curiosamente, es Adorno -el primero, pero también el más inteligente y sutil, de los críticos del supuesto "optimismo tecnológico" de Benjamin- el que lleva hasta sus últimas consecuencias la dialéctica benjaminiana: el "arte autónomo", en cierto sentido, solo puede conquistar su autonomía (bajo las condiciones capitalistas de producción) al precio de transformarse paradójicamente en completa mercancía, generando ante la mirada del receptor una contradicción insoluble entre su carácter de mercancía-fetiche y su promesa

-necesariamente incumplida e incumplible- de redención social y reconciliación entre objeto y sujeto. Es como si solo viviendo hasta el fondo su condición de mercancía la obra pudiera *mostrar* su Otro, *señalar el* camino de la autonomía.

Sin embargo, está claro que no cualquier obra puede lograr esto: es necesario que, en la propia lógica de su producción, ella ya incluya al menos algunos elementos de una futura y potencial emancipación, tal como ocurre (por tomar ciertos ejemplos *princeps* del propio Adorno) con la composición musical en Schönberg o con la escritura literaria en Kafka y Beckett. Y tal como *no* ocurre -parecería decir Adorno- con los productos cuya propia lógica productiva está desde el inicio sometida a las estrategias por definición fetichizantes de la industria cultural; el cine, como ejemplo más paradigmático (al menos en la época de Adorno).

El debate con Benjamin, pues, parece desplazarse, en este aspecto particular, a la cuestión de si el potencial de autonomía puede estar de algún modo presente también en el texto estético que ha *nacido* como mercancía, o solo en aquel que ha *llegado* a esa condición bajo las leyes del modo de producción capitalista, pero guardando, por así decir, la memoria ambigua de los tiempos pretéritos, premercantiles[87]. La respuesta de Adorno parece, en primera instancia, ir inequívocamente en esta última dirección: su apuesta a favor de la "alta cultura" de vanguardia, así como su manifiesto fastidio -a veces llamativamente injusto, como en el caso del *jazz*- con la "cultura de masas", así lo indican. No obstante, ¿estarán bien planteados los términos del debate? O, por lo menos, al plantearlo así, ¿se ponen realmente en juego *todos* los términos posibles de la polémica?

Permítasenos dar un pequeño rodeo. El pesimismo adorniano respecto del potencial emancipador de la cultura de

---

87 Entre paréntesis, aunque no tengamos la posibilidad de desarrollarlo aquí, esta idea parece anidar tras cierto ambivalente rescate adorniano de aquel aspecto *cultural* del arte autónomo que en Benjamin había quedado eliminado junto con el *aura*.

masas tiene, como se sabe, un plausible origen histórico-social y político: la ideología dominante, fundamentalmente a través de la acción de la industria cultural, ha demostrado una extraordinaria capacidad de integración y neutralización de los componentes críticos de la "alta cultura" tanto como de los de la cultura resistente de los sectores oprimidos. Y no solo eso: en una notable anticipación de las posteriores tesis foucaultianas, Adorno y Horkheimer explican cómo el poder de la industria cultural constituye, *produce* formas nuevas de subjetividad que eliminan desde el origen la capacidad crítica y reflexiva de los sujetos no solo en su estatuto de receptores, sino incluso de *productores de* artefactos culturales. Por esta razón, Adorno se resistió siempre a considerar aquella potencialidad emancipatoria desde el punto de vista de una "sociología del público": los elementos de autonomización son, para Adorno, intrínsecos a la *obra,* y para develarlos no puede haber otro método de análisis que el de la crítica inmanente.

Ello no significa, sin embargo, una pura *interioridad* de tales elementos, totalmente aislada del mundo social. La noción, aparentemente leibniziana, de la obra como "mónada sin ventanas" no implica una *ajenidad* de la obra respecto del mundo: por el contrario, la relación objetiva de *conflicto* entre la obra y el mundo está condensada en, y traspuesta a, la propia trama "textual" de la obra, cuya armonía específicamente *estética* es, por lo tanto, la otra cara de la imposible reconciliación entre la obra y el mundo; he allí el secreto de una presencia simultánea, en la obra, de la promesa de reconciliación y la denuncia de su imposibilidad. La "felicidad" de la obra no es sino la contrapartida de los desgarramientos, las desgracias *y* las impotencias del propio universo, el placer *interno* es el testimonio del dolor *externo,* y el potencial emancipador de la obra es la denuncia en acto de esa contradicción inconciliable, de esa "dialéctica negativa" entre la obra y el mundo social. ¿Pero de *quién* proviene y a *quién* se dirige ese potencial emancipador, puesto que hemos eliminado de la escena tanto al productor como al receptor de la obra, alienados como están en la pasividad acrítica que les impone la industria cultural? Ese origen y ese destino no pueden ser otros que ciertas formas aún no "colonizadas" (para recurrir a un término posterior de Marcuse) del inconsciente. No de un inconsciente "individual", como el de la psicología prefreudiana, pero tampoco "colectivo" como el de la psicología junguiana: ambos aluden a un conjunto más o menos determinable de *contenidos,* cuando sabemos desde Lacan que de lo que se trata en el inconsciente de Freud es de una *lógica de deseo* no reducible a (ni identificable con: he allí la recusación adorniana del "pensamiento identitario", que procura reducir el Concepto a la Cosa y viceversa) sus objetos contingentes. Ni individual ni colectivo, entonces, sino un irreductible proceso deseante generado por la ambivalente relación con el Otro, con un "fuera de sí" inalcanzable pero al cual se tiende como utópico horizonte, y de cuya "inalcanzabilidad" la interioridad subjetiva es el *síntoma,* así como la interioridad de la obra es el síntoma de la reconciliación imposible con su "afuera".

La obra autónoma, pues, como la "perturbación" neurótica (y, en otro registro, como la lucha de clases, también a menudo apuntando "inconscientemente" a la desalienación y la reconciliación definitiva entre sujeto y objeto), es una expresión del *malestar en la cultura* que indica que algo "no funciona" en las relaciones entre los sujetos, y por ello tiene un origen y un destino tributario de lo que Patrick McGee propone llamar *mímesis intersubjetiva,* aunque nosotros preferiríamos la denominación de *transubjetiva* (ya que "intersubjetiva" arrastra una resonancia habermasiana que supone un proceso "comunicativo" y una noción de sujetos "preformados" que nos parecen muy alejados tanto de Adorno como de Freud). El "malestar" de la obra de arte es entonces, para decirlo borgianamente -pero también, sin duda, benjaminianamente-, la nostalgia de lo que nunca se ha tenido, y cuyo "reencuentro" se proyecta al porvenir; es el "futuro anterior" de una "memoria" de lo que *podría* ser la reconciliación del sujeto con el mundo, si la propia obra no estuviera mostrando su imposibilidad. Y ese malestar es el primer paso hacia una "conciencia" crítico-reflexiva, sustraída por el deseo a la colonización alienante del fetichismo desde *adentro mismo* de su condición de fetiche, y por eso mismo: porque no hay un "afuera" absoluto de la obra (pensarlo así sería caer en otra forma de fetichismo: la de la obra intemporal y ahistórica suspendida en el *topos uranus* de la Idea pura), sino que el "afuera" y el "adentro" están en una irresoluble relación de conflicto.

Ahora bien, retornemos a los términos simplificados en que, como apuntábamos más arriba, ha sido leído este tramo del debate entre Benjamin y Adorno. La *mímesis transubjetiva* contenida en la lógica de producción de la obra (en su "inconsciente político", para abusar de otro concepto de Jameson), ¿solo es pasible de ser encontrada en el arte autónomo en sentido estricto? ¿La *lógica deseante* que hace expresarse al "malestar en la cultura" es absolutamente *inconcebible* en alguno (no decimos que en la mayoría) de los productos de la "cultura de masas"? ¿La "reproducción técnica" -con sus consecuencias de total fetichización de la cultura bajo la industria cultural- es *completamente* inhibitoria de la memoria de ese "afuera" que denuncia el carácter de no reconciliación con el mundo? ¿Las fantasías conciliatorias o identificatorias promovidas por la ideología mediática y su producción de subjetividades alienadas están totalmente *exentas* de contradicciones internas, más allá de que su estrategia objetiva sea la lisa y llana eliminación del "inconsciente político" y su conflicto con la realidad? ¿Hay sobre este punto una posibilidad, no digamos de "conciliación", pero al menos de *diálogo* entre Adorno y Benjamin?

La respuesta no es para nada sencilla. Ciertas lecturas "posmodernas" de Benjamin han invocado su autoridad para ensayar una defensa irrestricta y acrítica de las bondades de no se sabe qué "cultura popular" (confundiendo de paso, y no siempre por un error desinteresado o involuntario, a la *auténtica* cultura popular con la cultura de masas), llegando a veces a la irreflexiva celebración del carácter "objetivamente" progresista, o incluso cuestionador, de los medios de comunicación masiva. O festejando, asimismo, el "multiculturalismo" y la "democratizadora" fragmentación y multiplicación de mensajes hecha posible por los más modernos medios de reproducción, sin prestar la debida atención al carácter subterráneamente homogeneizador y nivelador "hacia abajo" de la *lógica* de producción, circulación y consumo de dichos mensajes, lógica constituyente de un sistema de equivalencias universales, típicamente fetichista y generadora de una "falsa totalidad" que reconcilia ilusoriamente la parte y el todo, el Objeto y la Idea.

Desde ya, no creemos en absoluto que el "optimismo" benjaminiano sobre la reproducción técnica pueda justificar estos dislates reaccionarios, pero somos conscientes de que una matización del "elitismo" de Adorno hecha desde las categorías de *La obra de arte...* "puede" inducir al lector poco atento a semejante equívoco. Al revés, el elitismo de Adorno *puede* inducir -aunque tal vez no tan rápidamente- a una lectura conservadora o "mandarinesca" (como tantas veces se le ha imputado al propio Adorno) que menosprecie con ademán aristocrático un análisis más dialéctico del "inconsciente" de la industria cultural. Creemos, sin embargo, que el riesgo vale la pena. Aunque confesamos que, confrontados con esas lecturas "extremistas", probablemente elegiríamos visceralmente el bando adorniano, no pensamos que sea inevitable someterse al chantaje de ese dilema excluyente.

Claro está que, por otra parte, no se trata de encontrar ningún justo medio o tercera posición equidistante entre los extremos: justamente, ello implicaría aceptar los términos simplificados de la oposición, tal como se plantean habitualmente. Mucho más interesante parece intentar conservar, otra vez, *la tensión dialéctica* (en el sentido de la dialéctica negativa, que no admite *Aufhebung* superadora) de un debate que es *necesariamente* inagotable, ya que la propia definición de sus términos, de sus conceptos y categorías, está sujeta a la *historicidad* de los puntos de vista y, para decirlo todo, a las *urgencias* de la lucha teórico-ideológica, aunque esta aparezca disimulada por la elegancia de la jerga académica.

Regresemos a Benjamin y a "La obra de arte...". Hay allí un pasaje -valga el término, tratándose de Benjamin- que no es de los más frecuentados por los comentaristas, pero que por diversas razones nos parece clave, por lo cual vale la pena que lo transcribamos en su totalidad. Luego de reflexionar sobre la manera en que "las masas dispersas" asistentes a la recepción cinematográfica han modificado la índole de la percepción estética, Benjamin construye un paralelismo implícito entre el cine y la arquitectura. Al contrario de lo que sucede con la obra de arte aurática "individual" (digamos, una pintura) en la cual el espectador se "recoge", se "sumerge", en la arquitectura

> [...] *la masa dispersa sumerge en sí misma a la obra artística. Y de manera especialmente patente a los edificios. La arquitectura viene desde siempre ofreciendo el prototipo de una obra de arte cuya recepción sucede en la disipación y por parte de una colectividad. Las leyes de dicha recepción son sobremanera instructivas. Las edificaciones han acompañado a la humanidad desde su historia primera. Muchas formas artísticas han surgido y desaparecido. La tragedia nace con los griegos para apagarse con ellos y revivir después solo en cuanto a sus reglas. El epos, cuyo origen está en la juventud de los pueblos, caduca en Europa al terminar el Renacimiento. La pintura sobre tabla es una creación de la Edad Media y no hay nada que garantice su duración ininterrumpida. Pero la necesidad que tiene el hombre de alojamiento sí que es estable. El arte de la edificación no se ha interrumpido jamás. Su historia es más larga que la de cualquier otro arte, y su eficacia al presentizarse es importante para todo intento de dar cuenta de la relación de las masas para con la obra artística. Las edificaciones pueden ser recibidas de dos maneras: por el uso y por la contemplación. O mejor dicho: táctil y ópticamente. De tal recepción no habrá concepto posible si nos la representamos según la actitud recogida que,*

por ejemplo, es corriente en turistas ante edificios famo-
sos [...] La recepción táctil no sucede tanto por la vía de
la atención como por la de la costumbre. En cuanto a
la arquitectura, esta última determina en gran medida
incluso la recepción óptica. La cual tiene lugar, de suyo,
mucho menos en una atención tensa que en una adver-
tencia ocasional. Pero en determinadas circunstancias
esta recepción formada en la arquitectura tiene valor
canónico. Porque las tareas que en tiempos de cambio se
le imponen al aparato perceptivo del hombre no pueden
resolverse por la vía meramente óptica, esto es por la
de la contemplación. Poco a poco quedan vencidas por
la costumbre (bajo la guía de la recepción táctil) [...] Y
como, por lo demás, el individuo está sometido a la ten-
tación de hurtarse a dichas tareas, el arte abordará la
más difícil e importante movilizando a las masas. Así lo
hace actualmente en el cine. La recepción en la disper-
sión, que se hace notar con insistencia creciente en todos
los terrenos del arte y que es el síntoma de modificacio-
nes de hondo alcance en la apercepción, tiene en el cine
su instrumento de entrenamiento[88].

El argumento es notable, por la enorme y compleja multiplicidad de abordajes que permite. Empecemos por el más
obvio: la idea de una articulación, en la obra, entre "uso táctil"
y "contemplación óptica". En la redacción del texto, esta idea
parece referirse específicamente a la arquitectura, en la cual es
fácilmente comprensible: la "distracción" del *uso* del *hábitat*
se opone a (y a veces se combina con) su contemplación aurática: un edificio puede simultáneamente ser un objeto de uso
"popular" y una obra de arte consagrada. Es más difícil pensar en un filme a partir de los mismos criterios; por supuesto
que también él puede ser *al mismo tiempo* una forma de en-
tretenimiento popular y un objeto de estudio y veneración; al
mismo tiempo, *pero no para el mismo público*: la actitud del
simple espectador y la del crítico, el historiador, el semiólogo

---

88 Walter Benjamin: "La obra de arte en la época de su reproductibilidad técnica", en *Discursos interrumpidos*, Madrid, Taurus, 1973.

o el teórico del cine (o incluso la del "cinéfilo" informado y "culto") está ya sometida a una "esquizia", a una disociación producida por el hecho de que el cine *siempre* ha pertenecido a la cultura fetichizada y mercantilizada de la modernidad (de la cual el espectador común no tiene conciencia o bien se "desprende" de esa conciencia en el momento del *uso*, mientras el crítico tiene que "rescatar" al filme de su carácter de mercancía fetichizada). La arquitectura, por su parte, ha llegado a ser mercancía, pero proviene originariamente de un mundo en que la separación entre uso y contemplación es mucho menos nítida. Sin embargo, en el texto de Benjamin, la relación con el cine está claramente establecida a través del modo de recepción *disperso*, y por lo tanto diferenciado de la "actitud recogida" de la *pura* contemplación cultural, en la cual el espectador "se adentra" en la obra, mientras que aquí "la masa dispersa sumerge en sí misma a la obra artística", la *usa*. Nótense, de paso, dos aspectos llamativos: en primer lugar, la oposición entre la *contemplación individual* de la obra aurática convencional, y la *incorporación social* (al mismo tiempo visual y táctil) de la obra arquitectónica y cinematográfica; en segundo lugar, aunque a veces se traduce "dispersión" por "distracción", no es lo mismo: precisamente -al menos en la lengua castellana-"distraído" suele predicarse solo de los individuos, mientras que "disperso" puede aludir a un estado no consciente de los grupos sociales (como en el concepto de *serialidad* sartreano, por ejemplo).

Ahora bien: admitido el paralelo, ¿qué puede querer decir "tactilidad" como noción aplicada a la recepción cinematográfica -que es, evidentemente, "óptica"-? Es obvio que con "tactilidad", Benjamin no se refiere al mero *tacto* en el sentido vulgar, sino a la percepción y el *uso* transformado del espacio. Unas páginas antes, Benjamin, hablando esta vez exclusivamente del cine, nos ha dicho:

Haciendo primeros planos de nuestro inventario, subrayando detalles escondidos de nuestros enseres más corrientes, explorando entornos triviales bajo la guía genial del objetivo, el cine [...] nos asegura un ámbito de acción insospechado, enorme. Parecía que nuestros bares, nuestras oficinas, nuestras viviendas amuebladas, nuestras estaciones y fábricas nos aprisionaban sin esperanza. Entonces vino el cine y con la dinamita de sus décimas de segundo hizo saltar ese mundo carcelario. Y ahora emprendemos entre sus dispersos escombros viajes de aventura. Con el primer plano se ensancha el espacio y bajo el retardador se alarga el movimiento...[89].

En otras palabras: con el cine estamos ante una relación espacio-temporal absolutamente nueva, ante un inédito *cronotopos* -para decirlo con Bajtín-, que en el pensamiento contemporáneo solo encuentra un paralelo en la física de Einstein o en la condensación sincronía / diacronía de la lingüística moderna (y nuestra asociación no es casual: como veremos, para Benjamin el cine es la más acabada forma estética hecha posible por la *ciencia*), pero que se encuentra prefigurada, *desde tiempo inmemorial* (volveremos sobre esta cuestión capital) en la arquitectura. Aquí no podemos dejar de recordar una afirmación aparentemente extemporánea de Pascal Bonitzer -muy evidentemente inspirada en Benjamin, aunque no lo cite- según la cual la relación más estrecha del cine con otras formas estéticas no se da por comparación con el teatro, la novela o la pintura, sino con la *arquitectura*, puesto que se trata de las dos artes que más han contribuido a redefinir históricamente la relación (¿táctil?) de los sujetos con su espacio vital cotidiano. Este es, parecería decirnos Benjamin, el aspecto potencialmente emancipador, liberador, que el cine ha reactualizado tras los pasos de la arquitectura: "Entonces vino el cine y con la dinamita de sus décimas de segundo hizo saltar ese mundo carcelario".

Pero aquí nos enfrentamos con un problema, que ya hemos adelantado unos párrafos más arriba. Bonitzer nos recuerda que otra manera de pensar la relación arquitectura / cine es considerar que, siendo las dos formas estéticas que en

---

89 Ibíd.

la actualidad dependen más estrechamente de la industria, de la técnica y de la economía (es decir, del desarrollo de las fuerzas productivas y las relaciones de producción propiamente capitalistas) son por lo tanto las dos más constitutivamente inmersas en la lógica del *fetichismo de la mercancía*. Lo cual parece reconducir a fojas cero la "versión simple" del debate Benjamin-Adorno, demostrando que *no puede haber* tal potencial emancipador en los *productos directamente originados* por la industria cultural. Para colmo, en varias oportunidades a través de toda su producción, pero muy especialmente en *La obra de los Pasajes*, Benjamin parece lamentar la separación entre "arte" y "técnica" que -ya a partir del siglo XVIII pero con extraordinaria pregnancia en el siglo XIX- ha producido una "ideología de la arquitectura" que procura colocarla completamente del lado de las "bellas artes", diferenciándola de (e incluso oponiéndola a) la ingeniería y la física, cuando la única posibilidad que tiene la arquitectura de ser *verdaderamente* moderna es su pleno sumergimiento en el mundo físico y material de la técnica, en lo que Benjamin llama la "degradación de sus materiales".

Pero las cosas no son tan sencillas, ni para Bonitzer ni para la "versión simple" del debate Benjamin-Adorno. Hay una *tercera* manera de pensar una relación (esta vez de aparente oposición) entre la arquitectura y el cine: mientras el cine es la forma estética más *moderna*, la última que se ha inventado, la arquitectura es la más *antigua*, la primera que conoció la humanidad ("Su historia es más larga que la de cualquier otro arte, y su eficacia al presentizarse es importante para todo intento de dar cuenta de la relación de las masas para con la obra artística"). En la comparación arquitectura / cine se cierra un círculo antropológico: lo más arcaico se encuentra con lo más inmediato, la entera experiencia espacio-temporal de lo humano queda como abarcada por esos dos extremos históricos (un *Tiempo-Origen* y un *Tiempo-Ahora*, si se nos permite decirlo así) que se lanzan -muy benjaminianamente, por cierto- uno contra el otro. Y aquí está, dicho sea de paso, otra versión condensada de las *Tesis de la Filosofía de la Historia*: el encuentro, el "choque" entre pasado y presente, "tal como relampaguea en un instante de peligro".

Ahora bien, las consideraciones precedentes solo nos dan, por así decir, el *contexto* en el cual puede pensarse el problema. Todavía no hemos agotado la posibilidad de especular (contra la "versión simple" de Adorno) sobre el aspecto potencialmente emancipador del encuentro arquitectura / cine: vale decir, del encuentro entre dos "formas" que -aunque de diferente manera- comprometen simultáneamente a la cultura de "élite" y a la "popular", al uso "contemplativo" y al "táctil", a la "pureza" de la obra y a su degradación en mercancía, etcétera. Tal vez deberíamos abordar una *cuarta* cuestión, que a primera vista solo atañe a la arquitectura. Como dice Benjamin: "Las edificaciones han acompañado a la humanidad desde su historia primera"; muchas formas artísticas han surgido y desaparecido (el *epos,* la tragedia, la pintura sobre tabla, etcétera), "pero la necesidad que tiene el hombre de alojamiento sí que es estable". Permítasenos leer la frase del siguiente modo: la arquitectura es el arte que más intensa y dramáticamente conserva la *memoria arcaica* de las necesidades primarias de la especie. Ella existe desde que hay Historia (ella *es*, en cierto sentido, la Historia), o sea, a diferencia del cine, repitámoslo, existe desde *mucho antes* que el fetichismo de la mercancía. De modo semejante a la prohibición del incesto en Lévi-Strauss (para quien, casualmente, tanto la lógica de las estructuras de parentesco como la de los mitos primitivos remite permanentemente a metáforas espaciales: "adentro" y "afuera", "alto" y "bajo", etcétera), la arquitectura renueva, de manera inconsciente pero asimismo permanente e *insistente*, la separación y simultáneamente la articulación entre naturaleza y cultura. La arquitectura, forma artística de uso "táctil" que *desde siempre* ha sido "incorporada" de manera no "recogida en la contemplación" por las "masas dispersas", es pues el lugar donde quizá se desnude más crudamente la contradicción, el *conflicto* entre los deseos más arcaicos de la humanidad, incluido el deseo de reconciliación con el mundo y la naturaleza (las utopías, recuérdese, tienen siempre forma arquitectónica) y la *realidad* de la alienación, del fetichismo de la mercancía, de la imposibilidad del cumplimiento cabal de la promesa de reconciliación.

Así, la insistencia de Benjamin en poner a la arquitectura del lado de la técnica, lejos de ser contradictoria, es por completo consecuente con su pensamiento de "imágenes dialécticas" y con su concepción de la Historia: es llevando -a través de la técnica- hasta sus últimas consecuencias el carácter de fetiche de la arquitectura (lo cual, en opinión de Benjamin, ya había comenzado a suceder en el siglo XIX, con la consolidación del capitalismo industrial) que se pondrá de manifiesto en forma más patente el conflicto. Pero -contra la tentación de una lectura en clave de "optimismo tecnológico"- Benjamin no está diciendo que así quedará *resuelto* el conflicto, que así se alcanzará la reconciliación, sino todo lo contrario, que se hará prácticamente insostenible. En la implícita apelación a una "memoria de la especie" conservada en la arquitectura no hay el más mínimo rasgo de *nostalgia* conservadora o tradicionalista. Remitimos nuevamente a las *Tesis*: no basta la mera *presencia* de la memoria, sino que es necesario su choque, su cortocircuito con la infelicidad del presente para constituir la "memoria anticipada" (Ernst Bloch) que apunte al horizonte de la futura redención, reconstruyendo sobre las *ruinas* del "progreso" (también el técnico), que es la historia de los vencedores, la *continuidad discontinua* de la historia de los vencidos. Mientras tanto, en la arquitectura, por ejemplo (aunque ya vimos que no es un ejemplo cualquiera), el choque de la memoria arcaica con la fetichización técnica moderna dispara todos los efectos "adornianos" (y freudianos) que la transforman en un *síntoma*. Como dice el propio Benjamin en otro lugar de *La obra de los Pasajes*:

El capitalismo fue un fenómeno natural por el cual un dormir nuevo, pleno de sueños, se abatió sobre Europa, acompañado de una reactivación de las fuerzas míticas [...] Tentativa de radicalizar la tesis de Giedion. Esta dice que "la construcción desempeña en el siglo XIX el rol del inconsciente". ¿No sería más exacto decir que desempeña el rol del proceso corporal alrededor del cual los arquitectos "artistas" vienen a posarse como sueños alrededor de la armadura del proceso psicológico?[90].

Se ve lo que Benjamin pone aquí en juego: sueños, fuerzas míticas, la arquitectura como *inconsciente político* de una modernidad impotente para cumplir sus propias promesas, maniatada como está por el fetichismo de la mercancía, por la *fantasmagoría* (así la llama Benjamin, pero así la llamaba ya Marx) de los falsos sueños de la técnica. Pero los arquitectos "artistas" se equivocan, piensa Benjamin, al ponerse a sí mismos como puros agentes de la memoria arcaica, sin ver que es justamente la técnica llevada a su extremo ("hay que ser absolutamente modernos") la que revela, a su pesar, su propia insuficiencia fantasmática, como diría probablemente un psicoanalista.

¿Pero qué hay, a todo esto, del cine? ¿Estamos tan alejados de esa *tecnoestética* tan "absolutamente moderna"? Dejémosle, una vez más, la palabra a Benjamin:

Se puede expresar exactamente así el problema del arte moderno: ¿cuándo, y cómo, los universos formales que han surgido independientemente de nosotros en la mecánica, en el cine, en la construcción de máquinas, en la nueva física, y que se han hecho nuestros amos, querrán revelarnos la parte de naturaleza que hay en ellos?[91].

Obsérvese la constitución de la "serie" benjaminiana: el cine no hace sintagma con la literatura o las bellas artes, sino con la mecánica, la física y la construcción de máquinas. Es decir, con aquello que Benjamin reivindica, también, como ámbito

90 Walter Benjamin: *Paris, capitale du XIXe. siècle: le livre des passages*, París, Editions du Cerf, 1997.
91 Ibíd.

privilegiado de la arquitectura. No obstante, siendo el cine una forma estética de matriz *puramente* técnica, no parecería haber aquí lugar, como en la arquitectura, para fuerzas míticas, sueños ni memorias arcaicas. Aunque quién sabe: allí está, asomando apenas pero con enorme fuerza enigmática, "la parte de naturaleza que hay en ellos". Arriesguemos una hipótesis: puesto que el cine aparece, apelando a puros medios técnicos (físicos, maquínicos), como la más extrema modificación de las coordenadas espacio-temporales iniciada por la arquitectura, él es el que *puede* desatar las pulsiones también más extremas de una memoria arcaica que entre en conflicto con la fetichización técnica (como nos hemos atrevido a proponerlo en otra parte, "el cine es el lugar de encuentro, y por lo tanto de conflicto, entre el fetichismo de la mercancía y el proceso primario del inconsciente"): él es, en efecto, el que puede dinamitar el "mundo carcelario" de la apercepción alienada por la pura tecnología al mismo tiempo que de la recepción cultual y distante del *aura*. "Puede": posee *un potencial* que solo es pasible de ser *actualizado* por la Historia (por el "relámpago de peligro", por la conciencia de la perpetua *emergencia* que es la historia de los vencidos), pero allí está, soñando su posible autonomía en las huellas "ur-históricas" de la arquitectura. No estamos tan alejados de, por ejemplo, el Schönberg adorniano: ¿o no es también un cierto artificio *técnico* (¿físico, maquínico?) el que permite expresarse -como *retorno de lo reprimido*, diríamos- a las desordenadas "fuerzas míticas" en toda su pulsionalidad "atonal"? (y, a otro nivel, se podría decir que la recepción cinematográfica, y por supuesto la arquitectónica, están más próximas a las formas pretecnológicas de la recepción musical o de la literatura oral que, por ejemplo, a la novela o la pintura a partir del Renacimiento). Benjamin, de nuevo, nos induce a considerar cómo:

> Aquí es donde interviene la cámara con sus medios auxiliares, sus subidas y sus bajadas, sus cortes y su capacidad aislativa, sus dilataciones y arrezagamientos de un decurso, sus ampliaciones y disminuciones. *Por su*

virtud experimentamos el inconsciente óptico, igual que por medio del psicoanálisis nos enteramos del inconsciente pulsional[92]. [Bastardilla nuestra.]

Sin embargo hay, todavía, otra cuestión. Hemos establecido más arriba, a propósito de la incorporación de la arquitectura y el cine por parte de las masas, la diferencia entre "dispersión" y "distracción". Admitimos que se trata de un mero azar de las traducciones. Pero aprovechémonos de él. Si las masas "dispersas" (y no simplemente los individuos "distraídos") pueden sentir, oscuramente, los efectos ópticos y táctiles que el cine y la arquitectura producen como síntoma de un conflicto irresoluble con la modernidad fetichizada; si pueden experimentar, aunque no puedan explicarlo, el *malestar en la cultura* que denuncia una imposibilidad de reconciliación con el mundo fantasmagorizada por el pensamiento identitario de la ideología dominante; si pueden *sufrir* el silencio del Otro imposibilitado de escuchar el clamor humano en el desierto, es porque también *aquí puede* haber (también aquí, decimos, y no solo en la obra *originariamente* "autónoma" en sentido estrecho) una *mímesis transubjetiva* que despierte la nostalgia de lo que nunca existió y la proyecte hacia la redención futura. Y esa mímesis tal vez esté incluso *facilitada* -en potencia, repitámoslo- por la "incorporación" social, y no individual, tanto como por ese "choque de los extremos" entre el Ur-Tiempo y el Tiempo-del-Ahora.

Es claro que ello no puede ser logrado por *toda* la arquitectura ni por *todo* el cine. Ni siquiera, necesariamente, por sus expresiones "vanguardistas" más conscientes (sobre las ilusiones de redención social, extraestética, de las vanguardias, el propio Adorno y luego Peter Bürger han dicho cosas definitivas). Lo reiteraremos hasta el cansancio: es una tarea de la Historia, es decir, de la sociedad. Mucho más en una situación como la actual, en la que el noventa por ciento -y la estimación

---

92 Walter Benjamin: "La obra de arte en la época de su reproductibilidad técnica", ob. cit.

es conservadora- del arte que se produce en cualquier soporte discursivo apunta a *disolver* el conflicto de la mímesis transubjetiva con la realidad: a instalarse sin contradicción aparente en la fantasmagoría técnica del fetiche. Incluso (y tal vez sobre todo, por la naturaleza misma de sus recursos tecnológicos) en el cine y la arquitectura, su incorporación por las "masas dispersas" se ve progresivamente reducida por las nuevas técnicas de reproducción hogareña o la alienación informática, y por los compromisos íntimos de la industria constructora con las formas de apropiación progresivamente privatizadas en las megalópolis del capitalismo tardío. Aun cuando se admita que siempre fue imposible, el horizonte de la reconciliación está cada vez más lejano. Ningún optimismo tecnológico, ningún populismo estético y cultural es justificable en este contexto (y mucho menos si intenta autorizarse taimadamente en Benjamin): más aun, esos consuelos mediocres se aproximan a una complicidad ideológica con lo peor. Todo señala, pues, hacia el triunfo del "pesimismo elitista" de Adorno, al menos en la "versión simple" que hemos intentado problematizar. Pero la misión del pensamiento crítico -y el debate Benjamin-Adorno, simple o no, es un monumento de pensamiento crítico- es, precisamente, la de crear *problemas*, no la de resolverlos: eso, de nuevo, solo puede hacerlo (o no, pero no hay nadie más) la Historia. No se trata entonces de hipostasiar la "alta" o la "baja" cultura (ya sea que se le otorgue a cualquiera de esos dos términos un signo alternativamente "positivo" o "negativo"), ni de plantear no se sabe qué "tercera vía". Cualquiera de estas estrategias -incluida la de los convencionalizados estudios culturales- parte de considerar al objeto de cultura como un *hecho* ya dado, ya *determinado* por su origen, su público, su modo de recepción, incluso por las relaciones sociales que han contribuido a producirlo. El debate Benjamin-Adorno coloca la cuestión en un registro absolutamente ajeno al de esta hipóstasis: es, insistimos, el registro del *campo de batalla*, de un permanente (pero no "indecidible") *re-hacerse* de la obra, de una permanente *historización*.

Si pudiera hoy pensarse una nueva forma de crítica de la cultura, pues, habría que concebirla como una praxis persistentemente retotalizadora del pensamiento, una intervención activa de aquella dialéctica negativa sobre los sucesivos fetichismos de una Razón que podría ser "descolonizada" de las seducciones del simulacro, consciente de su propia imposibilidad de cierre, recuperando para la teoría la lucha contra el miedo que la atraviesa, haciendo que el cuerpo vuelva al alma (y al "texto"), gozando de una palabra carnal, escuchando la voz de los vencidos, mirando de frente la sangre y el barro que la propia Historia ha producido como su condición, imaginando que, o la Historia la hacemos todos, o soportamos la que hacen los otros, los *ellos,* incluso en nombre de una "teoría" sin historia. Porque, de no ser así, tendremos que resignarnos (para citar una vez más las inevitables palabras de Benjamin) a que "si el enemigo sigue ganando -y hasta ahora no ha dejado de ganar- ni los muertos estarán a salvo".

Los estudios culturales, entonces, deberían ser re-reemplazados por (o, al menos, reinscriptos en) un retorno a la noción de teoría *crítica* cultural, que recuperara el énfasis en el carácter conflictivo, trágico, agónico y político de las prácticas simbólicas y estéticas. Esa teoría crítica de la cultura no podría hoy prescindir de una versión actualizada y asimismo crítica de nociones como las de *modo de producción, lucha de clases, ideología, inconsciente* y *totalización.* Su reconstrucción es una responsabilidad y un derecho de los intelectuales y la sociedad en su conjunto, y no solo de algunas cátedras universitarias (si bien no nos parece nada mal la existencia de áreas o cátedras académicas que la lleven adelante en la universidad pública). Por otra parte, más allá (o más acá) de que no podamos darnos el lujo de desdeñar todo aquello que -desde la profusa terminología del postestructuralismo, el posmarxismo o el deconstructivismo- sirva para esa práctica crítica, ello debe ser inscripto en una perspectiva *reconstructivista,* otra vez, en el sentido sartreano de una *retotalización abierta* que intente dibujar un horizonte diferente al de los particularismos, la estetización del fragmento y la descripción celebratoria de los objetivos de la vida cotidiana que -con las excepciones que todos conocemos o desconocemos- domina actualmente en los estudios culturales. Digamos, finalmente, que la literatura y el arte como tales -al menos, los que nos interesan- *no son* un tramo más y cualquiera de ese horizonte, sino que lo desbordan por los cuatro costados: son la *práctica discursiva crítica* por excelencia, porque su "gratuidad" gozosa se *opone* a lo que normalmente entendemos por Cultura; esa práctica es la que señala los límites y la imposibilidad última de aquella falsa totalidad, porque es la "roca viva" con la que choca cualquier proyecto ideológico de transparencia y comunicabilidad. La literatura es una *condena* que llevamos inscripta en el cuerpo como el prisionero del cuento de Kafka. ¿Y quién podría ser tan arrogante como para pretender hablar claramente, *correctamente,* de su propio cuerpo?

Y sin embargo, otra vez, la tarea no es desesperante, aunque pueda parecer desesperada. Entre los extremos de la legalidad ritualizada del sentido común cotidiano y la transgresión violenta de la palabra poética, hay un espacio indeterminable pero no indeterminado en el que se juegan las relaciones de fuerza de la cultura: un espacio en ruinas (sobre todo en la actualidad) que la crítica cultural debería poder hacer resurgir, efectivamente, "tal como relampaguea en un instante de peligro". Ese espacio *no es* indeterminado, porque sobre él operan las reglas de un poder que no tiene nada de contingente, ni mucho menos de ficcional. Pero es *indeterminable,* porque no podríamos definir por anticipado, sino a lo sumo *construir,* la "universalidad" y la "esencia" de su campo y de sus objetos. Y esta es una tarea políticamente *urgente,* demasiado importante para dejársela a lo que *hoy* se conoce como los estudios culturales. La segunda y la tercera parte de este libro intentarán mostrar algunas posibles y provisorias vías de salida hacia la consecución de esa tarea.

SEGUNDA PARTE

La globalización, o la lógica (no solo)
cultural del colonialismo tardío

Introducción

LA TEORÍA POSCOLONIAL y la teoría del sistema-mundo capitalista emergen en las últimas dos o tres décadas como las grandes "novedades" teórico-metodológicas que se proponen el análisis crítico de las conflictivas relaciones *centro-periferia* creadas por el colonialismo (pero continuadas luego de la "descolonización") y por la expansión mundial del modo de producción y acumulación capitalista (a partir de la propia emergencia del protocapitalismo en los albores de la modernidad), respectivamente. Lo hacen desde perspectivas y cruces transdisciplinarios muy diferentes, pero que, en nuestra opinión, deberían buscar articularse, incluyendo en esa articulación su mutua crítica: la teoría poscolonial adopta básicamente el punto de vista más "flexible" de la *cultura* -en el sentido más amplio del término- de las sociedades poscoloniales, pero también de los efectos simbólicos del intercambio cultural histórico con los centros coloniales, y sus fundamentos teóricos se nutren en la teoría literaria y estética, la filosofía postestructuralista, la historia y antropología culturales, el psicoanálisis (usualmente en su corriente lacaniana), las variantes del giro lingüístico, etcétera, todo lo cual ha contribuido a otorgarle un cierto aire *fashion* en las universidades anglosajonas, como capítulo (una ubicación a nuestro juicio discutible) de los hoy mas establecidos y academizados estudios culturales.

Por su parte, la teoría del sistema-mundo adopta el punto de vista más "duro" de la *economía*, la *sociedad* y la *política* mundiales, y sus bases teóricas hay que ubicarlas más bien en la historia económica, la sociología histórica y la teoría política (generalmente de inspiración marxista "heterodoxa", o por lo menos cercana a ella), sin que ello impida su extensión -siempre en el marco de esas disciplinas "duras" dentro de las ciencias sociales y humanas- a problemas que con frecuencia se superponen con las preocupaciones de la teoría poscolonial: por ejemplo, la cuestión del nacionalismo, el racismo o las minorías étnico-culturales en el contexto de la expansión multisecular del sistema-mundo capitalista.

En ambos casos, como puede verse, estamos ante perspectivas capitales para la comprensión y la crítica tanto de la actualidad como del proceso de conformación de un mundo desigualmente *politizado* -como dirían los estudiosos de la teoría del sistema-mundo- en un "centro" progresivamente explotador y enriquecido y unas "periferias" progresivamente explotadas y empobrecidas (tanto en términos económico-sociales como culturales), aunque cada uno de ellos se halle a su vez atravesado por la fractura interna de explotadores / explotados que corresponde a un modo de producción mundial cada vez más desigualitario. Doble *pertinencia*, pues, para nuestra propia situación latinoamericana, ya que ambas perspectivas asumen un *compromiso ético e ideológico* con los oprimidos, especialmente los "periféricos", pero sin perder la visión totalizadora del verdadero desgarramiento humano *global* que ha significado la mundialización del sistema capitalista, y haciéndolo con un rigor teórico e intelectual que supera en mucho las hipótesis "dependentistas" o "tercermundistas" de la década del sesenta. Y -a propósito de esto último- hay que celebrar, en ambas, su voluntad de *reintroducir* en el debate teórico e intelectual una dimensión histórico-política amplia que el así llamado "posmodernismo"-ya sea por interés ideológico o por mera ligereza de espíritu- había creído poder despachar con su mediocre crítica de los "grandes relatos".

Pero ello no obsta, claro está, para que ambas configuraciones teóricas no sean pasibles de (respetuosos) reproches: la teoría del sistema-mundo, por la propia formación académica de sus miembros (básicamente historiadores, economistas o sociólogos) suele descuidar, o en todo caso tematizar solo muy lateralmente, una *dimensión filosófica* -en el sentido, al menos, de una filosofía política de la cultura- que en nuestra opinión es decisiva para darle un alcance reflexivo y crítico más amplio a sus investigaciones; por el contrario, la teoría poscolonial, por la misma índole de su objeto de análisis (la esfera de lo estético-cultural, lo ideológico-discursivo y lo "subjetivo"), sí contiene esa dimensión filosófica, pero para nuestro gusto demasiado "sesgada", como dijimos, hacia una impronta textualista o deconstructivista que, sin dejar de ser parcialmente útil y pertinente, descuida la *base material* en el sentido estricto de los fundamentos histórico-económicos y a veces incluso sociopolíticos- de los "discursos", así como, aun desde el punto de vista filosófico, desecha ciertas tradiciones del pensamiento crítico -empezando por el marxismo clásico, pero incluyendo a pensadores del marxismo crítico y renovado de la talla de Lukács, Sartre o los miembros de la Escuela de Frankfurt-, que no por "antiguos" (pues a veces pareciera que la teoría poscolonial menosprecia o directamente ignora todo lo que se ha pensado antes de Foucault o Derrida) son menos, y en muchos casos son más, "pertinentes" para sus propios objetivos.

Intentaremos, entonces, ilustrar la necesidad de una *articulación* -que de ninguna manera supone una mera superposición ecléctica- entre la teoría poscolonial y la teoría del sistema-mundo, y a la vez la necesidad de que dicha articulación sea *sostenida* por una fundamentación filosófico-crítica que pueda simultáneamente darle un alcance reflexivo más "totalizador", pero resguardando la *especificidad* y la *concreción* de los análisis de ambas teorías. Para ello procederemos en cuatro pasos:

1) una exposición lo más sucinta posible de los ejes teóricos y temáticos centrales de la teoría poscolonial que han sido blanco de mayores críticas, así como de los planteos de la teoría del sistema-mundo, incluyendo una breve argumentación sobre los modos en que esta puede ofrecer un paradigma de contextualización extremadamente útil para aquella;

2) un examen crítico, basado en esa articulación, de ciertos presupuestos del marxismo (tanto "ortodoxo" como "neo") sobre la cuestión del (post) colonialismo, y complementariamente, un examen igualmente crítico de la alternativa teórica sobre la globalización propuesta por Hardt y Negri;

3) algunas hipótesis sobre una posible fundamentación crítico-filosófica y teórico-política de tal articulación entre la teoría poscolonial y la del sistema-mundo;

4) apoyándonos en estos supuestos teórico-metodológicos, ensayaremos su aplicación a una problemática específica: la relación entre ciertas formas de la literatura y la expresión estética y la (re)construcción de "identidades" colectivas (étnico-nacionales) en el contexto de la mundialización capitalista poscolonial.

1. MUNDIALIZACIÓN CAPITALISTA, POSCOLONIALIDAD Y SISTEMA-MUNDO EN LA ERA DE LA FALSA TOTALIDAD

Como ya lo adelantáramos, la teoría poscolonial está "informada", en muy alta medida, por la afiliación teórico-metodológica a la "alta" teoría francesa postestructuralista: notoriamente -por solo nombrar a los grandes paradigmas- al pensamiento de Jacques Lacan, Michel Foucault o Jacques Derrida (anotemos, de paso, nuestra duda respecto a que el pensamiento de Lacan pueda ser tan fácilmente etiquetable como postestructuralista). Y es justamente la "intrusión" de estas sofisticadas teorías europeas en el trabajo de pensadores como Edward Said, Homi

Bhabha o Gayatri Ghakravorty Spivak -todos ellos provenientes de sociedades ex colonizadas como Palestina, Pakistán o la India, si bien formados en las universidades del Primer Mundo- la que ha causado mayores controversias. Aunque es de señalar que no siempre ha sido necesariamente así: uno de los críticos más agudos de esta "postestructuralización afrancesada" de la teoría poscolonial ha sido, como veremos, Aijaz Ahmad, *otro* pensador poscolonial -aunque no es seguro que él aceptaría el mote- formado en *otra* muy diferente tradición europea, a saber, el marxismo heterodoxo.

La controversia, como siempre, tiene sus representantes extremos: de un lado, por ejemplo, Robert Young -aunque sin privarse de críticas- sostiene que Said, Bhabha y Spivak, la "sagrada trinidad" de la teoría poscolonial, como él mismo la llama) han posibilitado una reconceptualización radical de las relaciones entre cultura, etnicidad, nacionalidad, identidad colectiva y producción estético-literaria que tiene una decisiva importancia teórico-crítica y filosófica no solo -aunque sí principalmente- para el análisis del mundo "periférico"[93]. Por el contrario, y en el otro extremo, el premio Nobel antillano Derek Walcott lamenta sin eufemismos el "hedor" y la "podredumbre" de los "pescados muertos" del criticismo francés, que a su juicio han arruinado las "buenas ideas" (para no mencionar las buenas intenciones) de los teóricos poscoloniales, transformándolas en una muy poco útil "masturbación intelectual"[94].

Cuando el río suena es porque trae agua, sin duda, aunque se trata de medir con prudencia su verdadero caudal. Pero no es cuestión, tampoco, de adoptar un ecléctico justo medio, sino de interrogar críticamente los *fundamentos* mismos de una teoría para evaluar la profundidad de su inscripción en una lógica y una praxis verdaderamente cuestionadoras de

---

93 Robert Young: *White Mythologies: Writing History and the West,* Londres, Routledge, 1990.

94 Derek Walcott: "Caligula's Horse", en Stephen Slemon y Helen Tiffin (comps.), *After Europe: Critical Theory and Post-Colonial Writing*, Mundelstrop, Dangaroo, 1989.

la dominación, y no únicamente su mayor o menor pertinencia teórica, filosófica o científica. Por otra parte, la mencionada afiliación de los autores de la "sagrada trinidad" a la alta teoría francesa dista mucho de ser homogénea y simétrica: Said, por ejemplo, ha venido sufriendo una progresiva decepción con gran parte de esa "alta teoría" que subyace tras su pionero ensayo *Orientalismo* (juzgado por muchos como el "acta de fundación" de la teoría poscolonial); por su parte, Spivak es notoriamente más simpatizante del pensamiento inspirado en el marxismo que Homi Bhabha -el cual es mucho más simpatizante de Lacan que los otros dos-, mientras que Said es ambivalente frente a Marx, y más inclinado hacia Foucault que Bhabha, aunque no más que Spivak, que a su vez busca un vínculo entre Foucault y Gramsci que los otros no parecen atender, y así sucesivamente.

Además, por supuesto, no se puede juzgar la utilización de esa "alta teoría" en abstracto: el propio concepto de *teoría* no significa necesariamente lo mismo en la práctica (incluso la "práctica teórica") de intelectuales identificados con las clases y los sectores dominantes -social y mundialmente-, que en la de aquellos que se identifican con las clases y los sectores dominados -también social y mundialmente-, subordinados o "subalternos" (para utilizar una categoría spivakiana).

Tampoco es tan fácil evaluar hasta qué punto la inscripción de la teoría poscolonial en los ámbitos académicos "centrales" -precedida por el éxito de la "alta teoría" francesa en las universidades inglesas y sobre todo norteamericanas- ha producido un aplanamiento y domesticación de sus aristas más críticas y "militantes" (algo que sí ya puede evaluarse negativamente, con las excepciones de costumbre, para el caso de los estudios culturales): todavía es demasiado pronto para juzgarlo con rigor. Lo que sí parece un debate mucho más importante -en la medida en que afecta a toda una concepción teórico-crítica sobre el análisis del mundo contemporáneo- es el de las críticas dirigidas por muchos pensadores poscoloniales (Wole

Soyinka, Christopher Miller, Paul Gilroy, Robert Young y, más matizadamente, el propio Bhabha) al pensamiento marxista, al que consideran parte de los "grandes relatos" eurocéntricos justificadores de la explotación colonial, al mismo nivel -o casi- que las filosofías de la Historia *orientalistas* en el sentido amplio de Said, es decir, constructoras de una imagen exótica y en general inferiorizada del mundo no europeo como un Otro en contraste con el cual se afirma la Razón "superior" de las culturas "desarrolladas". En el caso de las críticas dirigidas a Marx y el marxismo, el hecho de que esa forma de pensamiento actúe bajo las "buenas intenciones" de evitar todo efecto de inferiorización no la privaría de permanecer encerrada en un eurocentrismo de base (expresado, por ejemplo, en la idea evolucionista / economicista de que, aun sin disculpar los males del colonialismo, este tuvo el beneficio secundario de extender el desarrollo de las fuerzas productivas y las relaciones de producción más "avanzadas" al mundo periférico).

Esta crítica, en tanto simultáneamente informada como hemos visto por las teorías postestructuralistas recusadoras de todo pensamiento "fundacionalista" o "esencialista", se extiende a las consabidas acusaciones de "reduccionismo de clase" (que no tomaría en cuenta o al menos menospreciaría otras líneas de conflicto "multiculturalista" basadas en identidades más "blandas" que las clasistas: poscolonialidad, etnicidad, cultura, género, elección sexual, etcétera) o "esencialismo identitario" (que supondría una teoría de la subjetividad prepsicoanalítica y socioeconomicista, con sujetos sociales y culturales preconstituidos y rígidamente determinados por su posición en las relaciones de producción, etcétera).

Nada de esto es estrictamente cierto, y dedicaremos buena parte del resto de este capítulo a tratar de demostrarlo; baste decir por ahora que no por ello creemos que el marxismo "duro" sea en modo alguno *suficiente* para dar cuenta de la compleja diversidad del mundo actual, ni de todas las consecuencias teóricas o filosóficas de esa diversidad. Pero sí creemos que por el momento sigue siendo *necesario,* al menos mientras exista el modo de producción capitalista, respecto del cual el marxismo sigue siendo el más riguroso *método* de pensamiento crítico (independientemente de ciertos contenidos particulares siempre discutibles): en este sentido, como se verá, no pensamos que a la teoría poscolonial le *sobre* el marxismo, sino más bien al contrario, que cierto marxismo le *hace falta,* al menos en dosis más homeopáticas.

En efecto, la crítica poscolonial se ha visto crecientemente concernida por la investigación de la complicidad de una gran parte de la cultura occidental (en todos sus posibles registros, desde la literatura inglesa de los siglos XVIII y XIX hasta las óperas de Verdi, pasando por la filosofía de la historia de Hegel con su negación de que las sociedades periféricas sean verdaderamente "históricas", etcétera) con las actitudes y valores ideológicos de la empresa de expansión capitalista-colonial. Habiendo comenzado por las referencias más que obvias a autores como Defoe, Kipling o Conrad, el análisis crítico de lo poscolonial se ha hecho extensible hacia atrás -hasta el Renacimiento, por ejemplo- y hacia adelante -hasta el actual cine de Hollywood, por ejemplo-, y ha prestado atención creciente a los vínculos que mantiene la expansión colonial no solamente con autores particulares, sino con movimientos estético-literarios y culturales, desde el Romanticismo al Modernismo, pasando por el Realismo y el Naturalismo. Asociado a otros discursos críticos más o menos recientes (el feminismo, los estudios culturales, el deconstructivismo), este recorrido sin duda ha contribuido a alterar los modos *académicos* de análisis de la cuestión dominantes en la segunda posguerra, socavando -al igual que, a su manera, lo hicieron los propios estudios culturales- las fronteras interdisciplinarias, el "análisis del discurso" colonial y poscolonial se articula -al menos ese es su declamado *deber ser*- con la historia, la sociología, la antropología, la ciencia política y, por otro lado, con la crítica estética en el sentido más amplio. Y hay que empezar por reconocer lo que puede haber de saludable en una estrategia que si, por una parte, desafía ciertas nociones dominantes en el academicismo estructuralista previo -básicamente, la de una absoluta autonomía discursiva respecto del contexto histórico y social-, por otra, se propone hacerlo de tal manera que *quede preservada la especificidad singular* de los discursos literario y estético. Por supuesto, no se puede decir que esto sea estrictamente novedoso, y es solo la a veces poco matizada impaciencia -¿o habría que decir desconocimiento?- de los teóricos coloniales hacia conceptualizaciones provenientes de las escuelas críticas del marxismo (por ejemplo, la *autonomía relativa* de Althusser, o la complejamente dialéctica idea de la idea de la obra *autónoma* de Adorno) lo que explica que frecuentemente los poscoloniales consideren que han fundado una nueva metodología.

Es cierto que -y ya hemos hecho este reproche- casi ninguno de esos críticos marxistas "occidentales" se había ocupado consecuentemente de la cuestión colonial o poscolonial desde una perspectiva específicamente literaria o estético-cultural (*casi* ninguno, decimos: dos manifiestas excepciones son, en primer lugar, Sartre, que en el contexto de su radical postura anticolonialista venía ocupándose desde la década del '50 de la cuestión, y no solamente desde un punto de vista estrechamente "político"[95]; y más recientemente, por supuesto, Fredric Jameson). La "novedad", pues, es por un lado *temática*, si podemos decirlo así, y por el otro de remisión a un "marco" teórico que privilegia ciertas corrientes críticas mucho más *à la page* -el postestructuralismo, el deconstructivismo- en detrimento de aquel marxismo heterodoxo y crítico. El resultado previsible es que ese programa originario -el de respetar la especificidad discursiva sin por ello dejar de articularla complejamente con el contexto histórico-social y cultural de los procesos (post)coloniales- a menudo parece quedar *castrado*, a mitad de camino, puesto que, para empezar, la estrategia

---

95 Véase, por ejemplo Jean-Paul Sartre: "Orfeo Negro", en *La república del silencio*, Buenos Aires, Losada, 1960.

deconstructivista "post" resiste, casi espontáneamente, su articulación con tales contextos, salvo bajo una forma un tanto "exterior" y forzada. Y vale la pena recordar aquí, dicho sea de paso, que algo semejante había ocurrido ya mucho antes con los formalistas rusos, que (a modo de otra saludable reacción contra los "psicologismos" e idealismos varios, así como contra el mecanicismo seudomarxista de la II Internacional) se habían empeñado en restaurar la especificidad material y autónoma del lenguaje, para *luego* rearticularla con la serie histórica y social, con el efecto de que esas series -digamos, para simplificar: la discursivo-poética y la sociohistórica- aparecían como preconstituidas y mutuamente exteriores. Tuvo que llegar la "metarreacción" de un Bajtín (ambivalentemente vinculado, en sus inicios, al propio formalismo) para advertir sobre la necesidad de una estrategia más dialéctica, que permitiera analizar *al interior mismo* de la especificidad discursiva los conflictos históricos y sociales que la atraviesan e incluso la determinan.

El problema central, a nuestro juicio, es que para recuperar esa dialéctica no solo es necesario contar con una teoría general de la historia y una perspectiva particular desde donde elaborarla (como pueden ser la teoría y la perspectiva desde la plataforma del colonialismo y el poscolonialismo), sino también con herramientas para un análisis *completo* de las etapas, períodos y movimientos de esa historia, en función de sus coordenadas económicas, sociales y políticas, herramientas que provee la teoría -y el estudio histórico- del modo de producción capitalista como sistema constitutivamente mundial de dominación. La ausencia de este soporte más "duro" en la teoría poscolonial resiente sus -por otra parte a menudo muy sutiles- análisis del "discurso" (post)colonial, en la medida en que dicha ausencia, combinada con su remisión a la "alta teoría" postestructuralista francesa, produce un inevitable deslizamiento hacia los excesos de abstracción "fragmentarista" y paradójicamente deshistorizada de las filosofías "post".

En este sentido, no hay duda de que la crítica poscolonial constituye un muy inteligente y útil conjunto de prácticas de *lectura*, fundamentalmente preocupada por el análisis de las formas culturales que "reflejan", mediatizan o incluso desafían a las múltiples relaciones de subordinación y dominación (también las económicas, políticas y sociales) entre regiones o naciones del capitalismo mundial, tanto como en el interior de esas naciones y regiones, o entre razas, etnias y culturas, o incluso entre subjetividades colectivas diferenciales: formas de dominación, todas ellas, que típicamente echan raíces en la historia del colonialismo europeo moderno y que continúan operando en la actual era de neo / poscolonialismo y globalización. En esta medida, la dimensión intrínsecamente *política y crítica* de semejante lectura es consustancial a la teoría poscolonial (aunque ya no lo es a la versión hegemónica de los estudios culturales). Pero los *efectos* de esa lectura están atravesados por una importante ambivalencia; aquella carencia de un soporte más firme en la teoría (histórica, económica, social, política) del sistema-mundo corre el constante peligro, como señalábamos recién, de un deslizamiento hacia la transformación de lo colonial o lo poscolonial en un concepto abstracto y cuasi metafísico. Eso tiene el curioso efecto, además -basado en la tendencia "post" a pensar el texto como una suerte de superficie discursiva que se conjuga en puro "presente"-, de *deshistorizar a la propia teoría poscolonial*, como si ella no tuviera precedentes teóricos a los cuales remitirse, aunque fuera para confrontarlos. Y eso justifica, hasta cierto punto, críticas a veces exageradamente acerbas como las de Aijaz Ahmad, cuando menciona sarcásticamente que los poscoloniales parecen creer que la crítica del colonialismo empezó a mediados de la década de 1970, cuando se publicó aquel "acta de fundación" del movimiento que fue *Orientalismo* de Edward Said.

En efecto, recién en 1985, en el posfacio de una nueva reedición de su obra fundacional, el propio Said reconoce su deuda con una enorme cantidad de autores anteriores, no solamente europeos anticolonialistas (como sería el caso de tantos ensayos de Sartre sobre la cuestión colonial y, en general, tercermundista, también de muchos ensayos y buena parte de la poesía, la narrativa y el cine de Pier Paolo Pasolini, profundamente comprometido con la marginalidad étnico-cultural y el cruce de culturas), sino también con algunos autores que retroactivamente pueden ser llamados propiamente *poscoloniales*, como Frantz Fanon o Aimé Cesaire, Leopold Senghor, Panikkar, Anwar Abdef Malik, A. L. Tibawi, Abdullah Laroui, Talal Asad, S. H. Alaras, Romila Thapar, etcétera (y ello por circunscribirnos apenas al siglo XX y no citar, por ejemplo, al extraordinario Ibn Khaldun, que concibe ya una suerte de historia poscolonial del mucho más restringido sistema-mundo del... ¡siglo XIII!). La cuestión, claro está, es que la gran mayoría de esos autores "modernos" están teórica y prácticamente comprometidos con alguna versión más o menos heterodoxa del marxismo; y ya hemos visto que los pensadores poscoloniales actuales mantienen un vínculo sumamente ambivalente, y por momentos *resistencial*, con esa corriente de pensamiento. A decir verdad, a nosotros eso no nos perturba tanto como a Ahmad. Ya hemos dicho también que no pretendemos fetichizar al marxismo como la *única* forma de pensamiento crítico pertinente para la actualidad, pero es cierto, por otra parte, que esa resistencia, como intentábamos mostrar algunas líneas más arriba, parece a menudo empujar a los autores poscoloniales hacia los brazos -e incluso hacia "el abrazo del oso"- de una abstracción discursiva deshistorizante.

Se justifica a medias, entonces, la violencia de los ataques de Ahmad, que pone el acento en los potenciales efectos conservadores de la teoría poscolonial, e incluso llega a sugerir que esta es un recurso más a través del cual la *autoridad* de Occidente (y hay que darle toda su fuerza incluso etimológica al término "autoridad", en el sentido de *autoría*, del lugar en el que pretendidamente *nace* ese discurso) se reinscribe actualmente en el seno de un nuevo orden social neocolonial, y en ese contexto puede ser entendida como una nueva expresión de la histórica voluntad de poder occidental sobre el resto del mundo[96]. En efecto, Ahmad interpreta esta teoría como el producto de una fracción de clase privilegiada y desarraigada, aislada de las realidades materiales de las luchas del Tercer Mundo, cuyas energías dinámicas son apropiadas y domesticadas por una "mercancía intelectual" sin duda muy "fina", pero en última instancia acomodaticia, que circula fundamentalmente en los claustros de la academia occidental. En ese marco, la teoría poscolonial reproduce en el interior de la esfera universitaria la división internacional del trabajo actualmente "autorizada" por el capitalismo global. En este circuito, los productores culturales del Tercer Mundo exportan "materia prima" a las metrópolis, donde es transformada en un "producto elaborado" principalmente para el consumo de la élite cultural metropolitana, y luego una recortada porción de él es reexportada como "teoría" al Tercer Mundo.

Asimismo, Ahmad subraya la jerarquía que organiza la selección de los objetos de estudio de la teoría poscolonial: el campo favorito de análisis es el discurso colonial, lo cual tiende a privilegiar al canon occidental por sobre la cultura periférica y, sobre todo, representa una despolitizadora desatención a los fenómenos del neocolonialismo *actual* en favor de las "ficciones" producidas en una etapa anterior de colonialismo *formal*, ahora felizmente "superado". Una prueba -entre muchas- de los efectos *actuales* de una crítica "desviada" del enemigo real por el afán de construir lo que Ahmad llama una teoría "migratoria", sería la asunción (por parte de Said y sus seguidores) de que un autor como Salman Rushdie representa la auténtica voz de su cultura de origen, pasando por alto el hecho de que -independientemente de la condenable persecución de que ha sido objeto- un texto como *Los versos satánicos* pertenece íntimamente a una larga tradición, recientemente renovada, de etnocentrismo antiislámico occidental, y es con *esa* tradición

---

96 Aijaz Ahmad: *In Theory,* ob. cit.

occidental (y no con la tradición crítica de Marx, por ejemplo) con la que Rushdie "dialoga". Entonces, la atención central que la teoría poscolonial dedica a un *corpus* cultural que ha sido, en un sentido decisivo, interpelado por la cultura occidental dominante, solo consigue finalmente reforzar las relaciones tradicionales entre centro y periferia. Pero, sobre todo, Ahmad fustiga a la teoría poscolonial por extraer sus procedimientos teórico-metodológicos *principalmente* de teorías europeas contemporáneas que en muchos aspectos son políticamente regresivas, en tanto sustituyen -muy especialmente en su apropiación por la academia anglosajona- las formas materiales previas de activismo por un "compromiso" puramente textual que considera "la mera *lectura* como la forma más pertinente de política".

Debemos apresurarnos a aclarar que *no estamos* plenamente de acuerdo con *todas* las críticas de Ahmad. Para empezar por lo más general, ni por asomo la teoría poscolonial ha conquistado *todavía* -no quiere decir que no lo pueda lograr en un futuro más o menos inmediato- la misma legitimidad académica que los mucho más institucionalizados estudios culturales. Y en parte ello se debe, justamente, a que muchos de sus practicantes *son*, de hecho, activistas decididos y políticamente comprometidos en luchas ideológicas extremadamente incómodas para las academias que, sin embargo, los albergan (es el caso palmario de Said y su firme defensa de la causa palestina en el seno de una comunidad académica como la norteamericana, para la cual la condena de esa misma causa es un artículo de sentido común). Por otra parte, aunque es cierto que se trata de intelectuales "desarraigados" y *relativamente* aislados -es decir, no de manera absoluta, como acabamos de mencionar para el caso de Said- de las luchas del Tercer Mundo, no es tan cierto que *todas* son objetos de análisis se limiten al canon occidental, o cuanto mucho a la literatura del Tercer Mundo que ya ha sido interpelada por -o directamente incorporada a- la cultura oficial metropolitana: casualmente no tanto en Said, pero sí en los políticamente menos "comprometidos" Bhabha o Spivak, pueden encontrarse *muchos* ensayos y análisis críticos sobre formas o autores de literatura y arte periféricos que, intencionalmente o no, *cuestionan*, a veces muy radicalmente, la hegemonía cultural del canon occidental (por supuesto que no es este el caso particular de Rushdie, y en eso Ahmad tiene toda nuestra simpatía). Por otra parte -como argumentaremos luego con más detalle- el solo hecho de ocuparse del canon occidental o de la cultura ya interpelada o "cooptada" no es *en sí mismo* un pecado de lesa radicalidad crítica: los pecados, tanto como las virtudes, no están tanto en el objeto mismo como en la *construcción de la "mirada" interpretativa o crítica* con la que se lo aborda. Va de suyo que la cultura dominante siempre intentará incorporar *cualquier* teoría (lo ha hecho incluso con la marxista) a la división internacional del trabajo por ella "autorizada": pensar otra cosa sería un pecado de excesiva inocencia, o de mala fe. Pero, aun dentro de una relación de fuerzas manifiestamente desfavorable, esa generalidad no decide *de antemano* qué sucederá con cada caso en particular. Y lo mismo vale para el hecho de ocuparse de la literatura colonial "del pasado": además de que la interpretación del pasado en el presente -a la manera benjaminiana (y sin dejar de señalar que Benjamin es otro autor que los poscoloniales ignoran o desconocen)- puede adquirir un enorme potencial *político*, es un postulado básico de la teoría poscolonial que la conformación histórica de una "subjetividad" colonialista / colonizada a través de la cultura *no es* algo que ha desaparecido con el colonialismo "a la antigua"; por el contrario, es una *condición fundante* de la persistencia de la subordinación cultural en el poscolonialismo. Evidentemente, se puede estar en desacuerdo con esta (para nada desestimable) hipótesis; pero no se ve muy bien qué sentido tiene acusar a los pensadores poscoloniales de ser consecuentes con sus propias premisas.

Dicho esto, el argumento más consistente de Ahmad -y con el cual, a esta altura, el lector ya sabe que estamos *en principio* de total acuerdo- es el referido al carácter tendencialmente despolitizador o conservador de las teorías "post", y muy especialmente en su adopción por la academia anglosajona. Pero aquí nos encontramos en un terreno de una ambigüedad mucho más compleja que la que Ahmad parece estar dispuesto a admitir. Muchas de las referencias teóricas a las que se remiten los pensadores poscoloniales (de Foucault a Deleuze, por ejemplo, que a su manera *fueron* intelectuales críticos "comprometidos"; pero incluso en los casos de Lacan o Derrida, cuya obra más "esotérica" no ha dejado de tener efectos políticos de alguna importancia) no pueden ser tan inequívocamente calificadas de "conservadoras". Claro está que ninguno de ellos puede ser ni remotamente comparado, en ese terreno, con Marx (o con Adorno, Sartre, Fanon o cualquiera de los poscoloniales combativos mencionados por el propio Said), pero ello no se debe tanto -al menos desde el punto de vista teórico- a su falta de compromiso como a su renuncia, que su propia *teoría* les impone, a todo proyecto de *totalización* por más problemático, provisorio e "imaginario" que dicho proyecto fuese. Y es *eso*, y no meramente el hecho de ser intelectuales "migrantes", lo que también "problematiza" a la teoría poscolonial[97]. Resta por ver qué sucedería si se inscribieran muchos de los análisis de la teoría poscolonial a propósito, por ejemplo, de la construcción etnocéntrica del Otro a través de sus múltiples instancias culturales y estético-literarias -análisis que no por ser parciales dejan de tener a veces muchísimo interés-, en aquel proyecto de totalización. *Uno* de esos proyectos (ciertamente no el único, pero sí el que nos interesa pensar en esta segunda parte del libro) es el de la teoría del sistema-mundo, emblemáticamente representada por autores como Immanuel Wallerstein y Samir Amin, y sobre la que ahora quisiéramos decir, muy esquemáticamente, algunas palabras[98].

---

97 Entiéndase que no minimizamos la cuestión del "desarraigo": al contrario, en nuestro prólogo hemos enfatizado cómo la mirada étnica está forzosamente *situada.* Pero en el contexto de la discusión de este capítulo no parece pertinente adoptar *a priori,* y en abstracto, una posición anti "cosmopolita".
98 Lo que sigue está basado en los siguientes libros: Immanuel Wallerstein: *El moderno sistema mundial*, t. I, México, Siglo XXI, 1979; *El capitalismo histórico,*

No se nos escapa -y más bien nos felicitamos de que así sea- el complejo cúmulo de cuestiones problemáticas que una combinación semejante abre. Una de ellas, y no la menor, está vinculada al enérgico debate que viene produciéndose desde hace ya varios años en el interior mismo de la teoría del sistema-mundo (que está lejos de constituir un paradigma homogéneo y plenamente consensuado)[99], y que gira sobre la cuestión nada trivial de si la conformación de un sistema-mundo es un efecto *específico* del proceso de acumulación y reproducción ampliada capitalista, y por lo tanto está estrechamente unido al proceso igualmente *específico* de la expansión colonial (es la posición de Wallerstein y Amin, y también la nuestra), lo cual implica que el capitalismo representa una *ruptura* cualitativa radical con cualquier otro sistema aproximadamente "mundial" anterior, pero también implica que la actual globalización -que Amin prefiere, por buenas razones, llamar "mundialización capitalista"- es una *continuidad* bajo nuevas formas (una "etapa superior", si se quiere decir así) de ese proceso colonial, luego "neo"colonial y ahora "post"colonial. O bien (es la posición de Gunder Frank, Gills y otros) no hay tal "ruptura", y el sistema-mundo capitalista es meramente el por ahora último "momento" (con sus características específicas, claro está) del largo proceso -cinco mil años, según estos autores- de conformación de un sistema mundial que obviamente ha expandido sus límites geográficos, pero sin modificar su "naturaleza" esencial.

No hace falta abundar sobre las consecuencias no solo teóricas sino *también políticas* de esta segunda posición: si el sistema mundial actualmente dominante, por más "capitalista" que ahora sea, es prácticamente tan antiguo y está tan establecido como la misma historia de la humanidad "civilizada", poco se puede hacer para *transformarlo* de raíz, criticando y

México, Siglo XXI, 1983; *Impensar las ciencias sociales*, México, Siglo XXI, 1998; Samir Amin: *Las desafíos de la mundialización*, México, Siglo XXI, 1997.
99 Para apreciar las posiciones de este debate, véase André Gunder Frank y Barry K. Gilts: *The World System. Five Hundred Years or Five Thousand?*, Londres, Routledge, 1996.

buscando *revolucionar* (como pretendía Marx) sus relaciones de producción mundiales *específicas e históricas*-, solo podemos aspirar, como máximo, a mejorarlo o reformarlo desde adentro (ya que *adentro* designa no solo su espacialidad, que hoy es el mundo entero, sino también su *temporalidad,* una vez más, la historia escrita casi entera).

No tiene sentido, en este momento y en este lugar, entrar en la bizantina polémica de si hoy *es posible* transformar de raíz el sistema; tampoco lo hace Amin: su propuesta de la *desconexión* es admitidamente reformista y parcial, pero está pensada, si se quiere, como un paso *acumulativo* y táctico hacia la posibilidad futura de una "revolución" más profunda. Limitémonos a constatar que las tesis de Gunder Frank y Gills abortan desde el vamos la posibilidad siquiera *teórica* de una crítica radical e históricamente situada, como diría Sartre. Por otra parte, cierta impronta evolucionista / organicista que se asoma por detrás de esa concepción corre el peligro (en el que los autores *no* caen, es justo aclararlo) de precipitarse en alguna larvada defensa, o al menos justificación "comprensiva", del colonialismo capitalista -y por lo tanto, de la actual globalización-, ya que al menos y "objetivamente", él sí habría supuesto, en las sociedades colonizadas, una aceleración inédita de las fuerzas productivas y sus correlativas relaciones de producción, de la *modernización* económica, política, social y cultural, y finalmente una *integración* del mundo entero a las penurias pero también a las "ventajas" de la modernidad. Sostenemos que, si hay algo de verdad en todo esto, esa verdad es muy parcial y por lo tanto víctima fácil del fetichismo ideológico, y que someter a crítica esa "media verdad" supone una rearticulación como la que venimos proponiendo entre (no únicamente, como se verá, pero sí especialmente) la teoría poscolonial y la teoría del sistema-mundo en su versión representada por Wallerstein y, sobre todo, por Amin, ya que esta es capaz de explicar mucho mejor la racionalidad de las desviaciones (por no decir las perversiones) de la globalización / mundialización capitalista.

En lo que sigue procederemos según el recurso (retórico, en el mejor sentido) de *suponer*, para someterlos a crítica, cinco argumentos tendientes a restarle especificidad al colonialismo y pos-colonialismo *capitalistas*, y por lo tanto a "disculpar" sus "errores y excesos" -aun admitiendo que deben ser criticados y "corregidos"-, en función de sus supuestos "beneficios". E intentaremos responderlos poniendo, por hablar así, en acto ciertos postulados básicos de la teoría del sistema-mundo, y privilegiando además los postulados que nos parecen más pertinentes como soportes de la articulación con la teoría poscolonial que venimos proponiendo. Dichos hipotéticos argumentos rezan así:

1) Si bien es, por supuesto, estrictamente cierto que desde mucho antes del capitalismo existió el impulso a formar grandes imperios coloniales, tanto dentro de Europa (Roma es el ejemplo paradigmático), como fuera de ella (el Islam es el otro ejemplo igualmente paradigmático), las tesis de Wallerstein o Amin apuntan a lo que es la *especificidad* del modo de producción capitalista: a saber, que la lógica de acumulación y reproducción de dicho complejo socioeconómico, político e ideológico-cultural implica *necesariamente* (casi como si dijéramos: lleva inscripto en su "naturaleza") el "momento" de expansión territorial, sea por ocupación física directa (colonialismo clásico), dominación político-económica indirecta (neocolonialismo, imperialismo) o condicionamiento ideológico-cultural (poscolonialismo, que desde luego no excluye al anterior): la incorporación de mercados, fuentes de materias primas, fuerza de trabajo y clases dominantes "asociadas" de las formaciones sociales periféricas y semiperiféricas no es, como para Roma o el Islam (o incluso, en la primera etapa de la conquista de América, para España y Portugal), el resultado de la mera ambición de poder y/o el afán de enriquecimiento por vías "externas", sino un resorte constitutivo e imprescindible, una *condición de posibilidad* del propio

proceso de acumulación *en el centro* (o, mejor dicho, en lo que *a partir de entonces* deviene "centro").

Desde ya, esta tesis está íntimamente ligada a la diferencia, señalada por Marx, entre el capitalismo y lo que Amin llamaría las sociedades (precapitalistas) "tributarias", o sea; la coacción económica *interna* al desarrollo del sistema (la obtención de plusvalor tanto por la transformación en mercancía de la fuerza de trabajo "libre" como, complementariamente, por el "intercambio desigual" con la periferia), coacción *intraeconómica* que sustituye a la coacción *extraeconómica* -de carácter político-militar e ideológico-, característica de los imperios tributarios. Entre otros efectos, esto determina el pasaje de la política y la ideología como funciones dominantes locales a la *economía* (también en tanto ideología y política económicas) como función dominante en el plano mundial, cualesquiera sean sus "sobredeterminaciones". En efecto, la diferencia fundamental entre el sistema capitalista y todos los anteriores es el imperio de la "ley del valor *mundializada*": mientras ella no se ha transformado en la lógica dominante, solo cabe hablar de elementos protocapitalistas sometidos a la lógica tributaria. Inversamente, el predominio de la ley del valor capitalista por supuesto no implica la desaparición -pero sí el sometimiento a ella- de elementos precapitalistas: por el contrario, dichos elementos pueden ser perfectamente funcionales y hasta indispensables, en las zonas periféricas, para la acumulación en el centro según la ley del valor *capitalista*. La persistencia de la esclavitud en los Estados Unidos hasta la segunda mitad del siglo XIX es el ejemplo *princeps*; lo cual sirve, de paso, para desmentir el ideologema hoy tan extendido que hace equivaler automáticamente el capitalismo a la democracia y la libertad.

Pero es importante destacar que -como lo ha mostrado Wallerstein- el sistema-mundo no es solo la forma relativamente reciente del capitalismo, que se remontaría apenas al último tercio del siglo XIX, cuando aparece el "imperialismo" en el sentido leninista. Por el contrario, esta dimensión mundial

-esta tendencia a generalizar e "internacionalizar" la ley del valor- se expresa desde los orígenes y se mantiene como una constante del sistema en las sucesivas etapas de su desarrollo. Admitiendo que los elementos esenciales del capitalismo hayan empezado a cristalizar en Europa a partir del Renacimiento (en los comienzos de lo que eufemísticamente se llama la "modernidad"), 1492, año del descubrimiento de América, sería la fecha emblemática de nacimiento simultáneo del capitalismo y del sistema mundial moderno, si bien -como es sabido- no fueron las *primeras* potencias colonialistas de la época (España y Portugal) las principales beneficiarias del empujón que la conquista dio a la acumulación capitalista "primitiva" en Europa, justamente porque eran las sociedades del centro en las que los elementos protocapitalistas internos estaban *menos* desarrollados. Como se ve, esta tesis tiene la ventaja, entre otras, de volver un tanto ociosa la polémica -paradigmática a partir del debate Dobb-Sweezy o del llamado "debate Brenner"- sobre si las causas de la acumulación y el desarrollo capitalista son "internas" o "externas": si la emergencia del capitalismo y la del sistema-mundo son simultáneas y, por así decir, mutuamente incluyentes o coextensivas, entonces *todas* las causas -tanto la transformación del dinero en capital y la de la fuerza de trabajo en mercancía *como* la expansión colonial y el comercio internacional- son "internas", y el debate se reduce a la discusión circular sobre si fue primero el huevo o la gallina.

Pero, desde luego, aquellos elementos protocapitalistas no aparecieron de la noche a la mañana el 12 de octubre de 1492: ya estaban presentes desde hacía siglos en ciertas regiones (que por esa razón constituían, en cierto modo, el "centro" previo), en particular en la cuenca del Mediterráneo -en las ciudades del norte italiano y asimismo en el mundo árabe-musulmán-, pero también en la India y China. ¿Por qué entonces no hablar de capitalismo ya en 1350 (como lo hace, por ejemplo, Janet Abu-Lughod) o incluso mucho antes (como a veces parecen hacerlo Gunder Frank y Gills)? Simplemente, porque la colonización de América aceleró de una manera excepcional la expansión de esos elementos protocapitalistas, a tal punto que todo el sistema social mundial de los siglos siguientes quedó progresivamente subordinado a aquellos. Una vez más, Inglaterra parece ser el caso "anómalo" (y es justamente por eso que Marx lo toma como modelo para su teoría del desarrollo capitalista *interno*), ya que su protocapitalismo agrario es muy anterior a su predominio como gran potencia colonial; pero tal "anomalía" podría ser parcialmente aparente si se tiene en cuenta que, *casualmente*, ese predominio ultramarino coincide con la emergencia de la llamada Revolución Industrial, en la cual Inglaterra tiene un rol pionero.

Claro está que todo esto requirió un largo período de transición (los famosos tres siglos de alumbramiento de los que habla Marx), que -desde el punto de vista superestructural- incluyó la consolidación y caída de las monarquías absolutistas, así como la construcción de los Estados nacionales jurídica y políticamente definidos (¿primera "herramienta" del capitalismo o última del feudalismo? Las tesis del sistema-mundo, que implican también la simultaneidad de aquella consolidación con la expansión colonial, podrían transformar el célebre debate Anderson-Poulantzas en otra discusión sobre el huevo y la gallina). No hace falta aclarar que esta *necesariedad* del proceso de mundialización no equivale a una disculpa para el colonialismo capitalista en cualquiera de sus formas, pero tiene una consecuencia política decisiva: si el capitalismo no puede *no ser* "colonialista" (en un sentido laxo), y al mismo tiempo queremos ser consecuentemente anticolonialistas, no podemos sino concluir que el capitalismo no es "reformable", por así decir, desde *adentro*.

2) Supongamos que, aun admitiendo esto, adujéramos que *objetivamente*, y a la larga, el desarrollo de las fuerzas productivas que fue la consecuencia -no necesariamente buscada- del colonialismo sobre las economías colonizadas fue

beneficioso para su introducción, aun periférica, en la "corriente central" de la Historia, definida por la acumulación capitalista (como se sabe, hasta el mismísimo Marx sufrió en algún momento la tentación de un razonamiento semejante -fundamentalmente respecto de la colonización británica de la India-, aunque de una manera harto más efímera y calificada de lo que sus detractores le atribuyen). Pero, justamente, la posición de los pensadores del sistema-mundo como Wallerstein o Amin es que sucedió exactamente lo contrario, y no por algún azar histórico: aquella *necesariedad* del proceso de acumulación no solo implica la expansión, sino también la consiguiente *polarización* entre "centros" y "periferias"; vale decir -y aun sin llegar a las primitivas y un tanto simplistas caracterizaciones dependentistas del "desarrollo del subdesarrollo"-, la aceleración, gracias a la explotación colonial, del proceso de acumulación y "reproducción ampliada" en las potencias centrales y la *detención* de la posibilidad -por más hipotética que fuese- de un desarrollo autónomo de las fuerzas productivas y las relaciones de producción proto-capitalistas en la periferia. O, por lo menos, provoca un desarrollo decididamente deformado en beneficio de los intereses de la potencia colonial y las clases dominantes "nativas" asociadas: el caso de las vías férreas en lugares tan distintos como la India y la Argentina es un ejemplo palmario, aunque solo uno entre tantos.

La corriente principal de la crítica socialista al capitalismo se construyó en lo esencial como recusación del modo en que el capital explota al trabajo, pero elaboró solo muy escasamente la otra dimensión: el despliegue del sistema mundial basado en la polarización, que *también* afecta diferencialmente a la explotación del trabajo. Volveremos sobre esto más adelante, pero cabe recordar aquí que, sin embargo, Marx ya era perfectamente consciente de la cuestión: véase, por ejemplo, su razonamiento a propósito de cómo los obreros ingleses se beneficiaban indirectamente con la explotación colonial de Irlanda, un problema decisivo que le hizo cambiar en buena medida su hipótesis sobre una correlación necesaria entre el mayor desarrollo de las fuerzas productivas y las probabilidades de una revolución social; una transformación en su teoría que los marxistas ortodoxos siempre han despachado con ligereza.

Desde luego que esta relación es (para incurrir en un anacronismo) *dialéctica*: incluso terminológicamente, no hay un "centro" y una "periferia" hasta que dos entidades entran en contacto y una de ellas *se hace* centro a costa de *hacer* de la otra periferia (la teoría del "desarrollo desigual y combinado" supone, precisamente, que la *desigualdad* es un efecto de la *combinación*). Y está de más aclarar lo que es -o debería ser- obvio: Europa solo *se hace* centro del sistema mundial a partir de la emergencia en su seno del modo de producción capitalista, emergencia cuando menos "impulsada" o fuertemente "ayudada" por la expansión colonial; antes era, en el mejor de los casos, una modesta provincia "periférica" de algún centro tributario (el Islam, el Imperio Otomano, etcétera), o bien una descartable zona marginal y más o menos "bárbara". Amin, como hemos visto, llega tan lejos como para afirmar que, de no haber mediado complejas circunstancias que hicieron entrar en crisis esos centros anteriores, el capitalismo *podría* haberse desarrollado en otras regiones, fuera de Europa, como consecuencia de la ampliación del comercio y los intercambios financieros con su propia "periferia", que a la larga hubiera obligado a transformaciones del proceso económico y las relaciones de producción. Si no sucedió así (como no sucedió tampoco, dentro de la misma Europa, con las ciudades italianas que fueron la cuna del protocapitalismo comercial y financiero) fue -además de por aquellas causas internas- justamente porque la *debilidad* (y no la fortaleza) de Europa, debilidad que fue la que originariamente la impulsó a la aventura colonial con el objeto de salir de su aislamiento, obturó esa posibilidad al mismo tiempo que favorecía su acumulación capitalista interna, "periferizando" al resto del mundo y transformando el mapa-topología del planeta. La tesis es de problemática demostración, y seguramente discutible (también en el sentido de que merece ser discutida). Pero al menos tiene la virtud de obligarnos a *desautomatizar* nuestra percepción sobre los presuntos "beneficios" (materiales, si no morales) de la colonización.

3) No obstante, hablemos también de los "beneficios morales". Desde una perspectiva más superestructural (si se me permite aún otro recurso a una noción anacrónica), el capitalismo es el *primer* sistema mundial cuya conquista colonial se hace, al menos explícitamente, no en nombre del mero derecho otorgado por la superioridad física o militar, sino en nombre de las más sublimes abstracciones éticas, religiosas, culturales o filosóficas. Lo que en los imperios tributarios aparece muy transparentemente como una racionalización o justificación ideológica (por ejemplo, combatir a los dioses enemigos o a los "infieles"), o como una abierta expresión de voluntad de poder (la "grandeza de Roma"), en la expansión capitalista ya no se presenta como un "particularismo" superior o más poderoso que otros, sino como la empresa "civilizadora" *universal* que consiste en "exportar" al mundo entero, por ejemplo (y no es un ejemplo cualquiera), el reino de la Razón, sea bajo su modalidad religiosa o laica. Piénsese en los argumentos evangelizadores de la Iglesia Católica en América, o en los argumentos "democratizadores" de Napoleón: nunca como en el colonialismo capitalista se verifica con mayor exactitud la idea de Marx de que la operación ideológica por excelencia es la de hacer aparecer los intereses *particulares* de la(s) clase(s) dominante(s) como el *interés general* de la sociedad toda. Y "toda" alude aquí -por eso la idea de Marx se verifica en su mayor alcance posible- al mundo entero. En efecto, la empresa colonial se presenta como una gran cruzada de salvación de la humanidad para sacarla de la oscuridad de la "barbarie": la guerra "humanitaria" de la OTAN contra Serbia es, por ahora, el último avatar de esta monstruosa construcción simbólica; en la década de 1960, los franceses en Argelia o los norteamericanos en Vietnam pudieron masacrar

millones de campesinos en nombre de la Libertad / Igualdad / Fraternidad, o en el de la democracia.

Por supuesto que hubo contradicciones y voces disidentes, ¿cómo no? Ya las había habido en los inicios mismos de la Conquista (aunque Bartolomé de Las Casas propusiera seriamente reemplazar la explotación de los indígenas americanos por la de los esclavos africanos, o aunque Montaigne dirigiera su elocuente indignación contra el exterminio de las culturas de América, pero sin enunciar una palabra sobre el de las de África: el humanismo colonial también tiene sus "claroscuros"). También hubo "compensaciones" simbólicas, bajo una forma igualmente ambigua: el "estado de naturaleza" de los contractualistas o "el buen salvaje" de Rousseau (figuras muy obviamente inspiradas en la imagen "orientalista" de las colonias) tendían, a veces, a reconocer las posibles ventajas de una vida supuestamente más bucólica y tranquila; pero también a reforzar el prejuicio de que las culturas beneficiarias de esa presunta tranquilidad eran comunidades totalmente ajenas a la civilización, por las cuales -como diría Hegel- el "espíritu objetivo" de la Historia había declinado transitar.

De todas maneras, la cuestión no es esa: la cuestión *central* es la de la inédita *perversión* que supone aniquilar, expoliar o esclavizar a pueblos enteros en nombre de la Razón Universal, o de su "ausencia" de la Historia, como todavía pretendía Hegel. Es un doble crimen: no solamente contra las culturas "periféricas", sino contra la propia cultura "central", cuyos mejores hombres desarrollaron -y frecuentemente pagaron con su libertad o su vida- esas ideas magníficas, ahora utilizadas para justificar los fines exactamente contrarios a aquellos para los cuales habían sido imaginadas.

¿Es suficiente decir que, *a pesar de todo,* la introducción de conceptos como los de razón, libertad o democracia, o incluso el de socialismo (que no dejó de ser introducido en tantas regiones por los tanques estalinistas), resultó beneficiosa para muchos pueblos que de otra manera jamás hubieran tenido acceso a ellos? Hay incluso una versión "izquierdista" y "dialéctica" de este argumento: gracias a la llegada de esas ideas en la punta de las bayonetas coloniales, los pueblos sojuzgados pudieron rearmarse espiritualmente para luchar mejor contra los mismos opresores que se escudaban en ellas. Es posible: tal vez sea otra vuelta de tuerca de la hegeliana astucia de la Historia. Pero queda el gusto amargo del *a pesar de todo*: la letra con sangre entra, pero a qué precio. Y quién sabe si esa utilización perversa de las "buenas ideas" de Occidente no es la responsable de que tanta gente, hoy, haga una apelación puramente ritualista, pero en el fondo escéptica -cuando no directamente cínica- a emblemas simbólicos bastardeados y vaciados de sentido.

4) Otro razonamiento a veces esgrimido es que -otra vez, *a pesar de todo*-, el proceso de acumulación mundial capitalista-colonial pavimentó el camino para el borramiento de las fronteras ficticias entre Estados-Nación, fronteras puramente "políticas", en el mal sentido de que respondían no a auténticas identidades culturales, lingüísticas y de "psicología colectiva", sino a los intereses geopolíticos de los poderes de turno (hasta hay quien invoca párrafos enteros del *Manifiesto Comunista* para mostrar cómo la expansión capitalista hace que "todo lo sólido se disuelva en el aire", solideces entre las cuales estarían las estúpidas demarcaciones "nacionales"). La llamada globalización sería asimismo la etapa superior de este proceso, con su definitiva transformación del mundo en una *totalidad* integrada (desigualmente, quizá, pero integrada al fin), donde las antiguas naciones son rémoras del pasado que ya no tienen razón de ser, como queda por otra parte probado por la tendencia hacia la regionalización (Comunidad Europea, NAFTA, Mercosur y demás). *Quod erat demonstrandum.*

Ahora bien, el problema con esta argumentación es que adolece de la más crasa *falsedad* tanto histórica como conceptual (por no mencionar su falsedad ideológica). En primer lugar, la *generalización* global -si no estrictamente su creación- de las fronteras políticas nacionales es un *resultado* de la expansión capitalista colonial (y vale la pena recordar, entre paréntesis, que la propia *idea* de un nacionalismo "político" no es anterior a la Revolución Francesa). Fueron las potencias coloniales o neocoloniales las que fomentaron la fragmentación "nacional" de enormes regiones con una identidad cultural más o menos homogénea con el objeto de controlarlas mejor, enfrentar una "nación" con otra en beneficio propio, y negociar por separado con las así debilitadas clases dominantes (ni hablar de las subalternas) "nacionales". El caso paradigmático de la *balcanización* poscolonial de América Latina -que representa uno de los éxitos más clamorosos de la diplomacia comercial británica del siglo XIX- es uno de los ejemplos más espectaculares, y el que nos toca más de cerca, pero está muy lejos de ser el único (los propios Balcanes, de donde se extrajo la expresión originariamente, son otro ejemplo trágicamente actualizado en los últimos años). Los intentos "regionalistas" de hoy en día -frecuentemente alentados por las propias potencias centrales por complejas razones estratégicas- no desmienten la necesidad de la *existencia*, al menos por ahora, del Estado-Nación, sino que, en el mejor de los casos, constituyen un *complemento*. Entre otras razones, porque -con muy contadas y singulares excepciones, como es el ahora tan debatido caso de una jurisdicción internacional en materia de Derechos Humanos o de terrorismo extra-fronterizo- un ordenamiento jurídico y por lo tanto represivo "nacional" sigue siendo el método por el momento más eficaz para mantener el control en las sociedades que podrían experimentar conflictos internos provenientes de la obcecada resistencia de ciertos sectores sociales a acogerse a los "beneficios" de la globalización. Si se nos autoriza un mal chiste, la OTAN, como el superyó freudiano, no *dicta* la ley, sino que aparece solo cuando la ley "local" *falla*, vale decir, cuando no es capaz por sí sola de garantizar el "orden cerrado" interno.

En segundo lugar (y tal vez más importante para los propósitos de este capítulo), es una burda patraña que la globalización constituya una *totalidad* integrada del mundo (aunque fuera desigualmente): el proceso de la mundialización puede extenderse a la circulación de mercancías, al flujo y reflujo del capital financiero especulativo, a los productos de la industria cultural y los medios de comunicación e información, incluso -hasta cierto punto- a la producción industrial; pero *de ninguna manera alcanza al mercado de trabajo,* como lo saben muy bien los sufridos trabajadores turcos en Berlín, los magrebíes en París o Barcelona, los "espaldas mojadas" mexicanos en los Estados Unidos, que pagan con su libertad, su marginación o su vida el haberse persuadido -como es lógico, según el discurso oficial- de que la globalización y la obsolescencia de las fronteras nacionales incluía su derecho a buscar trabajo en cualquier parte del mundo donde fueran mejor remunerados. Pero en el capitalismo no puede haber tal cosa: a pesar de que -en virtud de las radicales transformaciones en la naturaleza de las fuerzas productivas- la plusvalía ya no sea lo que era en tiempos de Marx, las diferencias "nacionales" en la tasa de explotación y las consiguientes desigualdades en los costos de la fuerza de trabajo siguen siendo un mecanismo central de la acumulación / reproducción del sistema. En ese sentido, al menos, no se vislumbra ninguna posibilidad de una *totalización* más o menos cercana de la economía global; el proceso real es lo que Amin llama una mundialización *truncada,* una falsa totalidad (para decirlo con la expresión filosófica que Adorno reservaba para designar la apariencia de "completud" del mundo moderno), que solo existe en el discurso fetichista de sus beneficiarios o en el imaginario febril de los "intelectuales orgánicos" que han *comprado* la panacea universalista de la globalizadón.

Los duros hechos son mucho menos idílicos: la mundialización capitalista ha logrado replicar la histórica balcanización colonial y poscolonial con una balcanización social y laboral y una consecuente polarización clasista y étnica que, mientras decreta la inutilidad y el anacronismo de todo nacionalismo político, fomenta y alienta los más retrógrados "nacionalismos ocupacionales", que hoy son -sublimaciones ideológicas al margen- la principal fuente de racismo y xenofobia en los países civilizados de ese Primer Mundo que promulgó la Declaración *Universal* de los Derechos Humanos. Ya decía Frantz Fanon (al que hoy es tan poco elegante citar) que el racismo no es una "ley" de la psicología -aunque se apoye en las tendencias subjetivas a la fetichización-, sino que su "psicología" está determinada por una *coincidencia* entre las mayores tasas de explotación del trabajo y las "razas" de la periferia; desde el principio de la mundialización -como ha mostrado Wallerstein- el concepto de "raza" está relacionado con la división axial del trabajo en la economía-mundo capitalista, es decir, con la antinomia centro / periferia, y más específicamente Norte / Sur, que es la división espacial correspondiente a aquella división axial; y a su vez, el concepto de "nación" está estrechamente relacionado con la superestructura política de este sistema histórico, con los Estados soberanos que constituyen el sistema interestatal derivado de la división axial. Incluso en el "centro" (o sea, en el Norte), los Estados-Nación que pueden reivindicar un nombre y una actividad administrativa permanente en la misma ubicación geográfica desde antes de 1450 -y es un número mucho más reducido del que se suele pensar: Francia, Rusia, Portugal, Dinamarca, Suecia y Suiza- solo se han constituido como Estados soberanos "modernos" a partir de la aparición del sistema-mundo protocapitalista.

Este lugar de *cruce* entre la "raza", la nación y el nacionalismo, las minorías étnico-culturales, etcétera, es desde luego un problema que constituye un objeto central de análisis para la teoría poscolonial: sin embargo, con las honrosas excepciones de siempre, ella ha hecho muy poco para articular el necesario estudio de los conflictos nacionales o étnico-culturales (no digamos ya la producción literaria y estética) provocados por las "derivas" migratorias con su base material en la división axial y espacial del trabajo y la expansión diferencial de la ley del valor mundializada por el capitalismo. Pero el marxismo ortodoxo tampoco sale muy bien parado de esta cuestión: como señala Giovanni Arrighi, en tanto no ha sabido ver la importancia de *la polarización mundial* (es decir, la distribución de los "ejércitos laborales de reserva" activos y pasivos en sus respectivas localizaciones geográficas políticamente separadas: el centro y la periferia, el Norte y el Sur), supuso que el vaivén continuo de los mismos sujetos proletarizados entre los dos ejércitos aseguraría la unidad del frente anticapitalista y, por lo tanto, el rápido éxito de su acción global. La polarización explica, en cambio, que una vez rota esa unidad, históricamente hayan aparecido dos estrategias (en principio) "antisistema" cada vez más contrastadas: la socialdemocracia en el centro, desde fines del siglo XIX, y la combinación *sui generis* de leninismo / maoísmo / nacionalismo tercermundista en la periferia (incluyendo la "periferia" del centro, como los Panteras Negras en los Estados Unidos o los estudiantes sesentiochistas), acelerada con los procesos de descolonización que culminan en los años sesenta del siglo XX. Con la crisis y el hundimiento definitivo del campo socialista -que hacía de una suerte de *pendant* entre ambos-, la primera estrategia devino frontalmente prosistema, y la segunda fue sustituida por los nacionalismos fundamentalistas sin base de clase.

Es también en este sentido que -como veremos en el siguiente apartado- los neofundamentalismos nacionalistas del ex Tercer Mundo, que el discurso dominante indica como el principal peligro para una pacífica coexistencia mundial, son una *respuesta reactiva* (completamente equivocada, sin duda, ¿pero se puede *acatar* cuando, como lo afirma ese mismo discurso único dominante, no hay alternativas para elegir?) al universalismo falsario e hipócrita de la ideología de la globalización.

5) Un último argumento posible gira en torno a que -puesto que el colonialismo y la conquista no fueron, por

cierto, un *invento* del capitalismo, sino que fueron frecuentemente practicados por todas las sociedades, incluyendo las colonizadas por el capitalismo-, muchos pueblos sojuzgados por sus vecinos (los bereberes por los árabes, los toltecas por los aztecas, los musulmanes por los hinduistas o los swahili por los hutus) pueden haber recibido con más alivio que rencor la inesperada "liberación" ofrecida por los nuevos conquistadores. No faltan testimonios al respecto, y en alguna medida ello explicaría la repetida situación de que una parte de la sociedad colonizada, y no solamente sus sectores más privilegiados, cuyas razones podrían ser más pragmáticas, se plegara a los nuevos conquistadores en contra de los antiguos. Es cierto que, en abstracto, semejante conducta contradice el más elemental sentido común que se cuestionaría cuál es la ventaja de luchar para cambiar de amo; pero la vorágine de los acontecimientos históricos no suele dejar mucho espacio para el sentido común.

Pero nuevamente, la cuestión está mal planteada así, o constituye una falacia de mala fe. Para explicarlo con un apólogo, digamos que el debate se parece a otro que tuvimos ocasión de presenciar en un café de Buenos Aires (donde, como es sabido, se realizan los mejores debates de hoy en día). Se discutía el problema de las mujeres violadas y, por supuesto, no faltó el eterno cavernario que formulara la hipótesis de que, en el fondo, "a ellas les gusta"; a lo cual otro interlocutor dio la respuesta más inapelable posible: "Supongamos que eso fuera cierto, de todos modos, nadie tiene derecho a *obligar* a otro a hacer lo que le gusta". Para colmo, muchas de las (sin duda preexistentes) rivalidades "tribales" o "nacionales" dentro de las sociedades colonizadas fueron utilizadas y profundizadas maquiavélicamente (dicho esto sin detrimento del gran filósofo florentino) por los colonizadores, en beneficio de un mayor control del conjunto y como un ejemplo más de su política balcanizadora. Se dirá que tampoco esto es un invento del capitalismo: la política de dividir para reinar es vieja como el mundo. Puede ser. Pero, dada la extensión y la profundidad del capitalismo colonial, en ninguna época anterior conoció esa política una planificación tan sistemática (también en este aspecto se aplicó a rajatabla la *racionalidad instrumental* característica de la cultura burguesa, de la que hablaban Weber o la Escuela de Frankfurt). Y esa política sistemática es, en buena medida, *responsable* de la recaída en las guerras tribales de la era poscolonial, en la cual -frente al fracaso de una opción socialista o de democracia participativa plena- reverdecen con nueva virulencia las divisiones no solo anteriores a la etapa colonial, sino, sobre todo, las fomentadas por la administración extranjera: el de Argelia, por ejemplo, es un caso particularmente dramático, que ha servido a los sectores reaccionarios para argumentar "cuánto peor" están las naciones descolonizadas desde que el bondadoso amo abandonó sus tierras.

Generalizando más, otro tanto puede decirse de los violentos rebrotes de fundamentalismo nacional, étnico o religioso que -desde la caída del Muro- se han transformado en el "gran cuco" de las potencias centrales beneficiarias de la mundialización, como si esos fenómenos (al igual que, según pretenden los historiadores revisionistas alemanes, sucedió con el nazismo) fueran un inesperado e inexplicable rayo cayendo en día sereno, y no un estricto aunque perverso *producto* de la dialéctica de expansión-polarización mundial, que victimiza a las regiones que no puede incorporar, ordenada y resignadamente, como "subproletariado" mundial. Los llamados neofundamentalismos, ya lo hemos tematizado anteriormente, no son ninguna enigmática regresión a formas culturales arcaicas y superadas por la posmodernidad: por el contrario, son la *consecuencia necesaria* (lo cual no quiere decir indefectible, aunque de hecho sucedieron) de la posmodernidad, es decir, del capitalismo en su actual fase de acumulación y reproducción. No se trata de la "maldad" personal (que seguramente existe más allá o más acá de la propaganda de la OTAN o la CNN) de los señores Khomeini, Hussein o Milosevic: se trata de una *política* mundial -en el sentido más amplio, empezando por el de una política económica- que ofrece la *ocasión,* y hasta cierto punto la justificación, para que aparezcan esos señores con un discurso demagógico de recuperación nacional, relativamente persuasivo para las masas desesperadas por su horror a quedarse "fuera" de un mundo que de todas maneras nada tiene para ofrecerles. Ocasión como la que se dio en su momento para la aparición de un Hitler: ¿o hemos olvidado el reparto del mundo neocolonial después de la Primera Guerra Mundial, las exorbitantes "compensaciones" de guerra a que fue sometida Alemania, la crisis de 1929, etcétera? La diferencia, por supuesto, es que -contra la interesada propaganda de las potencias centrales- Milosevic *no puede* ser Hitler, entre otras razones porque ya no existe la "amenaza roja" que hizo que en la década del treinta las potencias "democráticas" toleraran, y aun alentaran, la soberbia rearmada de una Alemania imaginada como cuña contra el Este soviético, hasta que decidieron que el remedio era peor que la enfermedad, y que ya era hora de volver a encadenar al monstruo de Frankenstein.

Si no supiéramos que son perfectamente intencionadas, habría que decir que son completamente ridículas, en este contexto, las teorizaciones "culturalistas" del profesor (y asesor de la CIA) Samuel Huntington a propósito del "choque de civilizaciones" que en el próximo siglo (¿o tal vez milenio?) reemplazará a la lucha de clases, las guerras anticoloniales o el combate ideológico entre la "democracia" y el "comunismo" (todos anacronismos superados, como se sabe). Ridículas, para empezar, porque en el marco de la mundialización capitalista no hay más que *una* civilización, elevada a categoría de (falsa) totalidad, que con su polarización excluyente produce una implosión indetenible de "fragmentos culturales" o "nacionales", imposibilitados de encontrar un lugar mínimamente tolerable en el "nuevo orden", y que por otra parte no tienen alternativa a la cual dirigirse; lo cual se resuelve, insistamos, no por medio de una regresión, sino más bien de una *huida hacia adelante* reactiva, violenta y, si se quiere, "irracional". Pero es una irracionalidad que no hace más que mostrar la otra cara de la moneda -valga la expresión, en esta era de la "financiarización" globalizada- de la racionalidad instrumental del capitalismo tardío, que a su vez es la profundización de la lógica colonial originaria. Después de todo, y para tomar un ejemplo a la orden del día, parece estar históricamente documentado que el Islam previo a la expansión del sistema-mundo capitalista *de ninguna manera* fue especialmente fundamentalista, al menos no más que la Iglesia Católica: no fueron precisamente los musulmanes los inventores de la Santa Inquisición; y, por otra parte, en el Medio Oriente nunca hubo ningún particular antisemitismo -que, por lo menos en su versión más fundamentalista, es un fenómeno específicamente *europeo*- antes de que Israel se transformara en un Estado-cuña de las potencias capitalistas en esa zona estratégica. Claro está que nada de esto disculpa el fundamentalismo o el antisemitismo, pero mucho menos disfraza la responsabilidad del poscolonialismo capitalista mundializado.

No puede caber duda alguna de que estas premisas de la teoría del sistema-mundo (aun con toda la brevedad y el esquematismo con que las hemos presentado) son extremadamente pertinentes como apoyatura histórica "dura" para la teoría poscolonial. En realidad, ellas deberían constituir -si se nos permite bromear con una metáfora que nosotros mismos hemos criticado- algo así como la *base económica* de la *superestructura* "cultural" representada por la teoría poscolonial: claro que no en un sentido "arquitectónico" vulgar, según el cual la superestructura se levanta *sobre* la base (y en consecuencia, está *separada* de ella), sino en el sentido de que la base está *atravesada* ya por la superestructura. La deconstrucción por la teoría de los discursos (post)coloniales no quedaría entonces limitada al gesto de *dispersión* de los fragmentos ideológico-culturales que han informado *tanto* a la subjetividad colonial como a la colonizada, sino que -al revelar simultáneamente la solidaridad y el conflicto entre base y superestructura- permitiría quizás una *reconstrucción* o *retotalización* (de horizonte abierto, por así decir) del "gran relato" que arrastra consustancialmente a la cultura (post)colonial y a la historia de la propia estructuración del modo de producción capitalista.

2. DE LAS VENTAJAS DEL COLONIALISMO A LAS VIRTUDES DEL IMPERIO. AIJAZ AHMAD ¿VERSUS? NEGRI Y HARDT

Antes de proseguir, es imprescindible que nos ocupemos de algunos fantasmas que vienen planeando insistentemente sobre todo lo anterior y que, por otra parte, guardan una estrecha relación entre sí: el fantasma del Marx "procolonial" y el de la globalización actual como transformación del "imperialismo" (o del neo-poscolonialismo) en un "imperio" de nuevo (pero en realidad, muy antiguo y reeditado) tipo, que no dejaría de tener algunas virtudes, digamos, "objetivas", las cuales abrirían nuevas posibilidades de emancipación, tan inéditas como el propio proceso que las hace posibles. Como es obvio, en este segundo caso estamos hablando de las últimas posiciones del binomio Antonio Negri-Michael Hardt. Para "atravesar", como se dice, el primer fantasma, habremos de apoyarnos en un autor que hemos citado al pasar, Aijaz Ahmad[100].

Como dice Ahmad, en efecto, en las últimas décadas se ha vuelto un lugar común -incluso y especialmente entre ciertos sectores de izquierda y/o "nacional-progresistas", a los que ahora hay que agregar a muchos críticos poscoloniales- considerar a Marx un partidario entusiasta del colonialismo y la modernización que este traería "objetivamente" aparejada. Esto implica interpretar a Marx como un teórico para el cual el colonialismo solo tuvo una importancia marginal en el desarrollo del capitalismo como tal; de donde ha llegado a deducirse (también como

---

100 Véase para lo que sigue, Aijaz Ahmad: *Lineages of the Present,* Nueva Delhi, Tulika, 1996 y Michael Hardt y Antonio Negri, *Empire*, ob. cit. [En cast.: *Imperio*, Buenos Aires, Paidós, 2002].

subproducto de la verdadera manía antileninista que ha capturado últimamente a la izquierda) que el imperialismo moderno fue una suerte de excrecencia en buena medida innecesaria, y a veces incluso perjudicial, para el proceso de acumulación en los países metropolitanos. Así, por ejemplo, Shlomo Avineri describe a Marx como un verdadero teórico de la "modernización" desarrollista *avant la lettre,* admirador del trasplante de la "civilización" occidental al Asia "bárbara"[101]; Aidan Foster-Carry, volviendo sobre el clasico debate Dobb-Sweezy, propone nuevamente que la transformación de las relaciones de producción en la Europa del norte es la explicación necesaria y suficiente para dar cuenta de la transición al capitalismo, mientras que la acumulación de capital proveniente de las colonias y la adquisición de mercados externos tienen una escasa y marginal relevancia[102]; Albert Szymanski, por su parte, argumenta que lo que habitualmente se llama "imperialismo" es estrictamente superfluo para la acumulación de capital, y que los países "centrales" podrían hoy renunciar tranquilamente a la explotación de las "periferias", sin detrimento para dicho proceso de acumulación[103] (¿se supone que si no lo hacen es por pura maldad?). Otros autores, empezando por el mismísimo Robert Brenner, despachan a los ex teóricos de la "dependencia" y el "intercambio desigual" como meros "neosmithianos" y sostienen que el sistema de intercambio global que se lleva a cabo hoy dentro de la estructura global capitalista -y cuyo sector dominante, como sabemos, es el financiero- *no es* especialmente desigual ni contribuye decisivamente al retraso de las formaciones sociales periféricas: ellas *son* atrasadas (sic)[104].

---

101 Schlomo Avineri: *The Social and Political Thought of Karl Marx,* Londres, Cambridge University Press, 1968.
102 Aidan Foster-Carry: "The mode of production debate", *New Left Review,* n° 107, 1978.
103 Albert Szyimanski: "Capital accumulation on the world scale and the necessity of imperialism", *Insurgent Sociology,* nº 7, 1987.
104 Robert Brenner: "The Economics of Global Turbulence", *New Left Review,* nº 229, 1998.

Pero quizá no habría que extrañarse tanto: la desestimación de la cuestión colonial (o imperialista, o neo-poscolonial) entre ciertas corrientes del pensamiento marxista no es nueva. Por dar un ejemplo célebre, el famoso debate tripartito Miliband-Poulantzas-Laclau sobre la naturaleza del Estado capitalista no menciona una sola vez la cuestión[105]: no se hace cargo de que lo que se postula como Estado capitalista "ideal-típico" (para decirlo *a la* Weber), es decir, el Estado europeo (y norteamericano) moderno, es -o fue, si se quiere sostener que ahora ha cambiado o desaparecido, lo cual para nuestro argumento actual da lo mismo- un Estado *imperialista* (colonial, neo-poscolonial) con funciones económicas, políticas, culturales y *militares* más que concretas y decisivas.

Estos postulados, unidos a la comprensible decepción con las posiciones marxistas ortodoxas tanto como con las insuficiencias del "dependentismo", han supuesto, o en todo caso han contribuido a provocar, un retorno (al que los estudios culturales no son indirectamente ajenos, como hemos visto) no de las rigurosas hipótesis "productivistas" y "anticirculacionistas" -en todo caso muy atendibles en sus propios términos- de los propios Dobb o Brenner, sino de una suerte de *liberalismo* neouniversalista y neoiluminista, frecuentemente neokantiano (de Rawls a Habermas, digamos): un liberalismo "progresista", "de izquierda", que demoniza toda referencia al imperialismo o al neocolonialismo no solamente como anacrónica (ya que la dichosa globalización habría transformado tan radicalmente el propio modo de producción que ya es ocioso hablar de centros y periferias), sino como peligrosamente cómplice de toda clase de nacionalismos, populismos, anticolonialismos y tercermundismos -no hablemos ya de los neofundamentalismos-, que en realidad son ideologías retrógradas que le hacen más mal que bien a la causa de la universalización de los "derechos ciudadanos". Se supone, en efecto, que la era del imperialismo

---

105 Ralph Miliband, Nicos Poulantzas y Ernesto Laclau: *Debates sobre el Estado Capitalista*, Buenos Aires, Imago Mundi, 1990.

ha llegado a su fin; que, de todas maneras, mientras existió, su desarrollo fue "dialéctico": queriéndolo o no (¡ah, la bendita astucia de la Razón!), estableció vigorosas bases para la industrialización de la periferia, y ni qué decir para la introducción de los ideales democráticos y republicanos emanados de la Revolución Francesa, empezando por la universalidad de los Derechos Humanos; que, desde el punto de vista estrictamente económico (¿pero qué es "estrictamente económico"?, ¿no resulta interesante observar lo fácilmente que caen estos "heterodoxos" en el mecanicismo de la "base"?), condujo a un inmenso despliegue de las fuerzas productivas a escala global (las fuerzas productivas son, como se ve, fuerzas en sí mismas *animadas,* y no efectos de relaciones sociales: ¿"fetichismo", decíamos?), que rápidamente borrarán las distancias entre las regiones (en un cercano y promisorio futuro, debemos colegir, no habrá diferencia entre Somalia y, digamos, Dinamarca). Cuando esto efectivamente ocurra -o, como ironiza cáusticamente Ahmad, cuando todos nuestros hijos, blancos, negros o amarillos, vivan igualmente felices en el paraíso corporativo multicultural- *entonces* podrá comenzar la lucha por el socialismo "global", porque habrá sido superada la era de la "escasez".

Es absolutamente increíble que, más de cuarenta años después del estrepitoso fracaso del llamado "desarrollismo", y más aun, un siglo después de la Segunda Internacional, renazcan *desde la "izquierda"* estas insensateces crudamente positivistas o neoevolucionistas. O, mejor dicho, no es en absoluto increíble: es el testimonio de la siempre presente -y políticamente pusilánime- tentación de "arrojar al niño con el agua de la bañera" (aunque a decir verdad, como lo ha sugerido Žižek, la metáfora correcta sería la inversa: estos "progresistas" quieren retener en toda su pureza inocente al "niño" capitalista y deshacerse del "agua sucia", cuando es el niño el que debería desecharse). Al igual que muchos teóricos de la Segunda Internacional y muchos desarrollistas (¿acaso, entre nosotros, Rogelio Frigerio y el propio Arturo Frondizi no fueron acusados de "comunistas"?), estos neoprogresistas creen poder basarse en los canonizados -para bien o para mal- artículos de Marx sobre el colonialismo inglés y su función "objetiva" en la India, distrayéndose de todo lo demás que los propios Marx y Engels escribieron sobre el tema, e imputándoles a las distintas versiones de "bolchevismo" el haber deformado el "pensamiento" de Marx, enceguecidos por el hecho de que, *casualmente,* las revoluciones socialistas (y así les fue) se realizaron en las sociedades económicamente *menos*, y no *más*, desarrolladas.

Que el marxismo pueda ser entendido como un puro "pensamiento" *contra* el cual el movimiento histórico, bueno o malo, se habría "equivocado" y por lo tanto el "pensamiento" emanado de él *no es* "auténticamente marxista", es ya un postulado suficientemente irrisorio, por no decir risible. Pero, *passons.* La cuestión central es que a partir de esa premisa, todo el que (de Samir Amin a los poscoloniales, de Arghiri Emmanuel a los dependentistas, de Sweezy a Wallerstein, etcétera) se atreva siquiera a sugerir la existencia de una cuestión "colonial", "neo-colonial", "imperialista", "nacional" o lo que fuere, será pasible de las más implacables descalificaciones por su irracionalismo o su subordinación a la mitología tercermundista, nacionalista o -en versión "post"-esencialista, fundamentalista y, como dirían los ingleses, *what you have.* ¿Que el colonialismo puede haber obstaculizado el desarrollo de las fuerzas productivas -para no mencionar las relaciones sociales- en las colonias? ¿Que la dominación imperial pudo haber impedido o deformado el proceso de acumulación en la periferia? ¡Disparates! ¡Propaganda irracional tercermundista! ¡Mitología nacionalista al servicio de las clases dominantes locales! Por el contrario, la "expansión mundial" ha actuado como un poderoso motor para el cambio social, para la modernización económica y política. Y por favor, no nos pongamos sentimentales invocando los millones de víctimas humanas que semejante "progreso" ha costado: la historia, lo sabemos por el propio Marx, carece de inocencia.

Está bien; no nos pondremos sentimentales, ni estúpidamente "humanistas". No recordaremos la históricamente inaudita violencia que ha acompañado la mundialización del modo de producción capitalista. No mencionaremos la completa destrucción (económica, social, física y moral) de países enteros como Vietnam, de continentes enteros como África, a los que -como sí lo mencionamos antes, pero, perdón, no volveremos a hacerlo- se ha vuelto tierra baldía desde acá hasta varias generaciones futuras. No insistiremos con esos "subproductos" del inevitable avance científico-tecnológico, y prometemos escuchar con atención los argumentos *puramente* "económicos". Por ejemplo, los que esgrime desde hace ya dos décadas Bill Warren -exhaustivamente citado por Ahmad-, un prestigioso economista *de izquierda,* que publica en la no menos prestigiosa editorial *de izquierda* New Left. A saber:

> *Que en el período poscolonial, la política de los países llamados imperialistas [...] favorece la industrialización y el desarrollo económico de los países subdesarrollados, de modo que la distribución del poder político-económico se está haciendo cada vez menos desigual [y ahora estamos viviendo] en una era de imperialismo declinante y capitalismo creciente [...] Los términos del intercambio son de hecho favorables al Tercer Mundo [...] el índice de expansión industrial es más rápido en la periferia [...] De allí la noción de un mundo uniformemente capitalista al borde de abolir la desigualdad entre países ricos y países pobres*[106].

Aunque el lector no lo crea, esto escribía un neomarxista... en ¡1980! No era el único, por supuesto, y la fecha es importante: era la "edad heroica" de la reacción neoconservadora y de la reconversión neoliberal, en la que surgió, entre otras cosas, el "marxismo analítico" (por oposición, es de suponerse,

---

106 Bill Warren: *Imperialism: Pioneer of Capitalism,* Londres, New Left Books, 1980, citado por Aijaz Ahmad, ob.cit.

al marxismo "sintético", es decir, *dialéctico)*, acusando recibo de las nuevas tendencias.

No vamos a poder cumplir nuestra promesa. Vamos a tener que esgrimir, acompañando a Ahmad, algunos argumentos no *puramente* económicos (el propio Warren, después de todo, se traiciona, hablando de la "distribución de poder político-económico"), aunque sin dejar de hablar de economía. ¿Pero por qué no empezar por el *lenguaje*, ya que finalmente todo el fundamento filosófico de las teorías "neo" y "post" no deja de apelar al sempiterno giro lingüístico? Empecemos, pues, por cualquier término: el de Tercer Mundo, por ejemplo. Como bien señala Ahmad, una de las principales fallas de la llamada "teoría de la dependencia" fue que términos como "colonialismo", "neocolonialismo" o "imperialismo" eran utilizados casi sin especificaciones para designar procesos mundiales más o menos uniformes, mientras que "Tercer Mundo" -o el mundo colonizado / neocolonizado / dependiente- era considerado un mero objeto de determinaciones *externas;* en ambos casos lo que teníamos eran "caminos" relativamente homogéneos, y no sistemas complejos de formaciones sociales *reales*, históricamente constituidas. La consecuencia *política e ideológica* frecuente era que muchas veces las clases dominantes de la periferia o bien caían masivamente dentro del campo de las víctimas impotentes (recuérdense los interminables debates sobre el rol de la burguesía nacional), o bien eran malvados agentes del capital metropolitano. Pero nunca eran *sujetos históricos concretos,* que tomaban decisiones y construían alianzas con el objeto de defender, consolidar o acrecentar *intereses de clase* específicos. Los análisis subsiguientes se centraban, pues, en los procesos y *quantums* de extracción y distribución de la plusvalía mundial: utilizando los grandes números globales, no era difícil demostrar que el imperialismo llevaba todas las de ganar mientras el Tercer Mundo sufría uniformemente (como si las clases dominantes locales no obtuvieran beneficio alguno de la susodicha plusvalía). Pero esta "demostración", ¿contribuyó realmente a un mejor *conocimiento* de los procesos históricos?

Desde la vereda opuesta, los "neomarxistas" *a la* Warren razonan exactamente igual; "Tercer Mundo" aparece como una categoría de análisis totalizadora *y* homogénea, como si toda la periferia pasara, al mismo tiempo, por la misma experiencia histórica y el mismo tipo de transformación social y económica, sin distinciones regionales, nacionales y *de clase.* Es una forma de fetichización que tiene, por supuesto, dos caras: siempre se pueden tomar como ejemplo experiencias *particulares* de industrialización relativamente rápida (digamos, Corea o Brasil) y proyectarlas al conjunto del Tercer Mundo. Y ello para no mencionar que ya tomar a la industrialización como índice del "desarrollo de las fuerzas productivas" *es* un gesto de fetichización escandaloso ("fetichismo de la fábrica", lo llama Ahmad) que ni siquiera diferencia entre los distintos *tipos* de industrialización, las relaciones sociales *concretas* que ese específico tipo de industrialización engendra, y las novedosas e intensas formas de "dependencia" que han acompañado a *esa* industrialización en los campos de las finanzas, la tecnología, las comunicaciones, los códigos de consumo, la cultura, etcétera.

Y bien, no. El colonialismo -en el sentido amplio del concepto- *no es* un proceso uniforme y homogéneo: la postulación de que ha favorecido la industrialización del Tercer Mundo en su conjunto y a paso rítmico es pura mitología, en el mal sentido de la palabra. Cuando empezó el último proceso de descolonización en la década de 1950, el nivel de industrialización de África apenas estaba a la altura del nivel de industrialización de América Latina cuando *ella* se descolonizó, casi un siglo y medio *antes.* En las colonias portuguesas -las más antiguas del mundo- no había *ningún* nivel de industrialización. Por otra parte, no hay ninguna razón para pensar (ya hemos citado las hipótesis de Samir Amin a este respecto) que regiones como el Islam o la India no podían haber alcanzado *al menos* el mismo nivel de industrialización sin colonialismo de por medio (y ello incluso sin someter a discusión las diferencias en las relaciones sociales que una industrialización "autónoma" hubiera podido producir). Si nos concentramos en los últimos veinte o treinta años, sin duda países como los ya nombrados Brasil y Corea, la India, Singapur, etcétera, han experimentado niveles importantes de industrialización. Pero -y seremos obedientes y *no hablaremos* de los "costos sociales"- el imperialismo o la globalización no son necesariamente la causa exclusiva del proceso: las tasas de industrialización son tanto o más altas en Corea del Norte que en la del Sur; Egipto es el país árabe comparativamente más industrializado, pero su tasa de industrialización era considerablemente más alta durante el período nasserista, con las (todo lo inconsecuentes que se quieran) nacionalizaciones, los fuertes impedimentos para el capital extranjero y la importación de tecnología del bloque soviético, que en la era de las "puertas abiertas" para el capital multinacional.

No hay, por supuesto, manera de saber qué habría pasado realmente si la historia de los últimos quinientos años hubiera sido diferente de la que fue. Pero sí hay evidencia empírica, absolutamente irrefutable según cualquier criterio "científico", de que, por ejemplo, las "fuerzas productivas" de una gran cantidad de formaciones sociales asiáticas o africanas -desde la Malasia hasta las costas de África oriental- estaban *mucho más avanzadas* antes de la colonización que en cualquier otro período posterior hasta la descolonización. Tomemos el caso de los tres principales países asiáticos: la India fue plenamente colonizada, China fue durante siglos una "semicolonia", y Japón consiguió resistir la conquista colonial. No puede ser una mera casualidad que solamente Japón -Revolución Meiji mediante- haya logrado una exitosa transición hacia el más desarrollado capitalismo industrial. Pero tomemos, incluso, el caso de la India: antes de la colonización -a principios del siglo XIX- las "fuerzas productivas" indias no eran *de ninguna manera* tan atrasadas como pretende la historiografía etnocéntrica y pro-colonial; existían un desarrollo importante de la manufactura preindustrial y del comercio, así como un sistema muy eficiente de transporte, un nivel considerable de urbanización, un sistema bancario y financiero con capacidad de inversiones a largo plazo, una multitudinaria fuerza de trabajo (no solamente agrícola) distribuida por las principales regiones del país, etcétera. Claro está que nada de esto significa, por sí solo, que la India estuviera en los umbrales de ninguna revolución industrial. Pero, *mutatis mutandis*, no hay manera alguna de demostrar que, de no ser por la ocupación británica, la India no podría haber tenido su equivalente de, por ejemplo, la Revolución Meiji. Lo que sí parece seguro, atendiendo a los argumentos que defienden los beneficios industrializadores de la colonización, es que la transición a un desarrollo capitalista sostenido se tendría que haber llevado a cabo, con toda lógica, en la India y no en Japón. ¿Dónde está el error? ¿En la historia, o en los "argumentos"?

Los teóricos del sistema-mundo, como hemos visto, vienen desde hace mucho *reconociendo* que efectivamente se produjo un proceso de industrialización y capitalización del Tercer Mundo bajo el imperio colonial. De ninguna manera niegan -¿cómo podrían hacerlo?- que el colonialismo haya tenido el efecto de transformar el modo de producción capitalista en universalmente dominante. El propio Samir Amin señala la conformación, en el seno de esta economía mundializada, de una clase obrera "global" de la cual la mayoría de sus miembros y de sus estratos más explotados está localizada en el Tercer Mundo. Pero este reconocimiento es justamente la base para demostrar las maneras en las que el modo capitalista periférico y la globalización aceleran el proceso de acumulación en la metrópolis *a costa* de la periferia, profundizando el proceso histórico que, colonialismo mediante, asignó a las *múltiples* y diferenciadas periferias su lugar en la división mundial del trabajo, o la lógica por la cual la internacionalización de la producción industrial localiza diferentes ramas de la industria y diferentes tipos de tecnología en diferentes regiones del sistema. Y por supuesto que este punto de vista no es, no puede ser, *puramente* económico: no se trata de la cantidad de fábricas instaladas o de mercancías producidas, sino de las relaciones de producción globales *realmente* engendradas por *este tipo* de industrialización, aun cuando ella se hubiera *realmente* producido -lo que, como hemos visto, está muy lejos de ser un fenómeno universal y uniforme-. Lo que sí es "universal", en todo caso, es la dependencia común de *todas* las periferias respecto de la tecnología, las políticas financieras, las relaciones de mercado y el capital de las potencias metropolitanas: no considerarlo así es oscurecer el grado de dependencia y deformación generado por *el propio proceso de industrialización* en estas condiciones, que ha hecho que la brecha entre el centro y la periferia se haya ahondado hasta niveles históricamente inéditos, produciendo a su vez brechas inéditas entre los propios países y regiones de la periferia (¿cómo comparar, por mencionar un ejemplo, Hong Kong y Ruanda?). Y lo que también es "común" -y es un manifiesto mérito de la teoría poscolonial el haberlo puesto de relieve- es la dramática transformación que todo ello ha producido en el campo de las identidades culturales, estético-literarias y subjetivas en la relación centro / periferias; pero insistiremos hasta el cansancio en la necesidad de articular el análisis de esas transformaciones sobre la base más "dura" de los factores históricos, económicos, sociales y políticos tal como lo propone la teoría del sistema-mundo.

¿Y qué pensar -para hacer solo una brevísima referencia al tema- sobre la tan mentada cuestión de la distribución de poder *político*, o aunque fuera mínimamente de una democratización "formal", que supuestamente trae aparejada la modernización industrializadora? Hay que estar muy ciego para no ver que, precisamente en 1980, cuando un autor como el citado Warren hacía su encendida defensa del rol democratizador de la globalización, la inmensa mayoría de los países de la periferia en los cuales el capital multinacional industrial y financiero estaba más activo (digamos, por solo tomar el Cono Sur de América Latina: Chile, Argentina, Brasil) se encontraban sometidos a las peores dictaduras militares y terrorismos estatales de toda su historia. ¿Y después? Ciertamente, la década de 1980 presenció una bienvenida ola de "democratizaciones" en la periferia. ¿Pero en qué condiciones y a qué precio? Ahora, casi dos décadas después, *sabemos* que las viejas y nuevas formas de dependencia, en todo caso, se han *profundizado* una vez que esos terrorismos estatales lograron disciplinar aun a las sociedades más tímidamente resistentes, y que es *a cambio de eso* que se nos ha hecho el gracioso regalo de permitirnos votar cada dos o cuatro años, con el resultado de que cada ciclo electoral -con muy pocas excepciones- no hace sino continuar profundizando la dependencia, la polarización social y mundial, la superexplotación, la miseria y, por supuesto, el empobrecimiento y la deformación de las identidades culturales, estético-literarias y subjetivas. Las "nuevas democracias" se han transformado, así, en el *botín de guerra* del poder económico global. Por supuesto, es mejor que existan, pero no puede dejar de advertirse que su existencia es la *coartada* de una marcha implacable de la globalización cuya lógica es profunda e incurablemente *anti*democrática, en cualquier sentido "sustancial" de la palabra. Y esto para no mencionar la crasa falacia histórica que significa imaginar alguna *consustancialidad* o coextensividad entre el capitalismo y la democracia. Como dice Ahmad, pensemos en una mujer tratando de participar en las elecciones del Parlamento británico... en 1913, o en un negro tratando de que le sirvan un café en un bar de Carolina del Sur... en 1953. Y ni siquiera la democracia funcionó *siempre* para los hombres blancos "ciudadanos" de las potencias centrales, es decir, hasta aproximadamente el advenimiento del moderno sistema mundial *imperialista* (digamos, la década de 1880), la democracia formal parlamentaria -no estamos hablando de ninguna "democracia social", o económica, o cultural- fue una forma de gobierno burgués esporádica, tenue, recortada y limitada aun en los países más desarrollados (más industrializados) de Europa: existía en *algunos* países, *parte* del tiempo, para *algunos* sectores de la población (¿hay que recordar una vez más que en Suiza -¡en Suiza!- las mujeres no votaron hasta la década de 1970?). "Hasta aproximadamente el advenimiento del sistema mundial imperialista", hemos dicho: ¿habrá una relación, aunque fuera muy mediatizada, entre el advenimiento de dicho sistema y la expansión (relativa) de la democracia *en Europa*. El enriquecimiento de las sociedades centrales a expensas de las periféricas que, como está ampliamente demostrado, permitió la "cooptación", a fuer de incrementos salariales y algunas otras ventajas, del proletariado y otros sectores populares, ¿no es todavía otro testimonio (*y van...*) de la benjaminiana consustancialidad, no entre capitalismo y democracia, sino entre civilización y barbarie?

Ahora, volvamos a Marx, a su supuesto procolonialismo "objetivo", etnocéntrico *de facto*, presumiblemente basado en una celebración mecanicista del desarrollo de las fuerzas productivas capitalistas como beneficioso en sí mismo para el proceso de modernización de las regiones "bárbaras" y la consecuente creación de las condiciones favorables para el pasaje al estadio superior del socialismo. Para empezar por lo más obvio, es casi ocioso recordar que Marx nunca produjo ni un solo texto específico y consistente sobre el tema del colonialismo en tanto tal, ni siquiera un *corpus* coherente de ensayos decididamente teórico-históricos sobre la cuestión, aun cuando el pretexto hubiera sido más o menos "coyuntural": no hay, por así decir, un *XVIII Brumario de Luis Bonaparte* o un texto como *Luchas de clases en Francia* para el colonialismo, sino una serie considerablemente dispersa (en el tiempo y en los tópicos) de artículos periodísticos y/o de ocasión. Cualquier reconstrucción que se haga, pues, de lo que con muy buena voluntad pudiera llamarse una *teoría* marxiana del colonialismo es necesariamente un archipiélago muy fragmentado y lleno de lagunas, incluso de inconsistencias o conflictos internos al propio *corpus*, y por lo tanto sujeto a toda clase de interpretaciones interesadas. Ahora bien: el "interés" de los que avalan la tesis del Marx etnocéntrico y procolonial está casi siempre exclusivamente "demostrado" por su remisión a los dos canonizados artículos sobre la India escritos para el *Herald Tribune*: "La dominación británica en la India" y "Futuros resultados de la dominación británica en la India". Ambos artículos pertenecen a la década de 1850, cuando la colonización de la India recién estaba completándose, faltaban aún muchos años para el inicio de las Guerras del Opio, faltaba más de un cuarto de siglo para la Conferencia de Berlín que produciría la división y el reparto colonial de África, y el estado de los conocimientos sobre las formaciones sociales asiáticas en general era más que rudimentario.

Por otra parte, sería no solo injusto sino metodológicamente incorrecto -incluso desde un punto de vista marxista- leer estas dos piezas por sí solas, sin analizar su articulación -altamente conflictiva, como dijimos- con las otras, muchas, cosas que Marx escribió sobre el tema: esa lectura "cruzada" mostraría que, lejos de mantener una visión uniforme del colonialismo como fenómeno "objetivamente progresivo", tanto Marx como Engels registran numerosos giros y evoluciones en su análisis de él, que incluso culminan en una durísima crítica del colonialismo europeo como un proceso sangriento, de indefendible violencia económica, social y cultural. Ello para no mencionar que, aun desde el registro de análisis más "objetivo", ya en sus escritos sobre Irlanda de fines de la década de 1860, Marx modifica *radicalmente* sus posiciones evolucionistas a propósito de que una transformación en sentido socialista del mundo debía necesariamente comenzar por las sociedades donde las fuerzas productivas y las relaciones de producción correspondientes estuvieran más desarrolladas. En ciertas situaciones, por el contrario, parece ser la rebelión del "proletariado externo" (una expresión que hizo famosa Toynbee, pero que puede encontrarse en Marx) de las sociedades coloniales la que actúa como *causa eficiente* de un proceso mundial. *Existe,* pues, para Marx, una "cuestión nacional" que viene a articularse con una "cuestión social" mundial, aunque la "determinación en última instancia" esté, desde luego, del lado de la segunda (y es interesante constatar, de paso, que si hay una cuestión nacional *es porque* hay una "cuestión mundial" -a saber, el carácter constitutivamente global, de sistema-mundo, del modo de producción capitalista: no se trata de una *oposición* sino de una permanente *tensión,* como venimos insistiendo-, *que produce* la cuestión nacional). Pero lo importante, para nuestro análisis, es que entonces la "cuestión mundial", cuya expresión político-económica históricamente concreta no es otra que el colonialismo, *no es* en modo alguno un dato marginal del desarrollo del modo de producción, sino uno de los dos "datos" centrales que explica el propio surgimiento de las *condiciones de posibilidad de* la existencia del capitalismo, como puede leerse sin equívoco posible en el famoso capítulo XXIV de *El Capital,* dedicado al análisis de la acumulación originaria. El otro dato es, por supuesto, la emergencia de la fuerza de trabajo como mercancía -es decir, del proletariado- en las sociedades más desarrolladas; ¿pero son verdaderamente dos datos? Si uno toma a sobrevuelo el fenómeno histórico más amplio en el que *ambos* se inscriben -a saber, el proceso *mundial de* separación entre los productores directos y los medios de producción, que requiere una paralela acumulación de capital, uno de cuyos requisitos fue *de hecho* la exacción tributaria y el pillaje de las colonias-, ¿no se ve que la sustitución de una clase dominante por "otra" (o por la misma "reconvertida") por generación "espontánea" en las sociedades del centro y por imposición colonial en las periferias son expresiones mutuamente implicadas del *mismo* proceso?

Y en cuanto al carácter "progresivo" de la colonización, no hay una sola línea en ese capítulo XXIV *que justifique* éticamente, aparte de *explicar* histórica y "económicamente", lo que el propio Marx califica de explotación "horrorosa", esclavización, aniquilación genocida, pauperización general y enajenación cultural de civilizaciones enteras de Asia, África y

América Latina. Y en *todas* las ocasiones en que Marx y Engels escriben sobre el colonialismo desde un registro político más general, no hay el más mínimo atisbo de etnocentrismo, ni siquiera de un etnocentrismo "revolucionario" que por ejemplo oponga la "madurez civilizada" del proletariado europeo a la "irracionalidad bárbara" del indiferenciado populacho colonial, o algo por el estilo. Y se trata precisamente de una cuestión de *estilo* (al cual deberíamos por cierto prestar atención; ¿o acaso el análisis del estilo no forma parte sustancial del giro lingüístico, el textualismo, la deconstrucción, el estudio del discurso y demás?): cada vez, en efecto, que Marx y Engels escriben sobre alguna insurrección o acto de resistencia anticolonial, el tono adquiere las cadencias líricas, y aun románticas, de la exaltación revolucionaria; se celebra el carácter insurreccional de las masas y el alcance continental del movimiento anticolonial, como parte de una guerra de liberación nacional mundial; los *coolies* chinos son considerados a la altura de los *communards* parisinos, y todo aquel que asimila el colonialismo al progreso *tout court* queda descalificado como "depredador de civilizaciones" (según la feliz expresión de Engels).

Está claro que todo esto no pretende atenuar los "errores" de Marx en sus dos artículos sobre la India, siempre que al mismo tiempo tengamos la suficiente sobriedad como para, nuevamente, ponerlos en estado de tensión con todo lo otro que Marx también dijo (y no solamente en el capítulo XXIV). Eso, en primer lugar. Segundo: como es obvio, ahora, ciento cincuenta años después, sabemos infinitamente más de lo que podía saber Marx; el problema, pues, no es tanto de Marx como de los marxistas "ortodoxos" o "neos" que, aun cuando les disculpáramos el ya muy discutible gesto de *basarse solamente en* los dos artículos sobre la India, hacen gala de una imperdonable ignorancia del estado *actual* de la cuestión. Ahora sabemos, por ejemplo -entre otras fuentes gracias a las rigurosas investigaciones historiográficas de los pensadores del sistema-mundo-, que las formaciones precoloniales extraeuropeas, especialmente las de ese sistema-mundo que se extendía desde Cantón a Zanzíbar y desde Indonesia al Mediterráneo Oriental, no eran en absoluto tan "atrasadas" como lo suponían los contemporáneos de Marx -ya hemos examinado al pasar los datos que aporta Ahmad sobre la misma India-, mientras que sí quedaron extraordinariamente atrasadas con respecto al "centro" *después* de haber pasado por la experiencia colonial, es decir, *después* de haber sido transformadas en "periferias". Y ese retraso no es nunca *puramente* económico, sino también (pero ya lo hemos visto: son instancias inseparables) social, político, cultural. Y es por eso -y la cuestión queda harto más clara cuando se adopta la perspectiva del sistema-mundo que considera el conflicto entre la parte y el todo, la articulada tensión entre la particularidad nacional o regional y la universalidad societaria global- que en tantas ocasiones históricas la lucha anticolonial (otra vez, en sentido amplio, se alude a la lucha nacional, antiimperialista, poscolonial, etcétera) es parte *constitutiva* y frecuentemente decisiva de la lucha de clases: ¿cómo pensar por fuera de la cuestión (post) colonial la orientación "socialista" -con todos los defectos que se quieran, y son muchos- de revoluciones como la china, la cubana, la vietnamita, la mozambiqueña? Por supuesto que ningún movimiento de resistencia anti (post)colonial es garantía *en sí mismo* de un resultado radicalmente emancipador: se trata siempre del "análisis concreto de la situación concreta". Y no hemos citado esta célebre expresión de Lenin en vano: su teoría del imperialismo (así como las concomitantes teorías de la "revolución permanente" o del "desarrollo desigual y combinado" de Trotski), con todos los defectos o insuficiencias que también ella pueda tener, fue un intento en su momento importantísimo de definir un pensamiento y una praxis adecuados a la "actualidad" de la *lógica* del pensamiento de Marx al respecto. Su apoyo inequívoco a los movimientos de liberación anticolonial no se basaba en una mera afirmación teórica y ética del derecho a la "autodeterminación nacional" de los pueblos, sino en una rigurosa percepción *política* del carácter estratégico de esa lucha. Por una parte, se reconocía allí que el carácter parasitario del capitalismo neocolonial o imperialista obstaculizaba el proceso de acumulación "indígena", de modo tal que podía esperarse que la independencia política favoreciera un desarrollo más "armónico" de las "fuerzas productivas", ya fuera en un sentido capitalista *o no*. Por otro lado, la relativa debilidad de las burguesías "colonizadas" hacía posible esperar la composición de un bloque de clases entre los trabajadores propiamente dichos y la *intelligentsia* "patriótica" con la suficiente autonomía como para transformarse en hegemónico, en tanto *precondición lógica* (no necesariamente cronológica: he ahí la diferencia con la teoría de la revolución por etapas) de la lucha de clases en sentido socialista.

Era, en el peor de los casos, una *apuesta*; pero no parece una apuesta totalmente irrazonable o infundada. Lo más importante para nosotros, sin embargo, es que *de hecho*, la propia estructura del razonamiento, si por un lado retoma como hemos dicho ciertos hilos de la lógica "subterránea" de los escritos de Marx y Engels sobre el colonialismo, por el otro anticipa, nuevamente, la lógica -aunque claro está que no todos los contenidos específicos- de las tesis del sistema-mundo según las cuales la perspectiva del sistema como sistema mundial (y no como mero agregado de Estados nacionales "discretos") permite, no *eliminar* la cuestión nacional (colonial / poscolonial / antiimperialista, etcétera), sino al contrario, considerarla en toda su complejidad contradictoria de *resultado* -en permanente redefinición- de las relaciones de producción (económicas, sociales, políticas, culturales) de alcance global: otra vez, aquí la cuestión (post)colonial se revela como la conflictiva parte que le falta al todo, y cuya *espectacular ausencia* es lo que le permite al sistema autoimaginarse como (falsa) totalidad, y es al mismo tiempo el *síntoma* que lo denuncia como *no-Todo*.

No obstante, recientemente hablábamos de una *apuesta*. Es oportuno decir que, en muchos momentos de la historia, y en particular de la historia posterior a la Segunda Guerra Mundial, la apuesta *se perdió*: los movimientos anticoloniales y nacionales se replegaron -lucha de clases también perdida de por medio- sobre un nacionalismo (en el mal sentido: nacionalismo puramente burgués, o incluso semifeudal) dictatorial, tiránico, represivo, antipopular, irracionalista o fundamentalista, emanado incluso de los movimientos que, aun sin mengua de sus múltiples contradicciones, ambigüedades o conflictos internos, se mostraban como más promisorios (piénsese, por solo tomar un ejemplo paradigmático, en la revolución argelina). Desde luego, entra en la naturaleza misma de las apuestas la posibilidad de perderlas. Pero no podemos limitarnos a esa constatación más que trivial. ¿Cuál es el contexto amplio que explica esos fracasos? ¿Ha cambiado, con la reconversión neoliberal (tecnológica, productiva, financiera, política) y con la globalización, la *naturaleza* misma del sistema mundial, hasta el punto de desmentir la utilidad de las tesis del sistema-mundo para la nueva etapa? ¿Se han modificado las relaciones de producción -también las mundiales- hasta el punto de que no se pueda ya hablar de lucha de clases entre la burguesía y el proletariado, ni siquiera admitiendo su superposición con instancias más "blandas" (étnico-culturales, de género, etcétera)? ¿La emergencia del giro cultural y de la posmodernidad ha replanteado sustancialmente la estructura de las tensiones ideológico-culturales y de las "identidades" subjetivas hasta volver utópico todo intento de reconstrucción de una teoría crítico-cultural "totalizadora"? Y si ello es así, propuestas como la teoría poscolonial, lejos de prometer la posibilidad de una productiva articulación con la teoría del sistema mundo, ¿serían un mero *reemplazo*, sintomático de la "nueva era"? ¿*Hay* una "nueva era" para el sistema capitalista mundializado? Esta es, como se dice, la pregunta del millón: ¿hemos "superado" las etapas del colonialismo, el neocolonialismo, el imperialismo, e incluso de la pos-colonialidad para entrar en la era de lo que Negri y Hardt llaman el "imperio", que sería algo radicalmente *diferente*? Vale la pena detenernos un poco en la cuestión, aunque sea de manera harto esquemática.

En el presente texto hemos citado con frecuencia a Antonio "Toni" Negri, y lo volveremos a hacer. Su trabajo intelectual (que no puede ser *autonomizado* -valga la expresión, tratándose del líder de la ex "autonomía obrera"- de sus posiciones políticas, incluso de sus "errores" del pasado, lo que lo hace más interesante) constituye uno de los más originales, renovadores y *apasionados* producido en el campo de la izquierda en las últimas décadas. Es especialmente estimable su inventiva y su capacidad de *articular* -en lugar de *oponer*- los aspectos mejores y más críticos del pensamiento "post" (Foucault y Deleuze / Guattari, fundamentalmente) con los aspectos mejores y más críticos del pensamiento "clásico" (Maquiavelo, Spinoza, Marx, Gramsci, pero también "préstamos" muy creativamente reinterpretados de Nietzsche, Heidegger o Carl Schmitt; en su última obra, este "clasicismo crítico" puede retroceder hasta Tucídides, Polibio o Tito Livio, obviamente leídos a través de un Maquiavelo marxistizado). Esta es, desde luego, una actitud estrictamente anti-"posmoderna": nada, en este sentido, *de fin de la historia*, de desaparición de los *grandes relatos* emancipadores sino, por el contrario, un benjaminiano relampaguear de los más cuestionadores fragmentos de la historia en el actual instante de peligro. Es igualmente encomiable, en la misma línea, su especie de exaltado "optimismo de la voluntad" que, lejos de adoptar la resignación un poco cínica de buena parte de la izquierda ante la "renuncia" del proletariado a la lucha por el socialismo, extiende la noción de proletariado a la sociedad en su conjunto, a una spinoziana *multitud* conformada por multiplicidades no unificadas y en permanente recomposición: un Universal hecho de particularidades prácticamente infinitas, un heteróclito caldero de los *condenados de la tierra*, que ejerce, de manera permanente aunque no necesariamente consciente, su *poder constituyente* socavador, "subvertidor" de la pretendida naturalidad o eternidad del *poder constituido*. Esta idea permite, por lo menos en la teoría, desplazar por un lado la bizantina discusión sobre el sujeto de la política emancipadora: sin que haga falta someterse al escepticismo "post" que postula una directa *inexistencia* de tal sujeto, lo que tenemos ahora, nuevamente, es un sujeto heterogéneo y jamás predeterminado, en perpetuo proceso de *auto(re)construcción*; por otro lado, ese incesante movimiento de la *multitud* en pos de una democracia radical y "absoluta" (Spinoza, *encore*), en sí mismo o lo que puede llamarse "comunismo", que ahora es (in) definido no como un punto de llegada sino como una forma de praxis, lo cual permite a su vez sortear otro bizantino debate, el de la "espontaneidad" de las masas *versus* la "organización" del partido, y así. Negri pone al servicio de su propuesta, como hemos dicho, una igualmente heteróclita *multitud* de discursos y saberes críticos en constante ebullición, con un nivel muy alto de complejidad y sofisticación teórico-filosófica, que no obstante encuentra su unidad y concreción en la vigorosa hipótesis del *poder constituyente*. Y si bien sus propuestas específicamente *políticas* (determinadas de todos modos por una figura de militante "eterno" y de intelectual radicalmente "comprometido" muy infrecuente en la actualidad) no siempre encuentran la misma concreción y nitidez, el cuadro teórico-político, en su conjunto, está atravesado por una exaltación y grandiosidad de, efectivamente, *gran relato* "multitudinario", muy saludablemente a contramano de *las pequeñas historias* tan parcamente reivindicadas por los ideólogos "post".

El reciente libro *Imperio*, escrito en colaboración con el teórico norteamericano Michael Hardt, participa sin duda -e incluso las lleva a extremos inéditos- de esa exaltación, esa espectacularidad de gran teoría militante. Pero esta vez, permítasenos decirlo, a Negri se le va la mano, y su "optimismo de la voluntad" tiende a borronear en exceso el gramsciano *pendant* dialéctico del "pesimismo de la inteligencia"[107]. El tono

---

107 Para lo que sigue -y atendiendo a que sería imposible en el escaso espacio que tenemos resumir adecuadamente las tesis de *Imperio*-, sentiremos muy de

general del libro es decididamente *épico*: los autores recusan desafiantemente el balance negativo de los "resignados" que ven en las transformaciones sufridas por el capitalismo mundializado de las últimas décadas un síntoma de espectacular derrota para la izquierda. Por el contrario, si sabemos leer bajo la superficie, captando los movimientos subterráneos pero íntimos e *inmanentes* (toda noción de trascendencia es un antiguo anatema para Negri, y en esto ha permanecido consistentemente spinoziano) al proceso de globalización, veremos que estamos viviendo una auténtica "primavera de los pueblos", una época desbordante de energías insurgentes, una incipiente "edad de oro" del poder constituyente de la *multitud*. Para demostrar esta tesis por lo menos exuberante -también en el buen sentido del término, y cuyo llamado a un férreo "principio esperanza" es necesario rescatar-, el libro pone en juego teórico una "transdisciplinariedad" verdaderamente extraordinaria: desde nociones críticas provenientes del canon más clásico de la filosofía occidental hasta los trabajos más recientes de origen anglosajón (incluyendo los estudios culturales y la teoría poscolonial, así como las teorías del sistema-mundo), para no hablar de las referencias a la tradición literaria modernista -seguramente una "novedad" aportada por el especialista literario Michael Hardt- mediante nombres como los de Melville, Kafka, Musil o Céline.

Las premisas básicas de la nueva propuesta son dos, y en principio muy sencillas: a) los sistemas de poder basados en el Estado-Nación imperialista están volviéndose aceleradamente obsoletos; b) no obstante, la globalización -que es la causa principal de esa "obsolescencia"- no puede ni debe ser entendida como un simple proceso universal de regulación de los mercados. Al revés, han proliferado una serie de complejas e interconectadas formas de *regulación*, para conformar un

---

cerca, aunque "reescribiéndolo" para los propósitos de este capítulo, el análisis crítico de Gopal Balakrishnan (véase "Virgilian Misions", *New Left Review,* nº 5, octubre / septiembre de 2000).

orden múltiple y acéfalo, supranacional y "universalista", que los autores llaman "imperio" para distinguirlo sustancialmente de otras formas "modernas" de dominación *inter*-nacional (es decir, ellas sí basadas en el sistema de Estados-Nación), como los colonialismos y/o imperialismos clásicos. En el imperio, pues, no se trata de una lógica bajo la cual los "tributos" fluyen de una(s) periferia(s) hacia un(os) centro(s), sino de una constitución, por así decir, más foucaultiana: una red -o mejor, un entretejido de redes heterogéneas- de poder omniabarcador. Los flujos de información, de riqueza, de comunicación y, sobre todo, de *gente* (ya veremos la importancia sustantiva de este elemento) generados por este asistemático sistema serían incontrolables desde cualquier centro de poder unificado "metropolitano". El antiguo sistema "estatista" basado en binarismos de dominación tales como burguesía / proletariado o centro / periferia se ha derrumbado (o al menos, está decayendo vertiginosamente) en favor de un intrincado patrón de desigualdades de todo tipo, y es este planetario "flujo de flujos" de entremezcladas jerarquías lo que propiamente se designa como "imperio". Se trata de un acontecimiento de enorme importancia *ontológica*, en la medida en que el mismo "Ser" del mundo actual queda radicalmente alterado: ya no puede pensarse ese mundo en los términos clásicos de cualquier filosofía política, aun la más crítica, que siga abrevando en dicotomías como Estado / sociedad, guerra / paz, libertad / control, poder / contrapoder (o resistencia), etcétera.

Lo más interesante (del proceso en sí, pero también a nuestro juicio de las hipótesis analíticas que presentan los autores) es la imagen del *orden jurídico-político* que supone este "capitalismo postardío" -si podemos llamarlo así-: se vive a sí mismo como portador de una misión universal *de pacificación*, comparable a la de los, justamente, imperios antiguos (como el romano) que declaradamente se proponían fundar una era de paz y prosperidad para todo el mundo conocido. De allí la importancia de la relectura de ciertos clásicos del antiguo imperio en el nuevo contexto: Polibio, por ejemplo, quien sostenía que Roma había podido superar los ciclos de inestabilidad de la *polis* tradicional mediante una constitución política "mixta" (como por otra parte ya lo había sugerido a su manera Aristóteles) que combinaba monarquía, aristocracia y democracia en proporciones que permitían contrabalancear las potenciales "degeneraciones" de cada uno de esos sistemas de gobierno por separado. Análogamente, en el imperio posmoderno, el componente monárquico estaría representado por la supremacía militar norteamericana (no, obsérvese, por el Estado de los Estados Unidos como tal), el componente aristocrático -u "oligárquico"- por el poder económico de las grandes corporaciones transnacionales y sus expresiones organizativas (del GATT al Grupo de los Siete, digamos), y el principio democrático por las nuevas posibilidades interactivas de la comunicación, es decir, emblemáticamente, por Internet (consignemos por ahora asombrados signos de admiración, pero dejemos pasar la cuestión hasta obtener más *data*). Todo ello no como un retrato puramente triunfal, desde ya: aparte de Polibio, también son necesarias otras referencias clásicas -Montesquieu o Gibbon, por ejemplo- que dan cuenta de un paralelo proceso de decadencia y corrupción *consustancial y simultáneo* al proceso de constitución del imperio en todo su esplendor (como se sabe, la llama de la vela brilla con mayor fuerza en el momento previo a la extinción); la metáfora se lleva al extremo de asimilar la potencia revolucionaria de la *multitud* contemporánea a los movimientos cristianos del Imperio romano tardío, como punta de lanza de un inexorable vaciamiento interno de este terrenal orden de cosas, y el inicio de una nueva y rejuvenecedora ola de migraciones bárbaras (la *gente* que el nuevo imperio moviliza como condición misma de su existencia, y para la cual ya no existen *a priori* fronteras jurídico-políticas, territoriales o étnico-culturales).

¿Cuál es el origen último, el "determinante en última instancia" de esta transformación "ontológica" del sistema, más allá de las necesidades de renovación tecnológica, reconversión financiera, paliativos a la tendencia decreciente de la tasa de ganancia, incremento de la competitividad global, entre otros? Aquí el libro presenta una de sus más sorprendentes y estimulantes (lo cual no necesariamente significa correctas) hipótesis: lejos de ser un síntoma de las sistemáticas derrotas sufridas por los sectores contestatarios al capital, su propia emergencia es el testimonio paradójico de las heroicas luchas de masas que sacudieron al antiguo y eurocéntrico régimen de los Estados nacionales y el colonialismo. El capitalismo actual, aunque aparentemente imperturbable ante cualquier desafío antisistémico, es en cambio un poco menos que *desesperado sistema de defensa* ante la nueva, indetenible y plebeya "invasión bárbara", y precisamente la dispersión (foucaultiana, otra vez) de sus redes de poder lo vuelve múltiplemente vulnerable, dada la extrema permeabilidad de sus límites -que es, también paradójicamente, la que ha favorecido la construcción de semejante modelo de poder-. La importancia creciente (hoy en día, ya prácticamente dominante) del trabajo intelectual e inmaterial y de los sectores de "valor agregado" en la economía conforma un "trabajador colectivo" de nuevo tipo con incrementada *potencia* subversiva. Esta multitud global, que abarca a todos los que simplemente *trabajan,* pero también a los desocupados y marginales, o a los pobres y explotados de todas las clases, ya no puede pensar sus propias *comunidades imaginadas* (para retomar la célebre terminología de Benedict Anderson) en los límites de los Estados-Nación integrados y autosuficientes. Pero -al contrario de lo que celebran los estudios culturales en sus versiones más *light,* y en esto los autores tienen toda nuestra simpatía- la mera heteroglosia o los tan mentados procesos de "hibridación" a lo García Canclini no ofrecen alternativa crítica alguna. Todo lo contrario: la ideología más poderosa correspondiente al imperio es justamente una *estetización multicultural* extraordinariamente flexible, que desactiva rápidamente las potencialidades "revolucionarias" de la propia globalización. Los entusiasmos académicos por la diversidad cultural, lejos de cuestionarla, contribuyen a la *legitimación* de una lógica sistémica que aparece como infinitamente inclusiva, y que ya ha más que superado su metafísica histórica y neodarwinista de las diferencias jerárquicas "naturales". Incluso las más insospechables ONG que aparecen como agencias de una sociedad civil "global" enfrentada al Estado igualmente global, en el fondo pueden terminar movilizando a la opinión pública, "objetivamente", en favor de "intervenciones humanitarias" como las de Kosovo: o sea, contribuyen a justificar el nuevo orden jurídico-político del imperio, que como ya hemos sugerido se basa en la pretensión de una *pax* planetaria, si es necesario mantenida -como toda *pax* en condiciones designalitarias de poder, por otra parte- a la fuerza, y mediante la "guerra justa". Esta capacidad imperial de movilizar a favor del poder los propios deseos "emancipadores" multitudinarios es la expresión más acabada y perfecta de una (Foucault, de nuevo) *sociedad de control* que ha venido a sustituir insidiosamente -y por eso tanto más eficazmente- a la sociedad de pura dominación.

Pero ello no quita (más bien al revés, *implica*) que el imperio sea un orden mundial en permanente "estado de emergencia y excepción" (el vocabulario schmittiano es aquí explícito), puesto que su multiplicidad de puntos vulnerables está dada por el hecho mismo de que, repitámoslo, es el *poder constituyente* propio de la multitud (los "deseos plebeyos" que el imperio *tiene* que movilizar para tejer sus redes de poder) lo que lo "constituye" cotidianamente, y al mismo tiempo lo que lo socava desde adentro, desde su propia raíz. Porque el deseo último e íntimo de la multitud (cuya satisfacción el imperio promete falazmente) es el de la más irrestricta "libertad de movimiento" (metaforizada, entre otras cosas, por los "flujos" migratorios tanto corporales como simbólicos), que lógicamente debería culminar con la demanda de una ciudadanía global y total.

Repitamos que todo esto es notablemente estimulante. Y si es discutible, es porque vale la pena que sea discutido: hasta ahora no había aparecido, que sepamos, un cuerpo unitario y consistente de teoría que *desde la izquierda* intentara dar cuenta de los aspectos "positivos" de la globalización para la construcción de una alternativa, o por lo menos para la resistencia. Claro está que -y es por eso que todo esto es muy *discutible*- estas dos cosas son completamente diferentes: la perspectiva cambia totalmente si uno dice que el imperio es el *producto* de la potencia de la multitud (y por lo tanto lo que la multitud hace, ella misma lo deshará), o si dice que el imperio genera contradicciones que pueden llegar a ser insostenibles para él (este es un antiguo truismo marxista: el capitalismo genera su propio sepulturero bajo la forma del proletariado, etcétera). La primera perspectiva implica lo que podríamos denominar una *sobrevaloración* de los factores "subjetivos" de la lucha de clases. Y entiéndasenos: estamos completamente a favor de *valorar* esos factores, las perspectivas excesivamente "estructuralistas" -que ponen el acento excluyente en los factores objetivos- suelen tener un efecto paradójicamente *conservador*, en el sentido de que los "progresos" dentro de las relaciones de producción dominantes (el caso de la emergencia del llamado Estado de Bienestar es un *ejemplo princeps*) terminan apareciendo como concesiones de la burguesía determinadas "en última instancia" por necesidades estructurales del proceso de acumulación de producción, y no -como lo son siempre, en buena medida- como "impulsados" por las luchas populares. Pero la sobrevaloración del rol del movimiento popular en la obtención de esos progresos es igualmente peligrosa: termina en una posición irracionalmente idealista, en la que toda la realidad -"buena" o "mala"- es como si estuviera completamente *conformada* por la iniciativa de la multitud. En el caso de *Imperio*, y aun teniendo en cuenta las reservas que los propios autores manifiestan en varios momentos del texto, el tono épico al que nos referíamos es tan fuerte y exaltado que el lector termina recibiendo la impresión de que la propia constitución de la nueva maquinaria imperial de dominación es finalmente un *triunfo* del deseo multitudinario.

El problema es que ni la realidad empírica *ni la propia lógica del libro* ofrecen demostraciones satisfactorias para esas hipótesis. Desde el punto de vista de la realidad empírica, habría que creer en un agudo masoquismo de las masas mundiales para autoconvencerse de que es su *deseo* multitudinario lo que ha constituido un sistema de un grado de opresión implícita, de explotación y miseria física, cultural y subjetiva inéditos en la historia del siglo XX. A menos que el mundo entero se haya vuelto loco, esto *tiene* que ser la consecuencia de una gigantesca derrota, y ningún refinamiento teórico o retórico alcanza para hacer de esa "necesidad" una *virtud*. Lo cual no significa que no haya un deseo en juego: pero en todo caso, si se quiere hablar así, se trataría, freudianamente, de un deseo *tanático*. Y aun sin necesidad de llegar a eso, ¿no tenemos una larga tradición de pensamiento, que arranca desde Hegel y Marx y llega hasta nuestros días con -por ejemplo- Slavoj Žižek, pasando por Lukács, Adorno y Horkheimer, Sartre, Althusser y tantos otros, para explicarnos que uno de los grandes triunfos del sistema es su extraordinaria capacidad para *secuestrar* el deseo de las masas, para hacerlo jugar a su favor? ¿No es la cifra misma del poder su habilidad para hacer que la potencia constituyente de la multitud no solo no obstaculice sino que *contribuya* a la reproducción del poder constituidor? Efectivamente, la *estetización* fascinante de ese deseo -a la cual Hardt y Negri dedican algunas de las mejores páginas del libro- es una reflexión que ya obsesionaba al Walter Benjamin de la década del treinta, que en la década del cuarenta produjo la pesimista pero muy lúcida teoría de la industria cultural de la Escuela de Frankfurt (a la cual los autores despachan en unas breves y bastante desconsideradas líneas), y que llega hasta nuestros días con las hipótesis jamesonianas de la mutua implicación entre la mercantilización de la cultura y la "culturalización" de la economía. Pero ninguno de esos autores (y tantos otros que podrían invocarse) *celebran* ese hecho como una expresión ni siquiera "objetiva" de un triunfante deseo de las masas. Y en el propio *Imperio* no hay *en ningún momento* una explicación clara -mucho menos una demostración- de cómo y en qué momento la potencia de la multitud podría haber dado lugar al imperio: la cuestión es siempre soslayada con una gran ambigüedad -por no decir vaguedad-, y finalmente es algo que tenemos que dar por sentado, una premisa *ad hoc* sin la cual buena parte del razonamiento posterior carecería de apoyatura.

Es aquí donde uno recibe una extraña, y un poco inquietante, sensación de *dejà vu*: es como si -desde luego con una inmensa complejidad y sofisticación teórica- los autores repitieran para el imperio los argumentos marxistas ortodoxos neoevolucionistas a propósito de las virtudes "objetivas" de la transformación de las fuerzas productivas por el colonialismo (la noción de los efectos democratizadores de la Web es, en este sentido, casi caricaturesca). Claro está que esta repetición aparece como una *novedad*, puesto que, en efecto, para Hardt y Negri, el imperio representa una era absolutamente nueva, un modelo de poder que no tiene *nada que ver* con el colonialismo o el imperialismo clásicos. Como hemos visto, para ellos ya no se puede pensar en los términos binarios de centro / periferia, de Primer / Tercer Mundo, por ejemplo (o de burguesía / proletariado en el registro social global), puesto que la intrincada red de "flujos" económicos, comunicacionales, culturales y sobre todo poblacionales, han desarticulado las referencias geográficas tradicionales: hoy el Tercer Mundo está también dentro del Primero (representado principalmente por la "invasión" multicultural extraeuropea del "centro", fundamentalmente en busca de trabajo) tanto como el Primero está dentro del Tercero (representado principalmente por la instalación de unidades productivas flexibles y de capitales industriales, comerciales y financieros en la "periferia"). La desestabilización de los límites territoriales clásicos así provocada ha vuelto obsoleto cualquier análisis basado en el carácter dominante o dominado de los Estados-Nación como tales, en favor, nuevamente, de redes y flujos de poder que no pueden ser identificados con uno o varios poderes nacionales.

Esta última es una premisa básica del libro, como ya hemos dicho. Como tal, parece coincidir con las perspectivas del sistema-mundo de Wallerstein o Amin. Pero con esta diferencia, absolutamente decisiva: para los pensadores del sistema-mundo, el punto de vista, justamente, del sistema mundial es el único que -desde su prioridad *lógica*- permite entender la propia conformación y el carácter de dominantes o dominados de los Estados-Nación modernos, pero de este punto de apoyo teórico-metodológico en modo alguno deducen la completa desaparición *empírica* de los Estados-Nación como asientos de poder o como "víctimas" de ese poder. Por supuesto que esto no se produce de la misma manera que en el colonialismo o imperialismo clásicos, y que la flexibilidad del poder de la globalización no puede asimilarse a la rigidez, de la ocupación colonial, ni a la relativamente mayor elasticidad de la "dependencia" del centro imperialista. Pero no es tan evidente que se hayan borrado mágicamente las fronteras (territoriales, políticas o incluso culturales y "metafóricas").

Como hemos visto, los mismos Hardt y Negri hablan de un componente "monárquico" representado por el poder militar norteamericano, como *ultima ratio* del nuevo orden jurídico-político de facto que se estaría conformando alrededor del imperio -y ya hemos dicho, también, que este es uno de los tramos más ricos y originales del libro, y partimos del reconocimiento de que allí hay efectivamente una "novedad"-; pero, precisamente, un orden jurídico, político y sobre todo *militar*, requiere todavía un Estado que lo sostenga, o al menos que lo hegemonice (ni la ONU ni la OTAN por sí mismas han constituido aún un gobierno supranacional integral que pueda elevarse "bonapartísticamente" por encima de las pujas y las relaciones de fuerza, las alianzas o conflictos más o menos sordos, de los Estados nacionales que la componen). Cabe preguntarse entonces: ¿hay, hoy en día, mejor candidato que los Estados Unidos para ocupar ese difuso pero efectivo lugar hegemónico? ¿Se puede realmente establecer una distinción que sea algo más que una ficción analítica entre *poder militar* -que los autores admiten que es dominantemente norteamericano- y *Estado*? No es que sea el *único*, por supuesto, ¿pero no sigue siendo el *Estado* decisivo que está detrás de la maquinaria del imperio? ¿Se ha terminado, realmente, el "complejo industrial-militar" del que sigue hablando Noam Chomsky desde hace décadas? Y en cuanto a la "oligarquía" económica y financiera, ¿es seguro que no haya un *Estado* hegemónico dentro del Grupo de los Siete? ¿Es seguro que el FMI o el Banco Mundial no son -entre otras cosas pero de manera también decisiva- un instrumento oligárquico del *Estado* económicamente hegemónico? No nos estamos apresurando (requeriría mucho más espacio y competencia de los que disponemos aquí) a responder *afirmativamente* esas preguntas: solo decimos que el libro de Hardt y Negri no propone argumentos lo suficientemente contundentes como para responderlas de forma taxativa por la *negativa*. ¿Hay tanto Tercer Mundo dentro del Primero como Primero dentro del Tercero? Probablemente sea cierto: *hay* una fluidez inmensamente mayor del intercambio de población, de dinero, de mercancías, de información y "mensajes", de la que hubo nunca antes en la historia. Pero ciertamente es un intercambio más que desigual, sometido a relaciones de poder bien materiales (que Hardt y Negri por supuesto no niegan y, al contrario, combaten muy firmemente; aunque por momentos parecen fascinados por la imagen de la "fluidez de los flujos"). Quiero decir: ¿es lo mismo arrastrarse de rodillas para pedir ser explotado por monedas en las metrópolis ricas -a riesgo de ser maltratado, discriminado, expulsado o directamente quemado vivo, como les ha sucedido a tantos turcos en Berlín o marroquíes en España- que instalar fábricas, bancos, subcentros de especulación financiera, redes de TV por cable y *shoppings* de marcas transnacionales en Kwala Lumpur, ejerciendo un control económico, político y cultural (es decir, un control pleno sobre la vida, y a veces la muerte) en sociedades manifiestamente indefensas? Uno siente ganas de preguntar: ¿es que alguien ha visto alguna vez, por ejemplo, a un técnico dinamarqués metiéndose en un barco clandestino para ir de contrabando a implorar trabajo a Etiopía? El flujo es indudablemente unidireccional. Además, como bien dicen Samir Amin y Wallerstein entre otros, bajo la globalización en curso, *casualmente*, los sectores sociales cualitativa y cuantitativamente más superexplotados -cuando no directamente "excluidos"- del planeta tienden a coincidir con las etnias, las regiones o naciones que, mal o bien, suelen pertenecer al llamado Tercer Mundo. En estas condiciones, ciertas formas de *representación* "territorial" (no decimos necesariamente y siempre de estricta *localización* territorial, aunque, como acabamos de ver, también la "localización" persiste tozudamente), como las del Primer y Tercer Mundo o las de centro y periferia, siguen siendo *por lo menos* tan pertinentes como las figuras -en muchos casos mucho más "metafóricas"- de la "desterritorialización". E incluso esta última figura está sometida al poder del "intercambio desigual": los desterritorializados son siempre los *vencidos*. Un alto ejecutivo del Citibank en Senegal no *está* desterritorializado, como no lo estaba un funcionario colonial británico en la India, y como no lo está un miembro de la propia clase dominante senegalesa. Son *los trabajadores* senegaleses, en todo caso, los que están *tan* desterritorializados si viven y son explotados en París como si lo hacen en Dakar: los flujos de intercambio son también una función de la desigualdad de *clase*, en su cruce con la cuestión étnica, cultural o "nacional".

¿Y qué decir de la "democracia" comunicativa? ¿Podemos considerar un hecho meramente anecdótico que el modelo cultural que se impone a pasos agigantados a través del fabuloso desarrollo comunicacional, mediático e informacional es a todas luces el norteamericano? No cabe duda de que la Web permite mayor fluidez y hasta mayor interactividad que cualquiera de las otras formas de comunicación unidireccional de la modernidad; en ese sentido, hay muchos más "flujos deseantes" en la Web que, por ejemplo, en la televisión convencional, cuya propia lógica de funcionamiento excluía la posibilidad de intervenciones del receptor, no digamos ya de sabotajes *hackers*. Pero, una vez más, ¿es seguro que -pensado frankfurtianamente- esto no es una nueva y espectacular vuelta de tuerca en la flexibilidad, y por lo tanto en la insidia, de la industria cultural secuestradora del propio "deseo" que ella moviliza? Otra vez: no respondemos afirmativamente, pero Hardt y Negri no nos convencen de hacerlo negativamente. Y mucho menos cuando, *justamente porque* la globalización ha permeabilizado y flexibilizado las barreras entre las "instancias", cada vez hay una relación más estrecha entre "cultura" y "economía". Como dice Jameson,

> [...] *la estandarización de la cultura mundial, con unas formas locales, populares o tradicionales de cultura expulsadas o al menos achatadas para dar lugar a la televisión, la música, la comida, la ropa o las películas norteamericanas, puede ser vista por muchos como el corazón mismo de la globalización. Y ese temor de que los modelos norteamericanos estén sustituyendo a todo lo demás se traslada ahora de la esfera de la cultura a las otras esferas: porque este proceso es claramente, en un aspecto, el resultado de la dominación económica (norteamericana)*[108].

Si esta posición puede ser tachada de "tercermundista", o descalificada por pensar todavía en los obsoletos términos del Estado-Nación, es materia discutible; sin embargo, parece describir con bastante precisión lo que *podemos ver* que está sucediendo cotidianamente a nuestro alrededor. Habría que tener mucha mala fe para no admitir que aquí no se trata de una

---

108 Fredric Jameson: "Globalization and political strategy", *New Left Review*, n° 4, julio-agosto de 2000.

defensa cerril, irracional o fundamentalista de los arcaísmos o los tradicionalismos culturales "nacionales" -cuya autenticidad, de todas maneras, es siempre harto dudosa-, sino de que la *imposición* de pautas culturales "desde arriba" -por medio de un "libre mercado" cultural sometido al poder global económico y político (como lo ha mostrado clásicamente Polanyi, se necesita mucha intervención *estatal* para crear "mercados libres")[109]- no parece ser una alternativa que favorezca la *construcción* diferencial y democrática de pautas culturales y subjetividades colectivas autogeneradas por la potencia espontánea de la multitud: aquí, como en otros terrenos, es esa imposición la que precisamente genera (reactivamente) los nacionalismos arcaizantes o fundamentalistas en el plano de la cultura, en una lógica "binaria" de pinzas que desplaza o vuelve invisible la tarea *verdaderamente* democrática de la construcción cultural.

Y, a propósito, Hardt y Negri no dejan de elogiar el emprendimiento teórico y político de la crítica poscolonial (y algo más lateralmente, de la teoría del sistema-mundo), especialmente los trabajos de Homi Bhabha, pero le critican duramente el hecho de que, a pesar de toda su sofisticación intelectual "postestructuralista" es, en el fondo, una teoría *anticuada*, en el sentido de que se sigue manejando con las oposiciones binarias y con unos criterios de análisis que pertenecen a la modernidad (colonialismo, neocolonialismo, poscolonialismo, imperialismo, etcétera), sin ver que la posmodernidad ha barajado de nuevo las cosas, operando una transformación "ontológica" y dando lugar -como insisten obsesivamente los autores- a un "imperio" que en nada se parece a aquellas formas previas de dominación. Los teóricos poscoloniales, pese a recurrir a autores como Foucault, Derrida o incluso Lacan, estarían atrapados en una filosofía política obsoleta, tributaria de la noción moderna de "soberanía nacional", cuando lo que rige el mundo actual es una "soberanía imperial" que puede perfectamente -más aun: es una condición de su hegemonía

---

109 Véase Karl Polanyi: *La gran transformación*, Madrid, Endymion, 1989.

ideológico-cultural- incorporar la celebración de las "diferencias". Al retrotraer el debate a la oposición (otra vez, "binaria") entre lo Mismo y lo Otro, criticando la falaz y etnocéntrica proyección hacia el exterior de un Otro, como en el caso del *orientalismo* de Said, los poscoloniales confunden al enemigo, cuando en verdad, dicen, "el poder ya ha evacuado el bastión que ellos atacan" y ahora el propio poder combate en favor de la diferencia. Bajo esta argumentación, los autores *parecen* coincidir con críticas como las de Jameson y Žižek (y que nosotros mismos compartimos sin reservas, como ya lo hemos afirmado repetidamente) a una noción de "multiculturalismo" que pasa por alto que *el propio multiculturalismo* defendido por los estudios culturales *es ya* un cierto producto -y una conveniencia, si no directamente una mercancía- del poder. Pero no es tan evidente que todos los poscoloniales, en sus análisis, compartan estrictamente esta celebración abstracta y carente de conflictos de la diferencia cultural. Muy especialmente Said, y en muchísimos momentos Spivak, pero incluso a menudo Bhabha -que probablemente sea el más "post" de todos ellos, aunque por razones no muy claras sea el más elogiado por Hardt y Negri- mantienen una aguda conciencia de que el multiculturalismo y las diferencias culturales constituyen un *problema*, atravesado por las tensiones, las relaciones de poder y las hegemonías ideológicas que cortan transversalmente al mismo *interior* de la hibridez cultural o de los flujos poblacionales, étnicos, etcétera.

Es posible que -de nuevo, muy especialmente a Said- se les pueda imputar un excesivo apego a criterios críticos "modernos", provenientes de la era del colonialismo e imperialismo clásicos. Pero, cualquiera sea la naturaleza de las novedades introducidas por el imperio (y son por cierto muchas) tampoco es tan evidente que pueda eliminarse de plano todo análisis de una cierta y subterránea *continuidad*. Finalmente, si uno adopta la perspectiva del sistema-mundo, o más "filosóficamente", la perspectiva jamesoniana de la *totalidad* del modo de producción, históricamente el imperio, su existencia misma, es posible *porque*, entre otras cosas, hubo antes colonialismo e imperialismo "clásicos", más allá de los avatares del recambio de las "tres hegemonías" de las que habla Giovanni Arrighi. Y no hace tanto de eso -las colonias portuguesas obtuvieron su independencia política hace no más de un cuarto de siglo- como para que las transformaciones, sin duda radicales, introducidas por la globalización posmoderna hayan liquidado totalmente las pautas culturales conformadas por la globalización previa, durante *los quinientos años anteriores* de colonialismo clásico. ¿Quién dijo que el imperio no puede *convivir* con formas culturales previas, e incluso que no *necesita* hacerlo, así como el propio capitalismo, que sigue siendo el núcleo del imperio, según los célebres análisis de Marx, pudo y *necesitó* convivir con el esclavismo y el trabajo servil en las colonias, no solo *a pesar de*, sino *para* contribuir decisivamente al proceso de acumulación que permitió la "libertad" de la fuerza de trabajo en las potencias centrales? ¿Y no sucede algo semejante hoy en día con los millones de seres sometidos, en las ex colonias *y también* a menudo en los "centros", a una explotación laboral semiesclava y a una casi completa "desciudadanización" y marginalización social, no solo *a pesar de*, sino *para* que los países centrales puedan gozar del bienestar y los plenos derechos que los enorgullecen? ¿Y no requiere todo eso de justificaciones y racionalizaciones ideológicas, construcciones de "otredades" y "orientalismos", que no pueden ser tan cualitativamente diferentes de las del colonialismo clásico? Al fin y al cabo, la imaginación en materia de fetichizaciones culturales es limitada: la construcción de un multiculturalismo híbrido y difuso que corresponde al imperio posmoderno, como el etnocentrismo más "binario" correspondía al colonialismo clásico, no es *lógicamente* tan distinta de los *orientalismos* de Said o de las *exotizaciones* de Spivak[110]. Es justamente la relación entre los restos de esa "modernidad bárbara" y las nuevas formas surgidas en el imperio posmoderno -y que se retroalimentan mutuamente,

---

110 Véanse, a este respecto, las ya citadas tesis de Huntington sobre el "choque de civilizaciones".

así como se retroalimentan la globalización y la persistencia de los Estados-Nación- lo que *constituye*, en buena parte, al llamado "poscolonialismo". Otra parte, por supuesto, está constituida por el análisis (sobre todo en Bhabha o Spivak, que se ocupan menos que Said del colonialismo clásico) de la *potencia constituyente* en el plano de la cultura ejercida por las estrategias de reapropiación y respuesta estética y literaria que trabajan, nada "binariamente", sobre las tensiones y conflictos de lo Mismo y lo Otro, de las permanentes recomposiciones y negociaciones de los "flujos" identitarios, etcétera. Entonces, las críticas que nosotros mismos hemos dirigido -y volveremos a hacerlo- a los poscoloniales por su sometimiento a los textualismos "post", no se dirigen a *su exceso*, sino en todo caso a su *falta de* "modernidad", en el sentido de aquella modernidad *crítica* que -como es el caso palmario de la Escuela de Frankfurt- se sitúa en conflicto consigo misma (es decir, en conflicto *inmanente*, como lo piden Hardt y Negri) para sabotear las ilusiones identitarias y falsamente totalizadoras tanto como lo hacen a su modo los poscoloniales.

Y, después de todo, los propios Hardt y Negri, en su propio texto *Imperio*, tienen palabras de encendido elogio hacia autores tan inequívocamente *modernos* (en el sentido crítico recién apuntado) como, nada menos, Jean-Paul Sartre y Frantz Fanon. De ellos sí rescatan su dialéctica -a la que tan irónicamente descalifican en el resto del libro por su binarismo, sin que se entienda muy bien por qué toda dialéctica, la de Marx por ejemplo y para empezar, debería ser necesariamente binaria-[111]. En efecto, *la obra de numerosos*

---

111 No es este el lugar para iniciar lo que sería una complejísima discusión. Baste decir que el binarismo (con todas sus ventajas e inconvenientes) es antes una característica propia del pensamiento estructuralista clásico (de Saussure a Lévi-Strauss, digamos) que de la dialéctica de cuño hegeliano, y mucho menos de la marxista: la relación burguesía / proletariado, por ejemplo -tal como es entendida por el propio Marx y como es completamente desarrollada en el Lukács de *Historia y conciencia de clase*, entre otros autores- no es en modo alguno "binaria", ni muchísimo menos lo es la tensión entre particularidad y universalidad en la dialéctica "negativa" de Adorno.

autores, tales como Jean-Paul Sartre y Frantz Fanon, quienes reconocieron que las representaciones coloniales y la soberanía colonial son dialécticas en su forma, resulta útil en varios sentidos. Ante todo, la construcción dialéctica demuestra que no hay nada esencial en las identidades en pugna. Los blancos y los negros, los europeos y los orientales, el colonizador y el colonizado son todas representaciones que funcionan en una relación recíproca y que (a pesar de las apariencias) no tienen ninguna base real necesaria en la naturaleza, la biología o la racionalidad. [...] El primer resultado de la lectura dialéctica es pues la desnaturalización de la diferencia racial y cultural. Esto no significa que, una vez reconocidas como construcciones artificiales, las identidades coloniales se disuelvan en el aire; son apariencias reales y continúan funcionando como si fueran esenciales. [...] En segundo lugar, la interpretación dialéctica deja claro que el colonialismo y las representaciones coloniales se fundan en una violenta lucha que debe renovarse permanentemente. El sí mismo europeo necesita la violencia y necesita afrontar a su Otro para sentir y mantener su poder, para rehacerse continuamente. [...] En tercer lugar, el hecho de presentar el colonialismo como una dialéctica negativa de reconocimiento muestra claramente el potencial de subversión inherente a la situación. Para un pensador como Fanon, la referencia a Hegel sugiere que el amo solo puede alcanzar una forma hueca de reconocimiento; es el esclavo, a través de una lucha de vida o muerte, quien posee el potencial para avanzar hasta la plena conciencia[112].

Se trata, sin duda, de una excelente lectura de las propuestas de Sartre y Fanon. ¿Pero por qué Hardt y Negri elogian estas propuestas "modernas" en detrimento de las "posmodernas" de los poscoloniales, al mismo tiempo argumentando que estos son en última instancia más "modernos" de lo que ellos creen? La verdad es que no se entiende. Estas citas elogiosas parecen sugerir que, en *el fondo*, tampoco Hardt y Negri

---

112 Hardt y Negri, *Imperio*, ob. cit., pp. 127 y 128.

están demasiado convencidos de que no haya una cierta continuidad entre el colonialismo clásico y el imperio, que puede denominarse, *verbi gratia*, "poscolonialismo". Es cierto que a continuación explicarán que *ahora* hemos pasado a otra etapa, pero la cita anterior no es necesaria en el contexto de la teorización de la nueva era. Sea como sea, los autores no logran convencernos a *nosotros* de que ya no pueda ni deba pensarse basta cierto punto en términos de esa continuidad. Si ahora volvemos a Aijaz Ahmad, podemos observar con qué lucidez él analiza el otro pasaje, el del colonialismo decimonónico al "imperialismo" en sentido leninista:

> *Las décadas iniciales de la era imperialista presenciaron así una conjunción crucial de hechos: aceleración sin precedentes de la conquista colonial, acompañada por el crecimiento del nacionalismo y el anticolonialismo en la periferia, e igualmente inédita prosperidad capitalista en los países metropolitanos, acompañada por la incorporación de vastos segmentos de la clase obrera europea al parlamentarismo burgués vía la acción de la socialdemocracia*[113].

¿Se ve entonces que el imperialismo, lejos de dejar atrás, puede requerir *más profundización* del colonialismo clásico? No hay suficientes y sólidos argumentos en el libro de Hardt y Negri para pensar que el imperio sería, en este sentido, algo tan diferente. Está claro que ya no hay colonialismo "territorial" (aunque no está forzosamente excluido: ¿cómo pensar el caso palestino?), pero la lógica "cultural" del colonialismo que ha dado en llamarse "post" colonialismo, en su imbricación con un mapa mundial cuyo diseño todavía puede en gran medida ser explicado por la continuidad histórica analizada por las teorías del sistema-mundo, hace que por el momento debamos considerar la cuestión como muy lejos de quedar resuelta. Con todos los extraordinarios hallazgos -que no hay

---

113 Aijaz Ahmad: *Lineages of the Present*, ob. cit.

razones para subestimar- del libro de Hardt y Negri, el debate queda abierto.

3. INTERLUDIO FILOSÓFICO

Es, nos parece, el momento de hacer una cierta recapitulación, que al mismo tiempo sirva, por así decir, de puente para lo que sigue. ¿Qué hemos pretendido demostrar con todo lo anterior? Simplemente, que la *mundialización colonial* (sea bajo su forma "clásica", "semi", "neo", "post" o lo que se quiera) es una característica *específica* y *necesaria* del modo de producción capitalista, y de ninguna manera una contingencia azarosa y por lo tanto relativamente disculpable o reformable mediante algún ordenamiento jurídico internacional más "justo" (que, por supuesto, sería bienvenido). En ese sentido, la nueva era representada por el imperio de Hardt y Negri se constituye -en la medida en que *sigue siendo* una expresión del modo de producción capitalista- en una dialéctica de ruptura y continuidad conflictivas con la etapa anterior. Del mismo modo que la llamada *posmodernidad* no es algo radicalmente *distinto y contrario* a la modernidad, sino la profundización hasta el límite de ciertas tendencias inherentes a ella que ahora, en virtud de la completa "mundialización", atraviesa la cultura del modo de producción en su conjunto (la posmodernidad es la "lógica cultural del capitalismo tardío", para insistir con la ya citada definición de Jameson), el llamado *poscolonialismo* en el seno del nuevo imperio no es algo cualitativamente diferente del colonialismo en sus diferentes formas, sino también la profundización y "sofisticación" de las tendencias coloniales inherentes al capitalismo. Parafraseando a Jameson: el poscolonialismo imperial es la lógica cultural "mundializada" del capitalismo colonial tardío. Y del mismo modo que el capitalismo neoliberal hoy hegemónico oculta su carácter explotador y generador de cotas implacables de miseria bajo el funcionamiento formal de la "democracia", el poscolonialismo imperial oculta las nuevas formas mundiales de periferización, polarización y exclusión de regiones enteras del planeta bajo el pretexto de que ya no hay, formalmente hablando, "colonias", sino una lógica de "globalización" e "interdependencia" que traslada al mercado mundial la lógica del mercado *tout court*.

Es un gran mérito de la teoría poscolonial (y eso la hace de enorme interés) haber advertido, por un lado, la *persistencia* de una semioculta hegemonía de la ideología colonialista en las más diversas formas culturales de las sociedades descolonizadas, así como formas también nuevas de *resistencia* a esa inercia, tanto como a las novedosas introducciones ideológicas de la "globalización" cultural. Y, por otro, metodológicamente, el llamar la atención sobre la importancia fundamental de la esfera simbólica, cultural y "subjetiva" (en el sentido amplio de las "subjetividades colectivas") en el análisis crítico de esas persistencias y/o resistencias. En efecto, ya hemos visto que uno de los fenómenos característicos del capitalismo tardío mundializado es el de la dominación históricamente inédita de "fuerzas productivas" -la informática, los medios de comunicación, la industria cultural en sus multivariadas formas- que, a falta de mejor denominación, llamaremos ideológico-simbólicas y, por lo tanto, *productoras* (y ya no solo "influenciadoras") de la subjetividad. Diríamos que, hoy, la *base económica* del modo de producción capitalista está también *constituida* por la cultura, la simbolicidad y las subjetividades sobre las que se apoyan los mecanismos de producción y reproducción del sistema. Es por eso, entre otras cosas, que -como decíamos más arriba siguiendo a Amin- la economía es actualmente la instancia *ideológica* dominante; porque la economía no puede ya entenderse en su acepción estrecha y especializada, sino que ella es, nos animaríamos a decir, algo así como *la antropología filosófica* del "ser social" del capitalismo tardío y el poscolonialismo. En ese sentido, es algo más que una "determinación en última instancia", como suele repetir ritualmente el marxismo ortodoxo: *todas* las dimensiones de lo humano -desde la económica en sentido estrecho a la política, desde la laboral a la estética, desde la comercial a la amorosa, desde la familiar a la metafísica, desde la cultural a la erótica- están sometidas a la lógica globalizada y poscolonial del fetichismo de la mercancía que, como ya lo habían previsto Benjamin y Adorno entre otros, conforma la matriz modelizante de nuestra "civilización", y simultáneamente de nuestra barbarie. Citando una vez más a Jameson: un efecto central de la globalización poscolonial y su transformación de las formas productivas y culturales es que hay una suerte de reciprocidad por la cual, mientras la economía se vuelve toda ella cultural -es decir, atravesada y hasta determinada por los sistemas de representación virtual de la informática, los medios de comunicación, la publicidad, el ciberespacio y esa "producción imaginaria" de valor que implica la especulación financiera-, la cultura se vuelve toda ella económica -es decir, sometida al fetichismo de la mercancía que, por otra parte, como lo vio genialmente Marx, ya tenía *en sí mismo* una dimensión cultural-.

La teoría poscolonial, decíamos, tiene la virtud de llamar la atención sobre la importancia de la esfera simbólica, cultural y subjetiva en esta nueva era de "mundialización", y por lo tanto de *indecidibilidad* de los "lindes" (los *in-between* de Homi Bhabha) igualmente simbólicos, culturales y subjetivos, sobre la indeterminación tantas veces conflictiva de las "identidades" (nacionales, sociales, étnicas, sexuales, y aun "personales"), que el arte y la literatura de las sociedades poscoloniales expresan, a veces con desgarramiento y desesperación, a veces con esperanza y combatividad. Es, en muchos aspectos, un aporte absolutamente indispensable para entender la historia del mundo desde la perspectiva de sus conflictos actuales, y al mismo tiempo desde un punto de vista que intenta dar cuenta de las *fracturas* humanas producidas por la dominación mundial, y no de sus aparentes (y complacientes, cuando no cómplices) "consensos", de Washington o de donde sea. Y en este sentido, la teoría poscolonial y sus fundamentos filosóficos deberían formar parte indisoluble de los programas de investigación en materias tales como Relaciones Internacionales, Historia Económica y Social, Antropología Cultural o Teoría Política (y no solamente de los de Estudios Culturales y Teoría Literaria, como sucede hoy): al menos, de aquellos programas que se propusieran ser no un mero ejercicio académico impulsor de carreras universitarias, sino una producción de conocimientos críticos eficaces para la lucha contra la injusticia mundial.

Pero no es suficiente. Lo que más arriba hemos llamado la "tentación textualista" de la teoría poscolonial (es decir, cierta tendencia al *reduccionismo* culturalista que se acantona en el análisis deconstructivista de los textos simbólicos o imaginarios en su acepción estrecha), impide -o al menos obstaculiza- una rearticulación con el análisis igualmente crítico de la *totalidad* (ya se habrá comprendido que no consideramos un tabú esa noción hoy tan devaluada) del modo de producción capitalista en su actual fase de mundialización poscolonial. En nuestra opinión, solo una rearticulación como esta -por ejemplo, con la teoría del sistema-mundo a partir de las seguramente ampliables y debatibles tesis de Wallerstein, Amin, Arrighi y otros- puede, aun en su provisoriedad, empezar a reconstruir una teoría crítica de la "globalización" y del sistema de dominación mundial en *este* capitalismo que hoy sufrimos.

Pero además, esta rearticulación debería incluir, a nuestro juicio, una revisión igualmente crítica de los supuestos teórico-filosóficos que pueden contribuir a su rigurosidad intelectual. Principalmente, de los aportes que un conjunto decisivo de pensadores críticos del siglo XX (Lukács, Freud, Sartre, Merleau-Ponty, los miembros de la Escuela de Frankfurt, Jameson, Žižek, entre otros) han hecho a la relación conflictiva entre Particularidad y Totalidad, que -aparte de constituir en sí mismo un debate filosófico de primera importancia- resulta un elemento central para el análisis de un mundo como el actual, desgarrado por la tensión entre un (falso, como hemos sostenido) "universalismo" determinado por la mundialización capitalista, y unos "particularismos" (nacionales, culturales, étnico-religiosos, estéticos, sociales, etcétera), que no por "imaginarios" (en el sentido del pensamiento "identitario" al que se refiere Castoriadis) tienen menos efectos *materiales* sobre la configuración de ese mundo. En efecto, cada uno a su manera, y tal como ya lo había hecho Marx -solo que eso podemos verlo ahora, retrospectivamente, gracias a ellos-, estos autores han intentado mostrar el progresivo dominio del *fetichismo* en el mundo contemporáneo. Vale decir, han buscado analizar las formas bajo las cuales el desarrollo mundial y la hegemonía del modo de producción capitalista han sometido a su propia lógica *el pensamiento y la cultura* (en los sentidos más amplios de esos términos), "funcionalizándolos" para disolver toda posibilidad de emergencia y de producción de un pensamiento y una cultura *críticos* y resistentes que al menos planten los cimientos teórico-filosóficos de una alternativa. El "fetichismo", en este sentido -si bien su matriz lógica está moldeada en los análisis de Marx sobre el fetichismo de la mercancía, o de Freud sobre el fetichismo como "perversión" constitutiva del sujeto como tal-, define la operación *ideológica* por la cual una situación específica e histórica -aunque sea una *larga* historia, como la que ya lleva el medio milenio de mundialización capitalista- puede aparecer como una suerte de *ontología* de lo social-histórico como tal, como la naturalización de una forma de dominación que, por así decir, no tiene "lado de afuera", en tanto conforma una *totalidad* cerrada sobre sí misma, de una inconmovible *completud* sin fisuras: es lo que se ha congelado, en su expresión más caricaturesca, bajo el sintagma del "fin de la historia".

Es una operación de fetichización ideológica, por lo demás, que se apoya en una gigantesca subjetividad social que ella misma ha creado y que, sin embargo (segundo movimiento fetichista), aparece como condición *preexistente* de posibilidad. A los "cinco monopolios" a los que se refiere Amin (monopolios de las finanzas, las comunicaciones, la tecnología, las armas y el conocimiento), habría que agregar, pues, como su *consecuencia* más profunda, el *monopolio del pensamiento*, expresado a su vez -puesto que todo ahora, en la era del *marketing*, se expresa en la forma de eslogan propagandístico- en la idea del pensamiento único. Por supuesto que no es exactamente así -que hay quienes siguen pensando y luchando en direcciones diferentes de la dominante-, pero el solo hecho de que *parezca ser* así para la mayoría de los sujetos sociales (que no alcanzan a advertir que ellos mismos son el *producto* de ese "parecer") ofrece un testimonio dramático del *peso* que han logrado la hegemonía y la dominación mundializadas.

Un primer acto para aliviarnos de ese peso, entonces, es el que realizan los autores nombrados cuando no se limitan a *denunciar* -con sus herramientas "filosóficas"- el fetichismo ideológico, sino que muestran los *síntomas* disfuncionales de aquella aparente totalidad, develando que es una *falsa* totalidad, que solo el fetichismo imperante puede hacerla ver como *acabada* e impasible, como ya-no-pasible de transformación. "Muestra" en el sentido de la *Deutung* marxiana o freudiana, de un señalamiento crítico que invita a la "interpretación del mundo", pero no como develamiento pasivo de una verdad oculta, a la manera de la hermenéutica tradicional, sino como construcción *activa y colectiva* de un nuevo "sentido" del ser social-histórico; porque, justamente, no se trata de oponer a la deshistorizada "ontologización" fetichista una "desontologizada" historización, una no se sabe qué deriva azarosa y contingente de la Historia. Se trata de buscar los fundamentos de una *refundación* del ser social y político (tal como lo intentan, todo lo imperfectamente que se quiera, la *Ontología del ser social* de Lukács, la *Crítica de la razón dialéctica* de Sartre, la *Dialéctica negativa* de Adorno o, a su modo más "poetizante", las *Tesis sobre la Filosofía de la Historia* de Benjamin, o, ¿por qué no?, el intento latinoamericano de la *Ética de la liberación* de Dussel, o más recientemente *El poder constituyente* de Toni Negri): una refundación que necesariamente será transitoria y abierta, porque también ella estará sometida a la Historia, entendida como la praxis autónoma de la sociedad en su conjunto.

Pero este propósito requiere de dos especificaciones, a nuestro juicio esenciales:

Primera especificación. Es una *re-fundación* porque necesariamente abarca a la sociedad mundial *toda* (con la excepción, claro está, de las clases dominantes y sus grupos cómplices, sobre los que ya debería abandonarse la ilusión de "corregirlos"). Aunque la explotación diferencial "mundializada" del proletariado y la consiguiente "lucha de clases" sigan siendo las categorías fundamentales de *macro-explicación* del funcionamiento del sistema (no tenemos la más mínima intención de dejarnos extorsionar por la ideología dominante para abandonar esos "hallazgos" de Marx, que seguirán siendo herramientas de análisis indispensables mientras exista la sociedad de clases), la dominación inéditamente *global* a la que aspira, y que está consiguiendo, el modo de producción capitalista *-la sociedad de administración total* de la que hablaba la Escuela de Frankfurt, actualmente expresada en los "cinco monopolios" de Amin- requiere, como decíamos, que se repiense desde su propia base la *subjetividad social* (cultural, política, psicológica, sexual, estética, etcétera) en tanto tal.

En 1924, en *Historia y conciencia de clase*, Lukács había formulado la hipótesis de que la cosificación capitalista del trabajo producía un efecto paradójico en el proletariado: justamente por su alienación, el proletario empieza por experimentarse a sí mismo como *objeto*, y por ello tiene que *construirse* como sujeto (al contrario del burgués, que como propietario *es ya siempre* sujeto en-sí y para-sí; es este sujeto *histórico* burgués el que aparece "ontologizado"en el *cogito* cartesiano o en el Sujeto Trascendental kantiano). Por eso el proletario puede *potencialmente* -una vez "superada" su alienación- "rehacer" la Historia, que consiste precisamente en su autoconstrucción subjetiva. Mucho se le criticó en su momento a Lukács que cierta tendencia suya a fusionar el concepto genérico hegeliano de "alienación" (entendida como un momento *necesario* del proceso de trabajo, en el que el hombre "objetiva" la naturaleza en la forma de producto) con el concepto marxiano específico de "cosificación" (entendida como forma *histórica, y* por lo tanto superable, de alienación en las relaciones de producción / explotación capitalistas) producía, entre otras, dos consecuencias problemáticas:

1) Desde un punto de vista estrictamente *político*, no dejaba lugar para una explicación del *pasaje* de la clase en-sí (el proletario como objeto) a la clase para-sí (el proletario como sujeto): si la *alienación* constitutiva, "antropológica", se superpone a la *cosificación* histórica y específicamente proletaria, ¿quién está capacitado para romper ese círculo, para producir una diferencia? Políticamente hablando, no puede ser otro que el *Partido*, el "intelectual colectivo" y "orgánico" del proletariado, el que salda la brecha, lo cual daría lugar a un "sustituismo" vanguardista -y quizá, en última instancia, al estalinismo-.

2) Desde un punto de vista *filosófico* más amplio (que, como se verá, de ninguna manera está desvinculado del anterior), la identificación *alienación estructural = cosificación histórica* está mediada por las formas de pensamiento funcionales al desarrollo de las fuerzas productivas, es decir, por la *técnica* (en el sentido amplio de la "racionalidad instrumental" weberiano-frankfurtiana, y que es efectivamente *la* cuestión filosófica del siglo XX, desde Heidegger hasta Habermas o Foucault, pasando por Adorno, Benjamin o Marcuse). Pero aquí, entonces, el riesgo es el de "ontologizar" a la técnica *como tal,* haciendo de ella *el* enemigo, una suerte de Mal metafísico combatiendo contra el cual es fácil la recaída en una especie de irracionalismo romántico que muy poco ayudaría al análisis crítico de las modulaciones históricas con las cuales el capitalismo ha "mundializado" ciertas relaciones socio-técnicas (la "técnica", como todo, es una relación *social,* y como tal transformable, y no una mera inercia mecánica) que sirven a su dominación global.

Pero, he aquí la paradoja, que inesperadamente hoy podría darle la razón a Lukács (aunque no por los motivos implícitos en su razonamiento original): la sociedad de *administración total*, bajo la hegemonía de lo que Habermas llamaría no la "ideología técnica" sino la *técnica como ideología*, ha alcanzado un grado de dominación tal -expresada al máximo en su capacidad de producir "subjetividad social", como decíamos más arriba-, que hoy es *la sociedad toda* la que se experimenta a sí misma como objeto (puesto que una "subjetivación desde arriba", en la que la sociedad no tiene parte activa, equivale a una objetivación) y tiene que *(re)construirse* como sujeto. Como le gusta repetir a Toni Negri, el mundo entero es una gigantesca "fábrica social" alienada. El propio Lukács parece haber extraído tal consecuencia en la última etapa de su vida, puesto que en su *opera magna* póstuma, la *Ontología del ser social,* vuelve a adoptar la perspectiva antropológica del ser humano genérico, centrada en la tríada naturaleza / trabajo / lenguaje: perspectiva que ya era, se recordará, la del joven Marx de los *Manuscritos* de 1844.

Esto le abre -tanto a un nuevo pensamiento como a una nueva praxis política que todavía no estamos en condiciones de definir- una tarea inmensa, mucho más ímproba incluso que la de una revolución socialista en su sentido clásico. El primer paso teórico-crítico para aportar a tal tarea es el de la indispensable *comprensión* del proceso de "mundialización técnica", y principalmente de los "cinco monopolios" de Amin. Las tesis del sistema-mundo son un instrumento de enorme utilidad para esa comprensión, pero ellas no pasarían de ser un *mero* instrumento si no pudieran inscribirse, como decíamos, en una perspectiva más abarcadora, más "filosófica", que diera cuenta al menos del *horizonte* de un pensamiento de la refundación ontológica de lo social-histórico.

Segunda especificación. La *comprensión* intelectual-crítica de ese proceso de dominación mundial no puede ser *abstracta*, vale decir, "desencarnada" de una *materialidad* -incluso *corporal*, si se la quiere nombrar así-, de un "aquí y ahora" que de alguna manera intente dar cuenta de la *experiencia vivida*, de una historia no solo actual sino *situada*, para volver a esa noción sartreana; y esa "situación" es en primer término, ya lo hemos dicho, *espacial*: la "periferia", el Sur, todo el inmenso acervo de saber acumulado por el pensamiento occidental es legítimamente utilizable, y debe ser utilizado, siempre que se lo haga bajo la forma de lo que los antropólogos llaman una *reapropiación cultural* realizada desde la construcción de un vínculo propio, singular y activo, que vaya más allá del falso e inmóvil universalismo de la cultura dominante para restituir la *particularización* de ese universalismo en las periferias para las cuales este es *también* (aunque no sea solamente, como en los irracionalismos neofundamentalistas) una forma de dominación mundial. De allí la (parcial, como todas) utilidad de la teoría poscolonial, por dos motivos fundamentales:

1) Porque ella adopta, precisamente, la perspectiva de la *denuncia* de la fetichización universalista abstracta (deshistorizada y despolitizada) que hace pasar *una* cultura por *la* cultura, como si esto no fuera una expresión particular de los "cinco monopolios". Genéricamente considerada, la teoría poscolonial no cae en la trampa inversa, reactiva, característica de todo fundamentalismo, de postular la inversión simétrica (es *otra* cultura, la "nuestra", la que es *la* cultura), sino que parte de la base de que no hay tal cosa como *la* cultura (en el doble sentido de que no hay "una" y de que ninguna está hecha de una vez y para siempre): que toda cultura es una recreación permanente y *dialógica* de su relación (posiblemente conflictiva y ambivalente, pero relación al fin) con otras, y por ello la teoría poscolonial se interesa por los *in-between,* los espacios fronterizos e indecisos entre las culturas y las "identidades". Pero no por pensar que la cultura es una relación pierde de vista que en esa relación existe una búsqueda de *dominación,* una "voluntad

de poder" que en la historia concreta de la(s) cultura(s) de los últimos cinco siglos se ha expresado en la "mundialización" colonial y poscolonial.

2) Porque ella se ocupa, justamente, de *la cultura*: de la dimensión simbólica e imaginaria que se expresa en la producción discursiva, estética, literaria y en general teórico-ideológica, ya sea de las sociedades colonizadoras (los "orientalismos" de Said, como estrategias inconscientes de *reducción* de las complejidades y especificidades del "Otro" a las grillas de control y de justificación de la propia voluntad de poder, siguen siendo el paradigma), o de las sociedades (post)colonizadas, que buscan reapropiarse de, resistir o "reescribir" la cultura dominante en función de su propia reconstrucción cultural. En cualquier caso, ese "ocuparse de la cultura" es un gesto de capital importancia: se hace cargo -aunque casi nunca llegue a explicitarlo tan frontalmente- de que la mundialización dominante supone -contra las apariencias ideologizadas de la aséptica noción de multiculturalismo- un aplastamiento homogeneizador de las *diferencias* y los *conflictos* inherentes a la reconstrucción cultural. El problema, como lo hemos señalado repetidamente, es el de su excesivo sometimiento (por "seducción" teórica comprensible, pero sometimiento de todos modos) a cierta sofisticación "discursivista" y academizante imposibilitada de restituir el discurso a su vínculo con lo *real-material*; vínculo *imposible*, se dirá lacanianamente: sin embargo, hay que *dar cuenta* de esa imposibilidad, ya que los *discursos*, al menos los más interesantes en el campo de la literatura y el arte o de la cultura en general, hacen escuchar cómo están atravesados, desgarrados, por esa relación imposible.

Una rearticulación como la que aquí venimos proponiendo entre la teoría poscolonial y la teoría del sistema-mundo sería una aproximación nada desdeñable a aquella restitución, en la medida en que permitiría contextualizar los análisis de la primera en el proceso histórico-económico de la mundialización capitalista. Como también lo sería una rearticulación de ambas teorías con el pensamiento crítico (marxista o no) del siglo XX, que permitiría sentar los fundamentos filosóficos -incluso "ontológicos", como hemos visto- de este multiparadigma crítico. Para la teoría poscolonial en particular, es fundamental la lectura que hace el ya citado Toni Negri de Spinoza: aunque ella no se refiere específicamente a la cuestión poscolonial, resalta la importancia del *panteísmo* teológico-político del gran filósofo del siglo XVII, su "dialéctica" de lo Uno y lo Múltiple, que permite pensar la relación entre las partes y el Todo de una manera no reductiva, y simultáneamente pensar una política de *masas*, basada en la pasión de la *multitud,* que -lejos de caer en el populismo condescendiente al que han sido tan proclives las propuestas de liberación "tercermundistas"- apuesta a una *potencia* (tanto en el sentido de "poder" como de "posibilidad") creadora de nuevos lazos sociales y culturales inspirados al mismo tiempo en una "unidad en la multiplicidad" que se diferencia radicalmente del "universalismo" abstracto, coartada de la dominación *central* del capitalismo mundializado.

Resumiendo, una rearticulación semejante -de la que aquí, como es obvio, no hemos podido ofrecer más que un esbozo bajo la forma de tímidas hipótesis- cumpliría un cuádruple propósito:

1) Permitiría inscribir el análisis teórico-crítico de la *realidad material* del mundo actual en una reflexión "filosófica", e incluso en una "ontología" de lo social-histórico que afecte y comprometa al *pensamiento* como tal, evitando las posibles recaídas en alguna clase de empirismo fetichizado y promulgando la *producción* de ideas, y no solamente el *registro de* los conocimientos y los hechos, por más contenido de "denuncia" que ellos tengan.

2) Inversamente, permitiría *encarnar* dicho pensamiento en la realidad material de la auténtica catástrofe civilizatoria

que vive y sufre la sociedad mundial actual, sin sentimental-ismos lacrimógenos (que tantas veces han servido de coartada para la pereza intelectual), pero asimismo sin ese "vacío" el-egante pero desapegado que a veces se encuentra en la filosofía y las humanidades.

3) Ubicando dicha "encarnación" en la perspectiva am-plia pero *situada* de la periferia arrasada por la mundialización capitalista, eufemísticamente llamada "globalización", y a su vez postulando a esta última como la "etapa superior" y "poscolo-nial" de la conformación -desde inicios del siglo XVI- de un siste-ma mundial de división / polarización / explotación del trabajo, se puede contribuir a la reconstrucción de un *verdadero* "gran relato" de la modernidad que restituya lo que Walter Benjamin llamaría "la historia subterránea de los vencidos".

4) Finalmente, y aun a riesgo de resultar redundantes, insistiremos en que esa rearticulación debería también jugar un rol de *herramienta teórico-política* que aportara un grano de arena más en la reconstrucción de un programa emancipa-dor que guarde la memoria activa del pasado, pero *aggiornado* acorde con las características del mundo presente. Para ello, sería necesario extraer una serie de hipótesis políticas "prác-ticas" -pero, como se sabe, la acción sin teoría es poco más que un conjunto inorgánico de golpes a ciegas- de las hipótesis teóricas previas.

4. LITERATURA, ARTE E HISTORIA EN LA ERA POSCOLONIAL DE LA MUNDIALIZACIÓN CAPITALISTA. O LA SUMA DE LAS PARTES ES MÁS QUE EL TODO.

El interés de la teoría poscolonial por la literatura como espa-cio privilegiado de "ficcionalización" del *in-between* de Homi Bhabha es, por supuesto, una derivación de su interés por las teorías postestructuralistas y deconstructivistas cuyo punto de partida es el retorno al giro lingüístico y a la concepción ex-trema de que tanto la subjetividad como, en cierto sentido, la propia Historia que la enmarca son *efectos de lenguaje*. Hay un "efecto sujeto" cruzado con un "efecto Historia" que -a través de, y al mismo tiempo originados en, los "juegos de lenguaje" infinitamente deconstruibles para mostrar su ausencia de verdadera *sustancia* originaria- generan un "efecto identidad" (nacional, étnica, de clase, de género, etcétera). En esta perspectiva, ciertas *prácticas* de la literatura -cuyas estrategias inconscientes, al parecer, solo pueden ser explicitadas teóricamente, pero por una teoría que no puede ella misma ser pensada como algo *sustancialmente* distinto de la ficción- logran tanto *construir* como, a veces en el mismo movimiento, *deconstruir* las ilusiones de esa "sustancialidad" identitaria. La idea, ciertamente, no es nueva: hemos visto que podemos encontrarla, bajo otra forma, en las críticas de Adorno al *pensamiento* identitario. Pero en la teoría poscolonial (que, como también hemos visto, prácticamente ignora, o mejor, *des-conoce* la obra de Adorno) la propia palabra "pensamiento" es ya sospechosa de pecado identitario: en todo caso, la *escritura* tiene un paradójico estatuto de *no-pensamiento,* o de "pensamiento negativo", por el cual se "des-piensa" a sí misma constantemente, impidiendo la cristalización de cualquier identidad de la palabra con la cosa. La situación poscolonial es un terreno de experimentación ideal para semejante práctica, en la medida en que es en ella donde la cuestión de una "identidad cultural" aparece como más problemática, ya que allí el "efecto Historia" es siempre indeciso, incierto, ante la evidencia de que las sociedades poscoloniales -a las que la colonización, en su momento, les *arrebató* incluso la posibilidad de generar por sí mismas, en su propia "escritura", una ilusión de identidad- están necesariamente *desplazadas* respecto de un imaginario cultural que en las sociedades "centrales", en cambio, se da por "naturalmente" adquirido. En lo que sigue procuraremos evaluar críticamente esta postura, haciendo especial (aunque no único) hincapié en la literatura latinoamericana.

Como todo el mundo sabe (aunque simule ignorarlo para vivir más tranquilo) el concepto de *identidad* es quizá el más resbaladizo, confuso, contradictorio e impreciso que ha inventado -puesto que es un *invento*- el pensamiento moderno -puesto que es exclusivamente *moderno*-. En efecto, solo la así llamada modernidad (a la que además habría que calificar: la modernidad *burguesa*) necesitó ese concepto para atribuírselo, en principio, a otro de sus inventos, fundamental desde el punto de vista ideológico: el individuo -y su expresión macroteórica: el Sujeto cartesiano-, base filosófica, política y económica de toda la construcción social de la burguesía europea a partir del Renacimiento. Claro está que -se hace necesario repetir esto hasta el cansancio- hay *otra* modernidad, una modernidad (auto)*crítica* ejemplarmente representada por el pensamiento de Marx, Nietzsche o Freud, que implacablemente se dedicó a cuestionar ese universalismo de la identidad, ese esencialismo del Sujeto moderno. Y ya hemos defendido antes nuestra opinión de que, con una paradoja solo aparente, semejante cuestionamiento -que supone una imagen *fracturada* del Sujeto moderno, ya sea por la lucha de clases, por la "voluntad de poder" agazapada detrás de la moral convencional, o por las pulsiones irrefrenables de su inconsciente- es infinitamente más *radical* que las declamaciones poetizantes (lo cual no es lo mismo, sino lo contrario, que decir poéticas) sobre no se sabe qué *disolución* del sujeto, a las que nos tiene acostumbrados -y saturados- la vulgata posmoderna.

Como sea, la noción de "identidad", acuñada originariamente para hablar de los individuos, pronto se trasladó al ámbito de las sociedades, y empezó a hablarse de identidad *nacional.* Otra necesidad burguesa, evidentemente, estrechamente vinculada a la construcción moderna de los Estados nacionales: es decir, a la estricta delimitación territorial y política que permitiera "ordenar" un espacio mundial cada vez más "desterritorializado" por el funcionamiento tendencialmente (como se dice ahora) *globalizado* de la economía. La paradoja de que a una progresiva unificación *económica* del mundo corresponda una concomitante fragmentación *política* en

"Estados-Nación" es otro de esos fenómenos de expansión / contracción (de "sístole-diástole", si se nos disculpa la metáfora un tanto organicista) analizados por la teoría del sistema-mundo. Pero ello no quita que la construcción de una identidad nacional en la que todos los súbditos de un Estado pudieran *reconocerse* simbólicamente en una cultura común fue desde el principio un instrumento ideológico de primera importancia. Y desde el principio la *lengua* -y, por lo tanto, la literatura, entendida como institución- fue un elemento decisivo de dicha construcción: por solo poner un ejemplo fundante, ya en las postrimerías de la Edad Media, Dante Alighieri provocó un verdadero escándalo político al escribir su *opera magna* en el dialecto toscano -que luego pasaría a ser el italiano oficial- y no en el ecuménico latín, que era la lengua "global" de los cultos. Escribir en la lengua "nacional y popular" de la comunidad, y no en el código secreto de la élite, era un movimiento indispensable para el logro de aquella *identificación* (léase: de aquel reconocimiento de una *identidad*) del pueblo con "su" Estado.

¿Pero es eso todo? ¿Las cosas no serán un poco más complicadas? Por ejemplo: ya hemos recordado cómo la casi "natural" predisposición del capitalismo -y ergo de la nueva clase dominante en ascenso, la burguesía- a expandirse mundialmente tuvo como rápido efecto (y hay incluso quienes, desde la teoría del sistema-mundo, dicen que fue una *causa* y no un efecto) la promoción por los Estados europeos de la empresa colonial, que no solo supuso el más gigantesco genocidio de la historia humana (unos cincuenta millones de aborígenes "desaparecidos" solamente en América lo demuestran), sino un igualmente gigantesco *etnocidio,* que implicó el arrasamiento de lenguas y culturas a veces milenarias, y su sustitución forzada por la lengua y la cultura del Estado metropolitano, así como el invento de "naciones" allí donde, en la mayoría de los casos, solo había delimitaciones lingüístico-culturales. Las guerras de la Independencia fueron llevadas a cabo fundamentalmente bajo la dirección de las élites trasplantadas (con la única excepción de la primera de ellas, Haití, donde la conjunción étnica y de clase desató una insólita -para la época- insurrección con masivo protagonismo *popular*), es decir, bajo la dirección de las nuevas burguesías coloniales que habían desarrollado intereses propios y localistas y que en general mantuvieron -y aun profundizaron, con la ayuda de las potencias rivales de la antigua metrópoli, como Inglaterra y Francia- la situación heredada de "balcanización". Y sus intelectuales orgánicos, repitiendo forzadamente y en condiciones bien distintas el modelo europeo, se aplicaron a generar culturas "nacionales" allí donde no habían existido y *verdaderas* naciones.

La situación es interesante: si por un lado el proceso de creación y definición de dichas "culturas nacionales" tuvo mucho *de ficción,* por el otro cumplió un rol ideológico nada despreciable en la lucha anticolonial, tendiente a demostrar que las culturas "locales" (en el sentido de la cultura de aquellas élites trasplantadas: las anteriores, y realmente "autóctonas", ya habían sido destruidas en distintas medidas) podían aspirar a la autonomía respecto de las madres patrias, España y Portugal. Pero, al mismo tiempo, y en tanto se había partido de *una ficción* de autonomía, no pudieron sino tomar su inspiración de la cultura de las nuevas "madres patrias" informales, de las nuevas metrópolis neocoloniales, poscoloniales e "imperialistas" cuya penetración económica (y, por vía indirecta, política) necesariamente tenía que acompañarse de lo que en una época se llamó "colonización cultural". Esto creó una particular posición de culturas *intersticiales,* de culturas de *in-between,* bajo la cual la propia noción de "cultura nacional" sufrió sucesivos desplazamientos, según fuera la ideología, la postura política, la posición étnica o de clase de quienes intentaran reapropiarse de esa noción. Para ejemplificar con lo más obvio: si en algunos casos se promovía una cultura nacional opuesta a los valores metropolitanos tradicionales pero inspirada en nuevos valores metropolitanos (la modernidad, el racionalismo, el positivismo o el liberalismo francés y anglosajón), en otros se defendía la idea de una cultura nacional resistente a esos valores nuevos, en la medida en que también vehiculizaban ideológicamente nuevas formas de dependencia, neocolonialismo o por lo menos heteronomía. Esa resistencia tuvo sus vertientes de "derecha" -nacionalismo autoritario, cerril restaurador de las tradiciones hispánicas y refractario a toda modernidad aunque fuera pretendidamente racionalista / iluminista- o de "izquierda" -anti imperialismo más o menos populista que no cuestionaba la modernidad *como tal* pero discutía su funcionamiento al servicio de los intereses de las nuevas metrópolis y de las fracciones de las clases dominantes locales que hacían de "correas de transmisión" para aquellas-. Pero, salvo algunas voces con una inflexión más compleja y mayoritariamente aisladas que indagaban con insistencia qué significaba, en estas condiciones, una cultura ya no limitadamente "nacional" sino *latinoamericana* (Mariátegui, Manuel Ugarte o Vasconcelos, por ejemplo), en general no se cuestionó seriamente aquel origen *ficcional* de la idea misma de una "cultura nacional" que (incluso sin llegar a la metafísica abstrusa del "ser nacional", como muchos lo hicieron) se dio por más o menos sentada. Otra vez: "dialécticamente", como se dice, la *idea* de Nación -utilizada por el propio imperio europeo como emblema de una "superioridad" nacional justificadora del colonialismo- no dejó de tener efectos simbólicos importantes en la resistencia al imperio. Y vuelve a tenerlos hoy, en el marco de la globalización, y también en los dos sentidos contradictorios antes citados: el de los neofundamentalismos reaccionarios y el de los movimientos de resistencia poscoloniales. Pero aquel origen ficcional sigue sin someterse a verdadero debate.

Quizás -es apenas una tímida hipótesis de trabajo- esto explique por qué, si bien en *todo* intento de definir una cultura "nacional" o "regional" la literatura, como hemos visto, tiene un papel decisivo, en el caso de Latinoamérica fue el espacio *dominante* -y casi nos atreveríamos a decir: el único relativamente exitoso- de construcción de tal cultura: es como si la plena y consciente asunción de una materia prima ficcional fuera la forma sobresaliente de praxis en la articulación de una "verdad" latinoamericana que pertenece en buena medida al orden de lo *imaginario*, lo *textual* que se desborda a veces en un barroquismo cuyos *excesos* de "significación flotante" denuncian una relación inestable con la "realidad", y lo *alegórico*, en el sentido benjaminiano de las ruinas sobre las cuales construir un futuro aún indecidible. Por otra parte, la (re)construcción de una verdad a partir de materiales ficcionales no es ninguna operación insólita: es exactamente el mecanismo descubierto por Freud para el funcionamiento del Inconsciente -que se las arregla para decir una verdad *interdicta* (entre-dicha) mediante los "textos ficcionales" del sueño, el *lapsus*, el acto fallido y, por supuesto, también la obra de arte-; y es por eso que el propio Freud -tal como lo lee Lacan- podía afirmar que *la verdad tiene estructura de ficción.*

Pero, entiéndase bien: no estamos nosotros mismos adoptando un textualismo extremo o un deconstructivismo a ultranza que vea en la ficción o en la dispersión escritural una suerte de *sustitución* de la realidad material dura, desgarrada, conflictiva y frecuentemente mortal que los latinoamericanos -como tantos otros sujetos "poscoloniales"- sufrimos en carne propia cotidianamente. Solo estamos diciendo que el *malentendido* originario de nuestra propia identidad nacional parece haber sido tomado por buena parte de nuestra literatura como el sustrato mismo, el escenario o el telón de fondo de la producción estética (no solo literaria). Y aquí, por supuesto, serían necesarios análisis específicos que dieran cuenta de la irreductible *singularidad* de las textualidades concretas: de otra manera se corre el riesgo de caer en ciertas generalizaciones abusivas que luego criticaremos. Pero permítasenos al menos ensayar *esta* generalización: tal vez la gran literatura latinoamericana sea el subproducto paradójico, en el plano de lo imaginario, de la *impotencia* de una praxis política y social renovadas en el plano de lo real. Tal vez pueda decirse de ese horizonte "utópico" de nuestra literatura algo semejante a lo que en su momento formuló Marx, cuando explicaba la emergencia de la más grandiosa filosofía política burguesa, la de Hegel, precisamente por la impotencia alemana para realizar en su propia realidad "nacional" (que a principios del siglo XIX era todavía una quimera) la revolución que los franceses habían realizado en la suya. Tal vez pueda decirse, remedando aquel famoso *dictum* de Marx, que los latinoamericanos hemos hecho a través de la pluma de nuestros escritores la revolución, la transformación profunda que aún no hemos podido hacer sobre el equívoco originario que "oprime como una pesadilla el cerebro de los vivos".

En este contexto, quisiéramos aprovechar la oportunidad para ocuparnos de un tema aparentemente lateral y específicamente académico, pero que a nuestro juicio tiene implicancias histórico-sociales, políticas e ideológicas no inmediatas aunque de largo alcance. Nos referimos al modo en que, desde hace algunos años, la literatura latinoamericana está siendo tomada, cada vez con mayor énfasis, como objeto de estudio en el Primer Mundo, por los estudios culturales y en particular la teoría poscolonial.

Es obvio, para empezar, que este interés no es azaroso, ni se produce en un marco cualquiera. Si bien ya desde el tan promocionado *boom* de los años sesenta, nuestras literaturas ingresaron "por la puerta grande" al mercado cultural mundial y adquirieron carta de ciudadanía en los departamentos de lenguas extranjeras o de literatura comparada de las universidades norteamericanas y europeas, hoy ese mismo interés se da en el marco de lo que eufemísticamente se llama *globalización*: lo cual, indudablemente, crea problemas, desafíos e interrogantes relativamente inéditos para una teoría de la literatura históricamente *situada*[114]. Y ello aun teniendo en cuenta que, en cierto modo, para los latinoamericanos la globalización empezó hace ya más de quinientos años. De modo que, si se nos permite, no vamos a hacer aquí el análisis de obras y autores particulares

---

114 Jean-Paul Sartre: *Qué es la literatura*, Buenos Aires, Losada, 1966.

(aunque haremos algunas menciones cuando nos parezca necesario), sino que intentaremos apenas abrir algunas cuestiones vinculadas a ciertas condiciones de producción discursivas de la teoría literaria aquí y ahora, no sin dejar establecido que -con todas las mediaciones que se quieran- toda teoría literaria y cultural es *también*, en el sentido amplio del término, una *teoría política*[115].

Vamos a partir, como corresponde en estos quehaceres ensayísticos que obligan a la brevedad de una afirmación caprichosa y dogmática: una noción central para la teoría literaria y la crítica cultural contemporáneas es la noción de *límite*. El límite, como se sabe, es la simultaneidad -en principio indecidible- de lo que articula y separa: es la línea entre la naturaleza y la cultura, entre la ley y la transgresión, entre lo consciente y lo inconsciente, entre lo masculino y lo femenino, entre la palabra y la imagen, entre el sonido y el sentido, entre lo mismo y lo otro. Es también -y en esto constituye un tema casi obsesivo de la teoría poscolonial- la línea entre los *territorios*, materiales y simbólicos: territorios nacionales, étnicos, lingüísticos, subculturales, raciales; territorios, en fin, *genéricos*, en el doble sentido de las "negociaciones" de la identidad en el campo de las prácticas sexuales, y de los *géneros* literarios o estéticos en general. Si esta cuestión de los límites se ha transformado en un tema tan central, se debe *no solamente* (aunque también sea por eso) a una subordinación característica de las modas académicas, sino al *síntoma* de una inquietud, de un "malestar en la cultura": el malestar ligado a una sensación difusa de borramiento de las fronteras, de dislocación de los espacios, de *desterritorialización* de las identidades.

Esa experiencia, hay que repetirlo, no es únicamente el efecto de la "producción textual" o de las "intervenciones

---

115 Con lo cual quiero decir, simplemente, que la literatura es siempre, potencialmente, una interrogación crítica a la lengua (por lo tanto a las normas) congelada de la *polis*: no se trata, por lo tanto, de *reducir* la literatura a la política, sino al contrario, de *ensanchar* las fronteras de lo que se suele llamar "política", para hacer ver que ella no se detiene en las demarcaciones de lo institucional.

hermenéuticas" del intelectual crítico o del profesor universitario -aunque se pueda nombrar a más de un filósofo mediático que ha contribuido a dramatizarla, y generalmente a festejarla-; es también, y quizá principalmente, el *efecto de sentido* (o de sinsentido) de las condiciones materiales de producción del capitalismo contemporáneo, cuya estrategia de globalización (eufemismo con el que se han sustituido términos más viejos y gastados, como "imperialismo" o "neocolonialismo", pero que efectivamente indica formas *nuevas* de esas antiguas operaciones, como las que identifican Hardt y Negri bajo la etiqueta de "imperio") apunta por cierto a borrar las fronteras culturales, y ello en sentido amplio pero estricto: la *cultura* -el "territorio" de producción, distribución y consumo de mercancías simbólicas o imaginarias- atraviesa, desde el predominio tardocapitalista de fuerzas productivas como la informática y los medios de comunicación, *toda* la lógica de las relaciones económicas y sociales, de tal modo que se podría decir que hoy *toda* la industria es "cultural", en el sentido frankfurtiano[116]. Toda ella incluye *constitutivamente* una interpelación ideológica productora de subjetividades sociales aptas para la dominación.

En el territorio que nos compete directamente, ese desvanecimiento de límites puede verificarse en el borramiento de las distinciones entre lo Real y lo Imaginario, entre, digamos, el mundo y su representación, que ha sido tematizado hasta el hartazgo por las teorías posmodernistas, postestructuralistas, deconstructivistas y demás yerbas de variada especie. Y hay que decir que, en estas condiciones, es muy difícil discriminar hasta dónde debemos celebrar la inmensa potencialidad de estímulos teóricos y críticos que esas condiciones abren, y a partir de cuándo ese borramiento de los límites -bajo la dominación fetichista de la lógica cultural del capitalismo tardío[117]- se transforma en una gigantesca y patética *obscenidad.* Pero, en todo caso, lo que

---

116 Véase, para esto, Theodor W. Adorno y Max Horkheimer: *Dialéctica de la Ilustración*, ob. cit.
117 Fredric Jameson: *Ensayos sobre el posmodernismo*, Buenos Aires, ob. cit.

sí se puede decir es que por primera vez después de mucho tiempo, la teoría literaria y la crítica de la cultura (especial, aunque no únicamente, en América Latina) se ven confrontadas de nuevo con sus propias condiciones de producción, con las condiciones de producción del mundo en el cual (y actual) viven, y con el consiguiente borramiento de los propios límites disciplinarios. La cuestión de los límites es también, para la teoría literaria y cultural, la cuestión de *sus* límites.

Sin embargo, hay una cierta *incomodidad* asociada al concepto de "límite". Parecería ser una palabra que indica una terminación, una separación infranqueable entre territorios, una nítida distinción entre espacios. Pero esa impresión puede resultar engañosa, o peor aun, paralizante, en tanto implica la idea de un borde preexistente, de un punto ciego preconstituido, y no de una producción de la mirada; ya a fines del siglo XVIII, Kant era perfectamente consciente de esta incomodidad, cuando decía que una barrera es, justamente, lo que permite ver del otro lado. De aquí en adelante, pues, procuraremos sustituir ese término por el de *linde*, con el que hemos intentado torpemente traducir la compleja y ya citada noción de *in-between* de Homi Bhabha, ese "entre-dos" que crea un "tercer espacio" de indeterminación, una "tierra de nadie" donde las identidades (incluidas las de los dos espacios *linderos* en cuestión) están en suspenso, o en vías de redefinición[118]. Entiéndase: no se trata aquí de ningún *multiculturalismo* -que supone, otra vez, la ilusión de la existencia preconstituida de lugares simbólicos diferenciados en pacífica coexistencia- ni de ninguna *hibridez* -que imagina una estimulante mezcla cultural de la que cualquier cosa podría salir-, sino al revés, de la perspectiva que hace anteceder el momento del *encuentro* al de la *constitución*. El momento del encuentro: es decir, en última instancia, el momento de la lucha; es decir, el momento profundamente *político*.

En efecto, el concepto de "linde" tiene la ventaja de llamar la atención sobre un territorio sometido, en su propia

---

118 Homi Babha: *The Location of Culture,* ob. cit.

delimitación, a la dimensión del conflicto y de las relaciones de fuerza, donde el resultado del combate por la *hegemonía* (por la facultad de hacerles decir qué cosas a qué palabras, para expresarlo como el conejo de Lewis Carroll) es indeterminable pero no indeterminado, puesto que también él está *sobredeterminado* por las condiciones de su propia producción. Es decir: ese "tercer espacio" también tiene sus propios lindes, en la medida en que la dispersión textual que supone en un extremo -la disolución de las lenguas y las identidades en la tierra de nadie-, supone, en el otro extremo, la permanente pugna por un reordenamiento, por una "vuelta al redil" del texto en sus límites genéricos, estilísticos, incluso "nacionales".

Suponemos que no es para nada azaroso que estas nociones hayan emergido en el seno de la teoría poscolonial. La producción cultural, estética y literaria (y por supuesto, en primer lugar, la producción de la experiencia existencial) de las sociedades colonizadas, descolonizadas y re / neo / poscolonizadas en el transcurso de la modernidad, no es otra cosa -en toda su compleja multiplicidad- que una consciente o inconsciente pugna por la definición de nuevos lindes simbólicos, lingüísticos, identitarios y hasta nos atreveríamos a decir *subjetivos*, en condiciones hoy absolutamente inéditas: en condiciones en las que ya no hay, no puede haber, una "vuelta atrás" de esas sociedades a situaciones pre-coloniales, pero donde no se trata, tampoco, de la conquista de una autonomía nacional plena, inimaginable en el mundo hegemónico de la economía globalizada; en condiciones en las que -frente al papel subordinado y marginal que les toca a esas sociedades en el nuevo orden mundial- es necesario también repetir que la emergencia de toda clase de fundamentalismos nacionalistas, religiosos o étnicos *no representa en absoluto* (como hemos visto que se han apresurado a calificar los teóricos neoconservadores al estilo de Huntington)[119] un retroceso a míticas pautas culturales arcaicas o "premodernas", sino al contrario, una "huida hacia

---

119 Samuel P. Huntington: *El choque de las civilizaciones,* ob. cit.

adelante" como reacción a los efectos de la llamada *posmodernidad* sobre esas sociedades, una reacción que por lo tanto es constitutiva de los propios *lindes* de esa posmodernidad; en condiciones, finalmente, en las que las dramáticas polarizaciones económicas y sociales internas de esas sociedades y el proceso de marginalización provocado por ellas han producido una gigantesca diáspora hacia el mundo desarrollado, con los consiguientes conflictos raciales, culturales y sociales que todos conocemos.

En las condiciones mencionadas, no es de extrañarse que se ponga en juego -casi trágicamente, podríamos decirla cuestión de los *lindes*, de las identidades, de las aporías y paradojas de los juegos de lenguaje que no tienen reglas preestablecidas ni tradiciones congeladas a las que remitirse. En estas condiciones, la literatura (y, en general, las prácticas culturales) se transforma efectivamente en un enorme caldero en ebullición, en el que se cocinan procesos de *resignificación* de destino incierto y de origen en buena medida contingente. Según afirman los entendidos, el *desorden* lingüístico-literario creado por esta situación desborda todas las posibles grillas académicas que prolijamente nos hemos construido para contener las derivas del significante, incluidas todas las sensatas "polifonías" y "heteroglosias" Bajtínianas con las que nos consolamos de nuestras parálisis pedagógicas.

Y subrayo la frase *según afirman los entendidos*, no solamente porque nosotros no lo somos, sino también porque -lo cual no deja de ser asimismo un consuelo- parece ser que es imposible serlo. Y ello por la sencilla razón de que no siempre se es consciente -nosotros no lo éramos, hasta hace poco- de cuántas lenguas se hablan en los países llamados "poscoloniales": algo así como cinco mil, a las cuales, desde luego, hay que sumar toda la serie de dialectos, idiolectos y sociolectos emergidos en el marco de la diáspora y la mezcla cultural. Solamente en la India, por ejemplo, hay veinte lenguas reconocidas por el Estado, y más de trescientas que se practican extraoficialmente. En todas ellas, es de suponer, se hace literatura escrita u oral, se produce algún artefacto cultural. En este contexto, ¿qué puede querer decir una expresión tan alegre y despreocupada como la de *literatura universal*? ¿O *literatura comparada*? ¿Comparada con qué? Qué puede querer decir, en todo caso, aparte del hecho de que esta situación revela, por si todavía hiciera falta, el escandaloso etnocentrismo de adjudicarle alguna clase de "universalidad" a las cuatro o cinco lenguas en las que, con mucha suerte, algunos pocos eruditos son capaces de leer.

Todo lo cual, sin duda -y si nos despreocupamos de la suerte de unos cuantos cientos o miles de millones de personas (incluyendo las que todavía no nacieron, pero que ya tienen su suerte echada)-, crea un escenario, digamos, semióticamente apasionante. Para empezar, crea la conciencia (falsa, en el sentido de que todo esto no debería constituir ninguna novedad) de un nuevo linde, una nueva brecha, una nueva "tierra de nadie" abierta entre ese desorden de producción textual y nuestra estricta (im)posibilidad de acceder a él, salvo por las contadísimas excepciones en las que podemos leer a, digamos, Kureishi, Mahfuz o Rushdie en prolijas traducciones al dialecto castizo (estrictamente incomprensible para un argentino) de algunas editoriales españolas.

Pero también aparece la posibilidad de una nueva acepción del concepto de linde, justamente como concepto lindero, intermediario o "puente" -o como se lo quiera llamar- entre la categoría de *orientalismo* (Edward Said)[120], y la de *esencialismo estratégico* (Gayatri Chakravorty Spivak)[121], a saber: en un extremo, el "orientalismo" puede ser entendido como una categoría general que da cuenta del proceso de *fetichización universalista* por el cual ese territorio indecidible e indecible del desorden literario intenta ser subsumido y reordenado en los términos de una alteridad homogénea y autoconsistente

---

120 Edward Said: *Orientalismo,* ob. cit.
121 Gayatri Chakravorty Spivak: *Outside in the Teaching Machine,* ob. cit.

que se podría llamar, por ejemplo, "la literatura del Otro", y aparecería cargada de todo el enigmático exotismo inevitable cuando del Otro lo ignoramos casi todo pero pretendemos de todos modos dar cuenta de él (situación que conocen bien los escritores latinoamericanos, condenados a ser *for ever more* "realistas mágicos", so pena de no encontrar más lugar en los *papers* universitarios y congresos primermundistas); en el otro extremo, el "esencialismo estratégico" puede interpretarse como el gesto político-ideológico de pretender asumirse plenamente en la identidad cerrada *y* consolidada de ese Otro expulsado a los márgenes, para desde esa posición de fuerza abrir una batalla tendiente a demostrar que el lugar del Otro no es ningún territorio preconstituido u originario, ninguna reserva de rousseauniana pureza natural, sino el producto de una dominación histórica y cultural. En el medio, el linde aparece como una suerte de correctivo para ambas tentaciones "esencialistas" u ontologizantes, recordándonos que en ese territorio indecidible se trata, precisamente, de una *lucha por el sentido*, de un conflicto por ver quién adjudica las identidades, las lenguas, los estilos. Por ver, en definitiva, quién, (cómo, desde dónde, con qué capacidad de imposición) *construye* la identidad.

En estas condiciones, en fin, no resulta extraño tampoco el interés de los teóricos poscoloniales por la teoría y la crítica postestructuralista. La lectura deconstructiva, la crítica del logocentrismo, la noción de "diferencia" (que el propio Homi Bhabha, por ejemplo, opone a la de "diversidad") parecen singularmente aptas para explorar los lindes. Sobre esto conviene, sin embargo, levantar algunas reservas, casi siempre pertinentes ante los excesivos entusiasmos del mercado cultural. Creo que la teoría poscolonial tanto como los estudios culturales deberían atender a los siguientes riesgos:

Primer riesgo: pese a las ventajas que hemos señalado, la fascinación postestructuralista tiene, para los fines políticos de la teoría poscolonial, algunos rasgos que -con el único ánimo de asustar un poco- vamos a llamar *de derecha*. A saber, la lógica de fetichización de lo "particular", del "fragmento", de la arreferencialidad (que no es lo mismo que el antirreferencialismo), de la ahistoricidad (que no es lo mismo que el antihistoricismo) y, para decirlo todo, del *textualismo*, entendido como la militancia seudoderridiana del "dentro del texto todo / fuera del texto nada". El textualismo, está claro, tiene la enorme virtud de volvernos sensibles a las singularidades de la escritura, las diseminaciones del sentido y otras ventajas que hemos obtenido en relación con la hipercodificada y binarista aridez del estructuralismo "duro", tanto como sobre los economicismos o sociologismos reductores. Sin embargo, no nos parece tanta ganancia la posible caída en el ya citado *inexistencialimo* de Vidal-Naquet, que desestima el *conflicto* entre el texto y la "realidad" -cualquiera sea el estatuto que se le dé a ese término problemático-[122]. La eliminación de la "realidad" como lo Otro de cuya naturaleza inaccesible el texto se hace síntoma, se nos aparece como un empobrecimiento y no como una ganancia. Y ello para no mencionar -dentro de la misma vertiente "textualista"- los riesgos de descontextualización de ciertas expresiones programáticas como la de la "muerte del autor". Sin duda, en la obra de Roland Barthes, Foucault o Derrida esta resulta una metáfora de alta eficacia; ¿pero qué pasa cuando en circunstancias históricas y culturales diferentes (como suelen ser las de la producción textual en condiciones poscoloniales, y en las específicamente latinoamericanas) esa metáfora se *literaliza*? La muerte del autor, ¿puede ser tomada como mero fenómeno textual por, digamos, Salman Rushdie? Entre nosotros, ¿pudo ser tomada como metáfora por Haroldo Conti, por Rodolfo Walsh, por Francisco Urondo, por Miguel Ángel Bustos?

Segundo riesgo: es el de otra forma de fetichismo (paradójicamente complementaria de la anterior), bastante

---

122 Pierre Vidal-Naquet: *Los asesinos de la memoria*, ob. cit.

característico de algunas perspectivas dentro de los estudios culturales, a saber, el de la universalización abusiva, o del "orientalismo al revés", es decir, un esencialismo por el cual se atribuye al Otro una infinita bondad ontológica, y a la propia cultura una suerte de maldad constitutiva tan deshistorizada como la del hipertextualismo. Es decir, revirtiendo el razonamiento de los "modernizadores" más o menos rostowianos, que pretendían que el centro fuera el modelo que mostraba a la periferia su indefectible futuro, se hace de la cultura periférica una trinchera de resistencia ante los males de la modernización, con lo cual quedamos en el mismo lugar en el que ya nos había puesto Hegel: fuera de la Historia. Latinoamérica y el Tercer Mundo -se nos sugiere- *no deben* ingresar a la modernidad, que fue la fuente de todos los males que nos aquejan, según venimos a enterarnos ahora gracias a ciertas formas del pensamiento postestructuralista, posmarxista y/o posmodernista de tan buen *rating* en nuestras universidades, pensamiento que se precipita a condenar cualquier forma de racionalidad moderna o de "gran relato" teórico. Aclaremos: no cabe duda de que el racionalismo instrumental iluminista, positivista o "progresista" tiene un grado de complicidad imperdonable en el genocidio colonial y en la demonización o la subordinación incluso "textual" del Otro (y, dicho sea entre paréntesis, no solo del Otro oriental, como lo demuestran entre otras cosas algunos campos de concentración alemanes). ¿Pero y Marx?, ¿y Freud?, ¿y Sartre?, ¿y la Escuela de Frankfurt? ¿No pertenecen ellos también, a su manera *resistente*, a la racionalidad europea moderna? ¿No son, por así decir, la conciencia *implacablemente crítica* de los límites, las inconsistencias y las ilusiones ideológicas de la Razón occidental, desde *adentro* de ella misma?

Aquella forma de *masificación textual,* pues, que opone en bloques abstractos la modernidad a la no-modernidad (sea esta "pre" o "post"), o un Primer Mundo al Tercero (donde ahora hay, se sabe, un segundo excluido) puede ser profundamente *despolitizadora* -porque tiende a eliminar el análisis de las contradicciones y fisuras internas de las formaciones culturales, y no solo *entre* ellas-, profundamente *deshistorizante* -porque toma la ideología colonialista o imperialista como esencia textual desconectada de su soporte material en el desarrollo del capitalismo-, profundamente *ideológica* -porque toma la parte por el todo, neutralizando las tensiones y los lindes de la producción cultural-, y teóricamente *paralizante* -porque bloquea la posibilidad de que la teoría poscolonial y los estudios culturales constituyan un *auténtico* "gran relato", incorporando las complejidades de la relación conflictiva de la modernidad con sus múltiples Otros-. Se podría decir, en este sentido, que lo que la teoría poscolonial está potenciada para revelar y denunciar es justamente que la crítica a los grandes relatos occidentales tiene razón por *las razones contrarias* a las que argumenta el posmodernismo: a saber, porque la gran narrativa de la modernidad es incompleta, es un relato pequeño *disfrazado* de grande, en la medida en que se constituye a sí mismo por la *exclusión* o la "naturalización" de una buena parte de las condiciones que lo han hecho posible -ejemplarmente (pero no únicamente), el colonialismo y el imperialismo-. Tendremos que volver sobre esto. Pero, en todo caso, aunque fuera por las razones inversas, *dispensar* a las culturas periféricas de su inclusión en la modernidad es otra manera de excluirlas, cuando lo que se requiere es pensar las maneras conflictivas *y* desgarradas, incluso sangrientas, de su inclusión en ella.

Desde adentro mismo de la teoría poscolonial, Aijaz Ahmad (con buenas razones) le ha reprochado a Said -y al propio Fredric Jameson, en alguno de sus textos menos felices- hacer del llamado Tercer Mundo una quimera homogénea y sin fisuras en su identidad de víctima, y de la cultura europea un bloque sólido de voluntad de poder imperialista, racista y logocéntrico[123]. Como si *ambas* esferas (celestial una, infer-

---

123 Aijaz Ahmad: *In Theory,* ob. cit.

nal la otra) no estuvieran atravesadas por la lucha de clases, la dominación económica, étnica o sexista, la corrupción política, la imbecilidad mediática, en una palabra, todas las lacras del capitalismo tardío transnacionalizado, que hoy en día no tiene "lado de afuera". Claro está que muchas de esas lacras se las debemos a la historia de la dominación imperialista y neocolonial que ahora llamamos "globalización". Pero *justamente por eso*, es necesario que veamos también los lindes *internos* que atraviesan nuestras propias sociedades, nuestras propias lenguas, nuestras propias producciones culturales. Así como el Primer Mundo debería recordar sus propios lindes internos, de los cuales no siempre puede estar orgulloso, sería bueno recordar, por ejemplo, que la exquisita lengua francesa, con la que la cultura rioplatense mantuvo siempre estrechas "relaciones carnales", a la que nuestra literatura siempre le ha envidiado su papel progresista de profunda unidad cultural, era hasta no hace mucho apenas el dialecto hegemónico de la Île de France; que en 1789, el ochenta por ciento del pueblo que hizo la revolución llamada "Francesa" *no* hablaba francés, sino occitano, gascón, bretón, languedoeil o vasco, y que la celebrada unidad cultural bajo la lengua francesa se impuso muchas veces a sangre y fuego, por un feroz proceso de colonialismo "interno"[124]. Una vez más Walter Benjamin; no hay documento de civilización que no sea también registro de barbarie.

También los latinoamericanos, precipitándonos muchas veces en la defensa irrestricta de nuestras literaturas y culturas "nacionales", olvidamos a menudo nuestros propios lindes internos y preferimos encantarnos con nuestro reflejo homogéneo y cristalino en el espejo de ese Otro construido por las culturas del centro para mantener *alguna* esperanza de que allá lejos queda una macondiana tierra incontaminada por el barro y la sangre de la Historia globalizada: con lo cual, está claro, nos condenan a unos cuantos cientos de años de soledad, en la

---

124 Véase Jean-Louis Calvet: "Le colonialisme lingüistique en France", *Les Temps Modernes*, n° 324-326, 1973.

espera de que nuestras literaturas sigan construyendo su "alegoría nacional", como la llama Jameson en su famoso artículo sobre "La literatura del Tercer Mundo en la era del capitalismo multinacional"[125]. Y conste que citamos críticamente a Jameson solo para extremar nuestro argumento, puesto que estamos hablando del que posiblemente sea el más inteligente y sutil teórico marxista de la literatura con que cuenta hoy en día el Primer Mundo, admirable por ser de los pocos que en el vientre mismo del "pensamiento débil" posmoderno no ha depuesto las armas de la crítica. Pero también él, en el fondo, quiere alimentar aquella esperanza, quiere absolutizar ese lugar del Otro, postulando que *toda* la literatura del Tercer Mundo no es otra cosa que la construcción textual de la "alegoría nacional" y la búsqueda de la identidad perdida a manos del imperialismo y el colonialismo. Pero es un flaco favor el que así nos hace, pasando un rasero igualador por nuestros conflictivos lindes y por esos nuestros malentendidos originarios que señalábamos más arriba, bloqueando la visión del campo de batalla cultural que constituye la literatura latinoamericana (para no hablar en general del Tercer Mundo, esa entelequia de los tiempos en que había otros dos).

Encontramos otro ejemplo de este tipo de análisis, más sugerente e ingenioso que realmente riguroso, en un ensayo (por otro lado historiográficamente muy satisfactorio) de Steve Stern[126]. Una hipótesis central de Stern es que el pasado colonial ha contribuido, en Latinoamérica, a una alteración radical de la percepción imaginaria del tiempo (y, por consiguiente, de la Historia): en esa región, y por extensión en toda sociedad poscolonial, el tiempo no puede pensarse linealmente, ya que "fenómenos que aparentemente tienen siglos de antigüedad y están muertos resurgen y se reafirman a sí mismos". Las nociones

---

125 Fredric Jameson: "Third-world literature in the era of multinational capitalism", *Social Text*, nº 19, 1980.
126 Steve Stern: "The tricks of time: colonial legacies and historical sensibilities in Latin America", en Jeremy Adelman (ed.), *Colonial Legacies: The Problems of Persistence in Latin American History*, Londres, Routledge, 1999.

unilineales del tiempo compiten con otras, y estas "sensibilidades mezcladas", en el campo de la cultura, formaron parte sustancial del espíritu de los años '60 y '70, en el que coexistieron simultáneamente (pero no azarosamente, se puede deducir) críticas radicales a la "dependencia" latinoamericana como herencia desplazada del pasado colonial, y el resurgimiento de la literatura regional con su tan promocionado *boom*. Tres escritores "de la época" (¿de *aquella* época, debemos entender?, ¿entonces, hay un "tiempo unilineal"?) son para Stern paradigmáticos de esa "indecidibilidad" histórica. El primero es Julio Cortázar, que en su cuento emblemático "La noche boca arriba" hace oscilar al lector entre la "realidad" y/o la "ficción" (¿pero cuál es cuál?) de la modernización tecnológica de la ciudad de México actual, y la era de los sangrientos sacrificios humanos de los aztecas. El segundo es, previsiblemente, Gabriel García Márquez y sus novelas *Cien años de soledad* y *El otoño del patriarca*. Si, por una parte, la referencialidad de esas novelas es perfectamente fechable -respectivamente, la masacre de trabajadores en Colombia y la creación de dictaduras títeres del imperialismo en el Caribe-, esas obras parecen promover una suerte de mitología "quintaesencial" que resiste o directamente ignora toda localización cronológica específica: en Macondo llueve durante años y años o la gente duerme durante semanas o meses, en el Caribe la era de la conquista colombina se fusiona con la del neocolonialismo yanqui, y así. Finalmente, *Los pasos perdidos* de Alejo Carpentier asume unas coordenadas espacio-temporales ("cronotópicas", como diría Bajtín) en las que un viaje por el espacio, desde Caracas hasta el corazón de la selva amazónica venezolana, se transforma a la vez en un viaje en el tiempo, desde la aparente "civilización" moderna hasta el "primitivismo" más arcaico.

Ahora bien, independientemente del hecho de que la hipótesis de Stern es totalmente tributaria de una concepción evolucionista y hasta eurocéntrica (no se nos aclara, por ejemplo, si lo que está haciendo Cortázar es mera "literatura fantástica" o una metáfora del carácter "sacrificial", para los sectores populares, del México *actual*; o si la lluvia macondiana es una alegoría de las desgracias que caen sobre Latinoamérica haciendo que la gente se "duerma" por impotencia; o si la "primitiva" selva amazónica es un simple rezago cultural o la contracara *necesaria* de la "civilizada" Caracas, etcétera), la verdad es que Stern no necesitaba apelar a la literatura para descubrir aquello sobre lo que ya Marx había teorizado abundantemente hace un siglo y medio: que el desarrollo "desigual y combinado" del capitalismo y el colonialismo genera "tiempos históricos" igualmente desiguales -en los que la desigualdad es un *efecto* de la combinación-, pero bajo la dominación del modo de producción hegemónico. Ahora bien, en primer lugar, eso no es una característica de ciertas literaturas, sino de la *realidad* del capitalismo mundializado como tal, y por lo tanto no solamente de Latinoamérica. Y aun cuando pretendamos encontrar alegorías literarias de esa "realidad" (lo cual es desde luego perfectamente legítimo) un historiador no puede pasar por alto, precisamente, que las historias *particulares* de México, Venezuela o el Caribe como sociedades poscoloniales, así como los *estilos* particulares de Cortázar, Carpentier y García Márquez como escritores merecen un análisis más puntualizado. Para no mencionar que mitologizaciones y confusiones cronotópicas muy semejantes -al menos, tan epidérmicamente consideradas- se pueden encontrar en muchas otras literaturas no latinoamericanas, incluidas las europeas (¿qué otra cosa hay, por citar un caso canónico, en el *Ulises* de Joyce?).

Es hora de que seamos claros: no hay tal cosa como *la* literatura del Tercer Mundo; no hay tal cosa como *la* literatura latinoamericana; no hay ni siquiera tal cosa como *la* literatura argentina, cubana o mexicana. Por supuesto que -para circunscribirnos a *las* literaturas argentinas- no niego la fuerte presencia de una suerte de "alegoría nacional" en las obras de Marechal, de Martínez Estrada, o más atrás, de Sarmiento o

Echeverría. Pero habría que hacer un esfuerzo ímprobo para encontrarla *tal cual* (quiero decir: sin un enorme esfuerzo hermenéutico, deconstructivo o lo que fuere) en Macedonio Fernández, en Bioy Casares, en Silvina Ocampo, o aun en el propio Borges, que siendo un escritor mucho más "nacional" de lo que la crítica suele advertir, concebía a la Argentina más bien al revés, como una alegoría del mundo. Incluso, como puede leerse en *El Aleph*, un punto infinitesimal en una casa de un barrio escondido de Buenos Aires puede contener el universo entero: ¿y qué tal suena eso, en todo caso, como alegoría de la globalización al *revés*? (este es un ejemplo que Stern se perdió).

Podríamos hacer el razonamiento, justamente, al revés, para mostrar que la función "alegoría nacional" de la literatura no es privativa de Latinoamérica ni del Tercer Mundo: ¿acaso no podrían leerse *Rojo y negro* de Stendhal o *La guerra y la paz* de Tolstoi como alegorías nacionales de esas sociedades que tienen que reconstituir su entera identidad después de las catástrofes de la Revolución Francesa o la invasión napoleónica? ¿No podría leerse como alegoría nacional, otra vez, el *Ulises* de Joyce, que traspone la epopeya homérica, es decir, la propia acta de fundación de la literatura occidental, a las calles irreductiblemente *locales* del Dublín de principios de siglo? Claro está que aquí se me objetará con mis propios argumentos: justamente porque -al revés de lo que sucede con Francia, con Irlanda o con Rusia- Latinoamérica no ha *partido* de una auténtica identidad nacional, es que necesita "alegorizarla" mediante la literatura de manera semejante a como Hegel y los románticos alemanes lo hicieron en su momento mediante la filosofía. Lo admito: yo mismo he empezado por plantear esa hipótesis; pero lo que estoy intentando mostrar ahora es que esas diferencias son *históricas* -tienen que ver con el desarrollo particular, "desigual y combinado", de los distintos *segmentos* mundiales definidos y delimitados por las transformaciones del modo de producción capitalista-, y no suponen una diferencia de "naturaleza", ontológica. Y, después de todo, si el criterio de "poscolonialidad" va a ser generalizado con tanta amplitud, Rusia, Irlanda y hasta la propia Francia (según vimos para el caso de la imposición de la lengua francesa posrevolucionaria) también fueron, a su manera y en su momento, poscoloniales.

Insistimos: no es bajo la homogeneidad de la alegoría nacional, aun cuando ella exista, que se encontrará la *diferencia específica* de las literaturas latinoamericanas, o por lo menos no la más interesante. Más bien al revés, estamos convencidos de que nuestras literaturas -con su enorme fragmentación y diversidad estética y cultural, por no decir lingüística (pues hay una "lengua" rioplatense como hay una "lengua" caribeña)- constituyen en todo caso un modo de usar las lenguas llamadas "nacionales" en descomposición como alegoría de un mundo que se nos ha vuelto ajeno, y en buena medida incomprensible, pero no porque estemos fuera de él, en algún limbo de alteridad inmodificable. Estamos *dentro* del mundo capitalista globalizado, del mismo modo como está un turco en Berlín, un argelino en París o un chicano en Nueva York: en una situación de conflicto con nuestros propios lindes, que por otra parte no son solo nacionales, sino también lingüísticos, culturales y de *clase*.

Además, las literaturas de alegoría nacional, de todos modos no son leídas ni producidas de la misma manera por aquellos para quienes la "Nación" es un mero coto de caza y depredación, que por aquellos para quienes es un dolor interminable e insoportable, una "pesadilla de la que no se puede despertar", como decía el propio Joyce acerca de la Historia. Tal vez sea esta inconsciente *resistencia* a alegorizar el horror, a *estetizarlo* para volverlo tranquilizadoramente comprensible, lo que haya impedido a la literatura argentina, por ejemplo, tener la gran novela del llamado Proceso.

Y no hay "estudio cultural" ni "poscolonial" que pueda hacerse cargo de eso, que pueda integrar al *texto* de la teoría ese *plus de horror* indecible que sostiene nuestra Historia. Dicho sea esto no como un llamado para *desesperar* de la teoría, sino todo lo contrario: para volverla eficaz señalándole sus *lindes*;

para ponerle un límite que nos permita ver lo que hay más allá de ella, lo que solo una *praxis* de construcción permanente, en la lucha interminable por el sentido, nos permitirá interrogar. Como diría el mismo Sartre: ahora no se trata tanto de lo que la Historia nos ha hecho, sino de qué somos *nosotros* capaces de hacer con eso que nos ha hecho.

Pero hay una segunda cuestión, más general y "filosófica", si se quiere decir así, a la que ya nos hemos referido de paso y que ha producido equívocos a nuestro juicio lamentables en la corriente principal de las disciplinas preocupadas por la cultura (incluyendo a la teoría literaria). En efecto, ya hemos examinado las formas en que las teorías "post" condenan en bloque el pensamiento falsamente "totalizador" de la modernidad, ignorando que, desde el interior mismo de la modernidad, pensadores como Marx o Freud señalaron las heridas internas de las supuestas totalidades del Yo, la Sociedad o la Historia.

Puesto que hemos reconocido en la teoría poscolonial la voluntad de reintroducir una imagen problemática de la historicidad "moderna", no se comprende muy bien por qué esa resistencia a incorporar (también "problemáticamente", claro está) los hallazgos teórico-críticos de esas tradiciones.

Por otra parte, y paradójicamente, la reintroducción de la dimensión histórico-política por parte de la teoría poscolonial adolece con frecuencia de un exceso metafísico y a la larga deshistorizante (lo que posiblemente también se explique por el recurso masivo a los textualismos "post") que cae en ciertas ontologías sustancialistas muy similares a las de la vieja denominación de "Tercer Mundo" como entelequia indiferenciada en la que todos los gatos son pardos: es problemático, por ejemplo, aplicar el mismo tipo de análisis a la producción cultural de sociedades nacionales -o a la de las metrópolis en relación con dichas sociedades "externas"- que lograron su independencia política formal ya muy entrado el siglo XX (digamos, la India, el Magreb o la mayor parte, si no todas, de las nuevas naciones africanas) y por otra parte a las naciones que conquistaron dicha independencia durante el siglo XIX (todas las del continente americano, para empezar), en alguna medida como subproducto de las "revoluciones burguesas" metropolitanas -en particular la francesa, aunque también la revolución anticolonial norteamericana y las crisis metropolitanas- y mucho antes de que se constituyera como tal el sistema estrictamente imperialista y neocolonial. Aunque no sea este el lugar para estudiar a fondo el problema, tiene que haber diferencias enormes entre la autoimagen simbólica y/o la identidad imaginaria de un país -digamos, Argelia- constituido como tal en el marco de un sistema de dependencias internacionales plenamente desarrolladas, de "guerra fría" entre bloques económicos y políticos conflictivos, de un Occidente en camino a un capitalismo tardío en proceso de renovación tecnológica profunda, con carrera armamentística y peligro de guerra atómica, con plena hegemonía de la industria cultural y la ideología del consumo, etcétera, y por otra parte un país -digamos, la Argentina- constituido un siglo y medio antes, cuando nada de esto existía ni era imaginable. Es obvio que la producción cultural y simbólica de dos sociedades tan radicalmente diferentes en su historia es por lo menos difícilmente mensurable. Pero además, está esa otra diferencia fundamental de la que hablábamos antes: mientras que las revoluciones anticoloniales del siglo XIX (las latinoamericanas en general, repetimos que con la única excepción de Haití) fueron impulsadas por las élites económicas locales que buscaban un mayor margen de maniobras para sus negocios y por lo tanto una mayor autonomía respecto de los dictados de la metrópoli, y solo bajo su férrea dirección permitieron cierto protagonismo popular, las revoluciones anticoloniales o poscoloniales del siglo XX (de Argelia a Vietnam, de México a la India, de China a Granada, de Cuba a Angola, de los mau-mau a Nicaragua, etcétera) fueron *fundamental y directamente asumidas* por las masas plebeyas, por la conjunción de fracciones de la clase obrera y el campesinado, por el "pueblo", más allá o más acá de que esos movimientos hayan sido luego absorbidos (o abiertamente traicionados) por las élites emergentes. Esto no solo le dio a esos movimientos un carácter completamente diferente respecto de los del siglo anterior desde el punto de vista de su praxis política, sino que en el plano teórico la diferencia misma obliga a reintroducir la perturbadora (pero persistente) cuestión de *clase*. Más adelante veremos que por supuesto esta no es la *única* cuestión: en análisis como los ya canónicos ensayos "proto-poscoloniales" de Frantz Fanon sobre la revolución argelina, las cuestiones étnica, de género, de psicología social y culturales en general tienen una importancia de primer orden; pero la tienen, precisamente, en su *articulación* -siempre específica, no reductible- con la cuestión de clase. De todos modos, lo que nos importaba destacar es el hecho mismo de la diferencia entre seculares "estilos" revolucionarios, que impiden su homologación bajo fórmulas teóricas generales. Pretender ponerlos en la misma bolsa implica una homogeneización reduccionista y empobrecedora, aunque se haga en nombre de Lacan o Derrida.

Eso es lo que a veces ha sucedido -para volver a un caso ya citado- aun con pensadores tan complejos como Jameson, cuando han intentado interpretar toda la literatura del Tercer Mundo bajo el régimen hermenéutico global de la ya citada "alegoría nacional", con lo cual sale el tiro por la culata y se obtiene, para continuar con la figura, lo peor de dos mundos: por un lado, se dice una obviedad de un grado de generalización poco útil (*cualquier* producto de la cultura de *cualquier* sociedad transmite en alguna medida imágenes "nacionales"); por otro lado, se pasa un rasero unificador que tiende a suprimir toda la riqueza de las especificidades estilísticas, semánticas, retóricas, etcétera, que -tratándose de obras de arte- conforman propiamente hablando *la política* de la producción estética, que también está atravesada por la dimensión histórica. En este sentido, ¿cómo podría compararse a, digamos, los ya nombrados Naguib Mahfuz o Hanif Kureishi con Sarmiento o Borges? Y ello para no mencionar que, aun comparando entre contemporáneos, aquella diferencia entre las respectivas historias suele ser decisiva para la estrategia de interpretación y lectura: no es difícil encontrar "alegorías nacionales" -aun descontando el monto de reduccionismo de la especificidad estética que supone leer bajo ese régimen de homogeneización- en autores provenientes de sociedades de descolonización reciente que todavía están luchando por la propia construcción de su "identidad"; la tarea es menos simple en aquellos que provienen de sociedades de descolonización antigua, en todo caso sometidas a otros procesos de dependencia, neocolonialismo o "globalización subordinada". Pero aun cuando es posible encontrar esas alegorías de manera más o menos transparente (lo cual es más fácil en las literaturas de las naciones no rioplatenses, con una identidad étnica y cultural más compleja y contradictoria) resulta patente que ellas se construyen de un modo radicalmente distinto del de las sociedades que, como decíamos, todavía pugnan por encontrar su "identidad", solo muy recientemente enfrentadas al problema de la "autonomía" nacional.

Y el problema se complica aun más cuando -como ocurre a menudo en los estudios culturales y los teóricos de la poscolonialidad- se amplía el concepto de "poscolonial" para incluir a las minorías étnicas, culturales, sexuales, etcétera, *internas* a las propias sociedades metropolitanas, ya sea por vía de la diáspora migratoria de las ex colonias o por la opresión multisecular de las propias minorías raciales (indígenas y negros en casi toda América, por ejemplo). La extraordinaria complejidad que puede alcanzar la "alegoría nacional" de un autor negro o chicano de Nueva York, de un autor pakistaní o jamaiquino en Londres, de un autor marroquí o etíope en París, de un autor turco en Berlín, a lo cual podría agregarse la condición de mujer, judía y homosexual, esa extraordinaria complejidad de cruces entre distintas y a veces contradictorias situaciones "poscoloniales" no deja, para el crítico -si es que quiere ser *verdaderamente* crítico y no simplificar en exceso su lectura- otro remedio que retornar al análisis cuidadoso de las estrategias específicas de la producción literaria en *ese* autor, de las singularidades irreductibles del *estilo*: vale decir, para ponernos nuevamente adornianos, de las *particularidades* que determinan su autonomía específica respecto de la *totalidad* poscolonial.

Recientemente, un autor norteamericano no muy conocido que ya hemos citado en otro contexto, Patrick McGee, inspirándose asimismo en Adorno pero también en Lacan, ha utilizado un argumento semejante a este para discutir algunas de las posiciones del "padre" de la teoría poscolonial, Edward Said. En efecto, en un libro notable en muchos sentidos[127], Said escribe: "todas las formas culturales son híbridas, mixtas, impuras, y ha llegado el momento, para el análisis cultural, de reconectar su crítica con su realidad", luego de lo cual critica a la Escuela de Frankfurt (como lo hemos hecho, al pasar, nosotros) por su silencio ante la cuestión del imperialismo y el colonialismo, si bien admite que ese silencio ha caracterizado a la mayor parte de la crítica cultural de los países metropolitanos, con excepción de la teoría feminista y de los estudios culturales influidos por Raymond Williams y Stuart Hall. Sin embargo, como señala McGee, el propio énfasis de Said en el carácter fetichizador de las categorías de análisis estético dominantes en las metrópolis apunta hacia la pertinencia histórica de la *lógica* de la teoría adorniana[128]. En la *Teoría estética*, por ejemplo, la obra de arte autónoma no "trasciende" la historia, sino que se constituye como *una forma histórica específica*, que depende de la "separación de las esferas" socioeconómica y estética característica de la cultura burguesa, y que se remonta por lo menos al siglo XVIII, a mediados del cual, casualmente, con Baumgarten y luego con Kant, la estética se autonomiza como disciplina. Si se ignora la autonomía de la obra de arte, entonces se supone que la relación entre la obra y su contexto es inmediata y transparente. Se asume que el "mensaje" de la

---

127 Edward W. Said: *Cultura e Imperialismo*, Barcelona, Anagrama, 1997.
128 Patrick McGee: *Cinema, Theory, and Political Responsability in Contemporary Culture*, Cambridge, U. P., 1977.

obra está completamente contenido en su significado, independientemente de la "forma". Semejante análisis, por lo tanto, ignora o al menos simplifica la relación *sintomática* de la obra con su contexto histórico, en este caso su contexto post Ilustración (que incluye, claro está, el contexto poscolonial, aunque Adorno no lo mencione). En cambio, cuando Adorno describe la obra de arte, leibnizianamente en apariencia, como "mónada sin ventanas", su intención no es separarla del contexto histórico, sino articularla como *forma* social específica. Según Said, en la medida en que *esta* forma social es propia y única de Occidente, "es un error argumentar que las literaturas no europeas, esas con más obvias filiaciones con el poder y la política, pueden ser estudiadas respetablemente, como si su realidad fuera tan pura, autónoma y estéticamente independiente como la de las literaturas occidentales".

A esto puede replicarse, por supuesto, de varias maneras. Empecemos por reproducir algunos de los argumentos de McGee con los que concordamos plenamente, para luego exponer algunos propios. Como dice McGee, esta manera de pensar entraña el peligro -paradójico y contradictorio con los propósitos mismos de Said- de menospreciar el placer propiamente *estético* que se puede obtener de la lectura de los textos poscoloniales, "tercer-mundistas" o como se los quiera llamar, puesto que sugiere para dichos textos una "simplicidad" artística que desestima su real complejidad y sofisticación. Pero, justamente, si "toda obra de arte es híbrida, mixta e impura", y Said hace de eso una condición de su complejidad estética, cuánto más híbridos, mixtos e impuros -por las razones ya apuntadas- serán los textos poscoloniales en general, sometidos en mayor medida aun al entrecruzamiento de lenguas, culturas y constelaciones simbólicas heteróclitas, y en particular los textos latinoamericanos, que construyen sus propias "alegorías" sobre las ruinas del equívoco primigenio de sus "culturas nacionales". ¿Por qué, entonces, negarles a ellos tal complejidad para reducirlos a una mera cuestión de "contenido", de "filiación con el poder y la política" inmediata y transparente? No es que esta filiación no exista, y probablemente sea cierto que ella es más evidente, por necesidades históricas, que en las "altas" literaturas metropolitanas. Pero se trata de una cuestión de grado y no de naturaleza, que no atenúa la importancia de la *forma estética* en que dicha "filiación" se articula para darle a cada obra su diferencia específica de *estilo*.

Pero entonces -agregaríamos nosotros- si el carácter de autonomía estética de la obra es tan válido para los textos poscoloniales como para los europeos, recíprocamente *no es cierto* que la literatura europea sea *intrínsecamente* tan "autónoma", "estéticamente independiente" y por lo tanto "respetable" como parecen creerlo algunos teóricos poscoloniales: en primer lugar, aunque parezca una perogrullada (pero es una perogrullada que ellos no parecen tener en cuenta), la literatura y la cultura europeas en general *no son ajenas* -todo lo contrario- a la cultura no europea, si se recuerda lo dicho más arriba sobre la importancia del colonialismo para la propia constitución de la "identidad" europea moderna. En segundo lugar, la literatura y la cultura europeas están tan atravesadas como las no europeas por "el barro y la sangre" de la Historia, solo que sus "estrategias de contención ideológica" (como las llamaría el propio Jameson) son más sutiles y sofisticadas, por la sencilla razón de que han tenido más tiempo y mayor necesidad de desarrollarse. Pero, tal como sucede en *cualquier* literatura o texto estético, su autonomía relativa respecto de esas "estrategias de contención", las estructuras en buena medida inconscientes y "deseantes" de su "productividad textual" (para recordar esa noción de Kristeva), frecuentemente rompen sus propios condicionamientos, y lo hacen en el terreno de la especificidad y la singularidad de *su forma estética*. Como lo subraya provocativamente el propio Adorno, "la junta militar griega sabía muy bien lo que hacía cuando prohibió las obras de Beckett, en las que no se dice ni una palabra sobre política". Por lo tanto, no es principalmente en la *naturaleza*, una vez más, de las obras metropolitanas y poscoloniales donde debería buscarse la diferencia (que por supuesto existe, tanto en el registro de la "forma" como del "contenido"), sino en la *mirada* del crítico, que debería aplicarse a encontrar las maneras específicas en que actúan las contradicciones internas a unos y otros textos, la manera específica en que ese trabajo textual particular *sintomatiza* la relación con la totalidad histórica, tan compleja y sofisticada en unos y otros, aunque por razones distintas. Y para ser absolutamente justos con el propio Said -ya que permitirnos algunas críticas no nos priva de manifestar nuestra admiración por uno de los pocos "intelectuales críticos" que aún quedan- esto es *precisamente lo que él hace*, por ejemplo -y tampoco es un ejemplo cualquiera-, en sus extraordinarios análisis sobre la narrativa de Joseph Conrad, a la que descubre en su irresoluble conflicto entre la aceptación esceptica del *principio* abstracto y la crítica iracunda de la concreta *situación* colonial[129].

Como ya hemos visto, un teórico como Aijaz Ahmad ha llegado a sugerir que estas *faltas*, combinadas con los *excesos* del post-estructuralismo, implican el peligro ya no de licuar el potencial radicalismo político de la teoría poscolonial, sino de precipitarla directamente en el conservadurismo, en la medida en que el recurso teórico a la diseminación del sentido, la disolución de las identidades ideológico-políticas y el textualismo pueden ser tema de apasionantes debates académicos, pero tienden a separar la teoría de cualquier forma de compromiso político con las prácticas de resistencia: "Las formas materiales de activismo son así sustituidas por un compromiso textual que visualiza a la *lectura* como la única forma apropiada de hacer política"[130]. Como ya hemos aclarado, esta crítica le cabe menos a Said que a los otros poscoloniales "canónicos", pero, en su conjunto, la crítica misma es muy pertinente. Sin embargo, no es que Ahmad adopte una actitud de militancia

---

129 Véase, por ejemplo, Edward Said: *Beginnings*, Nueva York, Columbia University Press, 1985.
130 Aijaz Ahmad: "Culture, nationalism and the role of intellectuals", en Ellen Meiksins Woods y John B. Foster (eds.): *In Defense of History*, Monthly Review Press, 1997.

populista contra la teoría. Como tampoco lo hace Bart Moore-Gilbert al proponer, sugestivamente, que:

> *La teoría poscolonial ha sido decisiva para hacer visibles las interconexiones entre la producción cultural y las cuestiones de raza, imperialismo y etnicidad [...] pero ciertamente se puede argumentar que aún queda mucho por hacer en el campo poscolonial. Como lo he sugerido antes, el área de las* cuestiones de clase *todavía ha sido insuficientemente considerada, incluso en el análisis del discurso colonialista, y lo mismo puede decirse respecto de la* cultura popular...[131]. [La bastardilla es nuestra.]

Tanto Ahmad como Moore-Gilbert, sin embargo, descuidan un poco unilateralmente, en nuestra opinión, un factor del cual ya señalamos sus ambigüedades pero del que ahora quisiéramos rescatar su pertinencia. La teoría poscolonial -a veces incluso a pesar de sí misma- ha hecho el gesto para nosotros muy importante de reintroducir una dimensión no solo histórica sino *estético-filosófica* en las ciencias sociales, contribuyendo, por así decir, a despositivizarlas. El problema es que lo ha hecho por la vía exclusiva y excluyente de la filosofía y la teoría estética "post", y aun dentro de ella privilegiando a ciertos autores (Foucault, Derrida y Laclau en primera fila) en detrimento de otros que incluso hubieran sido más pertinentes para su propia estrategia (Deleuze o Badiou, por ejemplo). Más adelante nos ocuparemos de esta cuestión. Digamos, por ahora, que:

1) La *reinserción* de la mirada crítica de la teoría poscolonial en la teoría del sistema-mundo, para el caso que nos ocupa, permitiría *discriminar históricamente* la relación entre la especificidad o la autonomía relativa de las estrategias textuales (incluidas las de *resistencia* consciente o inconsciente) y los procesos de constitución de la mundialidad capitalista.

---

131 Bart Moore-Gillen: *Postcolonial Theory*: *Context, Practices, Politics.* Londres, Verso, 1997.

2) Un *soporte filosófico* de tipo sartreano o frankfurtiano para ese análisis crítico-histórico permitiría pensar la compleja dialéctica parte / todo, tal como se expresa, para el caso que nos ocupa, en las tensiones entre la (falsa) totalidad "cultura occidental" y la (igualmente falsa) parcialidad "cultura (o literatura, arte, etcétera) poscolonial".

3) Ello permitiría demostrar (no tenemos la pretensión de haber completado esa tarea aquí) la pertinencia de nuestra hipótesis inicial a propósito de "la" literatura latinoamericana (otra falsa totalidad, enunciada así) como equívoco original tributario de una supuesta *completud* identitaria, que ahora podría ser entendida como renegación de un movimiento "constituyente" en permanente construcción, en permanente proceso de *(re)totalización* de una "causa" identitaria perdida en el origen.

Esta cuestión es -¿cómo podría no *serlo*?- *política*, pero no en el sentido estrecho de políticas al uso, sino en el sentido hondo, trágico, de *lo* político. O mejor -pero es solo otra manera de decirlo- de lo que nos gustaría llamar, en la tercera y última parte de este libro: la "cosa política", y sus (sospechoso término) *fundamentos*.

TERCERA PARTE

Por un retorno a lo funda-mental

1. LA COSA POLÍTICA

LOS ESTUDIOS CULTURALES, LA teoría poscolonial y, en general, las filosofías que hemos llamado "post", han desbrozado el camino de los excesos esencialistas, reduccionistas y abusivamente totalizadores del pensamiento modernista clásico *tanto* como del marxismo mecanicista o neopositivista. Ese movimiento *parcial* es irrenunciable y no tiene vuelta atrás. Sin embargo, como hemos intentado mostrar, en esa ruta se han abandonado -de forma apresurada e injustificada- los elementos más radicalmente críticos y "subversivos" de los *grandes contrarrelatos* de la modernidad, que ahora es indispensable recuperar para apuntar a una nueva síntesis de "totalización". ¿Pero con esto está todo dicho? ¿No falta un paso más, un movimiento un poco más *audaz*? En lo que sigue (que también nos servirá a modo de rápido resumen y reagrupamiento de lo que precede) no podremos sino hipotetizar muy desordenadamente ese presunto paso (que esperamos poder desarrollar más ampliamente en un futuro trabajo).

El pensamiento sobre / desde *lo político* requiere hoy un nuevo *fundacionalismo*. No nos atrevemos a decir *fundamentalismo*: es un término con mala prensa, aunque, como decía Oscar Masotta, hay conceptos que deberíamos arrancar de manos del enemigo. Entonces, ¿por qué no? A condición de que, para prevenirnos, hagamos un mal juego de palabras; un pensamiento de lo *fundamental,* de lo que permite *recomenzar* al pensamiento, ya que este nunca comienza en el vacío (aunque sí, se verá, en una *ausencia de plenitud* como la que hoy sufrimos). "Fundacionalismo", en este sentido, es más equívoco: parece aludir a la pretensión de un *origen* -algo distinto de un (re)comienzo- absoluto, y es notorio qué obstáculo para el pensamiento es todo mito de origen, y cómo él puede conducir, sí, al fundamentalismo en el otro, el peor, sentido. Por "fundamental" no entenderemos, entonces, la idea de un *origen* (sea histórico, mítico o metafísico) sino la postulación de un estado básico de *perplejidad* que tampoco es la plena incertidumbre a la que quiere condenarnos el pensamiento dominante (casi escribimos: la *ideología* dominante), pero que obliga a una fuerte recomposición, un nuevo intento de "totalización", en el sentido sartreano, de los jirones de certidumbre que todavía, tozudamente, mantenemos.

Se sabe que la idea de un pensamiento "fundamental" (entendido como "fundacional"), así como la de un pensamiento de la "totalidad" que -se nos dice- es su inevitable complemento (pero que nosotros distinguimos, como acabamos de decir, de un movimiento *destotalizador-retotalizador* permanente del pensamiento) son las principales *bêtes noires* de las filosofías políticas contemporáneas: para ellas, la posibilidad misma de que exista lo que podríamos llamar una *democracia de las diferencias* es que no haya "núcleos duros" del pensamiento, conceptos centrales a los cuales remitir la reflexión; la única manera de sortear el camino tenebroso que conduce del fundacionalismo al fundamentalismo, de la totalización al totalitarismo, sostienen muchos, es el de la *dispersión* textual y conceptual, el de los *juegos de lenguaje* indecidibles, el de las *contingencias* anteleológicas, el del *ironismo* distanciado frente a las ideologías. En suma, el de un acentuado *relativismo* (que Nietzsche, menos concesivo y eufemístico, hubiera llamado "nihilismo", o quizá directamente "moral de esclavos"), para el cual no es posible -ni sería deseable- tomar partido por la mayor *legitimidad* -ni hablar de la mayor "verdad"- de una teoría o de una política en contra de otras. Paradójicamente, como hemos insistido otras veces, hoy en día la legitimidad del "sistema" consiste en que *no haya* una legitimidad claramente dominante, ni una pregunta por alguna "verdad" que pueda ser construida: en el reino absoluto y generalizado de la pragmática, todo puede ser pensado y dicho, mientras las *prácticas* del Poder sigan impertérritas su marcha paralela a unos discursos teóricos que han perdido casi completamente su efecto crítico.

En el pensamiento (y en la práctica, al menos declamada) de lo político, eso se traduce esquemáticamente, lo hemos visto, por: microfísica, acción local, clausura de las identidades fijas, desafectación de la lucha de clases -y de la propia noción de "clase"-, desestimación del Estado como *objeto* (teórico-práctico) de la política y como *sujeto* de la dominación, desprecio por cualquier forma de organización, promoción de la espontaneidad de las resistencias más o menos "movimientistas" y efímeras. Nada queremos ya saber con marxismos de ninguna especie (aunque no perdamos la oportunidad de llamarnos post-*marxistas*, o a veces *post*-marxistas: no se trata de perder nada, ni siquiera las viejas etiquetas, sino de tener todo un mundo por ganar), ni con ningún otro gran relato emancipatorio que de alguna manera intente *unificar* o siquiera *articular*, o aun *comprender*, la diversidad social y cultural, la multiplicidad de las identidades, el pluralismo político.

Todo esto, se entiende, en el polo izquierdo del espectro. En el *extremo centro* -que, habida cuenta del corrimiento del conjunto, se solapa con la derecha neoliberal- se trata de las nuevas formas de contractualismo y ciudadanización, de democracia "procedimental", de representación, de institucionalización, de *mercadificación* y *massmediatización* de las prácticas de unas así llamadas "clases" políticas *virtuales*, autosuficientes, completamente ajenas al barro y la sangre de la historia subterránea de las grandes masas (ahora meras "masas de maniobras"), esos conglomerados múltiples que hace rato que han disuelto cualquier atisbo autónomo de praxis -no hablemos ya de soberanía- para transformarse en consumidores al paso -al paso de marcha- de las mercancías políticas y programáticas de sus amos de turno. Y esto incluye a esas formas reactivas "perversas" contra la globalización que se suelen llamar neofundamentalistas (y que por lo tanto no constituyen ninguna regresión a formas identitarias arcaicas o premodernas, sino un estricto *producto* de la llamada posmodernidad). De un lado (el liberal-democrático) y del otro (el neofundamentalista), el capitalismo tardío, con su hegemonía mundial incontestada, ha generado una *nueva psicología de masas* -en el sentido freudiano- que supone un igualmente masivo proceso de identificación "tanática" con la dominación y la explotación. Y no tenemos aún explicaciones satisfactorias de cuáles son los *nuevos* procesos y fenómenos (socioeconómicos, políticos, ideológico-culturales, psíquicos) que han causado no solo un gigantesco retroceso de la voluntad de resistencia a la opresión, sino incluso una suerte de *complacencia* masoquista en ella, una asunción acrítica, amorosa, del discurso de los amos: ciertamente no nos dan esa explicación las teorías políticas dominantes, y más bien al contrario, parecería que trabajan afanosamente para *escamotear* las preguntas que demandan esa explicación.

No es ya cuestión -al menos no solamente, quizá ni siquiera principalmente- de manipulaciones ideológicas o "falsas conciencias": por el contrario, parecería que hay suficiente *conciencia* del extremo abismal, catastrófico que ha alcanzado el capitalismo actual. Nadie puede realmente ocultar ni ocultarse las consecuencias de lo que ha dado en llamarse "pensamiento único": desde los millones de niños que revuelven la basura o se ven transformados en mercancías del negocio sexual paidofílico, hasta la sistemática destrucción tecnológica de la ecología del planeta, pasando por el espectáculo de países enteros gobernados por el narcotráfico globalizado, o por la "flexibilización" que atomiza a las masas trabajadoras, arrojándolas a una competencia salvaje por los recortados espacios laborales, barriendo con los últimos vestigios de solidaridad social, o por el idiotizante secuestro del deseo colectivo (empezando por el deseo de silencio, de soledad, de diálogo con el sí-mismo) en los medios de comunicación bien llamados *de masas*: todo está allí *a la vista*, en la "sociedad de la transparencia". Es algo que puede leerse, sin demasiados disimulos ni enmascaramientos, en la prensa "burguesa" de todos los días, o en las noticias de los propios canales de cable que alimentan la alienación que denuncian -puesto que en la actual maquinaria sin exterior del consumo, se consumen en primer lugar los valores anticonsumistas-. No parece haber demasiada necesidad de disfrazar una "realidad" que nadie se propone seriamente transformar, en tanto ha logrado legitimarse como *la única posible*, y quizá, para algunos, la única deseable. La inmensa mayoría está "conscientemente" en contra de ella, incluso es intermitentemente capaz de resistirla, pero en el fondo no cree que pueda hacerse nada distinto[132]: es lógico, puesto que toda alternativa al sistema logra aparecer como una variante de él. Por lo tanto (puesto que la ética burguesa ha inculcado el valor de la acción y el trabajo) se hace de necesidad virtud: "si no puedes derrotarlos, únete a ellos". Como no se puede *transformar* el mundo, se trabaja *a favor* de él, haciendo del destino un proyecto *propio*, identificándose activamente con la propia impotencia. En el mejor de los casos, se cae en la ilusión siniestra de que, aceptando las reglas del juego, se podrá participar al menos de las migajas del banquete. En ese sentido, la "ideología" ya no es lo que era: como propone Slavoj Žižek, hemos pasado de la

---

132 No se nos escapa (y además lo valoramos con enorme alegría) el hecho de que en los últimos años han venido gestándose múltiples formas y movimientos de esta resistencia, desde el zapatismo y las acciones antiglobatización de Seattle hasta Génova, pasando por los "Sin Tierra" brasileños, etcétera. Pero lo esencial de nuestro argumento, creemos, se mantiene: ninguna de estas "formas", ni mucho menos una articulación entre ellas que aún dista mucho de ser imaginable, ha alcanzado a concebir (ni por otra parte ha logrado la relación de fuerzas que haría posible esa concepción) una alternativa contrahegemónica o "contraglobalizadora", entre otras razones porque todavía no puede ser superado el conflicto entre lo Particular y lo Universal, entre lo "local" y lo "global".

fórmula clásica de la crítica ideológica -"Ellos no saben lo que hacen, pero lo hacen"- a la fórmula de la *razan cínica*: "Ellos saben perfectamente lo que hacen, pero igual lo hacen"[133]. Es una fórmula para la cual casi ni hace falta la hipótesis del inconsciente (y tal vez esa sea una de las razones de la crisis de creatividad del psicoanálisis actual), salvo que sea para explicar, siempre insuficientemente, un gigantesco goce colectivo: dicho en "lacanés", el capitalismo de hoy ha hecho que la humanidad se acerque como nunca -Auschwitz fue, podríamos decir, la puerta histórica de entrada a la nueva época- al borde siniestro de lo Real. Es decir: a un espacio *plano* -banda de Moebius achatada, el desierto como laberinto del que habla Borges- de casi completa indiferencia, que ya casi no deja resquicio para lo *numinoso* o lo *sagrado* de una alteridad radical que se opone a lo "religioso" y a su efecto homogeneizante de *masa*.

En semejante marco, la situación de la teoría (de la teoría política, ¿pero no lo son todas?) es, por lo menos, paradójica. En el contexto de una catástrofe civilizatoria que desnuda como nunca los fundamentos descarnadamente *violentos* de la organización de la *polis* humana, la teoría oscila entre, por un lado, las variantes más o menos *light* del pensamiento "post" y su apuesta a un mejoramiento de lo existente vía "radicalización de la democracia" -dicho esto, con completo desprecio por las palabras, por quienes abominan de un pensamiento fundamental, es decir *radical*, que pretenda ir "a las raíces"-, y por otro lado un neocontractualismo institucionalista distraído por las formas jurídicas frente a las inéditas cotas de explotación, dominación y marginalización mundiales, pasando por las celebraciones comunitaristas de una renovada *Gemeinschaft* que (cualquiera que mire los suburbios de una urbe occidental lo sabe) está en proceso de acelerada descomposición, o por la renovación de un pragmatismo -véase Rorty y otros- que en este entorno no puede sino parecerse a la más cruda hipocresía conservadora.

---

133 Slavoj Žižek: *El sublime objeto de la ideología*, México, Siglo XXI, 1989.

En cualquiera de esos casos, los desgarramientos y las pústulas de la muy real pesadilla actual son rápidamente barridos bajo la alfombra de la *renegación* teórica, que no quiere saber nada con eso. Con lo cual *eso* reprimido, como es lógico, *retorna* de las maneras más inesperadas y "azarosas", como una fuerza extraña que llegara del espacio exterior: el neofundamentalismo, la violencia de la delincuencia, la irracionalidad más agresiva, amenazan al tercio escaso de la sociedad mundial que solo quiere consumir en paz todo lo que pueda, especular lúdicamente en el mercado bursátil, o viajar a broncearse en parajes exóticos antes de que se acabe la capa de ozono. Y que no entienden por qué para hacer todo eso tienen que rodearse de ejércitos de custodios a modo de *preservativo* que los defienda de unas masas acechantes con cuyo rencor ciego ellos, por supuesto, no tienen nada que ver. Y cuando no es así, cuando la violencia no se expresa en esa forma perversa y desviada de la lucha de clases que es la respuesta resentida de las víctimas *individuales* contra los victimarios igualmente *individuales*, entonces se vuelve contra sí misma en la espiral autodestructiva del suicidio, la droga, la hobbesiana guerra entre los pares, la "barra brava" futbolística. Claro está que siempre hay teorías "locales", de trivial psicología social por ejemplo, para explicar estos estallidos de aparente irracionalidad; pero ellas son explicaciones *fetichistas*, incapaces de reintegrar las tensiones entre los particularismos y la totalidad, aun (y más aun) cuando se aplican a los fenómenos políticos recientes. Como si las "limpiezas étnicas" de Argelia, Afganistán, Bosnia o Kosovo fueran algo cualitativa y *naturalmente* diferente de la gigantesca "limpieza social" que la presente fase del capitalismo ha emprendido con los otros dos tercios de la humanidad. "Ellos" no lo entienden, y las teorías hegemónicas en las academias a las que asisten sus hijos no se lo explican, obsesionadas como están en repetir que, mientras las instituciones, la democracia o la comunidad *funcionen*, todo lo demás lo irá solucionando mágicamente la mano invisible. O que mientras esté garantizada la "corrección política" y un tolerante "multiculturalismo", lo demás puede ser despachado como pura perversión e irracionalidad.

Las teorías "oficiales" son, pues, el *síntoma* de una espectacular esquizofrenia social y cultural. Una esquizofrenia de la que es culpablemente tributaria una filosofía (llamada) *política* que apoya sus sofisticadas construcciones en el andamiaje desencarnado de las normas, las instituciones, el contrato, el consenso y *via dicendo*, desplazando o directamente anulando la presencia de los *cuerpos* vivientes y sufrientes, *materiales,* atravesados, y con frecuencia desgarrados, por esas entelequias, y dejándolos en manos de los psicólogos, los manuales de autoayuda, los profetas televisivos o los "políticos" manipuladores. Es obvio que ninguna comunidad humana puede sobrevivir sin un mínimo conjunto de reglas, instituciones y acuerdos más o menos "contractuales". Pero vaciar esas reglas, esas instituciones y esos contratos de su *historicidad* material, de sus vínculos contradictorios, conflictivos e incluso antagónicos con las masas desesperadas y a la deriva que ellos se proponen "anclar", es transformarlas en quimeras huecas y en palabrerío idiotizante que apenas sirve para cimentar misérrimas carreras académicas: eso, cuando las "anclas" no devienen lisa y llanamente *lápidas* prolijamente colocadas sobre las pilas de cadáveres cuyo origen ellas no sabrían explicar.

¿Y el marxismo? Nadie mejor que él debería estar preparado para devolver aquella materia histórica a estos cuerpos ausentes de su propio "pensamiento". No obstante, en sus versiones más *aggiornadas*, lo que la academia ahora llama "marxismo" acusa el recibo (y la influencia) de las tendencias dominantes de una filosofía política denegatoria como la que acabamos de describir. De un lado, el ya nombrado posmarxismo de cuño aproximadamente laclauniano recusa toda referencia a las categorías clásicas -la lucha de clases, el lugar del Estado, el modo de producción, las estructuras de la formación social- en favor de una indecidible (pero, en el fondo, decisionista) "radicalización" espontánea de la democracia y un juego contingente de las posiciones de sujeto, con el resultado de que, mientras se acantona en el multiculturalismo y las fragmentaciones subjetivas (algo de lo que, por supuesto, es necesario ocuparse *también*), el capitalismo globalizado sigue su marcha triunfal sin aparecer excesivamente concernido por tales sutilezas. Del otro lado, el denominado "marxismo analítico" se rinde a los cantos de sirena del individualismo neoliberal imperante, apostando a una explicación basada en la elección racional de sujetos fríamente calculadores -sin carne, sangre ni inconsciente- que son apenas caricaturas de un esquema hiperlogicista sin historia.

En el medio -o mejor dicho, afuera, en los suburbios- de este tironeo, los restos de un pensamiento marxista ortodoxo que no ha vuelto a leer un libro (ni, peor, a asomarse a la calle) desde Lenin, Trotski o Mao y cuyo calendario se perdió al día siguiente de la toma del Palacio de Invierno, se debaten entre la parálisis teórica vía completa inoperancia política. Nada sabemos ya de las polémicas con la rica tradición del marxismo occidental de Lukács, Korsch, Bloch, Gramsci, Sartre, Althusser o la Escuela de Frankfurt (reducida hoy al insípido idealismo comunicacional de Habermas), que hemos tratado de evocar aquí. Por su parte, esa izquierda "post" representada por los estudios culturales o la teoría poscolonial, que -saludablemente, no es cuestión de negarlo- se hace cargo de la compleja multiplicidad de nuevos problemas que se le han abierto a la teoría social y cultural en este último tercio de siglo, sin embargo lo hace bajo el régimen casi puramente "textualista" o "discursivista" de una *semioticidad* desencarnada y desmaterializada, donde lo real (de cualquier manera que se quiera definir ese concepto equívoco) apenas figura, en la mayoría de los casos, como un pliegue más de los discursos a deconstruir en una infinita tarea de Sísifo que no se propone llegar -porque no cree que exista, en primer lugar- al *corazón* de su propia materia. También aquí es obvio que no hay manera de retroceder desde el reconocimiento absolutamente decisivo del papel que lo simbólico y lo discursivo tienen en la propia constitución de la subjetividad y la sociedad humana como tales. Pero, otra vez: ese rol solo es decisivo en la medida en que los discursos sean examinados en su relación de encuentro / desencuentro, de *malentendidos,* con los *cuerpos* que los (y a los que) soportan, y con lo *real* que levanta los límites de la simbolización. De otra manera, también la palabra -como las reglas, las instituciones y los contratos que ella hace posibles- se transforma en mera lápida en la que se inscribe, con suerte, el nombre del cadáver. Y allí, en la tumba apenas señalizada por una palabra sin carne, y a pesar de la terminología de moda, no hay "Otro" ni "Diferencia": allí solo hay lo Mismo hablándole interminablemente, sordamente, a lo Mismo.

Permanecen dentro de las fronteras flexibles del marxismo contemporáneo (o, más ampliamente, en la izquierda radical) voces sueltas, es cierto, muy diferentes entre sí, y de muy desigual valor: Balibar, Rancière, Badiou, Negri, Jameson o Žižek, recomponiendo como pueden el diálogo con las formas diversificadas del pensamiento del siglo XX a partir del giro lingüístico, y al mismo tiempo rebuscando en los clásicos la manera de hacerlos relampaguear en este instante de peligro. Pero los mejores tonos de esas voces no son escuchados más que por algunos grupos de fieles feligreses, siempre en peligro de precipitarse en la secta. Y los tonos peores (los más tolerables para el pacato espíritu universitario) dominan un permanente esfuerzo de neutralización y anestesiamiento de la *rebelión,* aunque fuera teórica, que los primeros podrían incentivar. Quizá no pueda ser de otra manera: quizá el envilecimiento del mundo ya sea tal que debamos admitir que ninguna teoría crítica, por más *radical* que se pretenda, es capaz de reconstruir un puente hacia las masas desesperadas, no para *orientarlas* (cayendo nuevamente en la soberbia "sustituista" que tan caro ha costado a la izquierda), pero al menos para intentar una *comprensión* -también, ¿por qué no?, en el desprestigiado sentido empático que solía tener ese término- de ese desesperar, una comprensión que sirviera para informar las nuevas prácticas de la política que tanto se proclaman. Y no cabe duda de que esas prácticas nuevas -y la teoría o la filosofía que procure dar cuenta de ellas- son absolutamente *imprescindibles* en la putrefacta situación actual, en la que ya no sabemos siquiera *qué significa* pensar y hacer, "practicar" la política, puesto que la política se ha degradado a los negocios sucios de los "profesionales" de una administración gerenciadora de lo peor. Sin embargo, no podremos ni siquiera imaginar esas prácticas hasta que estemos dispuestos a regresar a aquellas cuestiones fundamentales que hacen al *ser* mismo de lo humano-material que se expresa en esa *politicidad* que alguna vez supo ser (al menos, así lo soñaba Aristóteles) lo propiamente antropológico, lo que define la humanidad del hombre.

En efecto, en esta trayectoria descendente de la teoría, como decíamos, se han perdido las preguntas fundamentales, las que desde Platón a Marx, de Maquiavelo a Max Weber, de Hobbes, Spinoza, Rousseau o Hegel hasta Adorno, Sartre o Foucault siguen siendo las decisivas: ¿por qué la mayoría de los hombres persisten en buscar *amos*, en alienar su libertad, su soberanía y su propia vida, perdiéndose a sí mismos, renunciando a que la Historia sea *su propia* Historia? ¿Por qué no ha podido organizarse una sociedad verdaderamente *humana* sino bajo formas sucesivas y diferentes de dominación y explotación, con la *violencia* constitutiva que ello supone? ¿Por qué la supervivencia de la civilización -con todo lo que de indudablemente "sublime" ella acarrea en el plano de la cultura- debe *necesariamente* pagar el precio de una suerte de sacrificio ritual y sangriento de generaciones tras generaciones de *aquellos mismos* que hacen posible la civilización? ¿Por qué lo extraño, lo ajeno, lo no-propio, eso que ahora se llama "el Otro", se vuelve indefectiblemente *siniestro* y amenazante? ¿Por qué todo documento de civilización tiene que ser *también* uno de barbarie?

Sin lugar a dudas, el marxismo fue (seamos prudentes), en la modernidad, el *modo de producción de conocimiento* -para adoptar esa olvidada fórmula de Althusser- que más se ha acercado al borde riesgoso que se abre junto al cúmulo de respuestas posibles a esas preguntas. O, al menos, el que más ha contribuido a *historizar* cierto "esencialismo" que podría leerse en el mero enunciado de las preguntas. En esa medida, y en la medida en que aquellas formas de dominación y explotación sigan existiendo, el marxismo seguirá siendo -para decirlo con Sartre- el inevitable horizonte filosófico de nuestro tiempo. Inevitable y *necesario*, pero no *suficiente*. A decir verdad, nunca lo fue. No lo fue, para empezar de la forma más banal, para el propio Marx: la misma *fundación* del materialismo histórico no pudo hacerse sin partir del debate, del diálogo crítico, con todos los otros modos de pensamiento que hubieran contribuido a plantear esas preguntas fundacionales y fundamentales (las famosas "tres fuentes" -la filosofía alemana, la economía inglesa, la política francesa- son el mejor testimonio de esta necesidad). Pero no lo fue, tampoco, para ninguno de los otros grandes pensadores críticos, dentro de la tradición marxista, que hemos nombrado. Ninguno de ellos se privó del diálogo apasionado y conflictivo con los otros modos de articulación del pensamiento moderno (el neopositivismo, el psicoanálisis, la fenomenología, el existencialismo, el estructuralismo, la filosofía del lenguaje o incluso la teología) que disputaban en el campo de batalla de la cultura, en el terreno fangoso del *conflicto de las interpretaciones* del que habla Ricoeur[134].

Y bien, esa *necesaria insuficiencia* del marxismo está hoy al rojo vivo. La experiencia de los socialismos reales (que, más allá del uso interesado que la ideología dominante hace de su fracaso, *es cierto* que lejos de responder a aquellas preguntas, abrió nuevos capítulos para las mismas), tanto como la del "capitalismo real" (que representa el fracaso aun más estrepitoso de esas *instituciones* que prometían el progreso infinito, la convivencia pacífica y la felicidad humana), demuestran más

---

134 Ricoeur, Paul: *Le conflict des interpretations: essais d'hermeneutique*, París, Seuil, 1969.

que nunca la inutilidad de una soberbia teórica y política que creyó poder cocinarse en su propia salsa, solo para terminar o bien indigestada, o bien incurablemente famélica.

Y sin embargo, lo que se nos ofrece hoy como alternativa filosófico-política en el mercado de las ideas, bajo cualquiera de sus formas, por más sofisticadas que parezcan (desde el neocontractualismo al *rational choice*, desde los diversos "institucionalismos" al comunitarismo, y largos etcéteras), está *muy por detrás*, incluso, de aquella indefendible soberbia. Está por detrás, porque si el marxismo no ha sido aún capaz de responder acabadamente a las preguntas fundamentales -y no es algo para asustarse: quizás esas respuestas sean imposibles-, las otras alternativas teóricas dominantes han renunciado a *hacer* las preguntas en este momento que describíamos como de máxima catástrofe civilizatoria, cuando ellas hacían más falta que nunca.

Con las consabidas y honrosas excepciones del caso, este *olvido del ser* de lo político -si se nos permite una paráfrasis heideggeriana- ha generado una situación de máxima *intemperie* para la filosofía política. No es, por supuesto, que tal olvido no pueda ser *explicado* remitiendo a las complejas condiciones de producción del pensamiento (no digamos ya del conocimiento) en nuestra contemporaneidad; si seguimos tomando a Auschwitz como metáfora de nuestra condición actual, parecería -parafraseando esta vez a Adorno- que después de esa experiencia extrema de una violencia que es consustancial a la dominación política, y que hoy parece haber logrado lo que todavía se percibía como exageración en la metáfora benjaminiana de la sociedad entera como campo de concentración, se nos ha vuelto imposible *pensar* sobre el propio origen de la *polis*, para concentrarnos en el simple "gerenciamiento" de lo ya pensado -así como los políticos se limitan al simple gerenciamiento de lo ya existente-. Pero cualquiera sea la explicación, queda, como decíamos, la intemperie. Y persiste la presunta: ¿nos exime esa *imposibilidad* de la *responsabilidad* de volver a pensar? Después de todo, la frase de Adorno no hablaba de un irremediable desfallecimiento del *deseo* de pensar, sino que llamaba la atención sobre los *límites* del pensamiento en el marco de las ilusiones -generadas en los dos siglos anteriores, y con las que no hemos terminado de saldar cuentas- en un eterno "progreso" de la Ciudad Humana.

¿Cómo pensar lo político, pues, a la intemperie? ¿Cómo recuperar el deseo de *pensar lo impensable*, de sostener la tensión y el conflicto entre el deseo y su imposible satisfacción? Está claro que no puede haber una respuesta única: ni siquiera la pregunta es única. Implica al menos el retorno de aquel *conjunto* de preguntas fundacionales y fundamentales que enunciábamos, tentativamente, al comienzo. De la misma manera tentativa, arriesgábamos que el marxismo complejo del siglo xx era en sí mismo una *condición de posibilidad* para el planteo históricamente adecuado de las preguntas. Una condición necesaria, pero no suficiente, agregábamos. Y ahora añadimos: ninguna de las filosofías políticas establecidas (ni siquiera la marxista, si se la pudiera calificar así) puede dar una *respuesta plena* a esas preguntas, porque lo propio de ellas -como sucede siempre con las preguntas fundacionales y fundamentales- no es producir la respuesta, sino precisamente generar el vacío de la *intemperie*, en el cual las "respuestas" filosóficas son los múltiples abrigos y las tibias habitaciones que nos damos para protegernos de ella. No es que las respuestas sean necesariamente falsas, o que no valga la pena explorarlas: es que siempre, tarde o temprano, están *en falta* con respecto a la *experiencia* de la intemperie, que siempre, tarde o temprano, vuelve por sus fueros. Se podría decir que toda filosofía es, en ese sentido, un discurso "segundo", un *derivado* de las experiencias fundantes de la cultura.

Nuestra hipótesis de trabajo es sencilla: hay tres experiencias fundantes de la cultura occidental que -tanto en su *origen* como en su *repetición* a través de la historia- instituyen la condición de posibilidad del planteamiento de las preguntas fundacionales y fundamentales frente a las que la filosofía busca *abrigarnos,* aunque, en las mejores filosofías, solo sea para permitirnos contemplar mejor la intemperie. Ellas son: (1) la experiencia de lo *trágico*; (2) la experiencia de lo que llamaremos lo *poético*, en el sentido amplio de la experiencia estética; (3) la experiencia de lo *político* en sentido estricto, es decir, la experiencia de la *fundación* de la Ciudad, pero también del poder y la dominación, así como de las formas de *resistencia* contra el poder y la dominación. Las tres experiencias están atravesadas, casi forzosamente, por alguna forma de *violencia* (y también por alguna forma de *amor*, de *erotismo* en el sentido griego, que no es de suyo incompatible con la violencia): la violencia *trágica* instaura un desgarro en el Saber sobre lo que significa el ser humano, la identidad consigo mismo del Sujeto; la violencia *poética* instaura un desgarro en el Saber sobre la identidad entre las palabras y las cosas, entre el signo y la materia, entre la "ficción" y la "realidad", entre el símbolo y el mundo; la violencia *política* instaura un desgarro en el Saber sobre la identidad entre el hombre y su historia, su sociedad, sus instituciones, su libertad, su autonomía, su soberanía.

Esos tres desgarramientos, esas tres *heridas* ("la del amor, la de la muerte, la de la vida", decía Miguel Hernández) son el *abismo* -la intemperie- sobre el cual levantan sus edificios las filosofías. Ellas, si son honestas, intentan ofrecer sus respuestas sin dejar de asomarse a él. Las filosofías políticas no son una excepción: ninguna de las que realmente (nos) importan ha dejado de *interrogar*, directa o indirectamente, esas tres experiencias fundantes. Por el contrario, cuando las han abandonado a su suerte (como, insistimos, ocurre en la actualidad) ellas, las preguntas, se han tomado una merecida venganza, abandonándonos a su vez, arrojándonos a esta *trivialidad* que ha devenido lo político (lo trágico, lo poético) en nuestro tiempo. A una frivolidad en la que las preguntas "últimas" ya no son siquiera las que no tienen respuesta, sino las que no atinan siquiera a *plantearse.*

Para atisbar, aunque fuera tímidamente, la posibilidad de ese planteo, sin embargo, sería necesario -antes de ensayar el desarrollo de las cuestiones que las tres experiencias ponen en juego- intentar definir qué queremos decir con el propio término *experiencia* al que estamos apelando. No es una tarea fácil, ya que podríamos casi decir que por definición el propio significante "experiencia" excluye toda posibilidad de acercamiento conceptual que se mantenga en su campo: allí donde es posible hacer inteligible su concepto, la experiencia como tal ha desaparecido. Conformarse con eso, sin embargo, es deslizarse alegremente hacia el irracionalismo, o en todo caso hacia un empirismo ingenuo y sentimental que pone la experiencia *antes y por fuera* de cualquier condición simbólica. Que hace de ella un innombrable *antepredicativo* (como diría Merleau-Ponty) imposible de ser recuperado, aunque fuera fragmentariamente, por la palabra (cosa que jamás aceptaría Merleau-Ponty). Pero sabemos -por el psicoanálisis, entre otros saberes- que la mera relación de exclusión fenomenológica entre la experiencia vivida y el concepto pensado no por ello deja de imprimir marcas mutuas en el cuerpo y en el pensamiento, que se verifican en los deslizamientos de sentido del significante, de una palabra que al mismo tiempo *dice y calla* (que dice *donde* calla, y viceversa). ¿Es posible, entonces, aunque sea provisoriamente, reencontrar para la filosofía (y en particular para una filosofía política) esa *dialéctica negativa* entre la experiencia y la palabra, donde esta capture intermitentemente -como solo logra hacerlo, a veces, la poesía- *el centelleo* de las experiencias fundantes de lo trágico, lo poético-erótico y lo político, haciéndolas *pensables* sin momificarlas en los nichos del concepto? Intentaremos buscar esa "definición" de la experiencia en tres autores muy diferentes, apenas unificados imaginariamente por la inicial de su apellido: Benjamin, Bataille, Blanchot. Y apuntemos, entre paréntesis, que tal vez no sea casual que la busquemos en tres autores cuya *escritura* ("poética", en el mejor sentido de intentar hacer de *la propia palabra* una "experiencia") forma parte indisociable de su pensamiento, de su "concepto".

"Llamo *experiencia*", dice Bataille, "a un viaje hasta el límite de lo posible para el hombre. Cada cual puede no hacer ese viaje, pero, si lo hace, esto supone negadas las autoridades y los valores existentes, que limitan lo posible"[135]. Al contrario, "la experiencia que tiene existencia positiva llega a ser ella misma el valor y la *autoridad*". He aquí su valor fundante: la experiencia es "autoridad", es la *autora* del acontecimiento que ella genera. La experiencia no es instrumento (por ejemplo, para el conocimiento), sino en sí misma el *fin* y el *principio*. Y es "interior", no en el sentido de que sea puramente subjetiva e individual, sino en el de que solo desde *adentro* de ella misma puede ser captada la unidad irreductible del conjunto de sus "operaciones distintas, unas intelectuales, otras estéticas, otras finalmente morales", que el pensamiento discursivo se ve obligado a distinguir, pero que para la experiencia propiamente dicha son inseparables.

"La *experiencia límite*", dice por su parte Blanchot, "es la respuesta que encuentra el hombre cuando ha decidido ponerse radicalmente en entredicho"[136]. Esta decisión, es cierto, puede no ser siempre consciente. Pero, sea como sea, ya no es posible que sea detenida, "ya sea en un consuelo o en una verdad, en los intereses o en los resultados de la acción, o en las certezas del saber y de la creencia". Hay, en esta experiencia límite, una renuncia al sí mismo, un cuestionamiento del Ser en aras de la fundación de un *nuevo* Ser. Pero esa "pasión del pensamiento negativo" no se confunde con el escepticismo, ni siquiera con la duda metódica, sino con la potencial infinitud de lo *creable*.

"Según Proust", escribe finalmente Benjamin, "es cosa del azar que cada uno cobre una imagen de sí mismo, que pueda adueñarse de su *experiencia*. Y sin embargo, en modo alguno resulta evidente que en tal asunto se dependa del azar. Las aspiraciones interiores del hombre no tienen por naturaleza un

---

135 Georges Bataille: *La experiencia interior*, Madrid, Taurus, 1972.
136 Maurice Blanchot: *El diálogo inconcluso*, Caracas, Monte Ávila, 1970.

carácter privado tan irremediable. Solo lo adquieren depués de que disminuyen las probabilidades de que las exteriores sean incorporadas a su experiencia"[137].

Las tres experiencias fundantes a las que nos referíamos -la de lo trágico, la de lo poético, la de lo político- participan de los rasgos de la definición plural de la experiencia que podría construirse superponiendo a Bataille, Blanchot y Benjamin: son *interiores* -es decir, irreductiblemente aunan desde adentro la dimensión intelectual con la estética y la moral-, son acontecimientos *límite* -ponen radicalmente en cuestión el Ser de lo conocido (y conocible), de lo bello y de lo bueno-, y su interioridad está conformada por la incorporación del Otro, de la "exterioridad" de las experiencias colectivas y plurales.

Es a partir de esta definición del concepto de *experiencia* que podemos, ahora, reiniciar desde otro lugar la esquemática elaboración anterior. Ella está explícita o implícitamente atravesada por un conjunto de *nombres de autor.* La mayoría de ellos pertenecen por derecho propio (quiero decir: no podrían no pertenecer) al siglo XX. Otros -Marx, Nietzsche, Freud- cabalgan entre los dos siglos (Nietzsche, muerto en el año 1900, es en este sentido el más emblemático), pero sus efectos *pertenecen,* sin duda, al siglo XX. Lo importante es que todos ellos, de uno u otro modo, producen, en el siglo XX, el retorno de las experiencias *fundantes* de lo trágico, lo poético, lo político.

En esa medida, en la medida en que producen ese retorno en el contexto de un abandono de esas experiencias por parte del pensamiento, son filosofías políticas "malditas" -y nos hacemos cargo, ¿por qué no?, de la resonancia poético-vanguardista de ese término-. Que sean malditas puede significar varias cosas diferentes, y a veces coincidentes:

1) Que el pensamiento dominante las ha transformado -como decía Marx de Hegel- en *perros muertos* de la cultura, bajo el pretexto de que ya no *sirven para* (traducimos; no son

---

137 Walter Benjamin: *Iluminaciones: Política y Capitalismo*, Madrid, Taurus, 1980.

sirvientes de) la explicación de las "indecidibles" complejidades del mundo contemporáneo: es el caso del propio Marx o -en su senda- de, por ejemplo, Lukács, Sartre o Althusser.

2) Que no se dejan clasificar fácilmente por las grillas de lo que el pensamiento dominante ha *decidido* (y mucho habría que decir sobre esa decisión) etiquetar bajo la rúbrica de "filosofía política"; es el caso, casualmente, de la mayoría de ellos: Nietzsche, Freud, Bataille, Lacan, Girard, Canetti.

3) Que -por su insistencia en reencontrar los fundamentos conflictivos y violentos de la práctica política y de la cultura- arrastran connotaciones insanablemente "reaccionarias" o "totalitarias": es el caso de Carl Schmitt, de las lecturas "protofascistas" de Nietzsche o, en el otro sentido ideológico, el caso de Marx y del marxismo como supuesta cuna del "otro totalitarismo".

4) Que, por haber sido sometidos a las diversas "modas" académico-intelectuales (concurrentes o competitivas), han sido *esterilizados* en sus implicaciones más inquietantes -más *fundantemente* trágicas, poéticas o políticas-: es el caso de Adorno, de Benjamin, de Deleuze o de Foucault y, hasta cierto punto, de Freud y Lacan.

No hay, es evidente, intelecto humano *individual* capaz de recuperar en toda su dimensión los "retornos" de lo trágico-poético-político en el conjunto de esos nombres, de esas *voces*, de autor. Y aunque lo hubiera, en las condiciones actuales del pensamiento esa "recuperación" no produciría, seguramente, ningún efecto decisivo. Y aunque lo produjera, ese efecto no podría, por definición, ser final, conclusivo. Las preguntas fundacionales y fundamentales no tienen la misión de *cerrar* el abismo de sentido. Tampoco, en verdad, de *abrirlo*: él está allí, ya siempre abierto por aquellas experiencias fundantes que constituyen el *comienzo* de toda pregunta, sin tener ellas mismas un *origen*. No: las preguntas tienen la misión de *inquietar* el abismo, de *hacerlo presente* ante los ojos nublados o bajo los pies afirmados en *las falsas certidumbres*. O, incluso, en esa vuelta de tuerca ideológica que constituye la "certidumbre de la incertidumbre", el gran relato del "fin de los grandes relatos": cuando de lo que se trata es de la (imposible, pero necesaria) relación entre lo Universal y lo Particular, la totalidad y el fragmento, lo abstracto y lo concreto, que Adorno, lo hemos visto, bautizó con el feliz término de *dialéctica negativa*.

Las teorías políticas hoy dominantes, lo repetimos, no es que no puedan (cualquiera puede) *imaginar* esas preguntas: al contrario, justamente, están demasiado ocupadas en hacérnoslas *olvidar* (o, en el mejor de los casos, están identificadas con su amnesia, con su impotencia para recordar). Principalmente, en hacernos olvidar que plantear esas preguntas es ya no solo *hacer* filosofía -en lugar de conformarnos con consumir la que el mercado cultural nos presenta ya hecha-, sino hacer *política* -en lugar de conformarnos con consumir la que las instituciones del poder constituido nos presentan ya hecha-. Queremos decir, si ninguna pregunta puede por sí misma *sustituir* la práctica de una *construcción* o una *institución* de la "cosa pública" que enfrente lo históricamente constituido a favor de la dominación, sí puede al menos hacernos ver que estamos dormitando irreflexivamente, desapasionadamente, sobre el abismo, y sí puede volver a interrogarnos sobre nuestra propia, asumida, esclavitud. Sobre, para evocar de otra manera una inquietante expresión de Freud: *Das (politische) Ding*, la Cosa Política.

La cosa política no es la "cosa en sí", el *noumeno* kantiano del cual Lukács afirmaba -con apariencia reduccionista, pero con resonancias más complejas de las que se le reconocen- que era, simplemente, *el modo de producción capitalista* que hacía que los límites del conocimiento burgués se identificaran con los límites del conocimiento *como tal* (y que Jameson, muy lukácsianamente, propone como traducción de la tan denostada "totalidad"). La cosa política no es ni "cognoscible" ni "incognoscible"; es *el abismo* de las tres experiencias fundantes *que provocan* al pensamiento -en el doble sentido de que lo originan y lo desafían-, y al mismo tiempo lo desbordan, lo *dislocan,* lo corren de lugar, lo sacan "de quicio". En ella está presente siempre -incluso como spinoziana *causa ausente,* o como presencia reprimida o "forcluida"- la experiencia indecible de la *masa,* de sus "síntomas". Después de Auschwitz -es decir, después de la emergencia de lo *siniestro-extremo* en la experiencia de la masa- se han encontrado distintas maneras (más convergentes, sin embargo, de lo que suele pensarse) de hablar de la cosa política y su violencia constitutiva. Busquemos identificar algunas, reordenando lo dicho hasta aquí, retomando algunos nombres, y tal vez agregando otros más recientes:

• En las huellas de Weber (y, quizá, de la cuestión de la técnica en Heidegger), *la racionalidad instrumental* de Adorno y Horkheimer se presenta, en última instancia, como la voluntad de controlar, doblegar, incluso *planificar* el desborde de la cosa política, omitiendo el hecho de que es *ella misma* la que está en el origen lejano de la razón calculadora (¿pero quién quiere saber nada con sus orígenes bastardos?).

• En Walter Benjamin -a la vez fuera y dentro de la Escuela de Frankfurt- la noción de una violencia fundadora de la juridicidad y la ley, es decir de la civilización, encuentra a la cosa política en su doble posibilidad de "cultura" (la *redención* en el tiempo-ahora de los vencidos que se opone al *progreso* de la historia de los vencedores) y de "barbarie" (en el fascismo, pero también en las alegorías literarias como *El proceso,* de Kafka).

• En Toni Negri -en la huella de Benjamin, pero asimismo retrotrayendo el Marx de los *Grundrisse* a Spinoza y Maquiavelo-, la cosa política abre el abismo infranqueable entre el *poder constituyente* de las masas y el *poder constituido* de las instituciones, que es precisamente el escamoteo del lugar fundante de la Cosa.

• En Bataille, en Girard, en Canetti, la *violencia de lo sagrado-erótico* (de lo religioso como el *re-ligare* social que genera la "serialidad") reencuentra la cosa política en la lógica fundante de lo *sagrado*, del sacrificio ritual y de la mecánica del chivo expiatorio que desplaza la responsabilidad de la violencia colectiva hacia la culpa subjetiva e individual (aquí retornan, desde luego, el Freud del "crimen cometido en común", y el Nietzsche de la "muerte de Dios").

• En Deleuze y Guattari, las "locas" *máquinas deseantes* o la violencia esquizofrénica dan testimonio de la inmanejabilidad de la cosa política.

• En Foucault, mientras tanto, la *genealogía del racismo* (o la verdad de una violencia original en las "formas jurídicas") denuncia la presencia de la cosa política en el interior mismo de los saberes construidos para explicarla y neutralizarla (y aquí retornan Weber, Adorno y Horkheimer).

• En los pensadores "poscoloniales" (Said, Bhabha, Spivak, Ahmad) -pero mucho antes, en el Sartre que va del *infierno son los otros* a los *condenados de la tierra*, así como en el Fanon del cual Sartre es un "prolo(n)gador"- la cosa política se monta en la experiencia del Otro como terror, como imposibilidad de *totalización humana*.

• En Rancière, la cosa política es la forma en que las masas son a un tiempo la condición de *posibilidad* y de *imposibilidad* del orden político y de la(s) teoría(s) de ese orden: la insuperable *inconmensurabilidad*, el *desacuerdo*, entre la masa y cualquier organización teórico-práctica de la *polis* (incluida la "democracia" en sentido jurídico-formal), que para funcionar tiene que *descontarse* de aquello que lo ha hecho posible y necesario (y aquí retorna, desde luego, el Spinoza de Negri).

• En Balibar, la cosa política sobrevive en el "proceso primario" de *la experiencia vivida de las masas dominadas* (y aquí retorna, desde luego, más allá de Althusser, Sartre), que -como decía Marx de lo religioso, o Gramsci del sentido común- implica simultáneamente una aceptación (un *reconocimiento*) de, y una protesta (una *revuelta*) contra, el mundo "realmente existente".

• En Jameson o en Macherey, la Cosa está depositada en el *inconsciente político* de la cultura, en el cual la "lucha de clases" en el plano de lo simbólico rompe los diques de las "estrategias de contención" textuales, de manera similar a como *lo semiótico* en Kristeva (lo presimbólico de las pulsiones arcaicas) a la vez condiciona y desborda la simbolicidad estética, o a como, en Barthes, el *texto de goce* dinamita las estructuras tranquilizadoras, reconocibles, del *texto de placer*. Aquí la cosa política es también, inmediatamente, la cosa poética.

• En Žižek, la cosa política anida en la *fantasmática* ideológica de las masas que (ya desde Hegel y Schelling hasta Lacan, en su lectura) expresa las acechanzas de lo Real que impiden una constitución de la "realidad" como completud e inteligibilidad para el sujeto.

Entre todos ellos, pues, asoma una suerte de unidad secreta -compleja, contradictoria y múltiple como las propias masas, pero unidad al fin- que desmiente la imagen de dispersión, fragmentación o diseminación teórica que se nos quiere "vender". En todos ellos, está claro, asoma la sombra terrible del (derridiano) espectro de Marx. Ninguno de ellos admite que pueda retroceder -o, lo que es lo mismo, "huir hacia adelante"- con respecto a categorías como *lucha de clases* o *modo de producción*. Pero en todos ellos hay *algo más*: algo que, si bien no sería posible sin Marx (y sin Freud), habla de unos *restos* (o de unas *ruinas*, en sentido benjaminiano) cuya interrogación no se contenta con él; al menos, no se contenta con un Marx entendido como una teoría *necesariamente* surgida en el período de consolidación del capitalismo del siglo XIX, y cuyas potencialidades de despliegue quedaran limitadas por esa referencialidad histórica. Las filosofías políticas "malditas" -*a partir* del impulso de Marx, dentro de su estela, pero buscando más allá de lo que se suele entender como marxismo- registran el retorno de las experiencias fundantes de lo trágico, lo poético y lo político *en el siglo XX*, sin que por lo tanto tenga nada de contingente o azaroso que hayan emergido en este siglo. Puesto que se trata del siglo ambiguo, contradictorio y desgarrado en el que el máximo desarrollo económico-técnico del capitalismo se combina desigualmente con su máxima catástrofe social, moral y cultural, y en el que se verifica la sombría (y olvidada) profecía de los clásicos del marxismo: allí donde no haya auténtico "reino de la libertad", habrá indefectiblemente *barbarie*. Y es en la *emergencia* de la barbarie donde las preguntas más *radicales* se hacen nuevamente imperiosas. Es este retorno de las experiencias fundantes, de las preguntas fundacionales, fundamentales, a caballo del "progreso" de la barbarie, el que resulta estrictamente *insoportable* para el pensamiento político dominante (y ello amenaza incluir a la mayoría de los "marxistas", que parecerían aterrorizados por las propias implicancias del estilo de pensamiento iniciado por Marx). Insoportable, porque asomarse a ese abismo significaría reencontrarse con una miseria, con una *intemperie* (ideológica, ética, intelectual, política, incluso profesional y económica en el sentido más mezquino) de la que ya creían estar a salvo. Allá ellos: nosotros -tómese, si se quiere, como una expresión más de soberbia- preferimos el frío, antes que los abrigos de una tela bastarda, barata y deshilachada.

No pretendemos "subsanar" una falta (también en el sentido alemán de *Schuld*: una culpa y una deuda) que es demasiado grande para ser asumida por cualquiera. Pero no vamos a privarnos de -como se dice- *elaborar* esa falta (esa culpa, esa deuda) en torno a las tres experiencias fundantes, y a los intentos de respuesta que el pensamiento del siglo XX que realmente (nos) importa ha ensayado para ellas.

2. LA EXPERIENCIA DE LO TRÁGICO

La tragedia es el lugar donde el "yo" social -enfrentado a la inconcebible maldad de los dioses- se quiebra, y ya no sabe quién es. La tragedia es *ya* política, sin duda (su pregunta se dirige en primer término a la peste inexplicable que asola a la ciudad), pero su *politicidad* es abismal: lo que ella revela es, precisamente, un *no-saber* acerca de los fundamentos sobre los cuales reconstruir la ciudad amenazada por el derrumbe. Su única respuesta, como lo ha mostrado René Girard[138], es "religiosa", esto es, la recaída en el mito del *sacrificio*: resulta necesaria la identificación de una culpa monstruosa pero inevitable, signada por el destino y predicha por el enigma del oráculo, para purificar al conjunto, para recuperar el orden y el sentido, para neutralizar la "violencia recíproca" entre los hombres, esa violencia *mimética* que hace del otro, del *semejante,* un enemigo arcaico por definición. Lo veremos en una próxima sección: al final, como ocurre en *Antígona* o en *Hamlet,* se retiran los cadáveres y puede comenzar la política. Pero la política ya nunca podrá lavar del todo esa violencia original que conduce al sacrificio, y que es su condición. Se lo ve completamente claro en Freud, en el mito de la horda primitiva (indirectamente heredero del "estado de naturaleza" de Hobbes) y de su estremecedora definición de la cultura como producto de un crimen cometido en común. Estaba, de otro modo, en Nietzsche, donde la muerte de Dios ha hecho caer la fuente de la responsabilidad trágica nuevamente en manos de los hombres, que nada quieren saber de ella. Y estaba en Marx, para el cual la historia de la humanidad ("hasta el presente", dice, no sin excesiva confianza) es un permanente conflicto *agónico,* que ha demandado -¿solo hasta el presente?- la violencia "ritual" de la lucha interminable entre la clase de los amos y la de los esclavos. Los cadáveres, después de todo, no han terminado de retirarse: "Varias generaciones de muertos oprimen como una pesadilla el cerebro de los vivos", reza el impresionante inicio del *XVIII Brumario.*

Y sin embargo, en algún recodo del camino, Marx pierde la tragedia y su historia se vuelve, más simplemente, *dramática* (¿busca una "tercera posición" entre la tragedia originaria y su repetición "burguesa" como parodia, también aludida en el

---

138 René Girard: *La violencia y lo sagrado,* Barcelona, Anagrama, 1982.

mismo texto?); ahora, en *este* momento de la agonía -el capitalismo- hay una posibilidad de "superación", de reintegración del yo social por medio de una de sus partes, el proletariado, en un *último* acto de violencia fundadora que asegure el fin de los sacrificios recurrentes, la derrota del destino en el reino de la libertad. No hay -insistamos- teoría que explique mejor la historia "hasta el presente", ni sus posibilidades para el futuro. Pero falta un detalle: el proletariado (sea lo que sea hoy) tiene que *querer* tomar en sus manos la lucha contra el destino, tiene que *desear* pasar de la agonía trágica a la recuperación dramática. Y este deseo se demora, desfallece; incluso, y sobre todo, en *nuestro* presente. Y cuando lo ha hecho (emblemática, aunque no únicamente, en 1917), ha sido para que su deseo le fuera a la larga arrebatado, *secuestrado,* y para precipitarlo nuevamente en un destino para muchos incomprensible.

En virtud del fracaso de ese "drama", el siglo xx señala el retorno de lo trágico-agónico, y de la incontrolada violencia *mimética* que estaba en su origen. Varias filosofías malditas del siglo se hacen cargo de este retorno. Adorno y Horkheimer ven en el "sacrificio" de Auschwitz el símbolo mismo de la *lógica interna* -¿otra forma del destino?- de una racionalidad occidental extraviada pero no ajena a sí misma, cuando el proletariado renuncia a transformarla. La *dialéctica negativa* conserva, mientras tanto, el movimiento perpetuo de un conflicto agónico sin superación posible, sin *Aufhebung.* Un conflicto que -en el otro extremo del espectro ideológico- tiene sus ecos en el Carl Schmitt de la reducción de lo político a la dialéctica guerrera del amigo / enemigo. Walter Benjamin, por su parte, pone el acento sobre el papel *fundador de juridicidad* de la violencia de las masas, y el temor que ello despierta en el poder (no por la violencia misma, sino por su posibilidad de generar *otro* poder). En una línea semejante, mucho después, Toni Negri distinguirá entre una violencia *constituyente* y una *constituida*, aunque revestida de la legitimidad institucional. Bataille, antes, reencuentra el sacrificio ritual en la serie violencia-sexualidad-muerte, pero también en la lógica de la *fiesta* (que está, como lo había supuesto Nietzsche, en el origen de la tragedia), y en la economía no menos "sacrificial" del *exceso* y el *desperdicio* (hay ecos "científicos" de la misma idea en la antropología política de Pierre Clastres y sus sociedades de la *sobreabundancia*). Canetti tematiza la repetición de la violencia numérica de la horda primitiva de Freud mediante su concepto de la masa como *jauría*. Y en el Sartre temprano (pero también, de modos más subterráneos, en el posterior), la "devoración" del Otro en en sí-mismo repite un pliegue del rito sacrificial.

Todos ellos son, pues, pensadores del retorno de lo *trágico*. En todos ellos se puede leer el vértigo del péndulo entre la *fusión* y la *división*, empujado por la violencia originaria de lo social. Visión pesimista, sin duda, pero también "realista" en el sentido fuerte: en el sentido de que descreen de un necesario progreso que, casi siempre, ha sido la coartada de los poderosos para el sacrificio ritual de los oprimidos. No hay aquí lugar para las consolaciones liberales que disimulan, con el "libre juego" del mercado y/o las instituciones, el sustrato violento de la lucha por la dominación. Y no se trata de ningún darwinismo social; al contrario, se reniega de analogía alguna entre la naturaleza y la cultura, para hacer de esta el corte absoluto con lo instintivo hacia lo pulsional, señalizado por la tragedia. La tragedia tiene, aquí, un lugar de *pasaje*. Pero al mismo tiempo, y por ello mismo, es un lugar *fundacional*: en su mismo centro está el conflicto arcaico entre lo Mismo y lo Otro, que apunta a una *separación* y al (re)inicio de un nuevo orden, político, antropológico, pero también *subjetivo*. Esto lo ha visto bien Jean-Joseph Goux, en un estupendo análisis del mito y la tragedia de Edipo[139], que logra sortear las trampas de la "aplicacion" psicoanalítica, y que justamente por ello logra recuperar el gesto originario de Freud (para quien Edipo no es un ejemplo o una ilustración, sino el *operador* teórico por excelencia de su concepción antropológica).

---

139 Jean-Joseph Goux: *Edipo filósofo*, Buenos Aires, Biblos, 1999.

La de Edipo, en efecto, es una tragedia "anómala" respecto de las macroestructuras míticas dominantes en su época: fundamentalmente (y entre muchas otras cosas) porque Edipo conquista el poder *político* no gracias a la ayuda de los dioses -a los que no tiene en cuenta salvo en su malentendido original con el oráculo- sino a su propia astucia *intelectual*, que le permite descifrar el enigma de la Esfinge (pero no el propio, claro está) sin ayuda externa, humana o divina. Edipo es pues ya, en cierto sentido, el sujeto *moderno,* incluso el sujeto "cartesiano" o "kantiano". La respuesta al enigma es, para colmo, "el hombre": con lo cual la humanidad abstracta y universal como tal (identificada con la particularidad de *su* género, *su* clase y *su* cultura "nacional") queda subsumida en, con-fundida con, el yo. Ha sido fundado, al menos potencialmente, el sujeto de la "racionalidad instrumental" frankfurtiana, aunque tenga que esperar al capitalismo para mostrar todos sus alcances.

Por supuesto, esta no es toda la historia (ni la de Edipo ni, por lo tanto, la nuestra): ese "hombre que sabía demasiado" (según lo calificara Foucault)[140] recibirá como castigo la "ceguera" del *retorno de lo reprimido* por la nueva Razón que ha contribuido a generar. Forcluyendo su Otro, Occidente no ha hecho más, desde entonces, que *renegar* a lo que estaba en su mismo centro, y a partir de entonces preguntarse, perplejo, de dónde viene esa violencia "irracional" que permanentemente lo acecha, sin reparar que es esa separación entre su mente y su cuerpo, ese impulso de dominación por un saber desencarnado y "despulsionado", esa *falta* o ese quiebre en su propia Totalidad, lo que se le aparece como un nuevo y gigantesco enigma que *esta vez* no podrá resolver sino al precio de su propia *puesta en cuestión.* Ese Otro forcluido en su propio origen (le hemos dado muchos nombres: el colonizado, la mujer, el proletario y todas las formas imaginables de opresión y exclusión) *es,* en su propia matriz, la tragedia desconocida y tematizada por Freud en la "división del sujeto". No se puede

---

140 Michel Foucault: *La verdad y las formas jurídicas,* Barcelona, Gedisa, 1970.

prometer -sería un despropósito teórico y ético- que la restitución de la tragedia desde el pensamiento suture esa herida primaria y evite futuros retornos de lo reprimido: pero sí se puede argumentar que tal restitución ayuda a *entender* un poco mejor lo que *nos* sucede, descifrando ese *en-sí* que hoy se nos antoja extraño e inexplicable, en un *para-sí* que nos haga siquiera sospechar la posibilidad de un "reino de la libertad".

El *para-sí* requiere, para decirlo un poco solemnemente, una "*onto-antropología*" que interrogue la condición de lo humano como tal, y a su vez esa interrogación no puede sino ser la de una tragedia profundamente *histórica.* No se trata, pues, tanto de la "Historia del Ser" heideggeriana (que es, en el fondo, deshistorizante, en tanto somete el *Dasein,* la existencia propiamente humana, a una historicidad que le es ajena, que no es producto de su praxis), sino de un *ser histórico* que no obstante está en permanente conflicto (nos lo ha mostrado el psicoanálisis) con una *insistencia* (más que una "persistencia") de lo arcaico. El efecto de ese choque es una acción retroactiva del presente sobre el pasado, en la que el "relámpago en un instante de peligro" que es para Benjamin la figura de la acción de la Historia en el *momento-ahora*, se fusiona con el "retorno de lo reprimido" de Freud.

La tragedia es -en la cultura occidental, es menester aclararlo, la gran metáfora del *origen* (perdido para siempre), simultáneamente histórico y ontológico, de ese choque. Para nosotros, hoy, la tragedia es algo del orden de la experiencia, y *por otro lado* un género literario, una forma estética. Pero hablar así es hacer una concesión exclusivista al *logos* de la modernidad burguesa: en sus inicios "clásicos", la *poiesis*, la *polis*, la *praxis* en general integran un Todo (es la "bella totalidad" de Hegel), sin duda en tensión interna, pero indisoluble e indivisible. Solo eso que Max Weber llamó la "autonomía de las esferas", propia de la racionalización capitalista moderna, permitirá pensarlas por separado. Tenemos que hacer un esfuerzo *de ficción operativa*, entonces, para considerar *lo* trágico como representativo de esa articulación conflictiva de los fundamentos de la experiencia humana que continúa insistiendo en y a través de la Historia, y no -como lo haría un crítico literario actual- como mero género discursivo. Lo trágico es, justamente, lo que *excede* la capacidad de simbolización discursiva pero al mismo tiempo la *determina*, en un choque perpetuo e irreconciliable entre el discurso y algo del orden de lo *real*.

Aquí nos separamos, desde ya, de toda estrategia textualista o deconstructivista que a veces aparecen caricaturizadas bajo la consigna "no hay nada fuera del texto". Como ya hemos señalado, para nosotros la *posibilidad* misma del texto es, precisamente, que *haya* un "afuera" que presiona por expresarse, por articularse simbólicamente, y que simultáneamente el texto sea la única vía que tiene para (no) hacerlo: ese es su magnífico fracaso. Y si nos permitimos hablar de la tragedia como fundamento, es porque nos parece que ese conflicto entre la articulación simbólica y el "afuera" que no puede terminar de articularse es su *tema*. Allí es, por otra parte, donde lo trágico se encuentra con *lo* político: en un anudamiento "fundacional" del *logos*, del *nomos*, de la *polis*. En una violencia originaria e *instituyente* que, más tarde, el poder establecido, instituido, de la *polis* debe hacer olvidar -según las tesis complementarias de Benjamin y de Negri-, para evitar su cuestionamiento permanente por parte de un proceso de perpetua refundación. Un olvido que se procesa como represión *imposible* y consiguiente retorno "siniestro" que revela la inutilidad de esa pretensión excesiva -de esa *hybris*, como la llama la tragedia- de imponer un orden perfecto y eterno.

Pero la tragedia, en sí misma, tiene la ventaja de que justamente por su posición de discurso fundador, todavía no está sujeta (no completamente, al menos) a la represión, sino que son sus efectos *posteriores* sobre la cultura los que deben ser reprimidos; para decirlo de otro modo, Edipo no *tiene* "complejo de Edipo": él *es* Edipo. Todavía no funciona ahí la escisión entre *ser y tener* que -lo mostrará Sartre, entre otros- es la marca de la modernidad. Lo trágico-político no es por lo tanto todavía *la* política (para ello habrá que esperar por lo menos a Platón y su *República* que, no por casualidad, requiere para su funcionamiento de la expulsión de los poetas): su fundamento no es aún la lucha por el poder *interno* de la *polis*, o la lucha entre dos órdenes diversos y contrapuestos *para* la *polis*. Antígona no pretende sustituir a Creonte para cambiar sus leyes por otras. En esta tragedia no se oponen dos *modelos de polis*; la oposición se produce entre un orden pretendidamente *universal* (que por supuesto expresa la hegemonía de una clase dominante) y la "anarquía" de una *singularidad* oscuramente arcaica que se opone a *toda* ley humana y "positiva". Una singularidad que todavía no ha sido moldeada por la ley de la ciudad, una singularidad de la "sangre" que, si por un lado responde a un designio de los dioses, por el otro emana de las entrañas mismas de la "madre" tierra (de esa misma "madre" tierra a la que Antígona, *contra* las leyes de la ciudad, devolverá obcecadamente el cuerpo de su hermano).

Lo propiamente *político* de la tragedia no es entonces, repitámoslo, el conflicto *entre* las *poleis,* o el conflicto de poderes *dentro* de la *polis* (ese es ya el drama "luctuoso", como lo llama Benjamin, de la modernidad, por ejemplo, de Shakespeare)[141], sino el conflicto entre la *polis* y el *oikos,* ese fundamento arcaico que excede a la ley y no puede nunca ser completamente sometido a ella. El *oikos*, lo *familiar (también* "siniestro"), que es además -significativamente- el radical etimológico de la palabra "economía". Y es que quizá podamos atisbar aquí una de las posibles respuestas al enigma que se plantea Marx: ¿cómo es posible que una forma estética surgida en el contexto de una sociedad -de un "modo de producción"- tan diferente de la nuestra logre todavía conmocionarnos como ninguna otra forma moderna puede hacerlo? Y el propio Marx responde -con aparente ingenuidad, pero de un modo para nada ajeno a Freud-: porque ella expresa la *infancia de la humanidad.* La infancia, no en un sentido cronológico, sino ontológico: el fundamento de lo que hemos llegado a ser, y que necesitamos "negar".

---

141 W. Benjamin: *El origen del drama barroco alemán*, Madrid, Taurus, 1990.

Pero al mismo tiempo, ya en la tragedia se hace sentir la *necesidad* de esa (re)negación del *oikos*, del fundamento arcaico y singular, y la necesidad de generación de un orden exclusivamente "político" en el sentido más o menos moderno: de un *logos* "consciente" y activamente humano, que opere una eficaz *represión* de aquel fundamento, de aquel "afuera" del discurso. Ya hemos mencionado (y lo volveremos a hacer) la hipótesis de J.-J. Goux según la cual hay por lo menos *una* tragedia que expresa claramente esa necesidad: la de Edipo, ese héroe "anómalo" y "laico" que no se somete a la tradición sagrada, enigmática e indescifrable representada por la Esfinge, sino que responde correctamente a su pregunta, y esa respuesta no es irrelevante: es *el Hombre*. Una respuesta con tres implicaciones fundamentales y fundacionales:

1) No está enunciada desde el recurso a la autoridad externa y divina, sino desde el puro *logos*, desde el puro poder del razonamiento autónomo; en esa medida, es una respuesta que funda la filosofía.

2) Inaugura, por lo tanto, un orden político desacralizado que se aparta del fundamento arcaico con sus enigmas oscuros y sin respuesta, que disocia la *polis* del *oikos*, que crea una ley pretendidamente universal a la que debe someterse toda singularidad.

3) La respuesta "el Hombre" es dada por *un* hombre: esa identificación / subsunción de lo singular en lo universal hace que pueda ser traducida por: *Yo*. Edipo funda, pues, la subjetividad como centramiento en el sí-mismo, y es por consiguiente el antecesor de Descartes y de toda filosofía basada en el *cogito*.

Pero, ya lo sabemos: la operación es incompleta. Ni la omnipotencia del *logos*, ni la ley "positiva", ni las pretensiones del *ego* bastan para que Edipo se sustraiga a su destino de recaída en el *oikos*, en la violencia arcaica: la Esfinge no ha perecido realmente, tan solo se ha *ocultado* en espera de una nueva oportunidad. *La* política no logra sacar del medio a *lo* político, la *polis* no logra "reprimir" al *oikos.* Esto señala entonces una doble significación de la tragedia, ejemplificada por Edipo: por un lado, la fundación de una racionalidad libre, autónoma, que rompe con lo arcaico y "hace" su propia Historia (es la racionalidad que ha sido identificada como "occidental", dejando a *las otras* -¿las que no pasaron por el Edipo?- fuera de la Historia, como ocurre en Hegel). Esa racionalidad se despliega sin condicionamientos heterónomos, y "hace" una Historia cuya culminación política, se nos dice, sería la democracia liberal; por otro lado, la tragedia es *al mismo tiempo* una advertencia contra la ilusoria omnipotencia de tal racionalidad, contra la pretensión de que todo lo real quede disuelto en la ley "positiva", contra el des-conocimiento de que, si bien no es posible vivir *sin* ley, ella no *alcanza* a dar cuenta de lo real, y lo real se toma *venganza* (a veces con violencia inaudita) de ese desconocimiento del conflicto fundante.

Hay también, ya lo hemos apuntado, un significado político de la tragedia -especialmente de la de Edipo- que está mucho más cerca de nosotros: aquella omnipotencia de la Razón conlleva un impulso de *dominación* (sobre la naturaleza, sobre los otros hombres), bajo la lógica de lo que la Escuela de Frankfurt ha denominado *racionalidad instrumental.* Edipo es también, a su manera, el origen de la racionalidad instrumental, "técnica" (que por distintas vías Nietzsche, Heidegger o Adorno, menos cautos que Weber, hacían retroceder hasta Sócrates), si bien para que ella llegara a transformarse en completamente hegemónica hicieron falta las condiciones socioeconómicas, políticas e ideológicas que darían lugar a la modernidad capitalista. Lo cual requirió, por supuesto, una profundísima transformación de la subjetividad; profundización de *uno* de los aspectos de la subjetividad política fundada por Edipo: el de una ideología que interpela al Sujeto en su omnipotencia creadora, "consciente"y autónoma, para mejor ocultar la heteronomía de su posición de *dominado* en la sociedad desigualitaria. En la modernidad, y hasta nuestros días, eso se expresa por ejemplo en la figura jurídico-política del contrato, es decir, en una pretendida "libertad individual" por la cual los sujetos "autónomos" *acuerdan* cuál será el orden de la *polis* que los dominará. La tragedia "moderna" (si es que tal cosa existe: el asunto es motivo de controversia) en cierto sentido expresa -lo veremos más adelante en el ejemplo de *Hamlet*- el "duelo" de la pérdida del *oikos* en favor, definitivamente, del orden positivo del contrato. Quizá su más agudo teorizador sea Walter Benjamin, con su análisis de la *alegoresis* del drama barroco que expresa las ruinas del *oikos* y funda una modernidad racional-instrumental que niega sus propios fundamentos en *lo* político arcaico.

Pero siempre podemos volver -también nosotros "alegóricamente"- a la matriz de la tragedia para comprobar lo ilusorio de esa negación, de esa omnipotencia de la razón instrumental, y entender mejor aquella famosa frase que, quizá a modo de lapsus, fue pronunciada (no por un poeta ni por un filósofo, sino) por Napoleón Bonaparte, cuando decía que lo político *es* la tragedia en una época que ha perdido a sus dioses. Quizá en ese retorno a los fundamentos de lo trágico desde dentro de una modernidad desgarrada (¿podemos nosotros decir hoy que lo trágico *fue* lo político en una época que aún conservaba a sus dioses, pero que ya había empezado a ponerlos en *cuestión*?) pueda entenderse también por qué la tragedia ha sido metáfora y matriz de pensamiento para los tres pensadores "modernos" que ya hemos nombrado, los que con mayor coraje han bregado para denunciar (y despojarnos de) esa omnipotencia de la razón instrumental que está en el fondo de la dominación: Marx, Nietzsche, Freud.

¿Es necesario recordar, una vez más, el célebre *dictum* marxiano: la Historia se produce dos veces, una como tragedia y otra como farsa? Es un enunciado curioso y sintomático: Marx parece percibir oscuramente que la lógica de la Historia es más *trágica* que estrictamente *dialéctica*, al menos en la versión vulgarizada de una dialéctica "positiva", que por la *Aufhebung* contiene y "resuelve" los términos de la contradicción. En la tragedia el conflicto es irresoluble: lo que se mantiene en una suerte de "dialéctica en suspenso" -para abusar de una noción benjaminiana- es una *tensión* permanente entre los polos, insoportable para la razón instrumental, y que por ello ha venido a expresarse en la *dialéctica negativa* -para abusar de una noción adorniana- de ciertas formas del arte, empezando por el propio género trágico. Del arte, y no -o al menos no en el mismo sentido- de la "cultura", eso que hoy está tan de moda y que expresa el pleno reinado del instrumentalismo.

Todavía una referencia más, a propósito de Marx: "tragedia" y "farsa" son también dos *géneros ficcionales* (para nosotros, no para los antiguos ciudadanos de una *polis* que, al menos en apariencia, *creían* en los mitos escenificados en sus "ficciones")[142]. ¿Hace falta recordar de nuevo a Freud?: "La verdad tiene estructura de ficción". Pero entonces, ¿hemos recaído en el postulado posmoderno del mundo como pura "ficcionalización", como cúmulo de imágenes virtuales, como completa estetización de la experiencia social, política, existencial o cultural? Todo lo contrario: una vez más, el retorno a la tragedia debería servir para mostrar la *farsa* que pretende que ya no hay fundamentos de lo político, de lo poético, incluso de lo subjetivo. Paradójicamente, *esa farsa*, en el siglo xx (y nada indica que será diferente en el nuestro), ha develado su cara más trágica, en el sentido de esas tragedias colectivas que son Auschwitz o Hiroshima, pero también Vietnam, Argelia o Djakarta, los *desaparecidos* sudamericanos o Chechenia, el Golfo o Ruanda, Kosovo o Timor Oriental, y en general el genocidio casi sin precedentes que se oculta detrás de elegantes

---

142 "En apariencia", decimos, como prudente cláusula de reserva: Paul Veyne, por ejemplo, vacila en responder afirmativamente a su propia -y retórica- pregunta: "¿Creyeron los griegos en sus mitos?". Tanto mejor para nuestro argumento: eso significaría que la tragedia se sitúa precisamente en el intervalo de *vacilación* en el que la frase de Freud, que seguidamente citaremos, adquiere su sentido más profundo. Véase Paul Veyne: *Les grecs ont-ils cru a leur mythes?* París, Seuil, 1976.

-y farsescos- conceptos académicos como los de neoliberalismo o globalización.

Sostendremos que, contra todo eso, es necesario volver
a pensar los *fundamentos trágicos* de lo político, lo poético,
lo "humano" en general. Y al que por ello pretenda imputar-
nos alguna clase de "fundamentalismo", le devolveremos la
acusación con una fórmula muy simple: es justamente la ilusoria negativa (una negativa que sin duda tiene su razón de ser en
nuestra condición histórica, pero que no por ello es menos in-
terrogable) a pensar los fundamentos lo que produce el fundamentalismo como "retorno de lo reprimido", como venganza
del *oikos* contra los extravíos de la razón instrumental.

3. LA EXPERIENCIA DE LO POÉTICO

Platón, en su *República* (es decir; en la primera filosofía sistemática que se propone *fundar* teóricamente el orden político) expulsa
a y abomina de los poetas. Es lógico: el arte -pero, en particular,
la poesía, que es en este sentido la *matriz* del arte- constituye la
posibilidad misma, no tanto de un desorden anárquico, como de
un orden propio, un orden *otro*, contra el cual se construyen las
"gramáticas" organizadoras, aplacadoras del desborde del entendimiento por la palabra. Aquí, las gramáticas -para las cuales la
poesía es, entonces, condición *negativa* de posibilidad- se dejan
homologar a las teorías políticas preceptivas de una ciudad "ideal". Y la poesía, por su parte, se deja homologar a la *violencia fundadora* de Benjamin, al *poder constituyente* de Negri: el "miedo a
la poesía" es también paralelo al terror que le produce al poder la
constitución larvada de un contrapoder alternativo. Incluso la democracia -lo ha mostrado Rancière- es una variante institucional
contra el miedo a las masas, a lo *incontable*.

Como nunca antes, en el siglo XX la experiencia estética
ha retornado como problema político. Y lo ha hecho bajo la
forma de la *imposibilidad* de la tragedia. O, mejor dicho: de la
imposibilidad de volver a *fusionar* la experiencia estética con la

experiencia de lo trágico. En su origen griego, ellas eran *una y la misma experiencia.* La separación de las esferas en la modernidad impide que lo trágico y lo estético (y, *a fortiori*, lo político) se reconozcan mutuamente en ese origen comparado. Es por ello que el arte del siglo xx -el que realmente (nos) importa- se ha vuelto irremediablemente *violento*: en la medida en que la violencia que recorre la esfera de lo político no es registrada por las teorías dominantes, el arte se hace cargo de ella. Está en condiciones de hacerlo, porque *constitutivamente* el arte es una violencia hecha a la apariencia "natural", "normal" del universo. Solo que el *abandono del ser* de lo político por parte del pensamiento "oficial" obliga al arte a *concentrar* su interpelación, a transformarse progresivamente en la última trinchera del conflicto agónico. El que mejor lo ha visto, posiblemente, es Adorno: también hay una dialéctica *negativa* entre el arte y lo real; allí donde el arte más parece *desesperar* de lo real, donde se vuelve más "autónomo" respecto de sus condicionamientos históricos, sociales, políticos, incluso técnicos, allí es donde mejor realiza la *denuncia* del carácter no reconciliado, trágico-agónico, de la sociedad. Los escritores contemporáneos favoritos de Adorno (Kafka o Beckett, por ejemplo) son los que ejercen esta denuncia sin necesariamente tematizarla, volviendo *extraño* al mundo mediante la palabra -y, a veces, mediante su ausencia o su renuncia: véase el "desespero de las metáforas" de Kafka, el "ya no hay nada que decir" de Beckett-. Pero es una ausencia o una insuficiencia frente a la materia violenta del mundo que solo la *palabra misma* podría nombrar. En esta aporía reencuentra el arte del siglo xx la experiencia de lo trágico: frente a *la falta de explicación* de las teorías aceptadas y aceptables, la palabra (la imagen, el sonido, el signo en general) estética *es sacrificada* en el ritual originario de la violencia mimética, hasta el extremo de tornarse casi incomprensible.

La experiencia de lo poético, por lo tanto, no tiene nada que ver con la *comunicación.* Es más bien su opuesto: es lo que abre un vacío de sentido que cada sujeto debe decidir cómo (y si) llenar. Es lo que -análogamente al quiebre inicial del "yo" social por lo trágico- quiebra la armonía entre el mundo y el signo, que siempre es allí un *más* o un *menos*, pero *otra cosa*, respecto de aquel: "otra cosa", pero no algo *ajeno* a él, sino algo que sabotea su apariencia de totalidad reconciliada consigo misma, homogénea, "natural".

Es esa apariencia de homogeneidad, ese imperio de la *visualidad*, la "transparencia" a la que aludíamos en la introducción a la primera parte, lo que subyace tras la actual manía comunicacional, tras la fascinación por lo transmisible y lo universalmente "traducible" . Quisiéramos mostrar, en lo que sigue, que la *experiencia poética* es, por el contrario, también la reivindicación de una cierta resistencia a lo visible / comunicable / transparente: la reivindicación de un lugar crítico del *secreto*.

Postulemos la siguiente utopía (negativa): un equipo multinacional de traductores se propone traducir *todos* los textos producidos en una lengua -pongamos, el castellano- a todas las otras lenguas existentes en el mundo -unas cinco mil, aproximadamente-. A poco de andar, la tarea se revela más que ímproba, absolutamente kafkiana en su *improbabilidad* (en sentido fuerte): cada texto singular, traducido a *una* lengua, produce a su vez -puesto que el mero cambio de lenguas introduce variantes de sentido en el original- un texto nuevo que sería necesario traducir a las otras 4999 lenguas, cada una de cuyas traducciones produciría un nuevo texto a traducir, y así sucesivamente, hasta el infinito, "infinito" es aquí la palabra clave (y, desde luego, intraducible): como ha dicho Benjamin, la esencia de cada lengua, su *differentia specifica,* solo se hace evidente en la traducción, vale decir, en su confrontación con las otras (4999) lenguas. Pero, como lo revela nuestra pequeña parábola, esa tarea no puede tener fin, al menos no un fin humano; solo una omnipotente inteligencia divina, que conociera de antemano todos los posibles efectos multiplicadores futuros de todas las posibles traducciones a todas las lenguas, podría verdaderamente *realizar* esa esencia total del lenguaje.

Quizá sea por eso -porque los hombres *saben* que no son dioses, aunque les cueste resignarse a esa herida narcisista- que las relaciones entre las lenguas, e incluso al interior de ellas, sean principalmente de conflicto (como lo muestra Bajtín) y no de armonía. No es solo que una traducción perfecta sea imposible, sino que es indeseable: ¿quién querría asumir ese rol un tanto siniestro? (El casi inevitable "nacionalismo lingüístico" es la forma política reactiva de esa impotencia).

Es decir, la noción misma de *comunicación* (aun con sus "ruidos") es virulentamente *antibenjaminiana*: la comunicación es la reducción de los enigmas del infinito al segmento, efímero e ilusorio, de su traducibilidad; pero, para Benjamin, "la traducción, y por lo tanto, la comunicación, no es sino un procedimiento transitorio y provisional para interpretar lo que tiene de singular *cada* lengua"[143]. La singularidad de cada lengua está en permanente relación de tensión con la totalidad del lenguaje; en cada frase, en cada palabra -quizás en cada fonema- de una lengua resuenan, por *ausencia*, todas las otras lenguas, incluidas las muertas (o "desaparecidas") y las del porvenir, así como dice Sartre que en cada calle de una ciudad está la ciudad entera. No se trata de ninguna "unidad del género humano" ingenuamente humanista: por el contrario, se trata de una imposibilidad, estrictamente *humana,* de alcanzar la esencia completa del lenguaje, salvo -como muestran Cassirer o Steiner- en el prebabélico mito de origen. O, según la alegoría benjaminiana, en el *instante* mesiánico y apocalíptico de la Revolución. Mientras tanto, cada lengua está irremediablemente fragmentada, *amputada* de su totalización en el lenguaje, y en ella anida una *ausencia* originaria radicalmente incomunicable. Y si recién no se trataba de humanismo, ahora no se trata simplemente de alguna inefabilidad mística: el *secreto* que guarda cada lengua -es decir, cada matriz de la "competencia simbólica" de las formaciones sociales- es la cifra de

---

143 W. Benjamin: "La tarea del traductor", *en Angelus Novus*, Barcelona, La Gaya Ciencia, 1971.

su historicidad, de su específica *politicidad*, en el sentido amplio pero también estricto de que, junto al trabajo (junto a la capacidad de autoproducción del sujeto por la transformación de la naturaleza), la lengua (la capacidad de autoproducción del sujeto por la simbolización de los sonidos) constituye ontológicamente al ser social.

Si se acepta esto, habrá que concluir que la *incompletud* de toda lengua, el resguardo de sus secretos incomunicables (que hace posible, entre otras cosas, que toda lengua necesite una literatura, una poesía, algo que hable de lo indecible), es lo que permite que haya futuro, es decir, que haya Historia: la Historia debe ser entendida *también* como la "memoria anticipada" a la que se refiere Bloch, como el deseo interminable de alcanzar el horizonte en desplazamiento del lenguaje; hacer literatura, hacer arte, hacer política, hacer historia es -para repetir la bella expresión de (otra vez) Sartre- "arrojarse hacia el Horizonte". Hacer, meramente, "comunicación", es *embrionarse* en el puro presente, en el *hic et nunc* donde el poder nos tiene siempre al alcance de la mano. La obsesión comunicativa solo pudo haber emergido en una época como la nuestra, que ha enajenado su voluntad de *hacerse* en el confort placentero, placentario, del *entenderse*.

Hace ya varias décadas, el etnógrafo Marcel Griaule informó que los dogon de Senegal guardan durante toda su vida un celosísimo secreto, que se llevan a la tumba, que no revelan ni a sus padres, ni a sus hijos, ni a sus mujeres, que constituye el núcleo único e inaccesible de su subjetividad (los dogon tienen una vida extremadamente "pública"): ese íntimo secreto es su *nombre*. Quiero decir: su *verdadero* nombre, el que eligen *para dios*, y no el *nombre falso* que usan para "comunicarse" con el resto de la tribu. O sea, un dogon no puede realmente ser *interpelado*, en el sentido althusseriano; hay una distancia infinita, irreductible y no suturable entre los dos "nombres" de este sujeto *literalmente* dividido. Es una situación interesante para pensar en ciertos espejismos: entre los dogon, la ilusión comunicativa está sostenida por ese núcleo estrictamente *incomunicable*, por la existencia de una palabra radicalmente inaccesible, misteriosa, desconocida, con la que sin embargo tienen que contar los miembros de esa sociedad -*todos* los dogon tienen un nombre secreto; para cada uno de ellos, por lo tanto, hay cientos, miles de signos desconocidos que deben ser *descontados* del lenguaje social para que la "comunicación" sea posible-.

Tomemos otro caso, no muy lejano geográficamente de los dogon. Los luba del sudeste del Zaire -relata Adolfo Colombres- utilizan para emitir mensajes el *cyondo*, tambor que presenta en la parte superior una larga hendidura con dos labios (ellos mismos los llaman *labios*). El más grueso emite un sonido bajo, al que se llama "la voz hembra". El otro emite un sonido agudo, la "voz macho". Esto resulta de especial relevancia, pues la lengua luba tiene una oposición de duración (vocales breves y vocales largas) y otra de tonalidad (tono alto, tono bajo y tono complejo). El *cyondo* registra estas cualidades, y si bien no alcanza a emitir sílabas (consonantes y vocales), sí logra comunicar las características de duración y de tono de esas sílabas. Mediante el procedimiento de la amplificación, los tambores son capaces de desarrollar una frase, una palabra o una idea básica desplegándola con diversas técnicas, que incluyen el uso de fórmulas estereotipadas (las "holofrases"), constituidas por uno o varios versos. Pero también recurren a las metáforas, dando una forma alambicada, poética, a mensajes que podrían emitirse de un modo sencillo, referencial. Así, muchas epopeyas africanas sobreviven durante siglos en la piel tensa del *cyondo*, transmitiendo de generación en generación una tradición que no obstante es diferente en cada versión, ya que recurre a distintas "metáforas". Los *cyondo*, de más está decirlo, son tocados por "profesionales" que tardan muchos años en formarse, y que se llevan a la tumba el secreto de su técnica.

Último ejemplo. Entre los oualof de Senegal existe el *gewel* o *griot*, el recitador oficial de los mitos de la tribu. El *griot* también debe sufrir un largo y trabajoso aprendizaje secreto para alcanzar, en su recitado, la más absoluta y monótona neutralidad, ya que el mito, a través de los siglos, debe ser narrado exactamente de la misma manera, sin la más mínima alteración semántica ni sintáctica, en el mismo tono de voz. Se trata de una cuestión de supervivencia: de otra manera, el cosmos perfectamente ordenado y en equilibrio que el mito representa se derrumbaría catastróficamente, y la sociedad oualof como tal desaparecería. De modo que el relato del *griot* está sometido a una estrecha vigilancia por parte del tribunal de *griots* retirados que han sido sus maestros, para evitar que la más ínfima transgresión de un punto o una coma, el más imperceptible cambio de pronunciación, desate el apocalipsis: hay muy pocos casos como este de los que pueda decirse que el Ser entero de una sociedad pende del delgado hilo de "las palabras de la tribu".

Recapitulemos. Los dogon sustraen de la comunicación la intimidad del sujeto: un dogon jamás sabrá *a quién* le habla -ni, claro, *a quién* está escuchando-; el secreto del nombre propio transforma el esquema emisor / receptor (o destinador / des-tinatario, etcétera) en una ficción necesaria, donde un agujero de silencio sostiene a toda una comunidad hablante en una red de circulación de mensajes articulada alrededor de la *falta*. Los luba, por su parte, apuestan a un *exceso* innecesario para los fines de una comunicación "funcional": una percusión *sexualizada* –"labios", "voz macho", "voz hembra"- sustituye y replica los fonemas de la lengua (los luba, parece, son una sociedad más bien silenciosa y parca), y se da el lujo de hacer "metáforas", de retorizar a los golpes (¿Nietzsche no filosofaba a martillazos?). Finalmente, los oualof demuestran por el absurdo lo discutible de la hipótesis lévistraussiana según la cual el mito es una nar-ración que no responde a la fórmula *traduttore / traditore* (en el mito de Lévi-Strauss lo que importa son sus estructuras lógicas universales, que hacen que la traducción sea siempre eficaz): ya no se trata simplemente de que el *estilo* narrativo personal del *griot* puede cuestionar esa universalidad, sino exactamente al revés, que la más absoluta *ausencia* de "estilo" que ellos logran es *irreproducible*; el carácter hipnótico de esa monotonía repetitiva y completamente plana (¿"texto de goce" barthesiano?) requiere un esfuerzo de neutralización de la propia lengua que solo es posible en *esa* lengua. Y además, en los tres casos, la circulación de mensajes está condicionada por un silencio inviolable, por un secreto: el ocultamiento del nombre, o la naturaleza "clandestina" del aprendizaje de los tambores y de la iniciación en la técnica de narración del mito. En los tres casos hay algo que le falta o le sobra al circuito comunicacional, pero es ese *resto incontable*, descontado, el que hace posible la cultura; el circuito mismo es, en verdad, lo que resulta superfluo. O, mejor dicho: está allí para disimular tautológicamente su propia superfluidad, es una opacidad que hace pensar en una posible transparencia que en realidad jamás existió (como cuando Lacan dice que la ropa sirve para ocultar... que no hay nada que ocultar: la desnudez total supondría la muerte del deseo, por eso no hay *ninguna* cultura que no "marque" el cuerpo de alguna manera).

Digámoslo brutalmente: la obsesión por la transparencia comunicativa es una exclusividad moderna y occidental (el bueno de Habermas no podría desde luego ser dogon, luba ni oualof). Y seamos groseramente reduccionistas (parafraseando lo que decía Masotta sobre el existencialismo sartreano, cierto reduccionismo será siempre pertinente): es una *transposición ideológica* de la ficción de la transparencia del mercado -que, sin embargo, es desmentida por el propio discurso liberal mediante el *lapsus* de apelar a una "mano invisible"-. Se puede dar un paso más, de audacia apenas tímida; la *democracia* moderna, su "credibilidad", es el tercer pliegue de esa ideología de la transparencia; la idea misma de *representación* -un concepto de vertiente doble: político-social, estético-comunicacional- es tributaria del imaginario de lo *todo-comunicable*, en tanto la democracia traduce sin traición la "lengua" de los "representados". En el reino de la transparencia democrática, al igual que en el de la transparencia del mercado y la comunicación, no puede haber restos, secretos, faltas, excesos ni "plusvalías", todo lo cual implicaría el riesgo del quiebre de la "totalidad translúcida" (por eso teorías como la de Marx o la de Freud no son "democráticas" en *ese* sentido: ellas parten de la premisa de un universo social o subjetivo que está constitutivamente opacado por sus propias zonas ocultas, por los "secretos" de la lucha de clases o el inconsciente, de la plusvalía o la pulsión; Marx o Freud sí que podrían haber sido dogon, luba, oualof).

La totalidad translúcida de la comunicación democrática del mercado, por otra parte, tiene que suponer la existencia de un Otro igualmente transparente -sin nombre secreto- con el cual comunicarse, al cual comprarle y venderle, al cual representar. La ilusión de la comunicación supone, en efecto, la existencia de un Otro (ya se sabe que esa palabra se escribe con mayúscula) con el cual es *imprescindible* entenderse para lograr una coexistencia democrática y respetuosa de las mutuas diferencias.

Una premisa para el desmontaje de esta ilusión sería, pues, la escritura de una especie de historia foucaultiana (una genealogía filosófico-política, digamos) del concepto de Otro en el pensamiento moderno, o por lo menos en el del siglo XX, que ha coronado ese concepto con su mayestática mayúscula. No vamos a emprender esa empresa disparatada aquí; limitémonos a registrar los cuatro *loci* sucesivos en los que, en su biografía de lecturas, el autor se tropezó con esa categoría (o con esa "unidad de análisis", como diría un buen cientista social):

1) La escritura, teórica o ficcional, de Jean-Paul Sartre. Aunque "el Otro" es una noción permanente a lo largo de toda la heteróclita obra de Sartre, sin duda su enunciación más impresionante está en las palabras que pronuncia Garcin, el protagonista de *A puerta cerrada*, en el final mismo de esa obra de teatro: "El infierno es el Otro" (las versiones castellanas suelen traducir la frase por "El infierno son los otros", pero la primera versión francesa dice: *"L'enfer, c'est l'Autre"*, este término, en francés, tiene un alcance universal y casi metafísico: algo así

como la "otredad", la *alteridad* como tal). Esta frase, en su momento, le valió a Sartre una reputación de nihilista desesperado. No obstante, su ensayística política posterior concretizó e historizó en buena medida su significación: en *Los condenados de la tierra,* por ejemplo, el Otro es el opresor colonial, que sin duda constituye el infierno para el oprimido, como lo es el burgués para el proletario o la "buena gente" para Jean Genet. En todo caso, si el nihilismo original queda más especificado, no se pierde del todo la idea de una estricta imposibilidad de comunicación "simétrica" con el Otro.

2) La teoría psicoanalítica de Lacan. Allí, por supuesto, el Otro es el lugar (siempre inestable) de la ley, del lenguaje, de lo Simbólico estrictamente inalcanzable sin el desvío por los vericuetos de lo Imaginario y los sufrimientos de lo Real. El Otro es también el lugar de la necesaria *castración*, que impide el acceso al (siniestro) objeto del deseo primario justamente para que pueda haber *objeto(s)* de deseo imaginario, es decir deseo como tal, es decir sujeto (dividido) en tanto tal. Son muchas fracturas, impuestas por el Otro, para llegar a eso. ¿Pero quién podría vivir sin ellas? (Ya se conocen las consecuencias de la "forclusión" del Otro: el hundimiento del sujeto en el abismo psicótico, por nombrar la menor). En todo caso, nada tiene que ver esto con la "comunicación": más bien al contrario, es el permanente *malentendido* con el Otro -expresado en los síntomas de la neurosis, es decir, en la "normalidad" del sujeto- lo que permite ese recorrido sinuoso.

3) Los estudios culturales y la teoría poscolonial -tan de moda hoy entre ciertos "comunicólogos"-. Aquí el Otro suele ser el significante que designa a la cultura (étnica, de género, religiosa, etcétera) ajena, extraña, *impropia*, que nunca podremos plenamente "comprender"; que siempre arrojará un resto incodificable e irreductible de inarticulable ajenidad, de inquietante extrañeza, de molesta impropiedad: en suma, de insalvable *diferencia.* Pero tampoco es aquí la "comunicación" lo que está

en juego: en todo caso, el "respeto por la diferencia", si fuera posible, sería respeto por el inabordable *silencio* del Otro, por su derecho a resguardar zonas estrictamente *incomunicables* de su Ser, como el nombre dogon.

4) La teoría de la traducción, que en sus versiones más actuales es algo así como una extensión de la teoría poscolonial. Aquí el Otro aparece metaforizando (sobre todo en el terreno de lo poético) el texto intraducible, que conserva un núcleo de (sin)sentido en deslizamiento perpetuo, enigmático, inaccesible, inalcanzable. Y ello a pesar (quizá incluso a causa) de lo bien que conozcamos la otra lengua, la lengua Otra. Lo cual parecería demostrar que -al menos hasta el advenimiento del momento mesiánico, según Benjamin- lengua, como madre, hay una sola: por eso, también, se dice "lengua materna". Es lo que muestra, en forma extrema, la incomunicable letanía del *griot* oualof. Y, en todo caso, allí donde hay solo una, ¿qué objeto tiene hablar de "comunicación"?

Ya se ve: ninguno de estos cuatro conjuntos discursivos justifica la confianza habermasiana en un futuro de transparencia comunicativa -ni siquiera, para ser justos con Habermas, como hipotético "modelo de regulación"-. No lo justifica ni en su posibilidad ni, hay que decirlo, necesariamente en su *deseabilidad.* Hay otras lecturas que es pertinente nombrar aquí: la ya mencionada de Walter Benjamin, por caso. A propósito, justamente, de la traducción, es imposible olvidar aquella idea benjaminiana de que una traducción perfecta -una "comunicación" plenamente transparente, diríamos-solo le está reservada a Dios, ese Otro absoluto, no castrado e incastrable, que siempre tiene algo de siniestro; a nosotros, simples mortales, solo nos está permitido *reescribir* incansable y fallidamente al Otro, sin esperanzas de ponerle punto final a ese texto, de poder realmente *inscribir* ese resto incodificable que el Otro arroja. Y esa carencia es nuestra salvación: es ella la que mantiene el deseo de seguir escribiendo, mientras que la "comunicación" total, perfecta, sería -como la desnudez completa del cuerpo ajeno- la lisa y llana muerte del deseo. Creemos -para seguir recordando lecturas- que era Rimbaud el que decía que el mundo es el espacio del permanente malentendido: "Por suerte", agregaba, "porque si la gente realmente se entendiera... se matarían todos entre ellos".

Y, en efecto, así ha sido -y sigue siendo- cada vez que la unificación lingüística de la comunidad (eso es, en última instancia, la ideología de la "comunicación") se transforma en factor decisivo de la *centralización del sentido*, negándose a respetar, por razones llamadas "políticas", el secreto esencial de la(s) lengua(s). Por ejemplo, el "francés", como lengua *nacional*, fue impuesto *después* de la Revolución, a sangre y fuego, a un costo de miles de muertos. *C'est la civilisation, vraiment.* Mal o bien, con razón o sin ella, vascos, catalanes, irlandeses, swahilis, lombardos, hutus, kurdos, y siguen las firmas, continúan oponiéndose a *esa* idea de civilización.

Y quizá no haya otra manera: no es cuestión de jugar a las Almas Bellas. ¿Pero entonces a qué viene esa *idealización* de la "transparencia comunicativa" no distorsionada? Si la propia lengua -Volóshinov *dixit*- es el espacio de la lucha de clases, del conflicto por imponer una *monoglosia* a una materia constitutivamente *heteroglósica* (también podríamos citar a Gramsci, a sus análisis sobre el proceso de hegemonización del *sentido común*), ¿no se ve que la propia categoría "comunicación" está *desde el vamos* distorsionada por su sumisión a la ideología del contrato, imaginado como el acuerdo racional entre unos "iguales" que jamás existieron? Así se nos dice también a propósito de las lenguas, de los códigos comunicativos: son convenciones consensuadas para simplificar y normalizar la heteróclita confusión de Babel; y continúan los paralelos; lo mismo decía Locke del *dinero*, cuando tenía que justificar que había por lo menos un "producto" -el dinero, justamente- que no podía estar sometido a los límites que su propia teoría le imponía a la acumulación y el enriquecimiento; el dinero había sido "inventado" para simplificar y ordenar el intercambio de mercancías cada vez más proliferantes. Y, siendo un producto no perecedero -en esos tiempos, al parecer, no se conocía la hiperinflación-, Locke no veía en él mayor obstáculo a su cláusula de "dejar para los otros igual cantidad y calidad de frutos".

Ni Locke ni los ideólogos de la democracia puramente contractual -"procedimental"-, ni los comunicólogos para los cuales el pacto de una "transparencia comunicativa" es una aspiración, parecen tener nada que decir sobre la situación de la democracia, del mercado, del intercambio de mercancías y "mensajes" en tanto *campos de batalla* gramsciano-Bajtínianos en los que se dirime el poder como espacio en perpetuo desplazamiento de la *lucha por el sentido*. Algo que, sin embargo, ya el "realista" Hobbes, en 1651, tenía perfectamente claro: su soberano -llamado, significativamente, el Gran Definidor- era el que *decidía* (todo Carl Schmitt sale de ahí), con la espada pública como garantía y *ultima ratio*, el inapelable *significado* de las equívocas palabras que habían introducido la discordia en el "estado de naturaleza". ¿Se puede pedir mayor claridad sobre lo que -al menos en condiciones de profunda desigualdad social y por lo tanto política- está en el fondo de la apelación a una comunicación "no distorsionada"? Porque -volvamos a nuestros amigos los dogon, los luba y los oualof- hay sin duda las distorsiones que *provienen* del poder, pero también las hay que son *constitutivas* de la lengua, esos "secretos" e "incomunicables" que hacen de ella, para parafrasear a Toni Negri, *un poder constituyente* en infinita expansión que se resiste a ser *constituido* por las gramáticas normalizadoras y la homogeneización "comunicacional" (aunque parezca mentira, entre nosotros esta fue la sólida argumentación de ¡Domingo Faustino Sarmiento! en su notable polémica con Andrés Bello). Y -volvamos a Bajtín- es ese mismo poder "distorsionador" el que se vuelve contra el poder cuando los oprimidos *carnavalizan* la lengua para poner de cabeza el orden lógico del universo impuesto por sus amos.

Pero volvamos, también, a Benjamin. En otro de sus luminosos ensayos (y en otra demostración del absurdo de hacer de Benjamin un teórico de la "comunicación"), sindica, precisamente, a la comunicación de masas -aquí bajo la forma del periodismo- como responsable de la muerte de la *narración* en tanto intercambio de experiencia vital:

> *Con la dominación de la burguesía, que tiene a la prensa como uno de sus instrumentos más importantes en el capitalismo desarrollado, emerge una forma de comunicación, la información, que amenaza con el hundimiento de la experiencia y la inteligencia de lo lejano -en el tiempo y en el espacio-*[144].

Lo *lejano* para Benjamin -lo que mantenía un "aura" de autoridad creadora aunque (o tal vez *porque*) no estuviera sujeto a verificación, es decir, lo que permitía mantener el componente de secreto, el enigma de la lengua y de las culturas- ha sido sustituido por el ideal (meramente ideológico, claro está) de la *verificabilidad*, de lo "comprensible en sí mismo", de lo que no está sujeto al conflicto de las interpretaciones: en definitiva, de lo *cercano*, lo inmediato que no admite otro análisis crítico, u otro goce, que su confrontación empírica con la "realidad". La nostalgia benjaminiana por ese universo perdido, por ese imaginario abierto y pleno de incertidumbres que constituía lo narrativo de la épica a la novela, de la tragedia a la aventura, está muy lejos de ser conservadora o tradicionalista (o quizá haya que decir que hoy, en un mundo subordinado al mero presente efímero de la información de modo incomparablemente más virulento que en la época de Benjamin, cierta forma de conservadurismo y tradicionalismo sea una manera de ser "de izquierda"): más bien, lo que lamenta es, nuevamente, la paralización del futuro, aquel que dormía en el secreto como promesa de la Historia.

Resumamos y -en lo posible- ordenemos. Benjaminianamente, aquí se trataría de invocar, a propósito de las imágenes de los medios masivos de comunicación -de su

---

144 Walter Benjamin: "El narrador", en *Iluminaciones*, Madrid, Taurus, 1987.

socavamiento de las dimensiones de historia y aventura-, una categoría que tradicionalmente tiene un importantísimo estatuto teórico en el pensamiento occidental: el concepto de *aburrimiento*. O, si se quiere darle una dignidad filosófica mayor, el concepto de *tedio*, que desde San Agustín hasta Sartre sirve para designar una forma del goce por la indiferencia, por el hundimiento en ese "sentimiento oceánico", como lo llamaba Freud, en el cual el sujeto se libera de todo deseo y por lo tanto de todo conflicto con su realidad; es decir, de su propio dolor, pero también de su propia existencia y experiencia como sujeto.

Es imposible, a su vez, no enmarcar este concepto en la estricta dependencia que existe hoy entre la idea que sostenemos en este trabajo sobre los medios masivos de comunicación, y otras dos ideas que, si podemos decirlo así, determinan al discurso dominante en nuestra sociedad, y cuya relación con el concepto de "comunicación" ya hemos adelantado: las ideas de *mercado* y de *democracia*. La primera -no hace falta insistir en ello- constituye el operador ideológico privilegiado y casi excluyente del así llamado "capitalismo tardío", un operador que si hasta no hace mucho tiempo tenía que competir con otros que reclamaban con cierta legitimidad ese lugar privilegiado (por ejemplo, "Estado", "sociedad", "cultura", "lucha de clases", etcétera), hoy reina por sí solo hasta tal punto que ha logrado subordinar a su propia lógica global la otra idea, la de *democracia*, que como sabemos en la actualidad designa *principalmente* (aunque no solamente) al supermercado "político" al que acudimos aproximadamente cada dos años para renovar el "stock" de programas y dirigentes que consumiremos en los dos años siguientes, sin que por supuesto hayamos tenido más intervención en la elaboración de esos programas y la selección de esos candidatos, de la que tenemos en el proceso de producción y distribución de los productos que adquirimos en el *shopping*. En épocas muy pretéritas, en las que la gente todavía leía a ciertos autores del siglo XIX, esa fascinación por las operaciones de compraventa se llamaba *fetichismo de la mercancía*, y la expresión designaba el proceso de índole *religiosa* por el cual la idolatría del objeto impedía al sujeto percibir la intrincada -y a veces sangrienta- red de relaciones sociales de poder y dominación que había hecho posible la producción y acumulación de objetos para el intercambio.

Como en estos tiempos posmodernos (se me disculpará que, en honor a la brevedad, utilice este anacronismo, ya que el término hace rato que ha sido superado) los objetos de compraventa -esas mercancías-fetiches de triste memoria- son fundamentalmente (cuando no exclusivamente) *imágenes*, y como la mayoría de las imágenes tienen la fastidiosa costumbre de colocarse en el lugar de los objetos para *re-presentarlos*, no sorprenderá a nadie que nos atrevamos a afirmarlo siguiente: primero, que si todavía existe hoy algo parecido a lo que en aquellos tiempos pretéritos se llamaba "lucha ideológica", esta tiene lugar en el campo de las *representaciones* antes que en el de los *conceptos;* y segundo, que todo este galimatías que sin mucho éxito estamos tratando de desentrañar nos conduce peligrosamente de regreso a la cuestión de los medios de comunicación de masas. O, para ser más precisos, a eso que Adorno y Horkheimer etiquetaron como la "industria cultural": una industria que tiene la muy peculiar característica de producir, directamente, *representaciones*, cuyo consumo indiscriminado y "democrático" (ya que la ley que preside su elaboración, como corresponde a una constitución republicana, es igual para todos, aunque sean muy pocos los autorizados a elaborarla, y esos pocos se llamen, casualmente, *representantes*) no se limita a satisfacer necesidades -reales o imaginarias- sino que *conforma subjetividades*, en el sentido de que -puesto que por definición el vínculo del Sujeto humano con su realidad está mediatizado por las representaciones simbólicas- el consumo de representaciones es un *insumo* para la fabricación de los sujetos que corresponden a esas representaciones.

Bastaría este razonamiento breve para entender la enorme importancia *política* -en el más amplio sentido del término- que tiene la industria cultural, ya que una de las dos operaciones más extremas y ambiciosas a que puede aspirar el poder es justamente la de fabricar sujetos (la otra, por supuesto, es la de eliminarlos). Pero podemos ir todavía más lejos. En efecto, esa fábrica de *sujetos universales* que es la industria cultural massmediática -y que hoy, en la llamada "aldea global", ha realizado en forma paródica el sueño kantiano del sujeto trascendental- postula a su vez su propio sueño, su propia utopía "tecnotrónica", si se quiere pensarlo así, que es la utopía de la *comunicabilidad total*, de una transparencia absoluta en la que el universo de las imágenes y los sonidos no representa ninguna otra cosa más que a sí mismo. Se trata otra vez, cómo no verlo, del correlato exacto de la idea de un mercado "transparente" en el que no existe otro enigma que el cálculo preciso de la ecuación oferta / demanda, o de una democracia igualmente transparente, en la que un espacio público universal establece la equivalencia e intercambiabilidad de los ciudadanos, y donde la única "oscuridad" que existe (puramente metafórica, claro está) es la del cuarto ídem donde el ciudadano va a depositar su papeleta.

Pero esta idea de una comunicabilidad total, de un mundo como pura *voluntad de representación* -si se nos permite burlarnos respetuosamente de un famoso título de Schopenhauer- tiene, desde ya, varias consecuencias. La primera (seguramente tranquilizadora para muchos) es que de realizarse este sueño massmediático de completa transparencia quedaríamos inmediatamente eximidos de, además de incapacitados para, la penosa tarea de interpretar el mundo, y por lo tanto de transformarlo, ya que toda práctica de la interpretación, en la medida en que problematiza la inmediatez de lo aparente, introduce una *diferencia* en el mundo, lo vuelve parcialmente opaco. Esa opacidad, esa *inquietante extrañeza* ante la sensación de que el mundo guarda secretos no dichos y tal vez indecibles, no representados y tal vez irrepresentables, no comunicados y tal vez incomunicables, de que hay algo que se juega en alguna *otra escena* que la de las representaciones inmediatas, es lo que se llama -ya sea en términos ampliamente epistemológicos o estrictamente psicoanalíticos- lo *inconsciente*.

Ahora bien, las ideologías massmediáticas de la transparencia y de la perfecta comunicabilidad, de un mundo sin secretos y donde por lo tanto toda interpretación y toda crítica serían superfluas frente a la ubicuidad de lo inmediatamente visible, parecen volver obsoletas hasta las más apocalípticas previsiones de la Escuela de Frankfurt sobre los efectos de la industria cultural: por ejemplo, las impugnaciones de Marcuse a la "desublimación represiva" o a la "colonización de la conciencia"[145], puesto que de lo que se trataría aquí es de mucho más que eso: se trataría de *la lisa y llana eliminación del inconsciente, y por consiguiente de la liquidación de la subjetividad crítica.* No habría ya "otra escena" sobre la que pudiéramos ejercer la sana paranoia de sospechar que allí se tejen los hilos de una imagen que aparece como *síntoma* de lo irrepresentable, sino una pura presencia de lo representado, una pura *obscenidad*, que no es otra cosa que la obscenidad del poder que se muestra al tiempo que parece disolverse en la transparencia de las imágenes ferichizadas.

Pero la ideología massmediática de la comunicabilidad tiene una segunda consecuencia, estrechamente ligada a la anterior, en la que nos detendremos un momento: la disolución de los límites entre la realidad y la ficción. Sabemos que esta es una afirmación extraordinariamente problemática, ya que lo que llamamos "realidad" no es una categoría de definición tan evidente, ni lo que llamamos "ficción" es tampoco algo tan evidentemente opuesto a lo que llamamos "verdad", cualquiera sea la definición que queramos darle a este último término. Justamente, las monumentales narrativas teóricas de Marx o de Freud están montadas sobre la idea de que las grandes producciones ficcionales de las sociedades (llámense ideología, religión o fetichismo de la mercancía) o de los individuos (llámense sueños, lapsus o alucinaciones) no son, en

---

145 H. Marcuse: *El Hombre Unidimensional*, México, Joaquín Mortiz, 1970.

el sentido vulgar, *mentiras*, sino regímenes de producción de ciertas verdades operativas, lógicas de construcción de la "realidad" que pueden ser desmontadas para mostrar los *intereses particulares* que tejen la aparente universalidad de lo verdadero. Por lo tanto, la interpretación solo puede producir la crítica de lo que pasa por verdadero a partir de esas ficciones tomadas en su valor sintomático. Dicho lo cual, no significa en absoluto que todas las construcciones ficcionales *tengan el mismo valor crítico*, sino solamente aquellas en las que puede encontrarse la marca de un conflicto con lo que se llama "realidad", y que sean por lo tanto capaces (aun, y sobre todo, si lo hacen de manera "inconsciente") de devolverle su opacidad a la engañosa transparencia de lo real, de escuchar en ella lo no dicho entre sus líneas, lo no representado en los bordes de sus imágenes, lo no comunicado en el murmullo homogéneo de la comunicación. El nombre verdadero de los dogon, el secreto de la técnica de los tambores luba, el enigma de la trabajosa "neutralidad" de las narraciones oualof: es de todos esos secretos de lo que se está intentando privarnos. Eso se llama "barbarie". La experiencia de lo poético -pese a, e incluso en razón de, lo "bárbara" que pueda ser dentro de su propio espacio- es, por el contrario, "civilizatoria": apuesta a la construcción sobre lo *desconocido*, a la fundación de lo por-conocer. Pero lo hace de un modo radicalmente diferente del de las aspiraciones de la ciencia -incluyendo las de la "comunicación"-, porque su propio movimiento crea nuevas zonas secretas, intraducibles.

4. LA EXPERIENCIA DE LO POLÍTICO

La experiencia de *lo* político (como la de lo trágico y lo poético) es anterior a la política. Quiero decir, es anterior a *todo contrato*, de cualquier manera que se lo entienda. Es, una vez más, la experiencia de una violencia originaria que busca el doblegamiento de la masa múltiple por el Uno del poder, llámese Estado, institución, policía. Introduce un tercer quiebre, luego de (junto a) el quiebre del "yo" social por lo trágico y del signo designante por lo poético: el quiebre implicado en la *expropiación* que el *poder constituido* hace del poder *constituyente* de la masa. Expropiación, es decir, "enajenación" de las masas de su propia historia, de su trabajo, de su *devenir sujeto* de su historia y de su trabajo, de su poder, de su *potencia*. En la experiencia de lo político, son las masas enteras las que son sacrificadas en el ritual violento de un orden *que funciona*... para el poder. Esta experiencia también es originaria (*pese a* Marx y su "comunismo primitivo", si es que hubiera existido), en el sentido de que, aunque en sí misma haya sido "contingente" -como lo son la experiencia trágica y la poética, tan dependientes del azar-, retroactivamente la Historia, el discurso de los vencedores, la postula como *necesaria* para la organización de la *polis*.

El contrato es el *efecto*, la consecuencia, de esa violencia de la expropiación, y no su *eliminación*. No viene a *corregirla*, sino más bien a *sancionarla*, en un momento histórico en que el capitalismo (el *Manifiesto* sigue siendo la mejor descripción condensada de este proceso) ha destruido sin remedio toda forma de *legitimación externa* para la "coacción extraeconómica". La expropiación vía plusvalía, que se "despersonaliza" en la propia lógica interna del funcionamiento de las nuevas relaciones de producción, exige asimismo una nueva legitimidad, basada en la -justamente- "elección racional" de sujetos supuestamente libres y autónomos, capaces de "calcular" adecuadamente el *value-for-money* de sus transacciones de cualquier orden ("contrato", significativamente, es un término a la vez político, económico y "civil", como en el contrato de matrimonio): ha sonado la hora del sujeto cartesiano, del ciudadano universal, del individuo consumidor.

¿Significa esto, entonces, que ahora sí ha sido eliminada, definitivamente, aquella violencia *fundante* de lo trágico-religioso? No es tan seguro (de la Ilustración en adelante, hemos pagado cara esta ilusión de laicismo). Es sintomático que Marx haya elegido llamar al capitalismo la *religión* de la mercancía:

habla de un cambio de *objeto* de la experiencia, no necesariamente de una anulación de la experiencia -aunque sí de una *expropiación* de esta experiencia religiosa por el poder-. La nueva forma de legitimidad requiere una nueva *imagen* del Sujeto, está claro. Pero sigue dependiendo -ahora más que nunca, puesto que, como hemos visto, la legitimidad dominadora es "interna", no explícitamente coactiva- de una *creencia* firmemente instalada en el Sujeto, en su inconsciente, fuera del control de su conciencia calculadora y de su propia racionalidad instrumental, pero complementándola, haciéndola *posible.* En otra parte hemos formulado la hipótesis de que la estructura misma de esta creencia, en Occidente, encuentra su matriz en el cristianismo como religión institucional por excelencia[146]. El cristianismo, por así decir, "psicologiza" la experiencia de lo trágico-político, operando un pasaje de la cultura de la *vergüenza* (pública) a la cultura de la *culpa* (privada, interiorizada), pero reteniendo de la tragedia el momento mítico de la violencia *sacrificial,* solo que ahora individualizada y "subjetivada": cada sujeto es, ahora, el sacerdote, el *oficiante,* de su propio sacrificio; desde allí, la violencia de la dominación aparece como autodominación, como la *iniciativa privada* de cada sujeto, que repite *cada vez para sí mismo* el sacrificio original de la Caída. Como lo ha mostrado León Rozitchner, esto, además, allana el camino para la nueva religión de la mercancía, al menos desde San Agustín, que diez o doce siglos antes de la emergencia del capitalismo *descubre* la noción del equivalente general del dinero... en Dios[147].

La hegemonía mundial, en el siglo XX, de la religión de la mercancía es, pues, el último y más perfecto (por ahora) avatar de la violencia mítica del sacrificio ritual trágico, y la "psicología de las masas" de Freud viene a explicar la lógica de la identificación numérica que preparará a los sujetos para la eficacia, en ese contexto, de la *interpelación ideológica* (Althusser), no sin arrojar

---

146 Eduardo Grüner: *Las formas de la espada,* ob.cit.
147 León Rozitchner: *La cosa y la cruz,* ob. cit.

restos traducidos en *el plus de goce* (Lacan) que expresan la huella de lo Real en el sistema de la plusvalía. Girard o Canetti, entre otros, insistirán en la persistencia de la violencia originaria en lo que el primero llama el *inconsciente sacrificial*[148]; Bataille construirá toda una economía erótica del *exceso*, del desperdicio, de lo "antiproductivo" -que deja sus marcas también en los *flujos deseantes* de Deleuze y Guattari-, que simultáneamente, dialécticamente, permite la propia *existencia* de un capitalismo del derroche, y la *resistencia* contra una moral de la eficiencia y el cálculo sancionada en el contrato[149]. Un contrato que amenaza ser desbordado por el goce de la horda, pero también por la experiencia incontrolable de lo trágico-poético y de lo erótico. Las teorías "institucionalistas" de cualquier tipo, en este marco, son estrictamente incapaces de dar cuenta (más bien están interesadas en *no* hacerlo) de la lava subterránea que bulle bajo sus solemnes y equilibrados edificios. Y es en ese subterráneo bullir, justamente, donde la experiencia de lo político se confunde con la de lo trágico y lo poético, tal como (para citar un antecedente menos "prestigioso" de lo que quisiera hacernos creer la Academia) puede encontrarse en lo que representa el *nombre-de-autor* Spinoza, del cual quisiéramos ahora ocuparnos.

Ya lo hemos insinuado: Platón, como se dice vulgarmente, no masticaba vidrio. Si en su república no hay lugar para la poesía es por la misma razón por la cual en su filosofía no lo hay para la retórica o la sofística: porque las palabras, en manos de quienes tienen una pasión suficiente como para dejarse arrastrar -y arrasar- por ellas, tienen un cierto carácter descontrolado que no puede menos que ser *subversivo*. El gran heredero de Platón en la filosofía política moderna, Hobbes, también desconfiaba radicalmente del lenguaje librado a su espontánea creatividad: reconocía en él el espacio posible del malentendido, del equívoco, del engaño, de la ficción, de la ambigüedad. Otra vez: de la subversión de una cierta universalidad

---

148 René Girard: *La violencia y lo sagrado*, Barcelona, Anagrama, 1982.
149 Georges Bataille: *La parte maldita*, Barcelona, Icaria, 1987.

del sentido, sin la cual es (para él) inimaginable una mínima organización *de la polis.* Entonces, para ser directos: no se trata, para la poesía, de una subversión *política.* Se trata de una subversión *de* la política. Al menos, de la política entendida a la manera crítica de un Marx: como lugar de constitución imaginaria ("ideológica") de una ciudadanía universal que por sus equivalencias jurídicas disimula las irreductibles desigualdades en el mundo, los "agujeros de sentido" en lo real. El modo de esa universalidad es el contrato, el entendimiento, el consenso y, para decirlo de nuevo, la *comunicación* (es decir: la lógica del intercambio generalizado de las palabras en el mercado).

La poesía, curiosamente, está más próxima a los hombres y mujeres de carne y hueso, a esos cuerpos desgarrados, en guerra consigo mismos y con los otros, que no pueden comunicarse con éxito ("por suerte", según Rimbaud): la poesía no puede, aunque quiera -y la mayoría de los *poetas,* hay que decirlo, quieren- establecer contratos, consensos, entendimientos con el mundo. Ella se ocupa de los agujeros, no del sentido. Por supuesto: existe la institución de la poesía, y existe, perfectamente codificada, la palabra poética (dictamos *cátedra* sobre esas cosas, como sobre la "ciencia" política). Pero *una* poesía se define por su ajenidad respecto de esas certezas casi edilicias. Por supuesto, existen aquellos a quienes su poesía los conduce a la política, y aquellos a quienes su política los induce a escribir poesía. Pero *un* poeta se define por su ajenidad a esas certidumbres motivacionales. Por su *ajenidad,* no por su exclusión. No se trata de estar en otra parte, ni de mirar para otro lado, se trata del irremediable *malestar* en cualquier parte que produce esa alteridad sin puentes. *La práctica* de la poesía -tanto su escritura como su lectura- no transforma a nadie en un mejor ciudadano, ni siquiera en una mejor persona. Más bien lo contrario: hace dudar sobre la *pertinencia* de aspirar a esas virtudes, frecuentemente incompatibles con aquella práctica, en tanto esta suponga una consecuencia en el propio deseo.

Spinoza no es, sin duda, un poeta. Y también él, como veremos, comparte con Hobbes una cierta desconfianza hacia el lenguaje puramente "creativo", y hacia los excesos metafóricos y simbólicos de una *hermeneusis* demasiado rebuscada. A decir verdad, en esto es notablemente moderno: su método de interpretación de las Escrituras, por ejemplo, casi puede ser calificado de *textualista*; hasta ese punto cree, no en una transparencia, sino en una suerte de *materialidad* de la palabra que vale por sí misma, sin necesidad de remisión a un sentido otro que traduzca o interprete mediante claves o códigos externos al propio discurso. También él, como Hobbes -como casi todo erudito o filósofo de su época, por otra parte- prefiere la ciencia, especialmente la matemática y la geometría, a la poesía. Y sin embargo, *su* ciencia, la filosofía, aunque no lo invoque explícitamente, participa del espíritu de la *poiesis* en el sentido amplio, griego, del término: una voluntad, un deseo (un *conatus*, diría el propio Baruch) de auto-creación apasionada, que se traslada a la totalidad de su edificio teórico, y muy especialmente a su filosofía política. Es cierto: se trata sobre todo de la *lógica* de ese edificio, de su "forma". Pero, si en general puede decirse de toda filosofía que su forma es inescindible de su contenido, en el caso de Spinoza esta articulación es radical: la más radical del siglo XVII, y tan radical que lo sigue siendo hoy. Y allí donde la forma es decisiva, estamos en el terreno, otra vez, de la plena *poiesis*, de ese proceso de interminable transformación de una "materia prima" que es *in-formada* por el trabajo humano (la *poiesis*, en este sentido, es inmediatamente praxis). Las consecuencias -teórica y prácticamente- *políticas* de semejante concepción son inmensas. En verdad, hasta cierto punto el entero origen de la filosofía política moderna podría reducirse al nunca claramente explicitado conflicto entre Spinoza y Hobbes. Vale decir: al conflicto entre una concepción de lo político como lo *instituido* (lo cristalizado en la ley abstracta que obliga a la sociedad de una vez para siempre) y lo político como lo *instituyente* (lo que está, al igual que la poesía, en permanente proceso de auto-creación, de potenciación siempre renovada del poder de la *multitud*). Este es el carácter hondamente *subversivo* del spinozismo -porque *hay* un "spinozismo", que aunque no puede siempre reducirse a la "letra" de Spinoza, conserva su "espíritu"-, su carácter "poético".

Estos dos rasgos nucleares del spinozismo, su lógica tributaria del deseo de *poiesis* y su posición fundante de una de las grandes tradiciones del pensamiento político moderno (la más "reprimida", pero por ello mismo la que retorna insistente e intermitentemente en la "historia de los vencidos" de la que habla Walter Benjamin), autorizan -o al menos nos gustaría pensarlo así- la utilización, como apólogos para dar cuenta de ciertos aspectos del conflicto Spinoza-Hobbes, de dos tragedias clásicas: *Hamlet* y *Edipo Rey*. Primero, porque son dos cumbres insuperables de la "poesía" occidental. Segundo, porque ellas mismas se sitúan como expresión condensada de una época de fundación: el pasaje del orden teocrático al orden de la *polis*. Se trata de dos teocracias y dos *polis* muy diferentes, claro está, y de dos pasajes de "modos de producción" incomparables. Pero tienen en común el ser monumentales *alegorías* -y ya volveremos abundantemente sobre este concepto- de las dos más grandes crisis "civilizatorias" occidentales: la que condujo a la concepción originaria de la política tal como todavía la conocemos, y la que condujo a la conformación del Estado moderno en los albores del capitalismo y la sociedad burguesa. En cierto sentido, el debate Spinoza-Hobbes (que es, en última instancia, el debate entre una concepción histórico-antropológica y una puramente jurídica del Estado y, por otro lado, entre una concepción "colectiva" y otra individualista de los orígenes de lo político) repite y actualiza el *agón* trágico que está en el corazón de esas crisis.

Cuando se retiran los cadáveres, empieza la política[150]: así es (*así parece ser*) tanto en *Hamlet* como en *Antígona*: Fortinbras

---

150 Le agradezco a Jack Nahmias el regalo de esta frase seca, dura, sintética y altamente sugerente.

o Creonte vienen a restaurar el orden justo de la *polis*, amenazado por el "estado de naturaleza" y la guerra de todos contra todos. Pero, desde luego, esto podría ser tan solo una ilusión retrospectiva, un efecto de lectura *retardado*, generado por las "fuerzas reactivas" -en el sentido nietzscheano- de las modernas filosofías contractualistas (todavía, o de nuevo, dominantes tanto en la academia como en el sentido común político de hoy, según hemos visto), que se distraen con prolijidad y empeño ante la verdad histórica evidente de que todo "orden justo" instaurado por un "contrato" es, no solo pero *también*, el resultado de la victoria de una de las partes en una relación de fuerzas: la "universalidad" del consenso es el reconocimiento (no necesariamente consciente) de la hegemonía de un *partido* que tiene el poder suficiente para imponer *su* imagen del orden y de la justicia. No cabe duda de que Shakespeare, en este sentido, está más cerca de Maquiavelo (o de Marx) que de Locke (o de Kant). Incluso -si hay que continuar en la línea borgiana del autor que crea sus propios precursores- más cerca de Freud: al menos, del Freud de *Tótem y tabú* y su sociedad producto del crimen colectivo; una lectura shakespeareana de Freud como la que propone Harold Bloom sería aquí de extrema utilidad: ella señalaría que si todo neurótico es Edipo o Hamlet, es porque los obstáculos a la soberanía del sujeto no son iguales cuando provienen de filiación materna o paterna. Pero esto es otra cuestión.

Y, de todas maneras, la -ciertamente operativa- ficción contractualista puede tomarse por su reverso lógico para decir que, aun cuando admitiéramos la discutible premisa de que la política es lo contrario de la violencia, los cadáveres son la *condición de posibilidad* de la política: en el dispositivo teórico contractualista (véase Hobbes) el soberano *necesita* de los cadáveres para justificar su imposición de la ley; de manera un poco esquemáticamente foucaultiana, se podría decir: la política *produce* sus propios cadáveres, la ley *produce* su propia ilegalidad para naturalizar su (como se dice) "imperio"; pero inmediatamente requiere que este origen sea *olvidado*: de otra manera, no podría reclamar obediencia universal, puesto que la violencia es ciertamente del orden de lo *singular*, del acontecimiento reiterado pero intransferible, del límite en que el efecto sobre los cuerpos se sustrae a la palabra.

En ese olvido del origen *trágico* de *lo político* del que ya nos hemos ocupado (y que, lo veremos, un filósofo-poeta de lo político como Spinoza intenta combatir, restituyendo la *singularidad* de lo Múltiple en el propio origen de lo que aparece como Uno) está el efecto "maquínico", instrumental, de una ley "positiva" y autónoma que, justamente, no parece tener otro origen ni otra finalidad que su propio *funcionamiento*: como dice Žižek (siguiendo muy obviamente a Lacan), la ley no se obedece porque sea justa o buena: se obedece porque es la ley[151]. Porque es *la* ley, la que es igual para todos (aunque se pueda decir, como el propio Marx, que esa es propiamente su injusticia: ¿cómo podría ser justa una ley igual para todos, cuando los sujetos son todos diferentes?)[152]. En *El proceso* de Kafka, por ejemplo, el horror de la ley proviene no de ese funcionamiento "maquínico" y anónimo, sino precisamente de la invasión de lo *singular* que revela, recuerda, las fallas de una *pretensión* de universalidad de la máquina anónima: cuando Joseph K. acude a un tribunal en el que el público se burla de él sin escuchar sus argumentos, en el que los jueces ocultan imágenes pornográficas entre las páginas del Código, en el que el ujier viola a la secretaria del juzgado en un rincón de la sala, lo que lo espanta es *la singularidad obscena* que desmiente la "forma" jurídica. Y que muestra un retorno del -si se quiere seguir hablando en esos términos- "estado de naturaleza", que *es constitutivo de*, y no exterior a, la ley: la ley mata a K. no como un hombre, sino -lo dice él- "como un perro". Incluso hay algo degradante de la propia

---

151 Véase S. Žižek: *Porque no saben lo que hacen*, Buenos Aires, Paidós, 1998.
152 Véase Karl Marx: "Sobre la cuestión judía", en *La sagrada familia*, México, Grijalbo, 1958.

naturaleza en esa aparente *domesticación*: Hobbes hubiera dicho "como un lobo".[153] Spinoza, por el contrario, *sabe* que la Razón abstracta que pretende darle su fundamentación a la ley está *ya siempre* atravesada por las pasiones; por eso la "violencia" que retorna en los intersticios de la ley no se le aparece como "obscena", como "fuera de la escena", como extrañeza: porque ha partido de la premisa de que ella es *constitutiva* de la propia ley, de la Razón, y que no se puede operar entre esos dos registros un corte definitivo como el que pretendería Hobbes.[154]

Pero entonces, si se pretende que la política equivale al retiro de los cadáveres tras el cual puede, por fin, "imperar" la ley, hay que por lo menos dar cuenta de esa singularidad obscena, de ese *resto* incodificable que simultáneamente permite que la ley/la política *funcionen*, y que muestra su carácter de *falla* "constitucional" (valga la expresión).[155] Un autor contemporáneo -muy evidentemente inspirado en Spinoza además de en Marx- que ha visto bien el problema es Jacques Rancière: la política, *cualquier* política (lo que

---

153 Perro / lobo / chacal / cucaracha / mono, etcétera: toda una estética y una concepción kafkianas dependen de una *animalidad,* que si se pensara con los criterios de Lévi-Strauss, tendría que ver más con la *articulación* (o mejor, con la "banda de Moebius") entre naturaleza y cultura, que con su separación tajante a la manera hobbesiana.

154 Para todo este análisis es absolutamente imprescindible la obra definitiva sobre Spinoza (si bien aún no totalmente publicada) de Marilena Chaui, *A nervura do real. Imanencia e Libertade em Espinosa*, San Pablo, Companhia das Letras, 1999.

155 ¿Plus de goce lacaniano en las huellas del *plusvalor* marxiano? Dejo a los más entendidos la construcción de esa compleja genealogía. Pero asiento aquí mi convicción plena de que el descubrimiento por Marx de la plusvalía y del fetichismo de la mercancía es un acontecimiento decisivo para la filosofía occidental (y no solo para la crítica del capitalismo, aunque aquel descubrimiento no hubiera sido posible sin esta crítica, con lo cual ella se transforma en el *principio material renegado* de la filosofía moderna), ya que en él se asume por primera vez la imposibilidad de un "acuerdo" entre lo singular y lo universal: es esa imposibilidad la que constituye el significado último del concepto de *"totalidad"* -ahora tan denostado, por las peores razones- en el pensamiento de Lukács, Sartre o la Escuela de Frankfurt. Y, como intentaremos mostrarlo, la primera intuición "moderna" de esta problemática se encuentra en Spinoza.

no significa que sean todas iguales: se trata justamente de restituir a la política un cierto registro de singularidad acontecimental, aunque no de pura contingencia, como parece postular Badiou) es necesariamente "antidemocrática", si se entiende por democracia la libre y *soberana* iniciativa de las masas, que puede muy bien suponer un desborde de violencia. En efecto, de *La República* platónica en adelante, todo "modelo" político es una estrategia de *contención* de esas masas *para las cuales* se hace política.

Se ve, pues, que también *aquí aquello mismo* que hace posible *la* política -la soberanía de la masa- es, como dice Rancière, lo que debe ser *descontado* por la *filosofía* política de la vida normal de la *polis*, porque exhibe el "desacuerdo" estructural ("un tipo determinado de situación de habla: aquella en que cada interlocutor entiende y a la vez no entiende lo que dice el otro"), la contradicción irresoluble mediante ninguna *Aufhebung*, entre lo singular de aquella "libre iniciativa" y lo universal de la ley. Posibilidad e imposibilidad:

> *Lo que hace de la política un objeto escandaloso es que se trata de la actividad que tiene como racionalidad propia la lógica del desacuerdo [...] Es la introducción de una inconmensurabilidad en el corazón de la distribución de los cuerpos parlantes*[156].

La inspiración original de esta idea se encuentra, por supuesto, en Spinoza: contra el fundamento individualista y atomístico del contractualismo hobbesiano, y asimismo, anticipadamente, contra el postulado homogeneizante, universal-abstracto, de la "voluntad general" rousseauniana, en Spinoza la potencia de los sujetos singulares y la de la *multitud* en su conjunto se alimentan mutuamente en una tensión permanente que no permite una reducción de la una a la otra[157], porque se hace cargo del "desacuerdo" fundante: el *demos* es el Todo

---

156 Jacques Rancière: *El desacuerdo*, Buenos Aires, Nueva Visión, 1996.
157 Baruch de Spinoza: *Tratado teológico-político*, Madrid, Alianza, 1986.

plural, pero la ley debe tratarlo como una *parte* compuesta de "equivalentes generales". Pero así no hay *la* política que sea posible, no hay *imperium* estabilizado y universal de una Ley que tendría que ser constantemente redefinida: la "democracia" así entendida sería un perpetuo proceso de auto-reconstitución, de *refundición* de la *polis*, donde lo político quedaría totalmente reabsorbido en el movimiento de lo social (¿y qué otra cosa es, en definitiva, el "comunismo", el de Marx, y no el de los "comunistas"?). Solo esa situación *imposible -no* en el sentido de que no pudiera ser *real*, sino de que por ahora no puede ser plenamente *pensada-* autorizaría a hablar de "soberanía", porque implicaría, entonces sí, un "darse a sí misma las reglas" por parte de la *multitud*. Pero implicaría también la admisión de que lo que *hasta ahora* hemos llamado "política" es la *continuación* -y no la interrupción- de la guerra por otros medios.

Nos hemos demorado un poco, quizá innecesariamente, para darle su lugar a Hamlet. Porque, en efecto, ¿dónde se ubica el príncipe dinamarqués en esta inestable configuración? ¿Quizá en el espacio en que menos lo esperamos, el de una *indecisión* que es un índice de su conciencia de la *imposibilidad* de la auténtica soberanía (ya que, precisamente, tendría, para asumirla, que recurrir a la violencia, *denunciando* que la ley está desde su origen manchada de sangre, y así "desestabilizando" su futura legitimidad incluso desde antes de construirla)? Puede ser. Pero eso sería despachar demasiado rápido la hipótesis de Benjamin de que, en cierto modo, al revés de lo que piensa Schmitt, la indecisión *es*, en sí misma, la marca de la soberanía. De que lo más "soberano" *es*, justamente, asumir la acción como indecidible, y esperar la mejor oportunidad. La *postergación* puede, evidentemente, ser la estofa del obsesivo, pero también la del político astuto, "maquiavélico", que hace del *autodominio* una suerte de mecanismo de relojería que administra el tiempo de las pasiones:

> [*Para Maquiavelo*] *la fantasía positiva del estadista que opera con los hechos tiene su base en estos*

<blockquote>
conocimientos que comprenden al hombre como una fuerza animal y enseñan a dominar las pasiones poniendo en juego otras[158].
</blockquote>

Concebir las pasiones humanas (empezando por la violencia) en tanto *motor calculable* de un actuar futuro: he aquí la culminación del conjunto de conocimientos destinados a transformarla dinámica de la historia universal en acción política. El híbrido mitológico entre el zorro y el león, entre la astucia y la fuerza, constituye el *capital simbólico* fundamental del futuro Soberano[159]: hay, ciertamente, método en la locura del Príncipe.

Es necesario esquematizar: estamos en el momento de transición, *de pasaje* entre la sociedad feudal y la burguesa, de consolidación de los grandes Estados absolutistas centralizados, período en el que -como lo ha mostrado con agudeza Remo Bodei[160]- las más violentas pasiones no son estrictamente "reprimidas" sino canalizadas, *organizadas* por la aplicación política de la "racionalidad instrumental" de la que hablarán mucho más tarde Max Weber o la Escuela de Frankfurt: no hace falta insistir sobre el lugar fundacional que ocupa la instrumentalización del terror en la filosofía política de Hobbes. Si Weber está en lo cierto, esta nueva racionalidad es introducida por la ética protestante como *condición epistémica* del "espíritu del capitalismo". (Adorno es más radical: como Nietzsche y Heidegger antes, hace retroceder el instrumentalismo de la razón hasta el propio Sócrates; la burguesía protestante no habría hecho más que sistematizar este "espíritu" para ponerlo a tono con las incipientes nuevas relaciones de producción)[161]. El tema de la *espera*, de la postergación de las pasiones -la *venganza*, por ejemplo- es, como se sabe, central en la ética calvinista. ¿Será apresurado insinuar que *Hamlet* puede entenderse, entre otras cosas, como una *alegoría* (habrá

---

158 Walter Benjamin: *El origen del drama barroco alemán*, ob. cit.

159 Véase Niccolò Maquiavelo: *El Príncipe*, Madrid, Alianza, 2000.

160 Remo Bodei: *Una geometría de las pasiones*, Barcelona, Muchnik, 1995.

161 Véase T. Adorno y Max Horkheimer: *Dialéctica de la Ilustración*, ob. cit.

que volver sobre este concepto benjaminiano) de ese momento de transición? No hace falta entrar en el debate sobre si Hamlet representa al rey Jacobo o sobre la ambigua culpabilidad de la reina: de hecho, en la época de su estreno, como sostiene el propio Carl Schmitt, *ya había comenzado* la larga y convulsiva era de la "revolución burguesa" en Inglaterra[162], Larga, convulsiva e *indecisa*: de la decapitación de Carlos I a la dictadura republicana de Cromwell, de vuelta a la Restauración, hasta el delicado equilibrio de la monarquía constitucional, para no mencionar a los *Levellers* y *Diggers* que empujaban hacia una "democracia popular", las contra(di)cciones del parto de la nueva era arquitecturan un verdadero laberinto de violencia y confusión que desmiente la tendenciosa imagen de una evolución pacífica y ordenada, opuesta a la sangrienta Revolución Francesa. Hamlet -como en otro terreno y en una sociedad muy distinta, Don Quijote- es un *sujeto de la transición*, que no termina de decidir el momento oportuno para dar el envión hacia la nueva época: el cálculo de sus propias pasiones es astucia, sin duda, pero también temor (un temor bien "burgués", si se nos permite) a un desborde apresurado que eche todo a perder. Parafraseando al Marx del *XVIII Brumario*: *no* puede elegir entre un final terrorífico y un terror sin fin.

Sí, pero, ¿y su "melancolía"? No nos metamos con sus motivaciones psicológicas: ¿qué representa *filosófica y políticamente* su duelo inacabado? La cuestión es extraordinariamente compleja, pero aquí otra vez Benjamin arroja pistas. Ante todo, *Hamlet* puede ubicarse tópicamente en otro espacio de transición, entre la tragedia clásica y el drama "de duelo", el *Trauerspiel*: su príncipe todavía lleva la impronta del personaje trágico, pero es ya, también, un héroe melancólico. Vamos despacio: en una carta a Gershom Scholem, Benjamin describe los fragmentos originales que luego darán forma a su *Origen del drama barroco alemán* como clarificadores, para él, de la "antítesis fundamental entre la tragedia y el drama melancólico", y

---

162 Carl Schmitt: *Hamlet y Hécuba,* Valencia, Pre-Textos, 1992.

de la cuestión de "cómo puede el lenguaje como tal *hacerse pleno* en la melancolía y cómo puede ser la *expresión* del duelo"[163]. Los temas de la representación de la muerte y del lenguaje del duelo informan el problema filosófico de la representación de lo *absoluto* en lo *finito*: en la terminología benjaminiana posterior, el "tiempo-ahora" de la redención que implica un corte radical con toda cronología del "progreso", insertándose en el *continuum* histórico. Y anunciemos, de paso, que esta es ya una problemática plenamente spinoziana: para el holandés no hay una contraposición externa, sino una *inmanencia* de lo universal en lo particular. Esta es una de las grandes diferencias de Spinoza con Descartes, y pese a la apariencia complejamente "técnica" de la discusión, tiene importantes consecuencias para la filosofía social y política: hace a la concepción de un Sujeto que puede aspirar a lo universal (incluido el "sujeto social" de Marx) sin por ello diluir sus determinaciones particulares[164].

Para esta elucidación es pertinente la oposición tragedia / drama barroco: en la sensibilidad moderna (es decir, posrenacentista), "dolorosamente separada de la naturaleza y la divinidad", la felicidad se entiende como ausencia de sufrimiento; pero para los antiguos, la humanidad, la naturaleza y la divinidad se vinculan en términos de conflicto, de *agón*, y la felicidad no es sino la victoria otorgada por los dioses. El *agón*, pues, contiene a lo absoluto como inmanencia. Algo muy diferente sucede en la cultura moderna y su herencia cristiana: el abismo levantado entre la divinidad por un lado y la humanidad / naturaleza por el otro lleva a la representación de una naturaleza profana y a un sentimiento de lo *sublime* (en el sentido kantiano) como potencialmente infinito, donde el progreso es "automático" -he aquí, de nuevo, la metáfora maquínica de la historia-. Acá no hay un "momento de la

---

163 Walter Benjamin y Gershom Scholem: *Correspondencia*, Barcelona, Península, 1994.
164 El mejor análisis que conocemos sobre esta polémica de Spinoza con Descartes es el de Gilles Deleuze: *Spinoza y el problema de la expresión*, Barcelona, Muchnik, 1975.

victoria" en el cual lo absoluto se realiza y glorifica la vida en el momento de la muerte, sino el deseo interminable por un absoluto remoto, inalcanzable, cuya persecución "empobrece la vida y crea un mundo disminuido". En la tragedia, el héroe debe morir porque nadie puede vivir en un tiempo terminado, *realizado*: "El héroe muere de inmortalidad, ese es el origen de la ironía trágica". En el drama melancólico cristiano, por el contrario, el tiempo está *abierto*: Dios es un horizonte remoto, y la completud del tiempo en el advenimiento de lo absoluto, por un lado *ya ha sucedido* con el nacimiento del Mesías, pero por otro es *eternamente postergada* hasta el Juicio Final. En el drama melancólico, el principio organizador no es el completamiento *de* y *en el* tiempo, sino la repetición y el *diferimiento*. La "disminución de la vida" ante la presencia siempre diferida del *deus absconditus* condena a los vivos tanto como a los muertos a una existencia espectral, sentenciada a repetir pero nunca a completar ni su muerte ni su duelo (el mismo motivo puede encontrarse en Pascal y en Racine, según ha intentado demostrarlo Goldmann)[165].

En este marco, Benjamin contrasta la "palabra eternamente plena y fijada del diálogo trágico" con "la palabra en permanente *transición* del drama melancólico". En la tragedia la palabra es conducida a su completud en el diálogo, donde recibe su sentido pleno; en el drama melancólico el completamiento del sentido es perpetuamente diferido. Por eso en el drama melancólico la "figura" privilegiada (pero no es realmente una figura del catálogo retórico; es un *método* de construcción, sobre el que se monta el método de *análisis crítico* del texto) es la *alegoría*, que se opone al *símbolo*, como se oponen aquellas dos concepciones del tiempo[166]:

165 Lucien Goldmann: *El hombre y lo absoluto*, Barcelona, Península, 1968.
166 Walter Benjamin, *El origen del drama barroco alemán*, ob. cit. La teoría benjaminiana de la oposición entre símbolo y alegoría, aunque los críticos no siempre lo reconozcan, le debe mucho a *El alma y las formas* de György Lukács, un autor que es indispensable rescatar del exilio infame a que ha sido sometido por la academia bienpensante, incluida la de izquierda.

• allí donde, en el símbolo, aparece un tiempo "ideal" que se realiza, se *llena* en el instante único y final de la redención *inmediata* del héroe trágico, en la alegoría el tiempo es una progresión infinitamente insatisfecha, y la redención del héroe melancólico está siempre *desplazada* hacia un futuro incierto.

• allí donde, en el símbolo, se aspira a la igualmente inmediata *unidad* con lo que él representa -es decir, donde lo singular se superpone con lo universal y contiene en sí mismo, de modo inmanente, el momento de trascendencia-, en la alegoría *no hay* unidad entre el representante y lo representado: todo significado ha cesado de ser autoevidente, el mundo se ha vuelto caótico y fragmentario, no hay significado fijo ni relación unívoca con la totalidad.

• allí donde el símbolo es una categoría puramente *estética,* que no encarna la unión de lo singular con lo universal sino que se limita a *representarla* -y que permanece, por tanto, atrapado en el mundo de la "apariencia", del *Schein*- la alegoría es un concepto *ontológico-político*, que desnuda un "todavía-no-ser", sobre el cual *el Sujeto es el Soberano*, puesto que es el responsable de hacer advenir el Sentido allí donde nada significa nada y todo puede significar cualquier cosa.

Solo que, en el drama melancólico, el Soberano está como *suspendido* entre el instante del "puntapié inicial" que lo hará advenir Sujeto alegorizante, y "la sombra del objeto" que lo tironea hacia el pasado, que lo congela en su rígido estatuto de símbolo fantasmal. No termina de *inscribir* su soberanía -por ello todavía *potencial*- en su devenir-sujeto, no termina de decidirse a efectuarle esa *violencia* a un mundo de tiempo "acabado" para abrir el Sentido, para *hacer* "política" y *ser* el sujeto de ella: esa violencia que Schmitt llama, casualmente, *decisionista*. Pero Schmitt se equivoca, sin embargo, al pensar que *solamente* la decisión es el atributo del Soberano, individual o colectivo: no puede haberla (Hamlet es el ejemplo *princeps*, justamente) sin atravesamiento del momento "melancólico" que advierte sobre la *imposibilidad* de una soberanía que está siempre en cuestión, que debe "re-alegorizarse" permanentemente. Otra vez: la política se revela aquí como el nudo (¿borromeo?, ¿gordiano?) de la posibilidad / imposibilidad de constante refundación de la *polis*[167]. Y es en esta encrucijada donde, como se verá, encontraremos a ese casi contemporáneo de Hamlet que es el judío de Amsterdam Spinoza, para que nos provea un fundamento de esa refundación constante.

Y no se trata de mera especulación metafísica, psicológica o estética. Insistimos: el período que puede "alegorizarse" desde una lectura de lo que Jameson llamaría el *inconsciente político* de Hamlet es crucial no solo para el desarrollo de las formas de "conciencia" y experiencia de la modernidad protoburguesa, sino para el desarrollo de las formas modernas de organización (de dominación) política y social. El drama melancólico cristiano (Benjamin *demuestra* que Hamlet es cristiano, aunque no tengamos tiempo aquí de reproducir su argumento) es también pasible de ser reconstruido como una alegoría del modo en que -avanzando aún más allá de las tesis de Weber o de Troeltsch- el cristianismo de la época de la Reforma no solo fue un simple aunque decisivo *factor* que favoreció la conformación de un clima cultural propicio para el desarrollo del capitalismo, sino que ese cristianismo *se transformó él mismo* en capitalismo[168]. El corolario de esa transformación del cristianismo en capitalismo es que este devino religión ("la religión de la mercancía", recordamos

---

167 El propio Benjamin, en otro contexto, ha reflexionado agudamente sobre este "nudo" y sus significaciones en términos de la relación violencia / ley (véase *Para una crítica de la violencia,* Madrid, Taurus, 1995). Más contemporáneamente, la misma cuestión de una violencia fundadora de juridicidad por parte de las masas, cuya soberanía es después confiscada y transpuesta en "símbolo" congelado, es tratada por Antonio Negri en *El poder constituyente.*
168 Hay un razonamiento análogo en León Rozítchner, *La cosa y la cruz,* ob. cit.

antes que la llamaba Marx), una religión que por primera vez en la historia supone un culto que no expía la culpa, sino que la promueve. Pero, tan importante como ello, es que detrás del "contrato" que nos compromete al respeto por los congelados símbolos cultuales de esa religión, sigue vigilante la Espada Pública de Hobbes (o las dos Espadas de Agustín) para recordarnos que el tiempo está *terminado*, que hemos llegado al fin (de la Historia). Y Spinoza, lo veremos, tiene absoluta claridad sobre esto. La melancolía de Hamlet es también la nuestra, en toda su ambigüedad: *sabemos* que ahí afuera está ese universo "caótico y fragmentario" esperando el ejercicio de nuestra soberanía, pero *descontamos* del mundo aquella soberanía, que es justamente la que lo hace posible en su eterna repetición. Fortinbras, después de todo, no ha retirado realmente los cadáveres: solo los ha ocultado entre las bambalinas, fuera de la escena, para que sigan "oprimiendo como una pesadilla el cerebro de los vivos".

Se ve cuál es la ventaja que ya le asignamos prioritariamente a la tragedia, y que -queriéndolo o no- arrastran consigo ciertos textos *fundantes* de la literatura universal (al menos, del universo occidental): la de -justamente por su lugar fundante, su posición de *nudo* de un cambio de época- contener *in nuce* todas las posibilidades que van a ser desplegadas en el período posterior. En un texto que ya hemos comentado y al que ahora es necesario volver, Jean-Joseph Goux arriesga la hipótesis de que, más allá o más acá de Freud, la tragedia de Edipo señala el inicio de la subjetividad filosófico-política "moderna" (en un sentido muy amplio de la palabra), en la medida en que Edipo, respondiendo al famoso enigma de la Esfinge con un escueto "el Hombre", realiza tres operaciones simultáneas:

1) crea la filosofía, es decir, un discurso no basado en la tradición, sino en el razonamiento autónomo;

2) por lo tanto crea, asimismo, al Sujeto moderno que recién será figura dominante en Descartes, ese sujeto que *centra* la

experiencia y la fuente del saber en su propio yo, y no en alguna trascendencia religiosa o cultural que lo determina;

3) finalmente, por las dos operaciones previas crea las condiciones ideológicas para la emergencia del *homo democraticus*, o mejor dicho del *homo liberalis*, del hombre que basándose en su pura Razón individual y despojado de la inercia de la tradición "contrata" con sus iguales una forma de organización política y social.

Estas tres operaciones, pues, construyen el puente para pasar de una época a otra: de la era de un orden basado en el ritual religioso y la repetición del culto sacrificial como forma de sublimación/simbolización de la lógica de la *venganza*, a la era de la *polis*, de la ley universal, del imperio de la Razón y la lógica de la *justicia*[169]. El lugar de Edipo como mítico "héroe fundador" de una nueva cultura es aquí capital.

Sí, *pero*: junto con todo eso, agregamos en su momento, Edipo crea también la "racionalidad instrumental" weberiana y frankfurtiana; es decir, ese truco, esa "astucia de la razón" por la cual la libertad individual, perversamente, será la coartada de la dominación en clave hobbesiana, que permitirá el curioso silogismo de que sería "irracional" rebelarse contra el poder que *uno mismo* ha elegido, ya que sería una suerte de absurda autorrebelión. Solo que en todo esto hay un problema: hemos visto que Edipo, finalmente, *fracasa*; toda su astucia racional, que le ha sido suficiente para vencer a la Esfinge, no le alcanza para sustraerse a su destino, ni para conjurar la amenaza de la peste violenta que viene a destruir la ciudad; tanto él (el "líder") como el pueblo de Tebas (la "masa") -y obsérvese en el texto de Sófocles cómo el coro permanentemente acude a Edipo implorando la salvación, en una extraordinaria ilustración anticipada del vínculo de *separación* líder / masa en la lógica del "jefe carismático"- sucumbirán a la ilusión desmesurada (a esa

---

169 Véase, para este análisis, el fascinante texto de René Girard: *La violencia y lo sagrado*, ob.cit.

hybris desmedida, según Aristóteles) de creer que se puede hacer "política" con la pura Razón, prescindiendo de las pasiones. Edipo, en efecto, todo el tiempo razona, discurre, calcula; y, fundamentalmente, quiere saberlo *todo*: es justamente ese afán de conocimiento calculador, de racionalidad "con arreglo a fines" -el objetivo es, en definitiva, mantenerse en el poder- lo que lo pierde, produciendo el retorno de lo reprimido, de lo que (como se lo advierte Tiresias, representante de la tradición) no *debía* ser sabido. Sucumben, pues, a la ilusión, otra vez, "ideológica" de que el individuo, en relación de equivalencia formal con los otros individuos, pueda sustraerse a las pasiones del poder.

Y esto es lo que Hobbes, con o sin intención, terminará demostrando: que autorizando la pasión de *un solo* individuo -haciéndolo *por propia voluntad* Soberano de las pasiones- lo que se provoca es la más brutal de las dominaciones. Y que cuando ella, la dominación de las pasiones del Uno, se vuelve insoportable, son solo las pasiones de los Muchos las que pueden cortar ese nudo gordiano. Cada experiencia revolucionaria que ha dado la Historia vuelve a poner en escena el dilema de Edipo: ¿confiar en la Razón? ¿Dar rienda suelta a las pasiones? ¿Buscar el "justo medio", el equilibrio preciso entre ambas? El terror que espanta a Hegel o el Termidor que denuncia Marx son polos de esa oscilación pendular: el *exceso* en el apasionamiento revolucionario irreflexivo que liquida el necesario componente de racionalidad, o el *exceso* de raciocinio instrumental que traiciona los objetivos más sublimes del proyecto original. Claro está que ambos son avatares de la lucha de clases; pero la metáfora trágica (o mejor: el camino descendente de la tragedia a la farsa) da cuenta de ciertos fundamentos "universales" -diversamente articulados según las transformaciones históricas de las relaciones de producción y sus formas político-jurídicas e ideológicas- de una dialéctica que frecuentemente parece palabra de oráculo. En *Hamlet*, lo hemos visto, esa "apertura" de una nueva época revolucionaria, de la que habla el mismo Marx, despliega nuevamente la gramática y la dramática de una *indecisión* entre la razón "contractualista" y el fondo oscuro de las pasiones que se agitan en los subterráneos de la Historia.

La mejor explicación, la más "acabada", está, sin duda, en Marx. Pero su prólogo más genial está -ya lo hemos insinuado- en Spinoza. Es él quien -un siglo antes, y con más agudeza aún que Rousseau- advierte la falacia de fundar el orden de la ciudad solo en el Uno y su Razón. Primero, porque no hay Razón que no esté atravesada, informada y aun *condicionada* por las pasiones, hasta el punto de que a menudo lo que llamamos Razón no es sino *racionalización* -aunque sea un término muy posterior- de las pasiones (si Spinoza es para Althusser el verdadero antecedente de Marx, es para Lacan el verdadero antecedente de Freud). Segundo, porque no hay Uno que no sea simultáneamente una función de lo Múltiple: el "individuo" y la "masa" no son dos entidades preformadas y opuestas como querría el buen individualismo liberal, son apenas dos *modalidades* del Ser de lo social, cuya disociación "desapasionada" solo puede conducir a la tiranía. Y su asociación excesivamente estrecha también: bien lo sabemos por los "totalitarismos" del siglo XX; pero justamente, ese es el *riesgo* de apostar a la autonomía democrática de las masas, que puede, por cierto (de nuevo, según los avatares de la lucha de clases), devenir en heteronomía autocrática *apoyada* en la manipulación de aquellas. Sin embargo, hay que ser claros: el totalitarismo "político" es un fenómeno "de excepción" en el desarrollo del poder burgués, mientras que ese otro "totalitarismo" fundado en las ilusiones de la "democracia" individualista-competitiva es su *lógica constitutiva y permanente*. Entonces, Spinoza tiene razón: la farsa de la ficción contractualista a ultranza (Baruch, como se sabe, es / no es contractualista: ese debate no tiene fin, ya que habría que desplazar la lógica dicotómica impuesta por el liberalismo) reconduce sin remedio a la tragedia del Uno soberano de las pasiones de Hobbes.

Entre los polos de la oscilación pendular, pues, Spinoza se rehúsa a elegir: no por hamletiana indecisión, sino porque está convencido de que solo la tensión irresoluble, la "dialéctica negativa" entre ambos ofrece la *oportunidad* (sin tramposas garantías previas, como las del contrato racionalista) de una auténtica libertad para las masas. Su proyecto *es*, qué duda cabe, "racionalista": se trata de la organización más "racional" posible del Estado. Pero, a su vez, esa *potencia* social que es el Estado debería ser, si se nos disculpa el mal chiste, una "pasión de multitudes": un conjunto *realmente* social (y no el "individuo" jurídico de Hobbes, separado, ajeno y superior a la "masa") conformado por *potencias* individuales, sí, pero que precisamente se *potencian* en su asociación horizontal, Spinoza es un racionalista pero es también, y quizá sobre todo, un realista: de Maquiavelo ha aprendido lo que el propio florentino, más de un siglo antes, todavía no necesitaba tan urgentemente, a saber, una crítica implacable a la versión iusnaturalista "escolástica" que "concibe a los hombres no como *son*, sino como deberían ser". Al revés, la "ciencia política" de Spinoza está fundada en una antropología que devela la faz desnuda y brutal del poder, disimulada tras los ensueños de la Razón abstracta. La política debe ser la "ciencia" de la naturaleza humana *efectiva*, es decir, de las *pasiones*, que son tan "necesarias" e inevitables como los fenómenos meteorológicos. Y aquí no se trata de lamentarse, sino de aprehenderla complejidad de ese *fenómeno*: "No se trata de reír ni de llorar, sino de comprender". El reconocimiento de la necesidad -que un siglo y medio después será la base de la libertad para Hegel, quien calificará a Spinoza como "el más eternamente actual de los filósofos"-, es decir, la conciencia de que la realidad no necesariamente se comporta según las reglas de la razón legisladora, es un antídoto "natural" contra las tentaciones de la *hybris* racionalista a ultranza, de la "racionalidad instrumental".

También en este sentido Spinoza es un "antecedente" de Marx, en tanto funda un "horizonte" filosófico dentro del cual Marx se sentirá a sus anchas: al igual que el pensador de Treveris, el pensador de Amsterdam postulará a la historia de las sociedades como *inmanente* a las propias sociedades, y no como el producto de un gesto trascendente y exterior a su propio desarrollo; el juego dialéctico de la razón y las pasiones en uno, de las relaciones de producción y la "superestructura" en otro, son el motor *móvil* de una "perseverancia en el Ser" (en un Ser que es cambio, devenir indetenible) que no puede ser eliminado ni neutralizado por una voluntad *extrema* (ni contratos, ni manos invisibles, ni razones puras, ni espíritus objetivos), que necesariamente debe atravesar los avatares del conflicto (la lucha de clases, la guerra de los *conatus*): en todo caso, aquellas que aparecen como tales "voluntades externas" -los regímenes de gobierno, las formas político-estatales, las ideologías- son *momentos* de esa inmanencia conflictiva "proyectados" hacia un cielo enigmático, con la finalidad inconsciente de *racionalizar* el movimiento aparentemente desordenado de la Historia. Tanto en Spinoza como en Marx -y en este sentido ambos se apartan, uno antes y otro después, tanto del Iluminismo a ultranza como del liberalismo contractualista- la "razón legisladora" tiende a *ocultar* su propio conflicto con esa otra "legalidad" que es el movimiento efectivo, material, de lo social-histórico.

Pero tampoco estamos aquí en ese terreno de la contingencia, por no decir del puro azar (y tampoco es así en la tragedia: no se puede confundir el azar con el destino), en el que tantas filosofías "post" quisieran arrinconar al acontecimiento histórico: "Nuestra libertad no reside en cierta contingencia ni en cierta indiferencia, sino en el modo de afirmar o de negar; cuanto menos indiferentemente afirmamos o negamos una cosa, tanto más libres somos"[170]. El filósofo de Amsterdam no autorizaría de ninguna manera, hoy, esa inclinación tan francesa por la ausencia de fundamentos o por el *significante vacío* que viene a "abrochar" -contingente o decisionalmente- un sentido a la Historia: la afirmación o la negación no-indiferente de las cosas es hija del conocimiento profundo de las causas que las

---

170 Baruch de Spinoza: *Tratado teológico-político*, ob. cit,

determinan[171]. Spinoza no pone tanto el acento en las determinaciones particulares de la relación causa / efecto, sino en el hecho de que *haya* causas que producen determinadas cosas, *hechos.*

La filosofía política, en efecto, debe atender en primer lugar a los *hechos.* Y los "hechos" (que no están realmente hechos, sino en tren de *hacerse*) dicen a las claras que los hombres están sujetos a sus afectos y a sus pasiones. La imagen de sus relaciones que se le presenta al observador es la del enfrentamiento y el conflicto; esta *dinámica de los afectos* que ya había sido exhaustivamente analizada en la *Ética* no autoriza ninguna conclusión apriorísticamente optimista sobre la condición humana, ni mucho menos sobre su posible mejora. Tampoco hay lugar aquí para los *a priori* ni los imperativos categóricos (Spinoza es estrictamente intolerable para los neokantianos que hoy administran su tedioso credo en las escuelas de ciencia política), puesto que esos "hechos" se imponen por encima de los juicios morales. Pero ello no implica -como es el propósito implícito de Hobbes, por ejemplo- reducir la teoría política a una técnica pragmática del control de las conductas por parte del Soberano, y por lo tanto desautoriza asimismo la ilusión paralela de crear de una vez para siempre un orden estable y perfectamente previsible, como quien construye la perfecta demostración de un teorema en el pizarrón. Y la metáfora no es casual: tanto *La República* de Platón como el *Leviatán* de Hobbes están en cierto modo presididos por la matriz geometrizante; es cierto que también para Spinoza la geometría y las matemáticas pueden ser el orden de demostración nada menos que de la ética. Pero nunca lo son de manera absoluta y autosuficiente: siempre están condicionadas por su fundamento "irracional", por eso que Horacio González, con una expresión feliz, ha llamado "las matemáticas acosadas por la locura", y donde los ataques a la retórica y a los disfraces "poéticos" de la naturaleza pueden entenderse no tanto como una voluntad de *exclusión* de las mismas a la manera

---

171 Sebastián Carassai: "Apología de lo necesario", en Horacio González (comp.): *Cóncavo y convexo. Escritos sobre Spinoza*, Buenos Aires, Altamira, 1999.

platónico-hobbesiana, sino más bien como una manera de decir que ellas y la "locura" están siempre ahí, condicionando nuestra razón, y que más vale hacerse cargo de esa verdad que negarla "edípicamente" y luego sufrir sus consecuencias sorpresivas:

> *Entre las matemáticas y la locura [Spinoza] elige las matemáticas solo para que la locura sea la sorda vibración que escuchamos cada vez que una demostración imperturbable y resplandeciente se apodera de nosotros*[172].

Incluso una noción como la de *derecho* (empezando, desde luego, por el "natural") pierde aquí el carácter normativo que le ha dado el iusnaturalismo tradicional para transformarse en la capacidad o fuerza efectiva de todo individuo en el marco global de la naturaleza. La realidad es concebida en términos de *potencia* -y obsérvese la ambigüedad del significante: "potencia" es tanto "fuerza" o "poder" como, más aristotélicamente, lo que aún debe devenir en *acto*-. Pero la potencia, esa capacidad de persistir en el Ser, de *existir*, es una *absoluta autoposición* inmanente al propio Ser. Si su origen es Dios, este no está en ningún lugar "externo" a la manifestación de las "realidades modales", de los *modos del* Ser, desde la naturaleza hasta el Estado. No es extraño que para la escolástica tanto cristiana como judía Spinoza sea un hereje, una suerte de "panteísta" (Toni Negri no tiene inconveniente en calificarlo de *materialista radical*) que atenta contra la trascendencia metafísica en favor de una ontología del movimiento perpetuo. De la alegoría judeocristiana (del "drama barroco" de Benjamin) Spinoza retiene la apertura del tiempo histórico; pero la mantiene, y esa es su imperdonable herejía, como apertura permanente, llevando la lógica de la alegoría hasta sus últimas consecuencias. No nos detengamos ahora en esto: retengamos tan solo que es esto lo que llevará a Althusser a definir en términos spinozianos su noción de "estructura" como aquello que, al igual que el Dios de Baruch, no se hace presente más que en sus efectos, no se muestra

---

172 Horacio González: "Locura y matemáticas", ibíd.

más que en su obra, y está por lo tanto en permanente estado de apertura y transformación. En suma: el Ser es praxis.

Lo político, pues -hay que decirlo así, con resonancias casi equívocamente schmittianas-, se define por el esquema físico de la "composición de fuerzas", de la mutua "potenciación" de los *conatus* (de ese esfuerzo por la perseverancia en el ser) individuales que se acumulan en la potencia colectiva de la *muititud*, y en la cual los "derechos naturales" no desaparecen en el orden jurídico "positivo" del Estado, sino que producen una *reorientación* de la "potencia colectiva" que *es*, en última instancia, el Estado. Un Estado sin duda *informado* por la Razón, pero por una racionalidad que se hace consciente de su relación de mutua dependencia con las pasiones y los *conatus*. Más aun: se hace consciente de que esa relación es la Razón, la única posible racionalidad material liberada de su *hybris* omnipotente. La filosofía política de Spinoza es, en cierto sentido, decididamente "edípica": apuesta a la libertad de pensamiento *y* razón contra el peso inerte del Dogma tiránico, cerrado sobre sí mismo, *acabado*. Pero sortea la trampa de la "ignorancia" -o mejor: de la *negación*- edípica de las pasiones, inclinándolas *a favor* de la actividad de un sujeto colectivo *inseparable de* (consustancial a) el propio Estado, en una especie de (otra vez) anticipatoria desmentida de la ideología liberal que opone el individuo atomizado de la "sociedad civil" a la institución anónima e impersonal del Estado.

¿Estamos hablando, aun a riesgo de incurrir en anacronismo, de una "democracia de masas"? En verdad, estamos hablando de algo mucho más originario y fundante: de la constitución del poder del *demos* como tal, en la medida que en la arquitectura teórica spinoziana, él *no puede* ser "descontado" -para volver a esa noción de Rancière- de la estructura de lo político sin que todo el edificio se derrumbe. La inmanencia de la teoría, la inmanencia de esa potencia fundadora a la existencia misma de una politicidad inscripta en la propia perseverancia del ser social, no deja alternativas y no tiene, por así decir, lado de afuera; el poder que concibe Spinoza es -lo dice él mismo- *absoluto*, pero en el sentido (todavía hoy incomprensible, salvo que uno *realmente* pudiera imaginarse el "comunismo" de Marx) de que es el poder de la *totalidad plural* puesto en acto de movimiento y en práctica de interminable re-fundación de la *polis*. Allí, Hamlet "decide" una y otra vez, y Edipo se reintegra al coro.

> *La inmanencia de la causa en el efecto o del origen en lo originado, nervadura del pensamiento y de la realidad, es la fibra donde se encienden y de la cual irradian las ideas spinozianas, entrelazadas en una estructura dinámica que diseña la inédita articulación entre lo especulativo y lo práctico, o entre teoría y praxis*[173].

Marilena Chaui extrae de esta constatación el gesto spinoziano de ruptura radical con las tradiciones dominantes de concepción de lo histórico-político: el providencialismo cristiano, el mesianismo judío, el pesimismo helenístico-romano ante la declinación de los Estados imperiales. No hay más rueda de la fortuna ni voluntad divina exterior a la propia Historia, que es también ella una totalidad plural donde las potencias singulares, en todo caso, "componen" una relación de fuerzas en el *conatus* histórico. Cada sociedad reconoce en sus efectos sus propias causas fundadoras, sin que se la pueda encadenar providencial y teleológicamente en un "proyecto único" con un fin predeterminado. Es también, repitámoslo, lo que dice Marx, pese al empeño de sus detractores en transformarlo en una caricatura de providencialismo laico: el "reino de la libertad" es el *principio*, y no el fin, de una Historia en la cual *lo* político, entendido como permanente acto fundacional, está inscripto en el movimiento mismo de *lo* social, entendido como potencia preservadora del Ser comunitario. No hay que temerle a la palabra "Ser": *hay* una ontología marxista, que la monumental (y, lamentablemente, casi desconocida) obra póstuma de Lukács ha puesto de manifiesto con un rigor abrumador. En ella, en la inmanencia del Ser que atraviesa la naturaleza

---

173 M. Chaui: *A nervura do real. Imanencia e libertade em Espinosa*, ob. cit.

(incluso la "inorgánica") para resolverse en el movimiento incesante de la praxis social -pero con un "salto cualitativo" que logra apartarse de los equívocos de Engels de una "dialéctica de la naturaleza"-, es evidente la inspiración spinoziana, aunque Lukács dedique casi uno entero de sus tres tomos a registrar la influencia de Hegel[174].

Otro tanto podríamos decir de ese otro gran marxista "hegeliano" del siglo XX, Sartre. Su noción del pasaje de lo "práctico-inerte" a la praxis[175] se diría casi calcada del conflicto spinoziano entre la "causalidad transitiva" (núcleo de la *pasividad finita* expresada en la parte humana aislada y en lucha con las otras) y la "causalidad inmanente" (que permite develar la génesis de aquella y sus efectos corruptores sobre la vida "imaginativa", efectos que conducen a la inadecuación en el pensamiento, a la tiranía en la política y a la servidumbre en la ética; develamiento que es la condición necesaria de su superación y el pasaje a la *actividad*, es decir, a la libertad). Y ello para no mencionar la idea de Spinoza de que en la base "pasional" del conflicto entre las potencias individuales en el "estado de naturaleza" (que solo superficialmente recuerda al de Hobbes) hay una relación con el Otro cargada de la ambigüedad amor-odio, "originaria e inescapable, vivida inmediatamente como limitación recíproca, pero también como necesidad nacida de la carencia, de la penuria y de la astucia"[176]: una relación que sin duda nos remite mucho a Freud, pero sobre todo al Sartre de *El Ser y la Nada*.

Ya hemos hablado también de Benjamin, y de su peculiar concepción de la *alegoría* como construcción inacabada sobre las ruinas del pasado, en oposición al *símbolo* como codificación "congelada" del sentido, y del significado profundamente histórico-político de esa confrontadón. ¿Y no se percibe también ahí la huella spinoziana, en tanto la alegoría es una *causa sui* en perpetua refundación de su sentido? ¿No

---

174 Georgy Lukács: *Ontologia dell'Essere Sociale*, Roma, Editori Riuniti, 1976.
175 Jean-Paul Sartre: *Crítica de la razón dialéctica*, ob. cit.
176 M. Chaui: *A nervura do real. Imanencia e libertade em Espinosa*, ob. cit.

podríamos incluso arriesgar la hipótesis de que esa oposición benjaminiana reproduce la oposición de fondo entre el *Tratado teológico-político* y el *Leviatán*, con su obsesión "simbólica" (siempre en el sentido de Benjamin) por codificar los significados en un orden estable e instituido de una vez para siempre?

Es esa misma idea de *construcción* (si bien no, al menos explícitamente, la de alegoría) la que encontramos en Balibar, cuando subraya que para Spinoza -al contrario de lo que sucede en Hobbes- el lugar de la verdad no es el lenguaje, entendido como pura denominación / representación, sino justamente un *proceso de construcción colectiva* en el que la racionalidad y las pasiones están en un vínculo de mutua implicación: las ideas son "afectos" tanto como los afectos son ideas. Allí donde para Hobbes se trata de la verdad como *institución* (nominalismo de lo universal), para Spinoza se trata de la verdad como *constitución* (nominalismo de lo singular)[177]. Es cierto que Balibar cree percibir en Spinoza -y, en un sentido genérico, quizá no se equivoque- un sordo y semiinconsciente "temor a las masas". Pero si él existe, es la otra cara de su "realismo", por el cual sabe que el riesgo del desborde pasional e irreflexivo de las masas es el precio a pagar por una democracia verdaderamente *radical*.

Ya hemos descripto cómo en Rancière la tensión dialéctica entre lo universal y lo singular, entre lo Uno y lo Múltiple, permea el lugar *imposible* de una política que, paradójicamente, tiene que excluir aquello mismo a lo que debe su existencia: la potencia fundadora del *demos*; vale decir, tiene que atenerse a los efectos negándose el reconocimiento de la causa. La inspiración spinoziana no podría ser aquí más transparente; pero no hace casi falta recordar que, en estos términos, esa inspiración ya está en Marx: en sus críticas juveniles a la falsa "universalidad" de las nociones de Estado y ciudadanía, pero también, en otro registro, en el análisis del fetichismo de la mercancía, que es la piedra fundamental de su investigación crítica sobre el capitalismo.

---

177 Etienne Balibar: *Nombres y lugares de la verdad*, Buenos Aires, Nueva Visión, 1995. Véase también: "Spinoza, L'anti Orwell, en *La crainte des masses*, ob. cit.

Pierre Macherey, por su parte, pone en juego, desde su exhaustivo estudio de la *Ética*, la cuestión del conjunto de la realidad considerado a partir del principio racional y causal que le confiere *a la vez* su unidad interna -su carácter de absoluta necesidad- y la libertad que, sobre estas bases "objetivas", tiende a un proyecto de "liberación ética" de las constricciones del poder[178].

Alain Badiou retorna al problema de los fundamentos matemáticos de la ontología, claro que con las ventajas de la matemática "cualitativa" moderna (Cantor, Gödel, Cohen), -construida *si* entendemos bien- alrededor de un *conjunto vacío* que en el discurso de Badiou parece metaforizar la incompletud del Ser (también el político-social). Es cierto que el autor critica a Spinoza por su "resistencia" a admitir este vacío fundante en el cual vendría a inscribirse la "verdad" del acontecimiento. Pero, aunque la crítica no nos parezca del todo justa -supone una petición de principios hecha tres siglos y medio después-, queda de ella la demostración de la pertinencia de un "retorno" a Spinoza en un pensamiento filosófico-político plenamente actual[179].

Finalmente, Toni Negri -cuya célebre oposición entre el *poder constituyente* y el *poder constituido* es de explícito cuño spinoziano-[180] ha señalado con agudeza, en su estudio específico sobre Spinoza como este construye lo que se podría llamar una ontología, que es asimismo constituyente del sujeto colectivo, por lo cual hay que entender en Spinoza no exactamente una "ontología política" sino *lo político como ontología,* como aquella causa que le da su Ser a lo social, y por lo cual ambos órdenes (lo político y lo social) son inseparables e "interminables". Si Dios -que podemos tomar acá como una metáfora del "Estado" en su sentido más amplio, cuasi gramsciano- se expresa en la multiplicidad de la naturaleza, ello significa que Él mismo no está hecho de una vez y para siempre, sino que se *autoproduce* constantemente en los *conatus* multiplicados

---

178 Pierre Macherey: *Introduction à l'Ethique de Spinoza*, París, PUF, 1998.
179 Alain Badiou: *El ser y el acontecimiento*, Buenos Aires, Manantial, 1999.
180 Antonio Negri: *El poder constituyente*, ob. cit.

que pugnan sin término por hacer perseverar el Ser: ¿qué otra cosa puede querer significar que Dios es *in-finito*?[181]. Por otra parte, esa "in-finitud", como ya hemos dicho, no se opone a un contrario pensado como "finitud": ella es absoluta, es un *conatus* totalizador que no reconoce límites en las leyes positivas; en todo caso las adapta y las redefine según sus necesidades de perseverancia. La "filosofía política" de Spinoza, pues, es social y antropológica antes que *meramente jurídica*, como la de Hobbes y el liberalismo posterior.

Estas referencias son importantes: ellas permiten ver hasta qué punto en las vertientes más interesantes del pensamiento de izquierda de la última parte del siglo XX el nombre de Spinoza es una marca decisiva, como refrendando aquel *dictum* de que todos tenemos al menos dos filosofías: la propia y la de Spinoza. Pero hay algo más. Permiten asimismo, de algún modo, interrogar y complejizar una imagen dicotómica que hemos recibido como sentido común, y según la cual el "marxismo occidental" se dividiría entre la remisión a un origen hegeliano (Lukács, Sartre, la Escuela de Frankfurt, etcétera) o a un origen spinoziano (la "escuela" althusseriana continuada / discontinuada en Balibar, Rancière, Macherey, Badiou, y por otro lado Toni Negri, etcétera). Pero las cosas no parecen ser tan sencillas: ni Althusser y sus continuadores "rebeldes" fueron siempre tan antihegelianos como quisieron mostrarse[182], ni los "hegelianos", como acabamos de verlo, dejaron de registrar -a veces de manera igualmente decisiva- el peso del discurso de Spinoza. Hoy se ha transformado en una tarea de primer orden (teórica y filosófica, pero también, por eso mismo, política) revisar esa dicotomía: un "diálogo" -sin duda a veces ríspido y cargado de posibles conflictos, como

---

181 Antonio Negri: *La anomalía salvaje*, Barcelona, Anthropos, 1993.
182 La reciente publicación de los escritos juveniles de Althusser sobre Hegel, en los que puede encontrarse el embrión de muchas de sus posiciones posteriores, pero en el contexto de una celebración positiva de la obra hegeliana, muestra hasta qué punto su furioso "antihegelianismo" posterior estuvo motivado, como muchos sospechaban, por razones de política más o menos inmediata.

todo diálogo- entre Spinoza y Hegel, pensado como *base* de un marxismo complejo, crítico y abierto, pero al mismo tiempo apoyado en cimientos filosóficos y ontológicos sólidos que lo sustraigan al vértigo tentador de las "novedades", resulta indispensable. La dialéctica histórica de Hegel, con su reconocimiento de la difícil relación necesidad / libertad (y hemos visto que algo del mismo orden puede rastrearse en Spinoza) puede ser un buen antídoto contra la tentación de resolver la supuesta "crisis" del marxismo en favor del puro azar y de la contingencia: Spinoza, también lo hemos visto, no pretende reducir su propia concepción de la Historia a esos términos. El propio Spinoza, por su parte, puede servir de plataforma para la construcción de otra dialéctica, menos obsesionada por la *Aufhebung* superadora y por el afán hegeliano de "reconciliación" entre lo Universal y lo Particular, y más atenta a la tensión entre lo Uno y lo Múltiple y a la *singularidad* (de las sociedades, de los sujetos, de las historias "locales"): eso puede ser un buen antídoto contra las teleologías, los finalismos y los universalismos abstractos, pero al mismo tiempo permite sortear las trampas de un "posmarxismo" multiculturalista que se pretende sin fundamentos de ninguna especie.

Por otra parte, los estudios culturales y la teoría poscolonial tendrían mucho que ganar en profundidad analítica y crítica de una articulación semejante, que permitiría pensar más complejamente las tensiones "particularistas" de la globalización capitalista, frente a la reivindicada "ausencia de fundamentos" en esas corrientes de pensamiento. Finalmente, una mutua compensación de la seducción del irracionalismo por la vigilancia de la Razón (del lado de Hegel), y de la omnipotencia idealista-racionalista por la conciencia de las pasiones (por el lado de Spinoza) pueden evitar otras seducciones: la indecisión de Hamlet no tiene por qué arrancarse de cuajo mediante el "decisionismo" irreflexivo -como parece ser cada vez más el caso de Laclau y Mouffe-, y el "cartesianismo" o el "kantismo" de Edipo no tiene por qué renegar de las pasiones y entonces ser aplastado por su retorno desde lo reprimido -como les sucede a los "universalistas" *à la* Rawls o Habermas, que, en su debate con los "comunitaristas", pecan de un paradójico racionalismo abstracto que termina haciéndolos caer en el oscurantismo contractualista a ultranza-. Los mismos comunitaristas, a su vez, caen en su propia trampa: su posición "particularista" está enunciada desde un sujeto *universal* -un narrador omnisciente", diría la teoría literaria- que dicta leyes generales para las comunidades particulares[183]. En todos estos casos nos encontramos con oposiciones y/o reducciones de lo Universal a lo Particular o viceversa, cuyo efecto irónico es que terminan de algún modo diciendo lo contrario de lo que se proponen. Una mayor atención a la filosofía spinoziana les permitiría, quizá, romper el círculo vicioso de una *negación* de la ontología que termina siendo la más afirmativa de las ontologías: una suerte de descripción "positiva" del universo político y social. En cambio, en Spinoza (así como en Marx, en Lukács, en Sartre, en Adorno o en cualquiera que funde su "ontología" en la praxis autocreadora) es la *negatividad* de un movimiento *ético* (en la medida en que, por supuesto, implica "decisiones" racionales *y* pasionales condicionadas por la dialéctica libertad / necesidad) la que permite fundamentar la "totalización" de la "indecidible" multiplicidad de un Ser siempre *provisorio*. Otra vez, las consecuencias políticas son enormes, y podrían esquematizarse en dos opciones: el Universo como administración (no importa cuán "justa" o procedimentalmente democrática, incluso "radicalmente" democrática) de lo existente, o el Universo como *producción* de lo nuevo.

Slavoj Žižek ha creído ver en Spinoza, a este respecto, la celebración de un "campo universal del significante", y por lo tanto de una "identificación con el Goce"[184]; vale decir, para

---

183 Para una estupenda crítica de estas posiciones, fundada en buena medida en la conjunción Spinoza / Hegel / Marx / Lacan, véase Slavoj Žižek, *El espinoso sujeto*, Buenos Aires. Paidós, 2001.
184 Slavoj Žižek: "It doesn't have to be a Jew...", entrevista con Josefina Ayerza, *Lusitania*, vol. I, n°4, 1994. Le agradezco a Andrés Jiménez Colodrero el haberme

intentar traducir a términos políticos el lenguaje lacaniano, una suerte de anticipación del *Antiedipo* de Deleuze y Guattari, en la cual la "subversión" pasaría por el mero "desconocimiento" de toda ley en nombre de la "transgresión" pura: en contra de esta anarquizante "fluidez" que puede conducir a lo siniestro (al "goce fascista" de las masas, por ejemplo), Žižek vuelve a apostar -en el artículo citado- al imperativo categórico kantiano. Curiosamente, Žižek coincide aquí no solo con el lado "negativo" de la interpretación de Balibar (el que invoca, como hemos visto, el "miedo a las masas") sino con... ¡Habermas! Por nuestra parte, hemos intentado mostrar que Spinoza es "antiedípico" en un sentido muy diferente: porque, al contrario de lo que ocurre por razones solo parcialmente divergentes en Hobbes y en Descartes -ambos plenamente "edípicos" en su intento de "parricidio", de ruptura radical con una tradición que *retorna* de la peor manera en la "racionalidad instrumental" transformada ella misma en mito- Spinoza *lee* la tradición para permitirle, benjaminianamente, "relampaguear en un momento de peligro"; y en ese sentido *instaura* la Ley en el mejor estilo freudiano, haciéndola *inmanente* en su forma simbólica, más allá de sus "contenidos".

Entiéndase bien, entonces: no estamos proponiendo un "justo medio" ni una "tercera vía" filosófica opolítica, ni ningún tanático "goce" de la pura e inorgánica violencia de las masas. Estamos apostando -provisoriamente, como lo es toda apuesta- a un pensamiento de lo político como *poiesis* en estado de refundación permanente, que sea él también *causa sui*, pero cuyos efectos sean, en la medida de lo posible, conscientes

---

llamado la atención sobre esta notable entrevista, aunque es discutible, como hemos visto, que Žižek siga sosteniendo exactamente las mismas posiciones, pese a la encendida defensa de Descartes que hace en sus últimos textos. Una defensa del racionalismo e incluso del Iluminismo perfectamente comprensible en el contexto posmoderno, pero que sigue dejando en pie la cuestión de la "racionalidad instrumental" planteada por la Escuela de Frankfurt hace ya más de medio siglo, y que en algún momento -casualmente *el mismo* en que hace la crítica a Spinoza- preocupó al propio Žižek (véase, por ejemplo, "The spectre of ideology", *Mapping Ideology*, Londres, Verso, 1994).

de sus causalidades inmanentes, de su propio poder constituyente. Aunque nunca terminemos de saber realmente lo que puede nuestro cuerpo, sabemos que ahondar en las causas de su potencia puede permitirnos aumentarla, aunque el riesgo esté siempre al acecho. Es la única vía para recuperar, en el mejor sentido, un espíritu de tragedia que nos preserve de la farsa.

5. EL NUDO DE LAS EXPERIENCIAS, O LA EXPERIENCIA ANTROPOFÁGICA

Lo que hemos intentado hacer, pues, en esta tercera parte del libro, es *anudar* las experiencias de lo trágico, lo poético y lo político, trazar sus posibles líneas de intersección para mostrar, casi por reducción al absurdo, todo lo que no ha hecho -lo que no *podría* hacer- la filosofía o la teoría política hegemónicas en nuestras academias.

¿Han hecho mucho más los estudios culturales para volver a plantear la pregunta por el *reconocimiento* de las experiencias de lo trágico, de lo poético, de lo político? Han hecho *algo* más, sin duda: han replanteado la necesidad de considerar el universo social y cultural como una pluralidad dialógica y heteróclita que "pone en entredicho" (como diría Blanchot) la relación entre lo Uno y lo Múltiple, entre lo Singular y la Totalidad compleja del ser histórico. Pero -lo hemos visto- lo han hecho al precio de abandonar las preguntas últimas, fundantes, y en ese sentido han abandonado al enemigo la cuestión de *lo* político. En el último capítulo de este ensayo -que ocupa el lugar de una inconcluyente conclusión y de un desordenado resumen- quisiéramos abrir algunas hipótesis provisorias para la recuperación de esa cuestión. Pero antes es de rigor que anticipemos una (fuerte) objeción, y hagamos un (engañoso) descargo: en nuestra reivindicación de un retorno a los fundamentos experienciales de lo trágico, lo poético y lo político, ¿no hemos recaído en la falacia etnocéntrica de reivindicar los fundamentos *occidentales* de esas experiencias? ¿No nos hemos "distraído" de los mejores logros -al menos "enunciativos"- de los estudios culturales y sobre todo de la teoría poscolonial, a saber, sus advertencias sobre el interesado olvido por parte de la cultura dominante occidental de que la propia *confortación* de esa cultura tiene una inconfesada "deuda" con su(s) Otro(s)?

La primera tentación es la de responder(nos) que, como latinoamericanos, y por obvias razones históricas, tampoco podemos "distraernos" del hecho de que la cultura occidental *es*, también, *nuestra*, en mayor medida quizá de lo que lo es para Asia o África, aunque no necesariamente por mejores razones. Lo es, sin duda, ambigua y conflictivamente: como desgarrado linde o *in-between* que todavía (aunque menos en el Río de la Plata que en el resto del continente) guarda la memoria de ese desgarramiento inicial. Esto no es ninguna novedad; los más lúcidos pensadores poscoloniales -pienso, entre nosotros, en una riquísima tradición que va desde Echeverría, Sarmiento o Alberdi hasta, digamos, Martínez Estrada- han sentido ese desgarramiento como *el* problema cultural mismo de América "latina". En todo caso, lo que constituiría una "novedad" sería el decidirse a plantear de una buena vez una batalla frontal para *reapropiarnos* de lo mejor de esa cultura como arma *contra* lo peor y desde *nuestra* situación de "desgarrado *in-between*": desde una situación de Mismo / Otro, por lo tanto, que permitiría -en una proximidad crítica despojada de la fascinación del aura- mostrar a Occidente como Otro de sí mismo, a la manera de Marx, Nietzsche o Freud. Y no es que esto no haya sido hecho antes -ahora pienso, por ejemplo, en Mariátegui-, pero el abandono de esa empresa en las últimas décadas significó que, kierkegaardianamente, semejante "repetición" apareciera como una *novedad*. Aunque, a decir verdad, hay, en América Latina, una excepción notable tanto por su práctica como por la reflexión teórica que esta provoca; el *movimiento antropofágico* brasileño, a partir de Oswald de Andrade y su continuidad en poetas-críticos como Haroldo de Campos. En efecto, como punto de partida para abordar el problema de la identidad cultural y la legitimación del desarrollo "nacional" del trabajo intelectual en los países "subdesarrollados", los poetas concretistas de esa generación fueron capaces de recuperar desde el emblemático *Macunaíma* de Mario de Andrade hasta las tesis críticas sobre el *logocentrismo* de origen platónico (y de proyección, diríamos ahora, "orientalista") de Jacques Derrida. La "identidad" brasileña fue concebida así como la constante *construcción* de una diferencia, búsqueda que *en sí misma* es el "modo brasileño" de ser universal. El propio Haroldo de Campos desarrolla esta *perspectiva des-centralizante* en sus estudios sobre el desarrollo del barroco latinoamericano, sobre el modelo de la antropofagia oswaldiana, que "digiere" otras culturas "vomitando" lo que no le es útil para aquella construcción diferencial. Nuestras culturas, tal como son hoy, no tuvieron infancia -nunca fueron *infans*: no-parlantes-; nacieron ya "adultas", hablando lenguas culturales complejas y múltiples pero ajenas. "Articularse como diferencia en relación con esa panoplia de universalia, he ahí nuestro nacer como cultura propia"[185]. Algo semejante -con toda la modestia del caso- hemos intentado sugerir nosotros mismos, al hablar de la cultura argentina como de *un pentimento* (retomando la metáfora pictórica de las capas superpuestas de pintura en los cuadros de pintores "arrepentidos" de su obra anterior, y que con el paso del tiempo empiezan a entreverse por detrás de la nueva pintura; también podíamos haber hablado, para el caso, de *palimpsesto*, a la manera de Gérard Genette): capas superpuestas y en competencia, de las cuales el "cuadro" final -aunque siempre provisorio- es el testimonio de su *conflicto,* de la cultura "propia" como *campo de batalla* Bajtíniano, en el que no se trata tanto de los "temas" como del *acento,* del predominio de la "lengua" y el "estilo"[186]. Otra vez, se trata aquí de la tensión

---

185 Haroldo de Campos: *De la razón antropofágica y otros ensayos*, México, Siglo XXI, 2000.
186 Eduardo Grüner: "La Argentina como *pentimento*", en *Un género culpable*, Buenos Aires, Ediciones Godot, 2014.

política irresoluble entre el Todo -que solo lo es porque reniega de su parte que lo *hace parecer Todo*-, y la Parte que lucha por el reconocimiento de su conflicto con este, y en esa misma lucha se arroja hacia un horizonte nuevo.

Pero de todos modos, este descargo, como hemos dicho, sería engañoso. Lo sería, en primer lugar, personalmente, puesto que el autor de este texto ha sido (mal o bien) *formado* principalmente en esa cultura, y no ve razón alguna para renunciar a servirse de ella críticamente. Aun así, ese dato autobiográfico es trivial. Lo realmente importante son las razones teóricas, históricas y alegóricas que legitiman el llamado a un retorno de las "tres experiencias" como matriz y plataforma de lanzamiento de una *construcción* de nuevos fundamentos para *pensar y practicar* un futuro "fin de las pequeñas historias":

1) *Teóricamente*, los autores "modernos" y "contemporáneos" que hemos elegido (y cualquiera podría elegir autores diferentes, sin duda) como voceros de ese retorno *son* Otros en el seno de la cultura occidental. No nos importa que muchos -no todos- de ellos sean "enseñados" -o "enseñen" ellos mismos- en las cátedras oficiales de la academia occidental (nosotros mismos lo hacemos, por otra parte). Lo que importa es que ese *enseñar* sea, casi inadvertidamente, una *seña*, incluso un *señuelo*, de unos *efectos* incontrolables para la cultura oficial: de unos efectos *materiales* que la "textualidad" de esos autores sigue teniendo —y tal vez hoy más que nunca-, y que la cultura occidental solo está dispuesta a reconocer *des-conociéndolos* mediante un intento (necesariamente fallido) de "domesticación" universitaria, que precisamente desplaza esa otredad de un texto que apunta con su dedo (con su *Deutung*) para *señalar* las "fallas", las "faltas" constitutivas de una (falsa) totalidad que solo por esa *denegación* de un "núcleo traumático" inarticulable puede aparecer como portadora de *la* Razón universal abstracta. Por otra parte, somos perfectamente conscientes de que la tríada Marx-Nietzsche-Freud (que por supuesto no son los únicos, aunque

sí los principales "fundadores" que hemos invocado) tampoco constituye ninguna "novedad": ya a partir de la década del sesenta, y especialmente en Francia (en las obras de Althusser, Foucault, Ricoeur o Barthes, por limitarnos a los más paradigmáticos) esa tríada fue levantada como bandera *resistente* frente a la cultura "oficial". Resistencia a su vez no exenta de ambigüedades; algunas de las operaciones resultantes de la propia lógica de "efectos no buscados" de ese movimiento terminaron en la construcción, alrededor de la tríada, de una "cuasi oficialidad" -o una "oficialidad paralela- en la cultura francesa. El caso de Nietzsche es particularmente ilustrativo: en alguna medida, el pensamiento post terminó utilizándolo *contra* Marx y Freud, embanderándolo en una celebración de lo "fragmentario" *versus* los "grandes relatos" de los otros dos. A tal punto ha llegado ese equívoco, que actualmente asistimos a una suerte de reacción antinietzscheana, por "izquierda" y por "derecha", sin que en ninguno de los dos casos logre levantarse el malentendido que impide ver en Nietzsche (así como sucedió antes con Marx o con Freud) un *lugar*, una *posición*, antes que una *literalidad*[187]. Por lo tanto, no tenemos ninguna intención de dejarle tampoco ese *campo de batalla* al enemigo.

---

187 Como muestra representativa de una reacción "por izquierda", véase el grueso volumen de Geoff Waite: *Nietzsche's Corps*, Duke University Press, 1996, que desde una perspectiva neoalthusseriana transforma a Nietzsche en un auténtico precursor del posmodernismo, la "estetización" vía "tecnocultura" del espectáculo, etcétera. Para una reacción "de derecha" (en sentido lato), véase el último artículo de Malcolm Bull: "Where is the Anti-Nietzsche?", *New Left Review*, n° 3, mayo-junio 2000, que reivindica una lectura "débil" (o, como la llama Bull, "perdedora") del filósofo que se sustraiga a su seducción y permita entenderlo en su *letra* (que sería profundamente reaccionaria, antidemocrática, antifeminista, antisocialista, antiliberal y, para volver sobre un viejo tópico, pronazi). Casi no hace falta decir que la reacción de Waite es infinitamente más interesante; pero ambas, por vías totalmente distintas y hasta opuestas, pecan de una petición de principios "literales" que termina desestimando el poder de una interpretación crítica y la legitimidad de un *uso* del texto nietzscheano -que no tendría por qué caer en el irresponsable "pragmatismo" rortyano-. Ambas reacciones, por lo tanto, se hacen paradójicamente cómplices de los abusos "post" de Nietzsche, en el sentido de que confirman por la negativa la denegación que la cultura oficial hace de sus efectos *realmente* "subversivos".

2) *Históricamente*, el momento fundador de lo trágico-poético en esa "originariedad" greco-occidental todavía no ha operado completamente la *denegación* de su deuda con la Otredad. Para solo ofrecer un ejemplo rápido, recientemente Enrique Dussel ha podido adelantar la hipótesis (que solo puede resultar pasmosa para quienes participan del "olvido" de aquella Otredad en la constitución de la cultura occidental) de que en buena medida la propia estructura y los principales motivos mítico-trágicos que presumiblemente inspiraran a Esquilo o Sófocles, y que llegaran a Grecia a través de sus contactos con Egipto, tienen su origen... *en la cultura bantú del África subsahariana*[188]. Igualmente, es posible que ni siquiera necesitemos llegar hasta allí: René Girard ya había hipotetizado abundantemente los modos en que los fundamentos del género trágico (y de las formas culturales que Nietzsche, construyendo él mismo un mito, llama "dionisíacas") recogen la lógica del *sacrificio* y del *chivo expiatorio*, que puede encontrarse en multitud de culturas espacial y temporalmente ajenas a la Grecia arcaica. No se trata por lo tanto de "difusionismo", de "historicismo", de "relativismo cultural", de "funcionalismo", de "estructuralismo", de "inmanentismo", de "universalismo", sino *de todas esas cosas al mismo tiempo* (es decir, de nuestro viejo problema de la *tensión*

---

188 Enrique Dussel: *Ética de la liberación*, Madrid, Trotta, 1998. Dussel cita, con abundancia y rigor, a filósofos africanos que parecen haber investigado exhaustivamente el tema: Eboussi Boulaga, *La crise du Mujitu. Authenticité africaine et philosophie*, París, Presence Africaine, 1977; D. A. Masolo, *African Philosophy in Search of Identity*, Bloomington, Indiana University Press, 1994; H. Olela, "The african foundation of greek philosophy", en R. Wright (ed.), *African Philosophy: an introduction*, Washington, University Press of America, 1979; etcétera. El gesto de Dussel es encomiable por la valentía con la cual asume una postura de rescate de esa Otredad determinante para Occidente que a muchos, más tímidos, todavía nos hace sonrojar un poco. O que nos hace sentir que debemos *aclarar* que Dussel escribe "filósofos africanos", sin comillas. Es, de todas maneras, una cuestión que hace a la esencia misma de lo que estamos diciendo: puesto que "filosofía" es un término -y un concepto- de cuño occidental, solo retroactivamente, y con comillas, nos atrevemos a hablar de una "filosofía" egipcio-bantú. O sea, estamos indefectiblemente atrapados en el *in-between* de la Mismidad / Otredad.

irresoluble entre lo Universal y lo Particular). Y no se trata, tampoco, de que estemos restándole valor a la *creación*, por parte de los griegos, de algo tan absolutamente original como la tragedia. Se trata de que ellos todavía podían darse el lujo de no *ocultar* el conflicto que estaba en la propia definición del espacio de su "fundación", allí donde lo Propio todavía no se había diferenciado nítidamente (no se había construido a sí mismo mediante la denegación) de lo Ajeno, lo Mismo de lo Otro.

3) *Alegóricamente*, por fin (en el sentido ya examinado de la alegoría como la entiende Benjamin), lo trágico-poético -y también *lo* político-, por todas las razones apuntadas, *es* el espacio de lo Otro *denegado* por lo que terminó siendo la cultura oficial de Occidente. Hemos visto cómo la república platónica (y ella debe ser tomada solo en su valor "emblemático", como se dice ahora) requiere de la expulsión de los poetas y, si Rancière tiene razón, también de las masas que son el fundamento desplazado de la política, para constituir un oficialismo filosófico-cultural, y una metafísica *inmaterial*, "idealista", ajena a la *materialidad singular* de la palabra poética, del signo artístico, de las *pasiones* de lo político, de los hombres y mujeres como cuerpo (y no solo como "cabezas" instrumentalmente racionalizantes, según la imagen dualista y abstracta que terminará siendo hegemónica en la filosofía occidental a partir del mismo Platón). Y si tanto él como, sobre todo, Aristóteles pueden todavía reivindicar la tragedia, es por el equívoco de ver en ella una sana reacción contra los excesos de la "democracia", pero ya denegándola como espacio de *conflicto* en el que se está jugando la delimitación de lo Mismo y lo Otro, la definición de una identidad dominante a la que la cultura occidental posterior se aferrará mediante el "olvido" de aquel mismo conflicto que la conformó como tal.

Recordar las experiencias de lo trágico, lo poético y lo político como fundamentos no es, pues, *acantonarse* en el imaginario de la Identidad autosuficiente y "autopoiética" de la cultura occidental. Por el contrario, es llamar a *tomar distancia* de lo Mismo desde su *in-between*, su linde con lo Otro. Desde fines del siglo XV viene ocurriendo lo que ahora la globalización ha hecho patente: "nuestra" historia y "nuestra" cultura, la de la "periferia", está indefectiblemente *ligada* a la del "centro" de Occidente; no vamos a quebrar nuestra dependencia por un mero acto de voluntad teórica. Pero además, hacerlo así, aun si pudiésemos, supondría volver a construir una "falsa totalidad", solo que empezando por la otra punta. Lo que necesitamos someter a crítica implacable es la propia *lógica* de la construcción de falsas totalidades, y eso solo puede hacerse, por así decir, desde un "tercer lugar" -ya que no podemos seguir diciendo "Tercer Mundo"- que muestre que tampoco ese centro occidental tiene una historia *propia*, y que lo que le ha permitido *a él* construirse esa imagen de propiedad es justamente la denegación de lo que en ella había de *im-propio*: que solo eliminando de la vista lo que le ha permitido existir es que ha podido presentarse como autosuficiente; que solo ocultando esa "incompletud" en su origen *histórico* puede aparecer "completa" *desde siempre.* Esa sí es una lógica que puede "darse vuelta" desde nuestro "tercer lugar", no para pretender ilusoriamente que *nosotros* somos autosuficientes, sino para mostrar -en primer lugar a nosotros mismos- que *ellos* existen también gracias a *nosotros.* Sabemos que, en cuanto podamos hacer eso, se planteará un conflicto (filosófico y político) de primera magnitud, porque entonces habremos destruido el imaginario de una existencia "eterna" o "abstracta", del mundo "naturalmente" dividido en centros y periferias. En ese camino (que desde luego no puede ser *exclusivamente* teórico, aunque esa sea nuestra posición actual), hay un "momento" esencial al que no podemos renunciar: no solo el de mostrar que fue porque nos conquistó, nos *construyó* como "periferia" que Occidente pudo construirse a sí mismo como "centro", sino que en su *origen* (teórico, histórico y "alegórico") *ya había* unas "periferias" internas (lo trágico, lo poético, lo político) que tuvieron que ser conquistadas y *denegadas* para que el poder de su imagen de completud no se viera constantemente socavado por esas *experiencias*, por esas praxis, que no se dejan "completar". Reapropiarnos teóricamente de esas periferias, recuperarlas desde *nuestra* posición de "tercer lugar", es pues atentar contra las dicotomías adentro / afuera, centro / periferia. Eso solo lo podemos hacer nosotros (los africanos, asiáticos o latinoamericanos) porque *sabemos* lo que nos falta, mientras que "ellos" *no saben* que están "incompletos". La Historia nos ha *forzado* -si se me permite decirlo así- a "asumir" nuestra castración, mientras que ellos pueden darse el lujo "psicótico" (o quizá sea "perverso") de desconocer la suya. Es hora de que les señalemos con el dedo esa herida que no cesa de sangrar.

Los estudios culturales y la teoría poscolonial ya han *empezado* esta tarea, aunque hayan también comenzado a abortarla por su "captura" en el pensamiento "post" y en la domesticación académica. En especial la teoría poscolonial que ha señalado desde el principio las múltiples maneras en que los *usos* literarios poscoloniales de la lengua impuesta por el "centro" han contribuido a cuestionar sino directamente a subvertir la "estabilidad" lingüística (sobre la cual es obvio que en buena medida está construida su "identidad") así como la "universalidad" de la lengua "central" Lamentablemente, y por las razones ya analizadas, esta visión crítica se ha limitado con frecuencia a la "textualidad" literaria y no se ha intentado extender sus hallazgos al conjunto de los conflictos culturales, políticos e incluso filosóficos que ellos permitirían pensar.

De la misma manera -lo hemos repetido hasta el cansancio- apelar a la necesidad de un retorno a los "fundamentos" no es una posición forzosamente "fundacionalista", sino una estrategia para hacer "relampaguear" las ruinas en este "instante de peligro" para hacer ver el vacío *actual* sobre el cual hay que imaginar una re-fundación. Los estudios culturales y la teoría poscolonial "oficiales" prefieren partir directamente de las *novedades*, con lo cual se autoboicotean la propia posibilidad (que paradójicamente no deja de estar implícita en su propia lógica fundacional) de generar lo *nuevo* que está haciendo falta. No pueden re-conocer, y por lo tanto *des-conocen*, la Otredad que está en el propio origen, por así decir, *ontológico* de la misma cultura que ellos critican. No son todo lo consecuentes que deberían con su misma noción de *in-between*. No son, por lo tanto, lo suficientemente *radicales* (no van suficientemente a la *raíz*) como para incluir lo meta-Otro, lo que Occidente tiene de Otro de sí "mismo". Por ahora, se han quedado en el fondo, en la posición deconstructivista del que desmonta el texto occidental desde "afuera", *como si ellos no tuvieran nada que ver con él.* Hay que ir más allá: hay que volver a entrar sin pedir permiso, reconstruyendo sobre unas ruinas que solo quien está afuera puede ver, en efecto, pero por cuyos intersticios se trata no solo de *ver*, sino de hacer reingresar el cuerpo.

CONCLUSIÓN, O LA(S) EXPERIENCIA(S) DE UN RECOMIENZO

En su última obra, Gayatri Chakravorty Spivak propone la categoría de *forclusión del informante nativo* para dar cuenta de las diversas maneras en las que el núcleo central del pensamiento critico europeo moderno (Kant, Hegel, e incluso, con otros matices, Marx) ha desplazado la centralidad y el protagonismo del Otro -de la periferia, de la parte oprimida del mundo moderno- en la conformación de la autoimagen dominante de la modernidad[189]. (Que dicha enumeración incluya el nombre de Marx es para nosotros, como hemos repetido, altamente discutible, pero tenemos que ser fieles al pensamiento de Spivak; por otra parte, ella misma matiza sus afirmaciones respecto de Marx, y además -podemos decirlo ahora, cuando ya hemos establecido claramente nuestra posición al respecto- no es totalmente falso que la actitud del propio Marx ante las "ventajas objetivas" de

---

189 Gayatri Chakravorty Spivak: *A Critique of Postcolonial Reason*, Londres, Harvard University Press, 1999.

fenómenos como el colonialismo fue en ocasiones muy ambivalente). "Forclusión" es, obviamente, un término importado de la teoría lacaniana, para designar muy ampliamente un operativo inconsciente de expulsión simbólica de algo que luego retornará en lo real; "informante nativo", por su parte, es un término importado de la etnografía, y que alude a una operación ideológica por la cual el "portavoz" indígena (que supuestamente debe ofrecer una imagen objetiva y de primera mano de la cultura en estudio) termina constituyéndose en el *soporte* de la imagen previa que el antropólogo se ha hecho de dicha cultura; un soporte confirmatorio de los preconceptos implícitos en la matriz cognitiva y teórica con la que Occidente se acerca a su periferia. Y más importante aun: esa imagen proyectada sobre el Otro cumple la función esencial de confirmar -incluso de *conformar*- la propia imagen; hay toda una historia, pues, todavía por escribirse, de cómo Occidente ha construido su autoimagen sobre la base de esa forclusión, de esa *presencia por ausencia* de su Otro (América, África, Asia; y aun hacia su interior: el proletario, la mujer, el marginal, el "desviado" sexual, el loco, el delincuente), e incluso de cómo ha logrado sobre esa forclusión construir su hegemonía de tal manera que, aun cuando el Otro es tenido en cuenta (como en los procesos de "orientalización" que analiza Said, o en los de "exotización" que señalan Spivak y los teóricos poscoloniales en general), es en efecto *su* Otro, siendo Occidente (Europa y América del Norte) el Uno *a partir* del cual se define la alteridad, la "otredad" del Otro, el "centro" a partir del cual se define la "periferia", etcétera.

Una operación intelectual al menos embrionariamente contrahegemónica sería la que propone la propia Spivak (pero que puede encontrar antecedentes en distintas filosofías del Otro como las de Bajtín, Sartre, Lévinas, y más recientemente Dussel); en lugar de imaginar a Occidente y *su* Otro, imaginar a Occidente *como* Otro[190]. Puesto que -como lo hemos visto en

---

190 Hay para esto un extraordinario antecedente: las *Cartas persas* de Montesquieu, donde se imagina la posibilidad de una mirada "distanciada" y en esa medida cómicamente crítica, irónica, paródica, sobre la propia cultura.

los análisis de las teorías del sistema-mundo, y notoriamente en
Samir Amin-, durante la mayor parte de la Historia, Occidente
fue un minúsculo Otro de los entonces "Unos" centrales. Que
los últimos escasos quinientos años de historia hayan terminado
por dibujar una imagen del mundo que consiguió desplazar a los
otros -digamos, cinco mil años desde que puede hablarse de la
existencia de grandes "civilizaciones"-, no es poco síntoma del
poder de esa hegemonía ideológica. Pero no tiene por qué seguir
siendo eternamente un dato de la naturaleza: una "ética de la
liberación" como la propuesta por Enrique Dussel bien podría
comenzar por establecer ese nuevo "mapa cognitivo" que diera
a la historia universal una auténtica perspectiva[191].

"Forclusión del informante nativo", pues, es el movimiento por el cual la cultura occidental ha podido construirse a sí
misma -incluso, y quizá sobre todo, en sus formas más críticas-
a partir de su Otro (llámese colonizado, proletario, mujer, etcétera), pero *negándolo* como voz protagónica, en una estructura
de presencia-ausencia (de presencia *en tanto* ausencia) que constituye una verdadera paradoja trágica, que comprensiblemente
nos cuesta admitir: es *porque* Occidente produjo esa forclusión
del informante clave que tenemos el pensamiento crítico kan-
tiano-hegeliano-marxista que ahora nos permite hacer la crítica
de aquella forclusión. Por supuesto, esto solo podemos saberlo
ahora, retroactivamente, y es absolutamente inútil especular
con el condicional contrafáctico (¿qué hubiera sucedido de no
haberse consumado aquella forclusión?). La historia *sucedió*
así, y lo que produjo es lo que tenemos; y lo que tenemos es
esa(s) filosofía(s) crítica(s) como *condensación especulativa* de la
Historia. Y como admite la propia Spivak, la crítica de la forclusión implicada en esa(s) filosofía(s) solo puede hacerse *desde
adentro*, aunque (y esta es, a mi juicio, la intuición más valiosa

---

191 Véase Enrique Dussel: *Ética de la liberación*, Madrid, Trotta, 1998. No hemos
tenido tiempo aquí de considerar críticamente esta obra notable, pero tenemos
intención de hacerlo en un futuro trabajo más específicamente dedicado a la
teoría poscolonial.

de la teoría poscolonial) no desde el *centro* de ese "adentro" sino desde su "periferia"; o, mejor aun, desde los *in-between* de Homi Bhabha, los lindes y los intersticios entre el "centro" y la "periferia" de ese "adentro". Porque, en verdad, limitarse a *dar vuelta* simétricamente la imagen sería permanecer dentro del mismo campo imaginario: esta es una ventaja de la "sofisticación" teórica deconstructivista de la teoría poscolonial sobre las primeras teorías "dependentistas" o "tercermundistas", que en la mayoría de los casos (a semejanza, entre nosotros, del llamado "revisionismo histórico") se reducían a una operación de *sustitución* de un "centro" por otro. Es decir, se reducían a una operación de fetichización inversa que trabajaba, por así decir, con el "producto" terminado, en lugar de poner en cuestión el *proceso de producción material* del propio imaginario que "mapea" el mundo en centros y periferias.

Esta paradoja tiene también, desde luego, una explicación *histórica*: después de todo, cuando hablamos de la filosofía crítica nos referimos a una forma de pensamiento producida entre fines del siglo XVIII y la primera mitad del siglo XIX *en Alemania,* y no en cualquier sociedad de Occidente. En Alemania, es decir, en un lugar en el cual la "forclusión del informante nativo", que permite la emergencia de un pensamiento que es simultáneamente crítico de la realidad y justificador de la empresa colonial, se da en una sociedad que *no es* una potencia colonial, y que no lo será hasta fines del siglo XIX (y aun así en una clave muy modesta, si se la compara con Inglaterra o Francia), es decir, para volver a la terminología de Wallerstein, en una sociedad entonces "semiperiférica". Ya el propio Marx había dicho -como recordamos a propósito de la literatura latinoamericana- que los alemanes solo pudieron hacer en la cabeza de Kant y Hegel la revolución burguesa que los ingleses y franceses habían hecho en la realidad. Del mismo modo, podríamos decir que *porque* Alemania no fue una verdadera potencia colonial, pudo construir la imagen más acabada y coherente, la (falsa) totalidad más consistente de una modernidad que necesitó *renegar* de la "parte maldita" de su Historia para explicar y justificar su hegemonía y su centralidad protagónica en la Historia de la humanidad como tal. Inglaterra o Francia, potencias coloniales antiguas y de primer orden, no *necesitaron* una teoría con semejante nivel de abstracción (no necesitaron un Hegel, digamos), puesto que sus informantes nativos eran -y son- una presencia carnal y cotidiana. Pero aprovecharon la creación intelectual alemana mejor que sus propios creadores. Estos últimos, "atrasados", sufrieron el retorno de su Otro reprimido bajo la forma del nazismo, así como todo Occidente lo sufre hoy bajo la forma de los "neofundamentalismos".

Pero esto conlleva una consecuencia filosófica enorme: la relación de tensión y conflicto permanente entre la Parte y el Todo, entre la (falsa) totalidad y su Otro "forcluido", no puede ser "deconstruida" o "destotalizada", no puede ser sometida a crítica ideológica, más que haciéndose cargo de su estricta *in-superabilidad*. Esa es su tragedia. Sin embargo, en cuanto uno intuye que esta tragedia filosófica, *ontológica*, tiene decisivas raíces históricas, puede, como se dice, "separar los niveles" y recuperar la tragedia como base de una praxis (incluyendo, desde luego, al pensamiento) ético-política que -a la manera diversa pero convergente de un Benjamin, un Adorno o un Sartre- relea la totalidad desde lo particular, desde lo *singular-mente situado* en términos simbólicos, políticos y existenciales, y viceversa. Ni la celebración oficialmente "moderna" de la totalidad homogénea y sin fisuras (continuada, a su modo, en las éticas neocontractualistas complejas *à la* Rawls o Habermas) ni la simétricamente inversa -y por ello complementaria- celebración de la dispersión infinita e inarticulable de los fragmentos identitarios o del significante "textual" (característica de los pensamientos *post*, y en buena medida de los estudios culturales) ofrecen no digamos ya una solución, sino siquiera un buen planteo del problema: en el mejor de los casos, son una mera autoconstatación de la impotencia del pensamiento para resolver los dilemas de lo real; en el peor, representan una objetiva complicidad con el mantenimiento del *statu quo* (para empezar, el de la teoría). Por otra parte, no hay una "tercera vía" entre ambas, un equilibrio perfecto entre Escila y Caribdis. Hay que salirse de ese desfiladero, remontar vuelo (o descender a los infiernos, pensarán algunos); y hay que hacerlo con urgencia; el pensamiento está en estado de emergencia, porque el mundo está en estado de catástrofe, cada vez más sometido a formas de poder concentrado que suponen *necesariamente* el genocidio (físico y simbólico) de las tres cuartas partes de la humanidad. Kosovo, Chechenia o Afganistán -por solo nombrar algunas de las últimas primeras planas- son condensados teórico-prácticos, "paradigmas", que se levantan como efecto de demostración anticipada de lo que nos espera en el siglo XXI. Siglo que empezó, como dice Hobsbawm, en 1989: no porque la caída del Muro de Berlín haya sido un acontecimiento mágico que transformó todo de la noche a la mañana -para entonces ya hacía décadas que muchos habíamos perdido toda esperanza en las bondades del yermo "campo socialista"-, sino porque allí se consagra la "globalización", algo que como hemos visto *no existe*, pero que está destruyendo a paso firme el planeta Tierra, y quizá sus alrededores. Nunca antes en la historia de la sociedad humana se asistió a una articulación *tan siniestra* entre la "materia" y el "espíritu" de un sistema: nunca antes el hambreamiento y la degradación física de los oprimidos supuso, como ahora, un semejante colapso *metafísico y ontológico* que pone en cuestión el propio Ser de lo humano como tal. Se me recordará, una vez más, Auschwitz: es verdad, pero ahora el escándalo es aun mayor, porque son los poderes que derrotaron a los gestores de Auschwitz los que mejor aprendieron la lección, a saber, que se puede transformar la Tierra entera en un gigantesco Auschwitz, bajo la condición de que eso aparezca como un efecto objetivo, impersonal -y por lo tanto inocente- de la *mano invisible*, de las fuerzas espontáneas del mercado global. Y bajo la condición, también, de que cuando aparezca una mano "visible" -por ejemplo, la que aprieta el botón que arroja bombas sobre Kosovo y Afganistán-, sea en aras de razones "humanitarias" o en defensa de la "democracia".

Es decir, nunca antes estuvo más degradado lo más profundamente humano que existe: el lenguaje. Cuando se puede hacer *creer* que la destrucción física y moral de una comunidad entera se realiza por "humanitarismo", cuando esa enunciación discursiva puede tornarse *verosímil*, eso significa que las maravillosas cinco mil lenguas que habla la humanidad (esos estupendos cinco mil mundos generadores de palabras de amor, de poesía, de reflexión filosófica y saber científico, de placer erótico y goce estético) han quedado reducidas a cinco mil basurales hediondos e inútiles.

Esta es una situación *trágica*. Definida, como lo hemos intentado hacer en un capítulo anterior, por el hecho de que prácticamente todos son conscientes de sus consecuencias, pero prácticamente nadie puede (o quiere) hacer algo al respecto. Y al mismo tiempo, ya lo sugerimos, es una tragedia fracasada, patética, decadente. Es una situación que requiere, por lo tanto, un nuevo pensamiento sobre, y desde, la tragedia. Y sin embargo, ese pensamiento no aparece: como diría León Rozitchner, cuando las sociedades no saben qué hacer, la filosofía no sabe qué pensar. Y ya había dicho Marx que las sociedades solo se plantean los problemas que están en condiciones de resolver. Y más sencillamente, lo dice el sentido común popular: un problema que no tiene solución no es un problema. Esta es la verdadera tragedia: que lo trágico sea imposible, que no *aparezca* como tal, aunque se conozcan y se sufran claramente sus efectos. Por supuesto que, aun sin conceder demasiado a la causalidad mecánica base económica / superestructura, hay razones "de base" (económica y social) para que esto ocurra. Para empezar, el gigantesco proceso de reconversión neoliberal y "globalizada" del capitalismo en las últimas tres décadas, cuyas características han permeado como nunca antes hasta los rincones más ocultos de la (in)conciencia y de la subjetividad. Y, por lo tanto (en una confirmación incluso *excesiva* de las anticipaciones de Adorno *y* Horkheimer ya en la década del cuarenta), de la cultura, en el sentido más amplio posible de esa categoría.

Es decir: la emergencia y la colonización académica (incluso la *moda*) de los estudios culturales y, más compleja y críticamente, de la teoría poscolonial, su mayor "sofisticación" teórica (incluso bajo sus formas "post", con toda la ambigüedad que ellas conllevan) no es en modo alguno caprichosa. Un crítico tan agudo como Fredric Jameson viene insistiendo desde hace por lo menos diez años en que el capitalismo tardío es *constitutivamente* un fenómeno principalmente "cultural" -por la naturaleza de los nuevos medios de producción, por la centralidad del mercado global financiero (es decir, de la circulación de mercancías "sígnicas", desmaterializadas) como principal fuente de acumulación y ganancia, etcétera-. Ya no se trata simplemente de localizar lo que Raymond Williams llamaba una "dominante cultural", sino de que *lo "cultural" es la instancia dominante.* No es azaroso, entonces, que las nuevas aproximaciones teórico-críticas (y los nuevos conflictos, en la medida en que los hay) se hayan trasladado al terreno de la cultura y la "subjetividad". Ni lo es que, por ejemplo, la teoría literaria y estética (un "coto de caza" favorito de los estudios culturales y de la teoría poscolonial) hayan adquirido un lugar privilegiado como referencia intelectual. En la medida en que esto sea entendido *como un síntoma* de las transformaciones de la totalidad-modo de producción y por consiguiente del nuevo y decisivo "campo de batalla" que con ellas se abre (y a decir verdad, hace mucho que viene siendo progresivamente entendido así, *especialmente dentro del marxismo*: remitimos a las algo esquemáticas pero atendibles tesis de Anderson sobre el "marxismo occidental" y su preferencia por la problemática filosófico-cultural antes que económico-social)[192], los estudios culturales y la teoría poscolonial *dan cuenta* -y ese "dar cuenta"

---

192 Perry Anderson: *El marxismo Occidental*, México, Siglo XXI, 1988. Es necesario, aquí, rendir homenaje al verdadero creador de este concepto, Maurice Merleau-Ponty (véase *Las aventuras de la dialéctica*, Buenos Aires, Leviatán, 1957).

no puede ser menospreciado por ningún pensamiento que se pretenda crítico- de las nuevas complejidades que el mundo actual le presenta a una izquierda que, al menos entre nosotros y en su vertiente institucionalmente política, no parece tener mucha disposición para hacerse cargo de tales complejidades.

Pero, *pero*: justamente entre esas complejidades está -lo acabamos de mencionar- la absolutamente inédita capacidad del capitalismo tardío y de su lógica cultural para *hacerse cargo*, él sí, de las nuevas problemáticas que él mismo ha desencadenado, como las cuestiones de hibridación multiculturalista planteadas por la globalización o los "nuevas movimientos sociales" (étnicos, de género, minorías sexuales, etcétera). El síntoma encarnado por los estudios culturales y la teoría poscolonial ha podido, o al menos está pudiendo, ser *disuelto*, o en todo caso neutralizado y domesticado (despojado de sus aristas más conflictivas). Por un lado, acantonándolo en los refugios más tranquilizadores del claustro universitario y el sistema de circulación de *papers* -que de paso permite la coartada de mantenerlos en una perspectiva "progresista" y "políticamente correcta" de oposición a su Majestad como la que se suele cultivar con fruición en las academias-. Por el otro, *positivizándolo* -en el sentido de desplazar el costado de *negatividad crítica* de su dialéctica- como disimulada celebración de esa misma hibridez y ese mismo multiculturalismo que, como bien dice Žižek, se precipita fácilmente en una "objetiva" complicidad que tiende a investir de dispersión / fragmentación *la unidad y "totalización" profundas del proceso de globalización*. El problema es complejo porque las dos cosas son ciertas: el proceso *unitario* de globalización crea efectivamente fenómenos de fragmentación y dispersión cultural, y ese "multiculturalismo híbrido" se articula como "resistencia" a la lógica subyacente de homogeneización unitaria (y a su vez esas formas de resistencia pueden ser tanto los más radicalizados "nuevos movimientos sociales" como los neofundamentalismos étnicos, religiosos y nacionalistas) y asimismo como celebración de la "hibridez" entendida como eufórica capacidad de *comunicación* universal aunque (o porque) babélica, supuestamente facilitada por las nuevas y fluyentes virtualidades cibernéticas que no respetan las fronteras obsoletas del Estado-Nación -así como tampoco las respetan los flujos y reflujos del incontrolable capital financiero que, a través de las mismas vías cibernéticas y "multiculturales", deciden qué sociedades enteras morirán de hambre este año o esta semana; pero *esta* unidad secreta del "multiculturalismo", por supuesto, no suele ser tenida en cuenta en sus celebraciones-.

Pero entonces, *si las dos cosas son ciertas*, si los multiculturalismos y las poscolonialidades pueden generar tanto resistencias innegociables (de "izquierda" o de "derecha") como festejos cómplices y conformistas, se abre un nuevo frente *interno* al campo de batalla cultural, que obliga a dar la lucha en el propio territorio teórico que "sintomatiza" a las nuevas complejidades. No basta con denunciar sus aspectos "celebratorios", porque esa denuncia externa deja en manos del enemigo la posibilidad de neutralizar sus aspectos más resistentes. Se trata, más bien, de trabajar (intelectual, ideológica y políticamente) sobre la *tensión* generada por el señalado "doble vínculo" de estas teorías con la totalidad-modo de producción. El marxismo "ortodoxo", con su congelado y dogmatizado arsenal teórico, no alcanza para esa tarea. Pero, paradójicamente, el *problema* que se plantea es uno que el marxismo como tal -incluso un marxismo que puede ya considerarse "clásico", de cuño gramsciano-Bajtíniano, por no hablar de las vertientes más "heterodoxas" frankfurtianas o sartreanas, o incluso de la "ortodoxia" althusseriana, etcétera- debería inmediatamente *reconocer como propio e irrenunciable*: es el problema de la lucha por la hegemonía ideológica y cultural en el interior del campo de la práctica teórica. Es ese marxismo el que puede asumir, justamente, los aspectos más resistentes y "negativos" de las nuevas complejidades (teóricas y prácticas) abiertas por las transformaciones del capitalismo y el "proceso" de globalización poscolonial. Sería incluso una reivindicación de los orígenes de los estudios culturales -en manos de un Raymond

Williams o un Stuart Hall-, en nuevas condiciones signadas no solamente por el hecho de las insuficiencias *teóricas* del marxismo ortodoxo, sino por el hecho *político* (que ningún marxista, ningún intelectual crítico o ningún luchador de la izquierda debería darse el lujo de ignorar) de que por el momento -y si no se hace algo urgentemente, será un momento muy largo- la relación de fuerzas es desfavorable, y por lo tanto el terreno de la lucha ha sido definido por el enemigo. Pero, a decir verdad, siempre fue un poco así: ningún producto teórico marxista de importancia, empezando por *El Capital* mismo, salió de otro lado que de un impulso de confrontación con lo mejor de la cultura "adversaria" y dominante de su época.

Si esto es así, si se ha abierto este "doble frente" inserto en estructura de cajas chinas (lucha por la hegemonía en el campo de la cultura, y dentro de él en el subcampo de las actuales teorías de la cultura), lo primero que necesitamos es una definición *crítica* del propio campo, de la propia cultura. Gayatri Spivak, en el mismo texto que hemos citado, y precisamente a propósito de los peligros de cooptación academizante y consiguiente "banalización" de la teoría poscolonial, está atenta a esta necesidad:

> *Dicho sencillamente, la cultura viva está siempre en fuga, es siempre cambiante. Nuestra tarea es atender a las dos posibles estrategias: la cultura como grito de batalla contra la pretensión de una cultura de representar la Razón como tal; y la cultura como un nombre bonito para el exotismo de los otros, incluyendo a los marginales.*

La elección de Spivak, y la nuestra, es nítida; los estudios culturales oscilan entre ambas posiciones, a veces para los mismos autores. Pero en la breve definición de Spivak está, nuevamente, el complejo, paradójico, supuesto teórico al que ya nos hemos referido:

a) Hay que combatir la pretensión de *una* cultura (la modernidad nordatlántica, para etiquetarla rápidamente) de ser *la* cultura, *la* Razón, mostrando que *históricamente* ella tiene una trayectoria de dominación comparativamente muy breve; que *éticamente* su pretensión está descalificada porque esa imagen emblemática de la Razón, precisamente, está apoyada en un proceso de dominación sangrienta, la cual ha incluido el genocidio físico y cultural de civilizaciones enteras, "grandes" o "pequeñas", de Asia, África y América (no solamente "latina": ¿habrá que recordar una vez más la masacre planificada que significó la épica de expansión hacia el Oeste en la conformación de los Estados "Unidos"?); que *actualmente* asistimos a la continuación profundizada tanto de esa pretensión como de ese proceso genocida -*y* aquí "genocidio" alude tanto a la efectividad de las armas (Kosovo y Afganistán, por ponerles sus últimos nombres) como a la de la economía (la marcha forzada de la globalización neoliberal, con su secuela de devastación material y moral de la mayoría de la humanidad)-, y que la desaparición institucional y formal del colonialismo no debilita, y en cierto sentido fortalece, un *neoposcolonialismo* (económico y cultural) arropado en la globalización y generador de un "multiculturalismo" que apenas disfraza las nuevas formas de dominación mundial, del mismo modo que "el fin de las dictaduras" en el Sur apenas disfraza la reconstrucción de unas "democracias" diseñadas para legitimar mejor la concentración del poder y las nuevas formas de explotación; por fin, que *filosóficamente* esa pretensión implica una enorme operación fetichista; la construcción de una imagen unitaria, homogénea, de la Razón y la modernidad, con la consiguiente "forclusión" de sus "informantes nativos", la (re)-negación de su Otro interno, del "agujero negro" que es el núcleo reprimido de su (falsa) totalidad.

Todo esto *puede* ser mostrado mediante la lectura "deconstructiva" de la teoría poscolonial, pero -hemos insistido reiteradamente- esa lectura, imbuida de la enorme riqueza de su atención a las sutilezas imaginarias y simbólicas de los procesos de hegemonización ideológico-cultural, requiere de su *inscripción* en el análisis crítico de la "base material" de la colonialidad / poscolonialidad, tal como puede ofrecerlo hoy la teoría del sistema-mundo en sus diferentes variantes (de Wallerstein a Amin o Giovanni Arrighi). Esa articulación permitiría volver a *encarnar* una dimensión densamente histórica que pudiera "totalizar" (en el mejor sentido) la imagen de una modernidad compleja, desgarrada, conflictiva. Si esto se hubiera hecho -si se hubiera completado el programa de la Escuela de Frankfurt, por ejemplo-, quizá no habría sido necesaria una noción de posmodernidad cuya crítica de la modernidad fuera o pretendiera ser *externa*, transformando a la modernidad en un bloque sin fisuras que debe ser desechado. Pero de nuevo, eso es apostar a un contrafáctico: el concepto de "posmodernidad" fue -hay dudas de que lo siga siendo- *necesario* para la lógica cultural del capitalismo tardío.

b) Todo esto, desde luego, no implica una *renuncia* a la Razón, a la modernidad -como si, por otra parte, pudiera "renunciarse" voluntariamente a esas cosas... ¿en nombre de que?-, todo lo contrario: instalarse dentro mismo de la tensión entre la Razón y su Otro (la Razón *moderna*, puesto que ninguna otra ha producido esa "forclusión del informante nativo", ni ha tenido semejante pretensión de universalidad: la *ecumene* de la teología medieval cristiana, por ejemplo, siempre admitió la existencia de las otras... puesto que las combatía; solo la Razón moderna pretende ser la única posible, hasta el punto de calificar *de sinrazón*, o directamente de locura, todo lo que no sea ella), instalarse dentro de esa tensión, decíamos, *ya es* conducir a la Razón hasta sus últimas consecuencias. Entre las cuales está, si prestamos atención a la frase de Spivak ("...la pretensión de una cultura de representar a la Razón como tal...") la idea de una *distinción* entre Razón y Cultura- una distinción que, por supuesto, ya había hecho Freud, y que está en los fundamentos de la cultura como un *malestar* constitutivo incluso criminal, que la Razón no alcanza a contener[193].

Pero además, aun admitiendo la posibilidad de que exista *la* Razón no hay *una* Cultura que esté en condiciones de representarla: como diría Lévi-Strauss, las sociedades siempre y en todas partes han pensado de la misma manera (bien o mal), solo que han pensado sobre diferentes cosas. Esta noción -en términos lógicos, hómologa a la de la universalidad del Inconsciente en el propio Freud- no está diciendo otra cosa que lo que venimos proponiendo: hay una *tensión* entre la multiplicidad de las culturas y la tendencia a la unidad de la Razón. Cuando *una* cultura pretende por sí sola y con éxito encarnar esa unidad, se trata de un fenómeno *histórico y político,* que habla de relaciones de fuerza, de hegemonías, de capacidad de poder, etcétera. Si los estudios culturales renuncian a esa tensionada dimensión histórica y política, para acantonarse en la celebración de la "hibridez" multicultural del presente; si apuestan al relativismo extremo de imaginar que hay tantas "razones" como "culturas" -y que, en tanto son todas ellas híbridas, cada cultura puede hacer convivir pacíficamente muchas "razones"- entre las cuales es imposible establecer una jerarquía *ética* de "racionalidades", si hacen eso están, quieran o no, haciendo el juego del poder, que dejará sobrevivir esas "fantasías" como otros tantos exotismos simpáticos ("un nombre bonito para el exotismo de los otros", dice Spivak), mientras tenga asegurado su lugar de gran definidor de lo que es *la* Razón en coincidencia con *su* Cultura.

La "cultura como grito de batalla" implica hoy, entonces, que no se puede abandonar la cultura en las manos de los "cultos". La *academización* universitaria de las teorías críticas es un crimen de lesa cultura crítica: transforma a esas teorías en coartadas de un gueto cenacular cuyo patético "carrerismo" -especialmente patético en la Argentina, siendo lo que son los

---

193 Sigmund Freud: "El malestar en la cultura", en *Obras Completas*, Madrid, Biblioteca Nueva, 1976.

suelditos y prebendillas a los que puede aspirar un titular de cátedra- las convierte en retahíla interminable de inofensivos y tediosos *papers* que las despojan, precisamente, de su potencial *ofensividad*, de su rol de atentadores contra el sentido común y la corrección política. Al revés, en todo caso, se trata de hacer *ingresar dentro* de la universidad la cultura como grito de batalla, para devolverle -si es que todavía es posible (a veces tememos que sea demasiado tarde)- el combate de la cultura *contra sí misma*, contra su pretensión de haber ya definido, de una vez para siempre, lo que es la Razón; contra su (re) negación de que esa definición misma es el testimonio de una relación de fuerzas, de un poder que hay que estar vigilando cotidianamente, y de que toda cultura es por lo tanto *inmediatamente* política, en el sentido más estricto de interrogación de las "fuerzas reactivas" (para utilizar la gráfica expresión nietzscheana) que intentan congelar la simbolicidad de la *polis* en un museo de monumentos espirituales desmovilizados.

Decir que esta no es una tarea exclusivamente académica (ni siquiera exclusivamente intelectual) no es abogar por no se sabe qué "populismo" antiintelectualista, por un llamamiento a la destrucción de la cultura. Todo lo contrario, en el prólogo de este libro hablamos de una *reconstrucción en acto* de las teorías críticas que las sometiera a una profundización intelectual permanente, pero al mismo tiempo ampliando lo más creativamente que seamos capaces su *potencia* teórico-filosófica: una vez más, poniendo en juego la *tensión* irresoluble pero resuelta entre lo Universal y lo Particular, entre la utilización inmediata, aquí y ahora, del pensamiento como una herramienta política *situada* en las coordenadas espacio-temporales que nos corresponden -aunque no las hayamos elegido-, y una aspiración a la totalidad trascendente, entendida como esa universalidad que tendrá siempre un agujero, un vacío, en su centro; y donde, justamente, la decisión de con qué llenar, *cada vez*, ese vacío -de con qué "esencialismo estratégico" asumir la aspiración a la totalidad- es una decisión política y *ética*, puesto que implica unas consecuencias de las que tendremos que hacernos cargo.

La alternativa del "*gueto* académico" *versus* "la cultura de la calle" es una falsa opción. O, mejor dicho, es una opción *verdadera* del poder de un lado, el enclaustramiento de la teoría crítica, su adormecimiento en el ritual tedioso de la repetición de enunciados sin discusión de las *políticas* culturales y teóricas que expresan, o su sometimiento a la lógica de las *modas* universitarias, cuando no a las necesidades pragmáticas de una "investigación" más orientada por la posibilidad de becas, congresos e incentivos que por la *pasión* de pensar un mundo conflictivo; del otro, una "cultura de la calle" profundamente alienada, cuya "espontaneidad" o "creatividad popular" hace ya mucho que ha sido neutralizada por la ideología dominante en los medios de comunicación, la industria cultural, la publicidad, el *marketing*, el negocio del fútbol o del rock, las encuestas de opinión pública, la cultura del *shopping* cuando no directa y brutalmente aplastada por la miseria, la desocupación o la superexplotación, la marginalidad. Ninguna de las dos cosas molesta. Más aun: ambas son perfectamente funcionales a la reproducción ideológico-cultural, incluso "subjetiva" del poder. En sus variantes más "integradas", los estudios culturales asumen ambas con entusiasmo; oscilan entre el esoterismo del galimatias más o menos postestructuralista (del cual Foucault, Lacan o Derrida ciertamente no tienen la culpa) y el populismo celebratorio de la multiculturalidad de teleteatros o diseños *kitsch* de envases de fideos. Todo ello, va de suyo, en perfecta compatibilidad con progresismos socialdemócratas de "tercera vía" y rasgamientos de vestiduras por la retórica del nazi posmoderno Haider -cuyos éxitos mediáticos, se sabe, no tienen *nada que ver* con las políticas neoliberales que los propios "progres" administran con un celo digno de la envidia de los más sobrios Friedman o Hayek-.

No hay razón para extrañarse, en estas condiciones, del éxito de los estudios culturales, y con más razón aun, de la teoría poscolonial: al menos, incluso en sus variantes más anodinas, esas corrientes de pensamiento intentan *hacerse cargo* de las novedades de la cultura, la sociedad y la política contemporáneas, desde los "nuevos movimientos sociales" a las transformaciones de la cultura popular y la subjetividad, desde los nuevos intersticios simbólicos generados por la mundialización mediática hasta el rol de los imaginarios estéricos y literarios "altos" o "bajos" en la redefinición de las fronteras ideológicas, desde las nuevas formas de nacionalidad "híbrida" y multilingüística a la proliferación de nuevas e inestables identidades de género, étnicas, religiosas o neofundamentalistas.

Esa renuncia -hay que ser directos: los debates importantes así lo requieren- tiene un efecto objetivamente *reaccionario* en el plano de lo que en otros tiempos se hubiera llamado "la lucha de clases en el campo de las ideas": el abandono de esas problemáticas a manos de los estudios culturales (y eso en el mejor de los casos; en el peor, a manos directamente de la derecha, que en los últimos años se ha vuelto mucho más sofisticada y "filosóficamente" informada que la izquierda) nos ha privado de una alternativa teórica e intelectual "marxista" y "revolucionaria" que oponer a la configuración de las teorías *post* de todo tipo, que hoy ocupan en las librerías *el mismo espacio* en que otrora se encontraban los volúmenes de Lukács, Adorno, Sartre, Althusser. Y que no se nos corra con el argumento psicopático de que las urgencias de la lucha política no hacen lugar para diletantes especulaciones intelectuales: la renovación de la teoría y la cultura crítica *es* una urgencia de la lucha política; Marx escribió textos como *El XVIII Brumario* -para no mencionar "panfletos" como *El Capital*- en el fragor de algunas de las más grandes "urgencias" de la historia de la lucha de clases.

Hoy no es posible ser "de izquierda" (si es que eso todavía significa algo), y mucho menos un "intelectual crítico" (y si eso todavía, y de nuevo, significa mucho) sin ocuparse de esas cosas, y sin entrar en un diálogo, todo lo ríspido que sea necesario, con las nuevas teorías que intentan, mal o bien, repensar el mundo que nos rodea. Sin embargo, en el temor un poco pusilánime de las izquierdas a quedar atrapadas en las modas intelectuales hay -aunque esas izquierdas no lo saben y su razón obedece más a la pereza mental que a un auténtico combate intelectual- lo que Adorno llamaría un *momento de verdad.* Aquellas modas tienen la tendencia muy "posmoderna" a instalarse como la "ultima novedad" que transforma en obsoletas e inútiles todas las grandes construcciones teóricas del pasado, todos esos tan peyorizados "grandes relatos" (y hay aquí un notable lapsus: porque, si se admite que fueron grandes, debe ser porque su valor, como el de todo pensamiento importante, trasciende en alguna medida a su propia época): esta es una curiosa idea ultraevolucionista; en efecto, hay una suerte de darwinismo filosófico llamativo en este estilo de "narrativa", que parece creer que la idea que llegó última es necesariamente superior a toda idea "antigua". El lector que pacientemente ha llegado hasta aquí ya sabe lo que pensamos de esto: *todavía* no hay verdaderos "grandes relatos" (en el sentido que defendemos no lo es ni siquiera el marxismo), por lo tanto se trata de una falsa discusión. Pero ello no quita que, desde los presocráticos hasta Freud, aún hay material para debatir sobre esa inmensa tradición intelectual.

De todos modos, es otra cosa lo que queremos subrayar ahora: queremos insistir una vez más sobre la imperiosa necesidad de devolverle a la teoría crítica su posibilidad de re-construirse sobre la base de una nueva búsqueda de sus *fundamentos* (y, como ya lo hemos dicho más arriba, no nos dejaremos impresionar por la imputación apresurada o interesada, incluso "terrorista", de que eso nos vuelve fundamentalistas). Apostamos a un "horizonte" -no importa por ahora cuán pragmáticamente inalcanzable sea: en este momento el movimiento lo es todo- de inteligibilidad totalizadora que interrogue al menos las condiciones de esa re-fundamentación, de esa *re-fundación,* y que permita la rearticulación de una *imago mundi* crítica, implacable incluso con nuestras propias ilusiones, pero resuelta a no amilanarse por el hecho de que, en la actual relación de fuerzas teóricas e ideológicas, llevamos todas las de perder. ¿Se trata simplemente de dar *testimonio*? ¿Tiene esa apuesta algo de obcecación, una pizca, digamos, de creencia cuasi religiosa? Puede ser. Pero se trata de emprender esa batalla con las armas de la Razón. Solo que es -pretende ser- una Razón despojada de la ensoñación de que ella pueda prescindir de su propio cuestionamiento, de su propia "autocrítica", de las *pasiones* que -ya lo sabía muy bien Spinoza antes que Freud- la constituyen como tal. Si esa Razón es totalizadora, pues, no es, no puede ni quiere ser, imparcial y "equilibrada": por el contrario, la primera ilusión de la que es necesario despojarse es que la Razón pueda *no* tomar partido, pueda *no* elegir.

En esa búsqueda de fundamentos de la que venimos hablando habrá que convocar, en primer término, a la filosofía. Pero muy en especial a esas "filosofías malditas" (de Nietzsche o Marx a Bataille, de Freud a Sartre, de Benjamin a Canetti, de Adorno a Clément Rosset) que han sostenido una imagen *otra* de la modernidad y la Razón, una imagen insobornable a la hora de *apuntar con el dedo* (para volver a la etimología de la *Deutung*, de esa "interpretación" marxiana-freudiana) hacia las zonas "oscuras" de la Razón y la modernidad, hacia esa "forclusión del informante nativo" en todas sus dimensiones, que frecuentemente ha tenido un efecto criminal. Es solo en ese marco -y el lector por sí mismo deberá encontrar los autores que más le convenga colocar en él, y si no deberá *crearlos*- que las investigaciones (muchas de ellas insoslayables) de los lindes o los *in-between* de los estudios culturales o la teoría poscolonial, o incluso de las teorías "post" en sus mejores exponentes, pueden recuperar todo su potencial de impugnación de un mundo -y ese mundo *incluye* al pensamiento como forma esencial de la *praxis*- que se ha vuelto demasiado espantosamente problemático como para que nos demos el lujo de seguir analizándolo desde un racionalismo -cuando no un positivismo- optimista y confiado en el "progreso". Pero que también se ha vuelto demasiado unificado por un poder que está entre los peores de la Historia como para aceptar una lúdica imagen de fragmentaciones, dispersiones y "deslizamientos del significante" juguetones como única referencia para el pensamiento. Quizá muchos profesores de filosofía (de esos de los que Kierkegaard decía que prefieren enseñar el sufrimiento ajeno antes que poner en juego el propio)[194] dirán que la mayoría de aquellos nombres no merecen entrar en las grillas académicas de lo que desde hace veinticinco siglos se conoce por "filosofía". Peor para ellos. Que duerman el tedioso sueño de los justos en sus sillones de catedráticos. Nada malo les deseamos, pero exigimos que al menos no se coloquen como obstáculos en las "sendas perdidas" que no les conciernen. Esas sendas perdidas que, en los mejores momentos de esas "filosofías malditas", reconducen a un origen perdido o irrecuperable, pero vuelto nuevamente *escuchable*, que llamamos la tragedia.

Pero la filosofía, por más "maldita" que sea, todavía no es suficiente. Todavía habrá que convocar al arte, a la poesía, a la literatura; sin perder de vista que *esas* filosofías que hemos elegido, las hemos elegido también porque en su escritura se acercan al arte, la poesía, la literatura. Es decir, a unas formas de praxis cuya singularidad irreductible no deja sin embargo de apuntar -frecuentemente por reducción al absurdo, o más aun, por relación de estricta *imposibilidad*- a la "necesariedad insuficiente" del concepto universal. Esa tensión irresoluble es la mejor *alegoría* (en sentido benjaminiano) de un camino intelectual y de una totalización del mundo que deberá contar con sus propios "derrames" incesantes de sentido hacia un Otro de sí mismo que nunca termina de definirse bien, pero que no por ello está condenado a la contingencia o la ininteligibilidad. Tampoco aquí es cuestión de hacerse ilusiones: el arte no nos salvará de nada; por el contrario, puede fácilmente extraviarnos en un "efecto de salvación" que lo erige en coartada para los males del

---

194 Le agradezco a Laura Klein el haberme hecho conocer esta frase estupenda.

mundo (ya sabemos que el mundo está mal, que Occidente ha cometido atrocidades, pero al menos ha producido a Leonardo, a Shakespeare y a Beethoven, etcétera). Sin embargo, el arte, al menos en principio, está forzado a trabajar con una *materialidad* (de la palabra, la imagen, el sonido, presencias fuertes e inevitables aun como referencias para hacer brillar su ausencia, como ocurre en ciertas "vanguardias") que *en principio* lo aparta de esa proclividad a la justificación del mundo que suele tener el puro concepto. El arte está -lo dijimos a propósito de Adorno y su dilema sobre la poesía después de Auschwitz- más próximo a lo Real, a lo absolutamente Imposible: sin tampoco poder contenerlo, se asoma a sus límites y alude de soslayo al *estilo* de pensamiento que solicita la refundación. *Todo* el arte, aunque la poesía y ciertas formas de la literatura ocupan aquí un lugar (no privilegiado sino) particular, porque su materia es en lo fundamental la misma que la del concepto: la palabra. Y la palabra *en sí misma* tiene dos propiedades cuya inevitable articulación son la sustancia propia de aquella tensión entre lo singular y lo universal, lo concreto y lo abstracto, la dispersión y ia unidad, etcétera: primero, la palabra es imposible sin la irreductibilidad de la lengua, de las más de cinco mil lenguas y quién sabe cuántos dialectos o sociolectos que constituyen las imágenes del mundo; segundo, y *al mismo tiempo,* la palabra tiene una utópica tendencia a la totalidad (a esa imposible lengua prebabélica de los dioses que también añora, a su manera, Benjamin). Es ella, ese acontecimiento cotidiano, extraordinario, *ese constituyente* de lo humano como tal, de su civilización y su barbarie, la que despliega hacia el límite -hacia el linde o el *in-between* de máxima potencia- la coexistencia desmesurada, inabarcable, de lo Uno y lo Múltiple. Aunque, a decir verdad, son aquellos que han sabido sumergirse en el conflicto de esa unimultiplicidad de la palabra poética y literaria para confrontarla con su propio derrame desbordante sobre la imagen los que mejor han dado cuenta de los desgarramientos simbólicos de Occidente *como* Otro. Estamos pensando, en el siglo XX, en alguien como Pier

Paolo Pasolini, en quien la poesía dialectal (ese *in-between* de las lenguas por excelencia) o el compromiso desesperado e inclaudicablemente lúcido de *Las cenizas de Gramsci*, así como la producción teórica en la filosofía del lenguaje o la iconología, conducen a una filosofía crítica de la cultura furiosamente "escrita" en las imágenes de *Edipo Rey, Medea, La Orestíada africana o El Evangelio según San Mateo*: en esas imágenes que conjugan la tragedia, el inconsciente, la lucha de clases, el "Tercer Mundo" externo e interno a Europa, el "subproletariado" y las culturas subordinadas, lo femenino, la homosexualidad, es decir, todos los Otros de la modernidad y de la Razón, y donde la confrontación de la idea y la materia llegan al borde de lo Real y del horror (véase el filme *Salò*), pero preservan una extraña, desencantada esperanza. En Pasolini, como en otros antes que él, se demuestra que el arte está *contra* la cultura (es su auténtico *malestar*), en tanto socava, desmiente y subvierte sus pretensiones "institucionales", su hegemonización del sentido.

Y finalmente está la política, *lo* político. Es lo más difícil de circunscribir hoy, en una época que parece haber renegado definitivamente de todo intento (intelectual o práctico) de refundar una *polis* alternativa, organizada sobre otros fundamentos y otros principios que los pragmáticos del *big business* mundializado. El pensamiento "post", y por contigüidad los estudios culturales, cada vez más tienden a relegarlo a un "fuera del texto" inesencial, o bien a disolverlo en sus "dispersiones del significante" (aunque, como hemos visto, esto es más bien un efecto ideológico de lectura, no demasiado fiel a las intenciones ni siquiera de Derrida o De Man, para no hablar de Foucault o Deleuze). *Lo* político, en los estudios culturales -así como, frecuentemente, en la teoría feminista y los estudios de género-, queda acantonado a lo sumo en la problemática de las nuevas formas de "subjetividad" inestables e impugnadoras de todo pensamiento de la identidad, de toda aspiración a contar de *antemano* con un Sujeto de la transformación, perfectamente definido y reconocible. Este "descubrimiento" es irrenunciable, en tanto permite salir de la trampa de un "esencialismo" culturalista, sociologista o psicologista que le ha hecho indescriptible mal tanto a la teoría como a la(s) política(s) basada(s) en ella. Pero, seamos claros: ese "descubrimiento" antiesencialista de la subjetividad *era ya el de Freud, y antes de él, en su propio registro, el de Marx*, como hemos intentado demostrarlo. Es cierto que el pensamiento *post* y los estudios culturales lo han enriquecido y complejizado con los aportes del giro lingüístico y, menos reconocidamente, del psicoanálisis de inspiración lacaniana. También es cierto, sin embargo -como asimismo hemos señalado- que eso empezó *dentro del propio marxismo occidental* mucho antes del redescubrimiento de tal giro lingüístico, en obras como las de Gramsci, Bajtín, Benjamin, Althusser o el propio Sartre; y que actualmente continúa (*dentro* de un marxismo "ampliado") en Balibar, Rancière, Badiou, Macherey, Jameson o Žižek. Aquí no se trata de reivindicar a los "clásicos" por el solo hecho de serlo, ni de obcecarse en que todo está ya contenido "dentro" del marxismo (y/o del psicoanálisis): se trata sencillamente de darle a cada uno lo suyo, y de despojarse de la mala fe que pretende que tales "descubrimientos" lo son *contra* los "errores" del marxismo o el psicoanálisis. Es cierto también, por otra parte, que hay sobre esta cuestión una diferencia fundamental: tanto el marxismo como el psicoanálisis, cada cual en su registro teórico específico, pusieron el acento en una *fractura* del sujeto ("individual" o "colectivo", si es que tal distinción tiene sentido) propia de la modernidad, y no en una pura *disolución* subjetiva en los "textos", una concepción, esta última, que llevada a sus límites supone la *imposibilidad última* de reconstruir siquiera un sujeto "imaginario" (o un sujeto de "esencialismo estratégico", para retomar la expresión de Spivak) como horizonte de sentido de una potencial transformación. Curiosamente, esta disolución a ultranza podría muy bien ir a favor del poder: no solo porque desde el propio poder ella es ahora técnicamente posible (no estamos exagerando: piénsese en las llamadas "nuevas técnicas reproductivas", en las posibilidades a futuro de la clonación, etcétera), sino porque al poder le es sumamente conveniente que le dejemos la "unificación" del sujeto *a él*, que tiene en sus manos todos los mecanismos necesarios para hacerla jugar a *su* favor.

Dicho lo cual, por supuesto que "el Sujeto" *ya no es lo que era,* al menos lo que *la* teoría suponía que era. Y que hoy no sabemos exactamente qué, o quién, es: en un apartado anterior de este libro sugerimos que quizá, hoy, sea la sociedad entera, con toda su multiplicidad interna, que obliga a pensar nuevamente aquella tensión entre lo Uno y lo Múltiple, así como los "cruces" de los diferentes y a veces contradictorios *registros discursivos* con los que se puede aludir a (e inscribir en) la subjetividad: el registro de clase -que, lo hemos dicho hasta el cansancio, sigue siendo de primera pertinencia-, el de género, el étnico-cultural, el nacional / poscolonial y todos los lindes e *in-betweens* que ellos implican. Pero renunciar a que haya *un* sujeto no requiere necesariamente abandonarse a la pura "diseminación" contingente o indecidible (así como Marx o Freud no dedujeron de sus hipótesis de la "fractura de la subjetividad" un argumento para la resignación, sino más bien todo lo contrario): en todo caso, introduce una complicación más en la formulación de una estrategia (teórica y política) para la resistencia y la transformación. Y bien: ¿quién dijo que *ellos* nos iban a hacer la vida fácil?

Pero avancemos un paso más: *lo* político no puede quedar reducido a la discusión -con todo lo urgente e insustituible que ella es- sobre la subjetividad. Ello sería perder el sentido mismo de la más elemental dialéctica: en toda etapa de re-fundación (interroguemos, si no, entre tantos otros, a los atenienses del siglo V a.C.) lo que ha sucedido es que el proceso mismo, la praxis de refundación ha transformado las subjetividades, e incluso ha producido otras nuevas. Desde luego, esa praxis la han llevado a cabo sujetos, que hoy sabemos que no pueden ser definidos *a priori,* y en este sentido el giro lingüístico sí puede ser una ayuda táctica, o cuando menos metafórica.

En efecto, si todo discurso de algún modo *produce* su propio sujeto, es necesario que *aparezca* el "nuevo discurso" de re-fundación sin esperar a que las buenas intenciones disuelvan toda posibilidad de *constitución* de los sujetos. No hay duda de que esto no puede hacerse sin una importante cuota de voluntarismo y aun de "decisionismo". Pero hay que empezar por alguna parte. Una vez más: esa "parte" *no son* los estudios culturales, por todo lo que ya hemos visto. Hace falta algo *más fuerte*, que en todo caso se incorpore a los estudios culturales y a la teoría poscolonial (reinscriptos en una perspectiva más totalizadora como puede ser la teoría del sistema-mundo), pero que busque nuevos *fundamentos* para el pensamiento. Y aquí, "nuevos" no significa -si es que hace falta aclararlo, a esta altura-, inventados de la nada, sino hechos relampaguear en nuestro propio tiempo -y espacio- de peligro. La recuperación de las *experiencias* de lo filosófico-trágico, de lo poético y de lo político, tal como solo embrionariamente las hemos hipotetizado antes, y su rescate de la banalización puramente académica o periodística, son un primer paso definitorio de *las condiciones de posibilidad* de aquel discurso de re-fundación. Ese rescate no puede hacerlo nadie más que la sociedad en su conjunto, y por eso es también "totalizador". Pero un "intelectual crítico" (lo que *será* un intelectual crítico cuando se incluya en este proceso) no puede sentarse a esperar que eso se produzca. Su *deseo* (no su "función") es el que lo lleva a anticiparse, sin pretensiones de mandarinazgo pero también sin reticencias ni acomodamientos a las "pragmáticas" de turno. Eso no es forzosamente *sustituismo*: es asunción de una responsabilidad, insistimos, con el propio deseo. De nuevo, a propósito de esto no podemos sino reivindicar la intuición de Sartre en su *Crítica de la razón dialéctica* (pero que ya había sido, a su modo, la intuición de Benjamin y Adorno, y sobre todo la de Bloch y su noción de la "memoria anticipada"): la pluralidad de sentidos de la Historia debe ser absolutamente reconocida y no puede ser reducida a una unidad artificial, a una "falsa totalidad"; pero al mismo tiempo debe ser *pensada* en relación con su futura totalización, y en contradicción con ella. Por más utópico que sea, el ejercicio y la praxis del intelectual crítico consiste en anticipar el momento en que la historia tendrá *un solo* sentido, aun sabiendo que ese momento no llegará; esa tensión, probablemente irresoluble pero extraordinariamente productiva y "resistente", y cuyo movimiento *actual* es el de la permanente destotalización de lo totalizado apuntando a una nueva retotalización, es lo que aproxima *lo* político al arte, es la "politización" del arte opuesta a la "estetización" de la política que desvelaba a Benjamin.

Nada de lo anterior puede ni debe ser tomado como un "programa de investigación", ni como una receta teórico-práctica: es solamente lo que el autor de estas líneas puede traducir de *su* propio deseo. Cada cual encontrará sus propias traducciones. No hay ninguna garantía de que ese deseo sea el de alguien más. No hay ninguna garantía de que a alguien más realmente le importe lo que uno desea. No hay ninguna garantía de que sea realizable. Pero la falta de garantías ya es algo a lo que hemos tenido que acostumbrarnos. ¿Por qué no hacer de esa necesidad la *virtud* de un pensamiento fuerte que todavía, como dijo alguien, "tiene todo un mundo que ganar"? Y ya que hemos citado tan a menudo a Sartre, citémoslo también en este (provisorio, aunque no promisorio) final; vale la pena recordar sus palabras a Michel Contat, en la última entrevista concedida, poco antes de su muerte, y que son las mismas que han servido de epígrafe a este libro:

> *El mundo de hoy se nos aparece horrible, malvado, sin esperanza. Esta es la tranquila desazón de un hombre que morirá en ese mundo. No obstante, es justamente a eso a lo que me resisto. Y sé que moriré esperanzado. Pero es necesario crear un fundamento para la esperanza.*

BIBLIOGRAFÍA

» Adelman, Jeremy (ed.): *Colonial Legacies: the Problem of Persistence in Latin American History*, Londres, Routledge, 1999.

» Adorno, Theodor W. y Horkheimer, Max: *Dialéctica de la Ilustración*, Madrid, Trotta, 1994.

» Adorno, Theodor W.: *Dialéctica negativa*, Madrid, Taurus, 1978.

» —: *Teoría estética*, Madrid, Taurus, 1981.

» Ahmad, Aijaz: *In Theory*, Londres, Verso, 1993.

» —: *Lineages of the Present*, Nueva Dehli, Tulika, 1996.

» Alcalde, Ramón: *Estudios críticos*, Bs. As., Ediciones Sitio 1996.

» Althusser, Louis: *Para leer "El Capital"*, México, Siglo XXI, 1972.

» Amin, Samir: *Los desafíos de la mundialización*, México, Siglo XXI, 1997.

» Anderson, Perry: *El marxismo occidental*, México, Siglo XXI, 1983.

» —: "Renewals", *New Left Review*, n° 1, enero-febrero de 2000.

» Arrighi, Giovanni: *The Long Twentieth Century*, Londres, Verso 1994.

» Avineri, Shlomo: *The Social and Political Thought of Karl Marx*, Londres, Cambridge University Press, 1968.

» Bhabha, Homi: *The Location of Culture*, Nueva York-Londres, Routledge, 1996.

» Badiou, Alain: *Deleuze: el clamor del Ser*, Buenos Aires, Manantial, 1997.

» —: *El Ser y el acontecimiento*, Buenos Aires, Manantial, 1999.

» Bajtín, Mijaíl: *La cultura popular en la Edad Media y el Renacimiento*, Barcelona, Barral, 1975.

» Balakrishnan, Gopal: "Virgilian visions", *New Left Review*, n° 5, septiembre / octubre de 2000.

» —: *La crainte des masses*, París, Gallimard, 1997,

» Balibar, Etienne: *Nombres y lugares de la verdad*, Bs. As., Nueva Visión, 1995.

» Barthes, Roland: *El placer del texto*, México, Siglo XXI, 1979.

» Bataille, Georges: *La experiencia interior*, Madrid, Taurus, 1972.

» —: *La parte maldita*, Barcelona, Icaria, 1987.

» Bell, Daniel: *La sociedad postindustrial*, Madrid, Alianza, 1979.

» Bell, Malcom: "Where is the Anti-Nietzsche?", *New Left Review*, n° 3, mayo-junio de 2000.

» Benjamin, Walter: *Ensayos escogidos*, Buenos Aires, Sur, 1969.

» —: "La tarea del traductor", en *Angelus Novus*, Barcelona, La Gaya Ciencia, 1971.

» —: *Iluminaciones II: poesía y capitalismo*, Madrid, Taurus, 1980.

» —: "El narrador", en *Iluminaciones I*, Madrid, Taurus, 1987.

» —: *El origen del drama barroco alemán*, Madrid, Taurus, 1990.

» —: *Discursos interrumpidos I*, Madrid, Taurus, 1973.

» —: *Para una crítica de la violencia*, Madrid, Taurus, 1995.

» —: *París, capitale du XIX siècle: le livre des pasages*, París, Cerf, 1997.

» Benjamin, Walter y Scholem, Gershom: *Correspondencia*, Barcelona, Península, 1994.

» Blanchot, Maurice: *El diálogo inconcluso*, Caracas, Monte Ávila, 1970.

» Bloom, Harold: *El canon occidental*, Barcelona, Anagrama, 1996.

» Bodei, Remo: *Una geometría de las pasiones*, Barcelona, Muchnik, 1995.

» Boulaga, Eboussi: *La crise du Muntu. Authenticité africaine et philosophie*, París, Presence Africaine, 1977.

» Brenner, Robert: "The economics of global turbulence", *New Left Review*, n° 229, 1998.

» Calvet, Jean-Louis: "Le colonialisme linguistique en France", *Les Temps Modernes*, n° 324-326, 1973.

»   Campos, Haroldo de: *De la razón antropofágica y otros ensayos,* México, Siglo XXI, 2000.

»   Carassai, Sebastián: "Apología de lo necesario", en Horacio González (comp.): *Cóncavo y Convexo. Escritos sobre Spinoza,* Buenos Aires, Altamira, 1999.

»   Chaui, Marilena: *A nervura do real. Imanencia e libertade em Espinosa,* Sao Paulo, Companhia das Letras, 1999.

»   Deleuze, Gilles: *Spinoza y el problema de la expresión,* Barcelona, Muchnik, 1975. Docker, John: *Postmodernism and Popular Culture,* Londres, Cambridge University Press, 1994.

»   Dussel, Enrique: *Etica de la liberación,* Madrid, Trotta, 1998.

»   Eagleton, Terry: *Las ilusiones del posmodernismo,* Buenos Aires, Paidós, 1997.

»   —: *Literary Theory: an Introduction,* Cambridge, Blackwell, 1983. [Ed. cast.: *Una introducción a la teoría literaria,* Madrid, Fondo de Cultura Económica, 1993.] Foster-Carry, Aidan: "The mode of production debate", *New Left Review,* n° 107, 1978.

»   Foucault, Michel: *La verdad y las formas jurídicas,* Barcelona, Gedisa, 1976.

»   —: *Diálogo sobre el poder,* Madrid, Alianza, 1986.

»   —: *Vigilar y castigar,* México, Siglo XXI, 1986.

»   —: *Nietzsche, Freud, Marx,* Buenos Aires, Imago Mundi, 1991.

»   Frend, Sigmund: *Tótem y tabú,* en *Obras Completas,* Madrid, Biblioteca Nueva, 1976.

»   —: *El malestar en la cultura,* ibíd.

»   Geertz, Clifford: "El arte como sistema cultural", en *Conocimiento local,* Barcelona, Paidós, 1994.

»   Girard, René: *La violencia y lo sagrado,* Barcelona, Anagrama, 1982.

»   Godelier, Maurice: *Lo ideal y lo material,* Madrid, Taurus, 1989.

»   Goldmann, Lucien: *El hombre y lo absoluto,* Barcelona, Península, 1968.

» González, Horacio (comp.): *Cóncavo y convexo. Escritos sobre Spinoza,* Buenos Aires, Altamira, 1999.

» Goux, Jean-Joseph: *Edipo filósofo,* Buenos Aires, Biblos, 1999.

» Gramsci, Antonio: *Los intelectuales y la organización de la cultura,* Buenos Aires, Nueva Visión, 1978.

» Grüner, Eduardo: "La Argentina *como pentimento",* en Grüner, Eduardo: *Un género culpable,* Rosario, Homo Sapiens, 1996,

» —: "La política ¿otro discurso sin sujeto?", en Grüner, Eduardo: *Un género culpable,* Rosario, Homo Sapiens, 1996.

» —: *Las formas de la espada,* Buenos Aires, Colihue, 1997.

» —: *El sitio de la mirada,* Buenos Aires, Norma, 2001.

» Gunder Frank, André y Gills, Barry K.: *The World System. Five Hundred Years or Five Thousand?,* Londres, Routledge, 1996.

» Hall, Stuart: *Critical Dialogues in Cultural Studies,* Nueva York-Londres, Routledge, 1995.

» Hardt, Michael yNegri, Antonio: *Empire,* Cambridge (Mass.), Harvard University Press, 2000. [Ed. cast.: *Imperio,* Buenos Aires, Paidós, en prensa.] Huntington, Samuel P: *El choque de las civilizaciones,* Barcelona, Paidós, 1997.

» Jameson, Fredric y Žižek, Slavoj (prólogo de Eduardo Grüner): *Estudios Culturales. Reflexiones sobre el multiculturalismo,* Buenos Aires, Paidós, 1998. Jameson, Fredric: "Third-world literature in the era of multi-national capitalism", *Social Text n°* 19, 1980.

» —: *Late Marxism,* Londres, Verso, 1988.

» —: *Documentos de cultura, documentos de barbarie,* Madrid, Visor, 1989.

» —: *El posmodernismo o la lógica cultural del capitalismo avanzado,* Barcelona, Paidós, 1991.

» —: *The Seeds of Time,* Nueva York, Columbia University Press, 1994. [Ed. cast.: *Las semillas del tiempo,* Madrid, Trotta, 2000.]

» —: *La estética geopolítica,* Barcelona, Paidós, 1995.

» —: *Teoría de la postmoderntdad*, Madrid, Trotta, 1995.

» —: "Transformaciones de la imagen en la postmodernidad", en *El giro cultural*, Buenos Aires, Manantial, 1999.

» —: "Globalization and political strategy", *New Left Review*, n° 4, julio-agosto de 2000.

» Laclau, Ernesto y Mouffe, Chantal: *Hegemonía y estrategia socialista*, México, Siglo XXI, 1989.

» Laclau, Ernesto: *Emancipación y diferencia*, Bs. As., Ariel, 1996.

» Lash, Scott y Urry, John: *Economics of Signs and Space*, Londres, Sage, 1994. [Ed. cast.: *Economías de signos y espacio*, Buenos Aires, Amorrortu, 1998.]

» Lash, Scott: *Sociología de la postmodernidad*, Buenos Aires, Amorrortu, 1997. Lukács, Georgy: *El alma y las formas*, Barcelona, Grijalbo, 1974.

» —: *Ontologia dell'Essere Sociale*, Roma, Editori Riuniti, 1976.

» Macherey, Pierre: *Théorie de la production littéraire*, París, Du Seuil, 1974.

» —: *Introduction a l'Éthique de Spinoza*, París, PUF, 1998.

» Maquiavelo, Niccolò: *El Príncipe*, Madrid, Alianza, 2000.

» Marcuse, Herbert: *Cultura y sociedad*, Buenos Aires, Sur, 1969.

» —: *El hombre unidimensional*, México, Joaquín Mortiz, 1970.

» Marx, Karl: *El Capital*, Barcelona, Cítica, 1980.

» —: "Sobre la cuestión judía", en *La sagrada familia*, México, Grijalbo, 1958.

» —: *La ideología alemana*, México, Grijalbo, 1966.

» Masolo, D.: *African Philosophy in Search of Identity*, Bloomington, Indiana University Press, 1994.

» McGee, Patrick: *Cinema, Theory, and Political Responsibility in Contemporary Culture*, Cambridge, U.R., 1997.

» Meiksin Wood, Ellen y John B. Foster: *In Defense of History*, Monthly Review Press, 1997.

» Merleau-Ponty, Maurice: *Las aventuras de la dialéctica*, Bs. As., Leviatán, 1957.

» —: *Elogio de la filosofía*, Buenos Aires, Caldén, 1968,

» Miliband, Ralph, Nicos Poulantzas y Ernesto Laclau: *Debates sobre el Estado capitalista*, Buenos Aires, Imago Mundi, 1990.

» Montesquieu: *Cartas Persas*, Madrid, Alianza, 2001.

» Moore-Gilbert, Bart: *Postcolonial Theory: Context, Practices, Politics*, Londres, Verso, 1997.

» Moretti, Franco: *Signs Taken for Wonders*, Londres, Verso, 1995.

» Negri, Antonio y Guattari, Félix: *Las verdades nómades*, Irún, Iralka, 1996.

» Negri, Antonio: *El poder constituyente*, Madrid, Prodhufi, 1993.

» —: *La anomalía salvaje*, Barcelona, Anthropos, 1993.

» Nietzsche, Friedrich: *Genealogía de la moral*, Madrid, Alianza, 1976.

» Norris, Christopher: *Teoría acrítica*, Madrid, Cátedra, 1996.

» Olela, H.: "The african foundation of greek philosophy", en Wright, R. (comp.): *African Philosophy: an Introduction*, Washington, University Press of America, 1979.

» Ortiz, Renato: *Otro territorio*, Bs. As., Univ. Nac. de Quilmes, 1996.

» Palmer, Bryan: "Old positions/new necessities: history, class, and marxist metanarrative", en Ellen Al. Wood y John B. Foster, *In Defense of History. Marxism and the Postmodern Agenda*, Nueva York, Monthly Review Press, 1997.

» Polanyi, Karl: *La gran transformación*, Madrid, Endymion, 1989.

» Rancière, Jacques: *El desacuerdo*, Buenos Aires, Nueva Visión, 1996.

» Reynoso, Carlos: *Apogeo y decadencia de los Estudios Culturales. Una visión antropológica*, Barcelona, Gedisa, 2000.

» Ricoeur, Paul: *Le conflict des interpretations: essais d'herméneutique*, París, Seuil, 1969.

» *Rozitchner León: Las desventuras del sujeto político,* Bs. As., Imago Mundi, 1996.

» —: *La cosa y la cruz,* Buenos Aires, Losada, 1997.

» Said, Edward: *Beginnings,* Nueva York, Columbia University Press, 1985.

» —: *Orientalismo,* Madrid, Prodhufi, 1995.

» —: *Cultura e imperialismo,* Barcelona, Anagrama, 1997.

» Sartre, Jean Paul: "Orfeo Negro", en *La república del silencio,* Bs. As. Losada, 1960.

» —: *Crítica de la razón dialéctica,* Buenos Aires, Losada, 1964.

» —: *El idiota de la familia,* Buenos Aires, Tiempo Contemporáneo, 1975, T.1.

» —: *Qué es la literatura,* Buenos Aires, Losada, 1966.

» Schmitt, Carl: *Hamlet y Hécuba,* Valencia, Pre-Textos, 1992.

» Spínoza, Baruch de: *Tratado teológico-político,* Madrid, Alianza, 1986.

» Spivak, Gayatri Chakravorty: *Outside in the Teaching Machine,* NY, Routledge, 1993.

» —: *A Critique of Postcolonial Reason,* Londres, Harvard University Press, 1999. Stern, Steve: "The tricks of time: colonial legacies and historical sensibilities in Latin America", en Adelman, Jeremy(comp.): *Colonial Legacies: The Problem of Persistence in Latin American History,* Londres, Roudedge, 1999.

» Szymanski, Albert: "Capital accumulation on the world scale and the necessity of imperialism", *Insurgent Sociology,* n° 7, 1987.

» Thompson, E. R: *La formación de la clase obrera en Inglaterra,* Barcelona, Crítica, 1989.

» —: *Costumbres en común,* Barcelona, Crítica, 1993.

» Trotski, León: *En defensa del marxismo,* Buenos Aires, Pluma, 1972.

» Volóshinov, Valentín Nikoláievich: *El Marxismo y la filosofía del lenguaje*, Madrid, Alianza, 1992.

» Yeyne, Paul: *Les grecs ont-ils cru à leurs mythes?*, París, Seuil, 1976.

» Vidal-Naquet, Pierre: *Los asesinos de la memoria*, México, Siglo XXI, 1995.

» Waite, Geoff: *Nietzsche's Corps*, Duke University Press, 3996.

» Walcott, Derck: "Caligula's Horse", en Slemon, Stepheny Tiffin, Helen (comps.): *After Europe: Critical Theory and Post-Colonial Writing*, Mundelstrop, Dangaroo, 1989.

» Wallerstein, Immanuel: *El moderno sistema mundial,* México, Siglo XXI, 1979, T.1.

» —: *El capitalismo histórico,* México, Siglo XXI, 1983.

» —: *Impensar las ciencias sociales,* México, Siglo XXI, 1998.

» Warren, Bill: *Imperialism: Pioneer of Capitalism,* Londres, New Left Books, 1980. White, Hayden: *Metahistoria,* México, FCE, 1989.

» Young, Robert: *White Mythologics: Writing History and the West,* Londres, Routledge, 1990.

» Žižek, Slavoj: *El sublime objeto de la ideología,* México, Siglo XXI, 1989.

» —: *For They Know not what They Do,* Londres, Verso, 1991. [Ed. cast.: *Porque no saben lo que hacen,* Buenos Aires, Paidós, 1998.]

» —: *Tarrying with the Negative,* Londres, Dulce University Press, 1993.

» —: "The spectre of ideology", en Žižek (ed.): *Mapping Ideology,* Londres, Verso, 1994.

» —: "Why we all love to hate Haider", *New Left Review,* n° 2, marzo de 2000.

» —: *The Tiklish Subject,* Londres, Verso, 1998. [Ed. cast.: *El espinoso sujeto,* Buenos Aires, Paidós, 2001.]

OTROS TÍTULOS

La insurrección en Dublín
James Stephens

Apocalipsis
Karl Kraus

El fin de las pequeñas historias
Eduardo Grüner

La risa
Henri Bergson

La filosofía de las barbas
Thomas S. Gowing

Historia de los Pioneros de Rochdale
Georges J. Holyoake

El Falansterio
Charles Fourier

El entramado: el apuntalamiento técnico del mundo
Christian Ferrer

Los estudios culturales
Fredric Jameson

La política de la modernidad
Raymond Williams

¿Por qué la naturaleza nos hace envejecer?
Los nietos de Adán y Eva
Carles Zafón

La identidad cooperativa
Oscar Bastidas-Delgado

Las cooperativas escolares
Alicia K. de Drimer, Ernardo Drimer

www.margebooks.com